VIS à VIS

BUDAPEST

Hauptautoren:

BARBARA OLSZAŃSKA, TADEUSZ OLSZAŃSKI

W0471172

DK

DORLING KINDERSLEY
www.dk.com

EIN DORLING KINDERSLEY BUCH

www.dk.com

PRODUKTION
Hachette Livre Polska, Wydawnictwo Wiedza i Życie, Warschau

TEXTE
Barbara Olszańska, Tadeusz Olszański

FOTOGRAFIEN
Gábor Barka, Dorota und Mariusz Jarymowiczowie

ILLUSTRATIONEN
Paweł Mistewicz, Piotr Zubrzycki

KARTOGRAFIE
Maria Wojciechowska, Dariusz Osuch
(D Osuch i Spółka)

REDAKTION UND GESTALTUNG
Dorling Kindersley Ltd., London

•

© 1999 Dorling Kindersley Limited, London
Titel der englischen Originalausgabe:
Eyewitness Travel Guide *Budapest*
Zuerst erschienen 1999 in Großbritannien
bei Dorling Kindersley Ltd., London
A Penguin Company

•

Für die deutsche Ausgabe:
© 2000 Dorling Kindersley Verlag GmbH, München
Aktualisierte Neuauflage 2006/2007

Alle Rechte vorbehalten. Reproduktionen, Speicherung in Datenverarbeitungsanlagen oder Netzwerken, Wiedergabe auf elektronischen, fotomechanischen oder ähnlichen Wegen, Funk und Vortrag – auch auszugsweise – nur mit Genehmigung des Copyright-Inhabers.

ÜBERSETZUNG Bettina Chegini, München
REDAKTIONSLEITUNG Dr. Jörg Theilacker, Dorling Kindersley Verlag
REDAKTION Dr. Elfi Ledig, München; Brigitte Maier, München; Birgit Walter, Dorling Kindersley Verlag
SCHLUSSREDAKTION Peter Botzler, München
SATZ UND PRODUKTION Dorling Kindersley Verlag, München
LITHOGRAFIE Colourscan, Singapur
DRUCK South China Printing Co., Ltd., Hongkong, China

ISBN-13: 978-3-928044-11-0
ISBN-10: 3-928044-11-7

6 7 8 9 10 10 09 08 07 06

•

Dieser Reiseführer wird regelmäßig aktualisiert. Angaben wie Telefonnummern, Öffnungszeiten, Adressen, Preise und Fahrpläne können sich jedoch ändern. Der Verlag kann für fehlerhafte oder veraltete Angaben nicht haftbar gemacht werden. Für Hinweise, Verbesserungsvorschläge und Korrekturen ist der Verlag dankbar. Bitte richten Sie Ihr Schreiben an:

Dorling Kindersley Verlag GmbH
Redaktion Reiseführer
Gautinger Straße 6
D-82319 Starnberg

◁ **Das Parlamentsgebäude (*siehe S. 108f*) an der Donau**

INHALT

Pallas Athene am Alten Rathaus

BUDAPEST STELLT SICH VOR

Ungarisches Wappen an einer Mauer beim Tunnel (*siehe S. 100*)

Die Ungarische Nationalgalerie *(siehe S. 74ff)* im früheren Königspalast

Leierkastenmann im historischen Burgviertel *(siehe S. 68ff)*

Blick über die Donau auf die St.-Stephans-Basilika *(siehe S. 116f)*

Porzellan im Museum für Kunsthandwerk *(siehe S. 136f)*

Die charakteristischen Kuppeln und Türme der großen Sakralbauten in Budapest

Benutzerhinweise

Mit seinen Empfehlungen und praktischen Hinweisen soll dieser Reiseführer Ihren Urlaub zu einem Erlebnis machen. *Budapest stellt sich vor* setzt das moderne Budapest in einen historischen Kontext und informiert Sie über Feste und Veranstaltungen. *Budapest im Überblick* stellt Ihnen die wichtigsten Sehenswürdigkeiten vor. *Die Stadtteile Budapests* begleitet Sie mit Karten, Illustrationen und Fotos durch die Stadt und beschreibt detailliert alle wichtigen Attraktionen. Hier finden Sie auch Tagesausflüge von Budapest und zwei Spaziergänge durch die Stadt. *Zu Gast in Budapest* versorgt Sie mit Informationen zu Hotels, Restaurants, Läden und Märkten, Unterhaltungsangeboten und Sport. Die *Grundinformationen* geben praktische Tipps, von Post und Telefon über öffentliche Verkehrsmittel bis zur medizinischen Versorgung.

Planung der Route

Orientierung in Budapest

Die Stadt ist in sechs farbig gekennzeichnete Kapitel unterteilt. Jedes Kapitel beginnt mit einer Einführung in Geschichte und Charakter des Stadtteils; ein oder zwei Detailkarten zeigen Ihnen die typische Winkel dieses Stadtteils. Zur leichteren Orientierung sind die Sehenswürdigkeiten jedes Kapitels durchgehend nummeriert. Den wichtigen Sehenswürdigkeiten werden zwei oder mehr Seiten gewidmet.

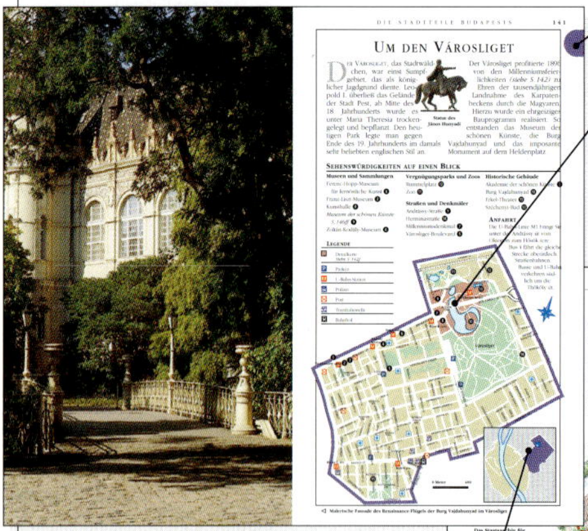

Jeder Stadtteil hat eine Farbkodierung.

Zur Orientierung

Das rosa markierte Gebiet finden Sie als Detailkarte.

Die Routenempfehlung führt Sie durch die interessantesten Straßen.

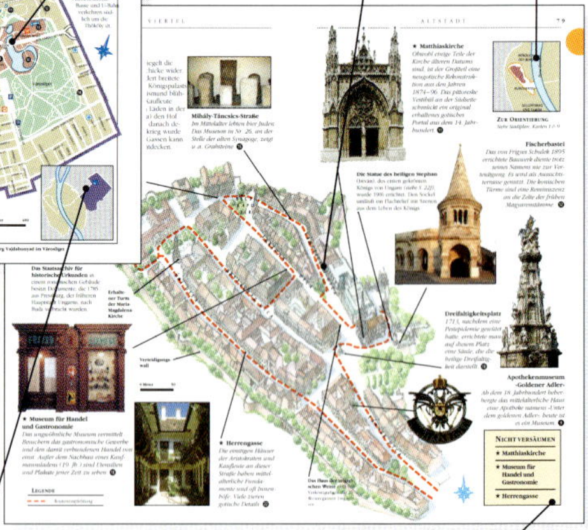

1 Einführung
Zur leichteren Orientierung sind die Sehenswürdigkeiten nummeriert und auf Karten eingetragen. Auf den Karten finden Sie auch U-Bahnhöfe, Bus- und Straßenbahnhaltestellen sowie Parkplätze. Wichtige Sehenswürdigkeiten sind nach Kategorien aufgeführt: Museen und Sammlungen, Kirchen, historische Straßen und Plätze, Palais und historische Gebäude, Hotels und Bäder sowie Parks und Gärten.

Die Orientierungskarte zeigt Ihnen auf einen Blick, wo Sie sich befinden.

2 Detailkarte
Aus der Vogelperspektive werden interessante und wichtige Teile eines Viertels gezeigt. Die Nummern stimmen mit denen der Übersichtskarte und den Beschreibungen auf den folgenden Seiten überein.

Sterne kennzeichnen wichtige Sehenswürdigkeiten.

ÜBERSICHTSKARTE

DIE WICHTIGEN Sehenswürdigkeiten Budapests konzentrieren sich auf die sechs farbig markierten Gebiete *(siehe vordere Umschlaginnenseiten)*. Jedem Gebiet ist im Abschnitt *Die Stadtteile Budapests (siehe S. 66ff)* ein eigenes Kapitel gewidmet. Farbige Griffmarken helfen, die Seiten für jedes Gebiet schnell aufzuschlagen. *Budapest im Überblick (siehe S. 36ff)* stellt Ihnen alle Hauptsehenswürdigkeiten vor.

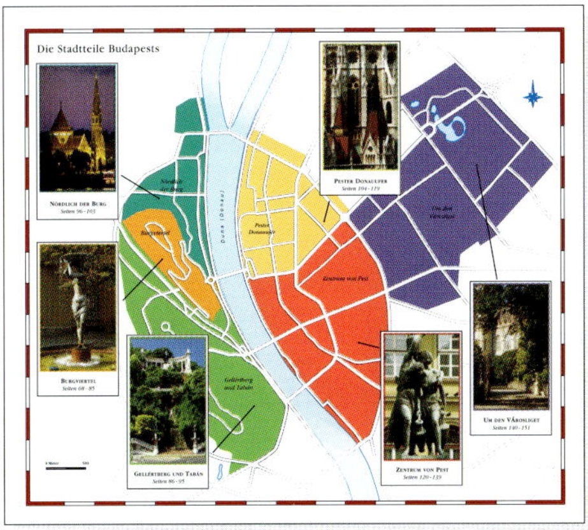

Die Nummern beziehen sich auf die Stadtteilkarten und die Reihenfolge in den Kapiteln.

Die praktischen Hinweise enthalten alle notwendigen Informationen zu den Sehenswürdigkeiten. Kartenverweise bezeichnen ihre Position im Kartenteil *(siehe S. 234ff)*.

Abbildungen der Fassaden wichtiger Gebäude helfen Ihnen, diese rasch zu erkennen.

Die Infobox versorgt Sie mit allen praktischen Hinweisen.

3 Detaillierte Informationen zu jeder Sehenswürdigkeit

Die wichtigen Sehenswürdigkeiten Budapests werden einzeln beschrieben. Die Reihenfolge bezieht sich auf die Nummerierung der Stadtteilkarte am Anfang jedes Kapitels. Die Legende der Symbole finden Sie auf der hinteren Umschlagklappe.

4 Hauptsehenswürdigkeiten

Historische Gebäude werden im Aufriss gezeigt. Farbige Grundrisse von Museen und Sammlungen helfen Ihnen, wichtige Exponate leicht zu finden.

Sterne kennzeichnen Attraktionen, die Sie nicht versäumen sollten.

Die Zeitskala listet wichtige geschichtliche Ereignisse auf.

BUDAPEST STELLT SICH VOR

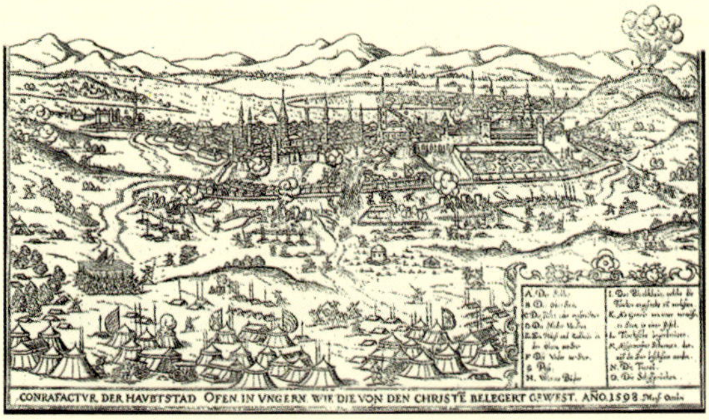

Budapest auf der Karte

Budapest, Ungarns Hauptstadt, zählt 1,7 Millionen Einwohner (2005), ein Fünftel der Landesbevölkerung. Budapest liegt an der Donau und erstreckt sich über ein Gebiet von 525 Quadratkilometern. Ein Drittel der Stadt verteilt sich auf die hügeligen Stadtteile Buda und Óbuda am Westufer der Donau, die übrigen zwei Drittel auf das flache Pest am Ostufer. Budapest liegt im Zentrum Mitteleuropas, von hier lassen sich viele andere Hauptstädte wie Wien, Zagreb, Bratislava, Belgrad, Bukarest und Prag bequem erreichen.

Ungarn in Europa

Ungarn liegt landumschlossen in Mitteleuropa. Der Budapester Passagierflughafen Ferihegy hat zwei Terminals; in die Nachbarländer führen zahlreiche Straßen- und Schienenverbindungen (siehe S. 224ff).

Vác
DUNAKESZI
FÓT
MOGYORÓD
M3
Miskolc
Mogyoródi-patak
Gödöllő
30
GÖDÖLLŐI-DOMBSÁG
Rákos-palota
Hungaroring
BOLNOKA
KEREPES
XV
Újpalota
Szilas-patak
CSÖMÖR
KISTARCSA
KÜDŐI-HEGY
Pest-újhely
Árpádföld
NAGYTARCSA
XIV
Zugló
Rákos-szentmihály
XVI
Cinkota
Sashalom
Mátyásföld
PÉCEL
Józsefvárosi pu.
Rákos-patak
Rákosliget
X
Kőbánya
Kőbánya-kertváros
Rákos-keresztúr
XVII
Rákoscsaba
31
Jászberény
Erzsébettelep
Rákoshegy
Rákoskert
XIX
Kispest
1
Flughafen Ferihegy
2
ECSER
XX
Pesterzsébet
Pestszentlőrinc
XVIII
4
Debrecen
VECSÉS
Soroksár
Pestszentimre
XXIII
Ráckevei (Soroksári) Duna
GYÁL
M0
Gyáli-patak
M5
51
50
DUNAHARASZTI
Baja
Kecskemét
Szeged
LEGENDE
Zentrum von Budapest
Stadtgebiet Budapest
Vororte
Flughafen
Bahnhof
Busbahnhof
Autobahn
Hauptstraße
Nebenstraße
Eisenbahn

Das Zentrum von Budapest

Fassaden-element an der Börse

DAS STADTZENTRUM umfasst den Burgberg (I. Bezirk) am Westufer der Donau sowie die Bezirke V, VI, VII, VIII und IX von Pest auf der Ostseite des Flusses, um die herum die altehrwürdige Tramlinie verläuft. Die römischen Ziffern stehen für die jeweiligen Verwaltungsbezirke *(siehe S. 223)*. In diesem Führer ist das Zentrum in sechs Bereiche unterteilt, auf jeden geht ein eigenes Kapitel mit den wichtigsten Sehenswürdigkeiten ein. Den Sehenswürdigkeiten am Stadtrand, den Tagesausflügen und den Spaziergängen sind eigene Kapitel gewidmet.

Kalvinistenkirche

Die Kirche nahe am Fluss mit ihrem auffallend bunten Dach ist ein Blickfang (siehe S. 100).

Königspalast

Der Königspalast wurde mehrfach zerstört und wieder aufgebaut. Nach dem Zweiten Weltkrieg restaurierte man ihn in der Form, die ihm die Habsburger verliehen hatten (siehe S. 70f).

Freiheitsdenkmal

Die Frauenstatue, die siegreich einen Palmwedel emporhält, schuf der ungarische Bildhauer Zsigmond Kisfaludi Stróbl. Das Denkmal inmitten eines Parks auf dem Gellértberg ist von überall in der Stadt sichtbar – ein Symbol des heutigen Budapest (siehe S. 92).

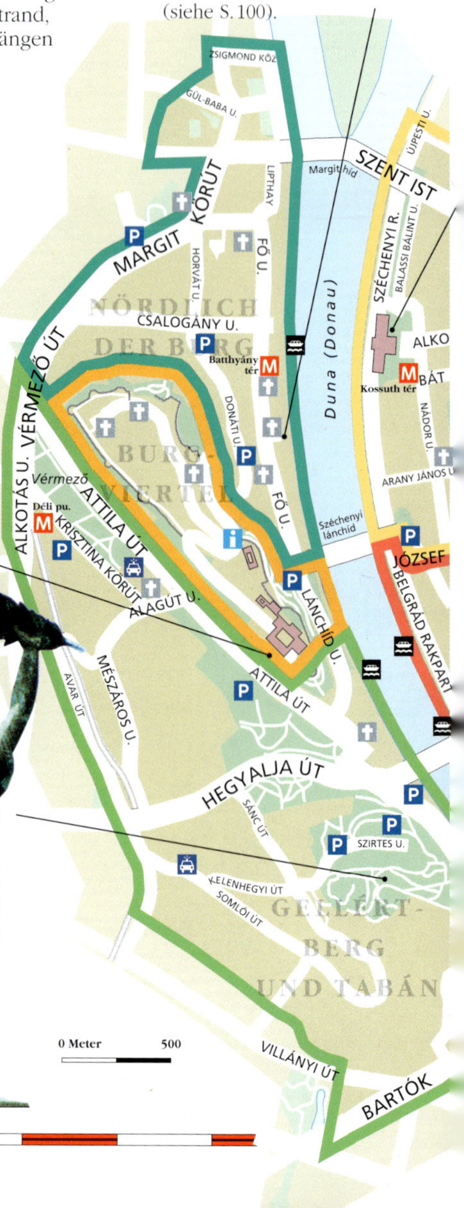

Parlamentsgebäude
In dem prächtigen Bau finden die Sitzungen der Nationalversammlung statt. Außerdem beherbergt er die wichtigsten Regierungsstellen, einschließlich des Büros des Ministerpräsidenten (siehe S. 108f).

Váci-Straße
Die Fußgängerzone ist Bankenzentrum und Einkaufsmeile zugleich mit Souvenirläden, Cafés und Bars (siehe S. 127).

DIE GESCHICHTE BUDAPESTS

Bereits in der Altsteinzeit war das Gebiet um Budapest besiedelt: Die Verengung der Donau an dieser Stelle erleichterte die Überquerung des Flusses. Um 100 n. Chr. gründeten die Römer hier die Stadt Aquincum. Sie dominierten die Region bis ins frühe 5. Jahrhundert, dann besetzte sie der Hunnenkönig Attila. Später herrschten hier die Goten, die Langobarden und, nahezu 300 Jahre lang, die Awaren.

Die Urahnen der modernen Ungarn, die Magyaren, zogen vom Ural in die Gegend um Budapest, die sie um 896 erreichten. Ihr Führer war Fürst Árpád, dessen Dynastie bis ins 13. Jahrhundert bestand. Etwa um 1000 führte István, den die Heiden Vajk nannten, das Christentum ein. Als erster gekrönter König Ungarns legte István I. die Fundamente des modernen Staates.

Nach dem Mongolensturm verlegte Béla IV. 1247 die Hauptstadt nach Buda. Den Königen aus dem Geschlecht der Anjou hat die Stadt viel zu verdanken; im 15. Jahrhundert blühte sie unter der Herrschaft von Mátyás Corvinus auf. Einen Rückschlag erlitt sie durch die Türken, die das Gebiet eroberten und Buda etwa 150 Jahre lang beherrschten.

Das Wappen der Hunyadis

Christliche Armeen befreiten das Land, das nun den Habsburgern zufiel. Diese unterdrückten jede nationalistische Regung, sorgten jedoch für wirtschaftlichen Aufschwung. Kaiserin Maria Theresia und Erzherzog Joseph, der Statthalter der Kaiserin, hatten großen Anteil an der Modernisierung von Buda und Pest. Doch das schleppende Tempo von Reformen führte 1848 zum Aufstand, den Franz Joseph I. brutal unterdrückte. Der Ausgleich von 1867 und die Schaffung der österreichisch-ungarischen Doppelmonarchie stimulierten Wirtschaft und Kultur erneut. Bald darauf, 1873, wurden Buda und Pest zur Stadt Budapest geeint.

Nach dem Ersten Weltkrieg fiel die Monarchie, und Ungarn verlor zwei Drittel seines Staatsgebiets. Durch Unterstützung von Nazi-Deutschland im Zweiten Weltkrieg hoffte man, die Gebiete zurückzuerlangen. 1945 besetzten russische Truppen Budapest. Unter kommunistischer Herrschaft wurde der Volksaufstand von 1956 niedergeschlagen, doch die darauf folgende Krise ließ das Regime wanken. 1990 fanden erstmals freie Wahlen statt, die die demokratische Opposition gewann. Seit dieser Zeit entwickelt sich das Land stetig.

Die Karte zeigt die befestigten Städte Pest und Buda im Jahr 1686, nach der Vertreibung der Türken

◁ ***Vajks Taufe*** **von Gyula Benczúr, Ungarische Nationalgalerie** ***(siehe S. 74ff)***

Die Regenten Ungarns

BÉLA IV. ERBAUTE IM 13. Jahrhundert in Buda eine Burg und machte die Stadt zur neuen Kapitale – die Árpádendynastie hatte bis dahin ohne festen Wohnsitz über ihr Reich geherrscht. Zu Beginn des 14. Jahrhunderts gab es keinen männlichen Erben mehr für den Árpádenthron; es begann eine lange Epoche, in der meist ausländische Könige herrschten, etwa die Anjou aus Frankreich und die Jagiellonen aus Polen. Unter König Mátyás Corvinus wurde Buda zu einer der schönsten Städte Europas. Die Habsburger unterdrückten zwar nationale Aufstände, bauten aber Buda und Pest nach der Zerstörung durch die Türken wieder auf und schufen architektonische Meisterwerke.

1440–44
Władysław (Ulászló) I.

1272–90
Ladislaus IV. »der Kumane«

1270–72
István V.

1301–1305
Wenceslas II. von Böhmen

1307–42
Karl I. Robert von Anjou

1385–86
Karl II. von Durazzo

1386–95
Maria (gekrönt)

1437–99
Albert von Österreich

1541–66
Sultan Suleiman, »der Prächtige«

1490–1516
Władysław (Ulászló) II.

1526–64
Ferdinand I.

1200	1300	1400	1500
ÁRPÁDEN	ANJOU	JAGIELLONEN	OSMANEN
1200	1300	1400	1500

1290–1301
András III.

1235–70
Béla IV.

1382–85
Maria (ungekrönt)

1342–82
Ludwig I. von Anjou, »der Große«

1305–07
Otto von Wittelsbach

1445–57
Ladislaus V., »Posthumus«

1458–90
Mátyás I., »Corvinus«

1387–1437
Sigismund von Luxemburg (zunächst als Marias Gemahl)

1516–26
Ludwig II.

1526–40
János I. Szapolyai

1564–76
Maximilian I.

1576–1608
Rudolf I.

1740–80 Maria Theresia

1990–2000 Präsident Árpád Göncz

1950–56 Staatssekretär Mátyás Rákosi

1608–19 Mátyás II.

1637–57 Ferdinand III.

1705–11 Joseph I.

1848–49 Lajos Kossuth

1919–44 Admiral Miklós Horthy

1790–92 Leopold II.

1835–48 Ferdinand V.

1918–19 Präsident Mihály Károlyi

2000–05 Präsident Ferenc Mádl

1700 1800 1900 2000

HABSBURGER **REGIERUNGSCHEFS**

1700 1800 1900 2000

1711–40 Karl III.

1792–1835 Franz I.

1916–18 Karl IV.

1657–1705 Leopold I.

1946–48 Präsident Zoltán Tildy

2005 Präsident László Sólyom

1948–50 Präsident Árpád Szakasits

1780–90 Joseph II.

1848–1916 Franz Joseph I.

1957–89 Staatssekretär János Kádár

1619–37 Ferdinand II.

Frühe Besiedlung

Gefäß aus der Bronzezeit

Spuren zeugen von Siedlungen der Skythen und keltischen Erawisken in der Region ab etwa 400 v. Chr. Im 1. Jahrhundert n. Chr. nahmen die Römer das Gebiet als Provinz Pannonia in Besitz und gründeten Aquincum *(siehe S. 162f)* innerhalb der heutigen Stadtgrenzen. Wenige Spuren hinterließen die danach herrschenden Hunnen, denen Goten und Langobarden folgten. Fast drei Jahrhunderte lang, ab etwa 600 n. Chr., dominierten die Awaren. 896 drängten die Magyaren in die Region und erhoben Anspruch auf das Gebiet des späteren ungarischen Staates.

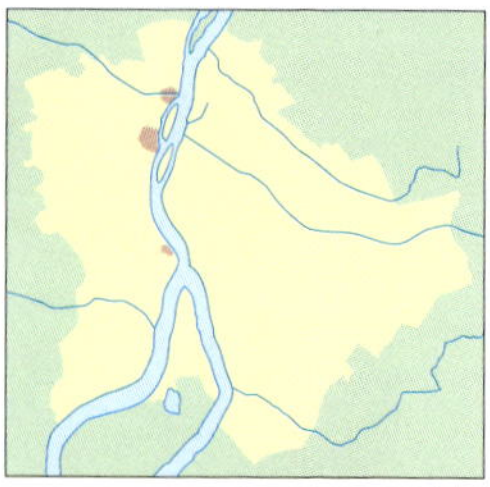

Ausdehnung der Stadt

■ *Um 300* □ *Heute*

Bronzedekorationen
Im 2. Jahrhundert schmückten römische Wagen häufig Bronzetafeln. Dieses Beispiel zeigt (von links): einen Satyr, den Weingott Bacchus und den Schäfergott Pan unter einem Palmwedel. Fundort war Somodor.

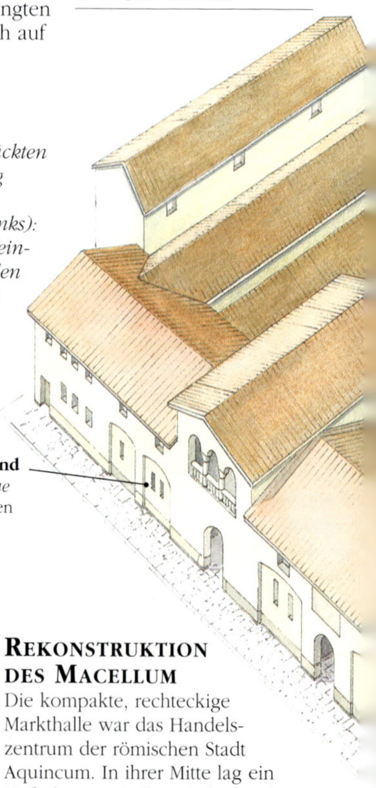

Werkstätten und Läden, *tabernae* genannt, blickten auf die Straße.

Rekonstruktion des Macellum

Die kompakte, rechteckige Markthalle war das Handelszentrum der römischen Stadt Aquincum. In ihrer Mitte lag ein Hof, der von Ställen, Läden und Werkstätten umgeben war.

Sonnengott Mithras
Die Erawisken verehrten die persische Gottheit Mithras; dieser Kult überdauerte bis in die Römerzeit. Das Bronzebild stammt aus dem 2./3. Jahrhundert.

Zeitskala

10 000 v. Chr. Überreste aus der Jungsteinzeit belegen die Existenz einer Siedlung in der Remeda-Höhle in Buda

Keltische Silbermünze (4. Jh. v. Chr.)

800 v. Chr. Urnengräber aus der Eisenzeit in Pünkösdfürdő

50 v. Chr. Erawiskensiedlung auf dem Gellértberg

400 v. Chr. Skythen in der Region

um 100 Die Römer gründen die Stadt Aquincum

10 000 | **5000** | **1000** | **1 n. Chr.**

5000 v. Chr. Steinzeitsiedlungen in Talxina und entlang der Donau

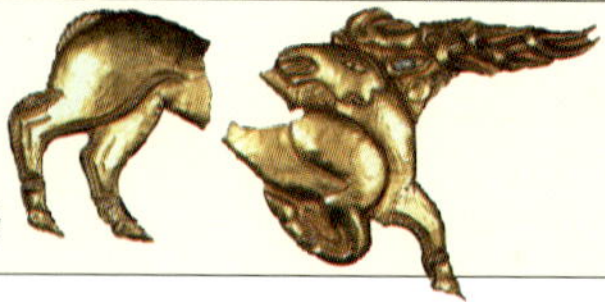

Skythische Ornamentalfigur aus Gold

89 Die Römer errichten ein ständiges Heerlager im heutigen Óbuda

106 Aquincum wird Hauptstadt der römischen Provinz Pannonia Inferior

Opferaltar
Widderköpfe schmücken diesen aus der Jungsteinzeit stammenden Altar. Er wurde in Segedyna gefunden.

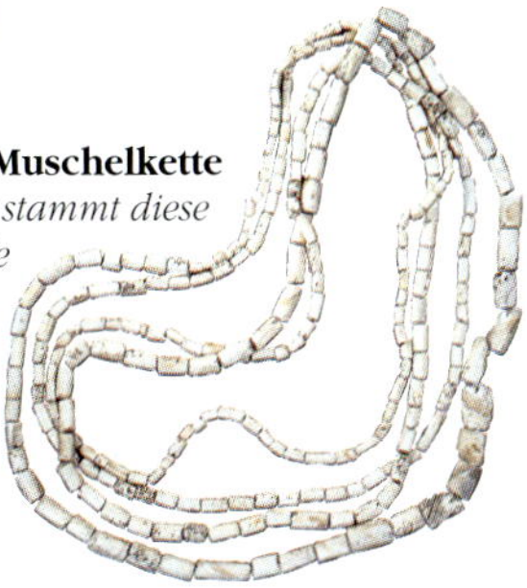

Muschelkette
Aus der Jungsteinzeit stammt diese 5000 Jahre alte Kette, die in Kisköre gefunden wurde. Sie zeugt von frühen Völkerwanderungen und dem aufblühenden Handel der Stämme.

Die Stände der Fleischer gingen auf den Hof.

Die Rotunde beherbergte die Gewichte und Maße.

Silberner Augurenstab
Römische Priester benutzten die Stäbe für ihre Prophezeiungen. Dieses Exemplar wurde in Komárom gefunden, einer Römerstadt aus dem 3. Jahrhundert.

Wegweiser: Antike Stadt

Sehenswerte Relikte von den einst hier stationierten römischen Legionen kann man in Óbuda sehen. Die Reste eines Amphitheaters liegen nahe einem unterirdischen Museum *(S. 170)*; herrliche Mosaiken schmücken die Herkulesvilla *(S. 171)*. Donauaufwärts schlummern die Ruinen von Aquincum *(S. 162f)*. Über die klar erkennbaren Straßen und an den Überresten der Bauten vorbei kommt man in ein Museum. Auf der Pester Flussseite, gleich nördlich der Innerstädtischen Pfarrkirche, liegt ein kleiner, offener Bereich mit den Ruinen von Contra Aquincum *(S. 122)*.

***Das römische Amphitheater**, eines von zweien in Aquincum, bezeugt den Status der Stadt.*

***Die Mosaiken von Herkules und Diana**, die die Herkulesvilla schmücken, wurden wahrscheinlich im 2./3. Jahrhundert aus Alexandria gebracht.*

um 140–60 Zwei neue Amphitheater unterhalten die wachsende Bevölkerung Aquincums

409 Die Hunnen unter Attila erobern Aquincum

um 600–896 Awaren beherrschen die Region

Kunstvoller Ohrring (7. Jh.)

200 | 400 | 600 | 800

194 Aquincum erhält den Status einer römischen Kolonie

294 Contra Aquincum wird am Ostufer der Donau gegründet

453 Niedergang der Hunnenherrschaft

Darstellung des Sonnengottes Mithras

896 Magyarenstämme erobern Pannonien

Die Árpáden

Haarspange (9. Jh.)

NACH EINER LANGEN Wanderung, die im russischen Ural begann, siedelten sich magyarische Nomadenstämme um 896 in Pannonien an. Streitigkeiten untereinander endeten in einer Allianz; Führer der Stämme wurde Árpád. Géza I. kam bereits mit Missionaren zusammen, doch erst sein Sohn, István I., ließ sein Volk christianisieren. Als erster gekrönter König gestaltete István das Land nach dem westeuropäischen Feudalsystem. Unter den Árpáden war zunächst Esztergom *(siehe S. 164)* Hauptstadt, später Székesfehérvár. Buda, Pest und Óbuda begannen in der zweiten Hälfte des 12. Jahrhunderts aufzublühen. 1241 setzte der Mongolensturm dieser Entwicklung jedoch ein Ende.

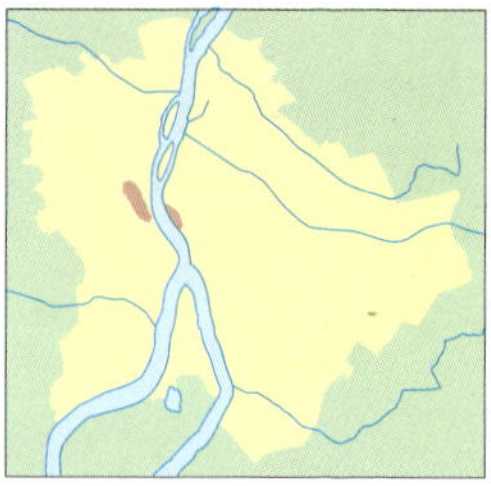

AUSDEHNUNG DER STADT

1300 | *Heute*

Drei ungarische Heilige
Die Gestalten dreier Heiliger – König István, sein Sohn Imre und Bischof Gellért – sind auf dem bunten Triptychon in der Imrekapelle der Matthiaskirche abgebildet (siehe S. 82f).

Christus ist im Mittelteil des Mantels doppelt dargestellt; der Gottessohn überragt die ihn umgebenden Figuren.

Apostelfiguren

König Géza
Géza I., der Vater König Istváns, ist auf einer Emailtafel dargestellt, die die Árpádenkrone schmückt.

KRÖNUNGSMANTEL
Der silberne Krönungsmantel wurde 1031 für die Árpádenkönige gefertigt. Er hat einen perlenbesetzten Kragen und Stickereien, die Christus, Maria, die Apostel und Propheten darstellen.

ZEITSKALA

Skulptur König Istváns I. von Imre Varga

um 900 Árpád besiedelt die Insel Csepel (im heutigen Budapest), sein Bruder Kurszán das spätere Óbuda

Schwert eines Árpádenkönigs

850 | 900 | 950 | 1000 | 1050

973 König Géza lädt Missionare in die Region ein

1001 Krönung von István (Stefan) I.

1046 Aufstand der Heiden und Märtyrertod von Bischof Gellért, der in einem Fass in die Donau geworfen wird

Krone der Árpáden
Die mit Juwelen, Perlen und Email geschmückte Goldkrone wurde aus zwei früheren Kronen zusammengefügt. Die untere byzantinische wurde als »griechische«, die obere als »lateinische« Krone bezeichnet.

Knochenartefakte
Diese Hirtenstäbe aus Knochen haben bearbeitete Griffe.

Münze König Istváns
Die erste ungarische Münze, der Dinar, wurde kurz nach dem 1. Jahrtausend unter König István geprägt.

Tympanon
Das Kirchenrelief (11. Jh.) aus dem heute rumänischen Gyulafehérvár ist in der Ungarischen Nationalgalerie (S. 74ff) *zu sehen.*

Wegweiser: Mittelalterliche Stadt

Weniges erinnert an das Mittelalter. Bemerkenswerte Relikte dieser Epoche sind die Krypta der Matthiaskirche *(S. 82f)* sowie die Bauten und Keller einiger historischer Häuser im Burgviertel (manche davon heute Weinlokale). Die rekonstruierten unteren Räume des Königspalasts *(S. 70f)* und Teile der Befestigung stammen ebenfalls aus dem Mittelalter.

***Der Nachbau (19. Jh.)** der romanischen Kapelle von Ják* (S. 143) *zeigt, wie die Árpáden europäischen Stil adaptierten.*

***Gotische Nischen** kann man in vielen Hauseingängen der Altstadt sehen* (siehe S. 78f).

1100 – 1150 – 1200 – 1250 – 1300

1188 Béla III. verlegt sein Hauptquartier nach Óbuda und beteiligt sich an Friedrich Barbarossas Kreuzzug

1222 Die Goldene Bulle garantiert Adelsprivilegien wie Steuerfreiheit

1241 Mongolensturm

1244 Pest erhält das Stadtrecht

1247 Béla IV. erbaut die Burg in Buda, das Hauptstadt Ungarns wird

1255 Buda erhält das Stadtrecht

1267 Béla IV. verkündet neue Goldene Bulle

1301 Tod König András' III., des letzten Herrschers der Árpádendynastie

Magyaren-Gürtelschnalle aus dem 10. Jahrhundert

Gotik und Renaissance

Tabernakel, Innerstädtische Pfarrkirche

Dem Haus Anjou und Sigismund von Luxemburg ist es zu verdanken, dass die Gotik im 14. Jahrhundert in Buda Fuß fasste. Der Königspalast von Buda und der Sommerpalast in Visegrád wurden umgebaut. Nach der Niederlage der Türken bei Warna gewannen die Ungarn Belgrad zurück und hielten eine Zeitlang der Invasion stand. Mátyás Corvinus, Sohn ihres Anführers János Hunyadi, des Siegers von Belgrad, wurde König. Unter seiner Regentschaft stieg Ungarn zur größten Monarchie Mitteleuropas auf, und nach seiner Hochzeit mit Prinzessin Beatrix von Neapel hielt die Renaissance Einzug ins Land.

Ausdehnung der Stadt

Um 1480 | Heute

Verzierte Initiale aus dem Philostratus-Kodex
Die Initiale zeigt König Mátyás I. nach der Eroberung Wiens. Der Kodex war Teil seiner Bibliothek, die heute zur Széchenyi-Nationalbibliothek (siehe S. 72) *gehört.*

Königsmedaillon
Ein unbekannter lombardischer Meister verewigte König Mátyás I. in diesem Marmorrelief von 1480.

Kastellan Ferenc Sárffy befehligt die Burg von Győr.

Ungarischer Soldat

Ulrik Czettrich, ein Offizier des königlichen Haushalts, entdeckt die Leiche von Ludwig II. am sumpfigen Ufer des Flusses Csele.

Goldsiegel
Das Goldsiegel von König Mátyás bezeugt den Wohlstand, den Ungarn unter seiner Regentschaft genoss.

Zeitskala

Ziborium aus dem 14. Jahrhundert

1335 Die Könige von Ungarn, Polen und Böhmen schließen in Visegrád einen Kooperationsvertrag und regeln die Thronfolge

1342 Ludwig I. »der Große« wird König

1350

1355 Óbuda erhält das Stadtrecht

1370 Ludwig I. schließt eine politische Union und wird König von Polen

1375

1382 Nach dem Tod Ludwigs I. erbt Tochter Maria den ungarischen, Tochter Jadwiga den polnischen Thron

1385 Sigismund von Luxemburg ehelicht Maria

1387–1437 Sigismund von Luxemburg regiert; er vergrößert den Königspalast *(siehe S. 70f)*

1395 Universität in Óbuda

1400

1425

Weinkelche
Die beiden kunstvollen Weinkelche aus dem 16. Jahrhundert bilden aufeinander gestellt ein geschlossenes Behältnis.

Wappen des Königs Mátyás Corvinus
Das Wappen in der Matthiaskirche (siehe S. 82f) *erinnert an die bedeutenden finanziellen Mittel, die der König der Kirche zukommen ließ.*

ENTDECKUNG DES LEICHNAMS VON LUDWIG II.
Die Schlacht von Mohács am 29. August 1526 bezahlte König Ludwig II. mit dem Leben – wie Tausende ungarischer und polnischer Ritter. Die tragische Szene, in der sein Leichnam entdeckt wurde, verewigte Bertalan Székely 1859.

WEGWEISER: STADT DER GOTIK UND RENAISSANCE

Im 14. Jahrhundert gelangte die Gotik in Ungarn zu voller Blüte. Aus dieser Zeit stammen die Portale der Matthiaskirche *(S. 82f)*. Die Renaissance brachten italienische Meister ins Land, die Beatrix, die zweite Gemahlin von Mátyás begleiteten. Der Königspalast *(S. 70f)* und der Sommerpalast in Visegrád *(S. 164)* sind herausragende Beispiele der Renaissance-Architektur. Nach dem Sturm der Türken auf Buda blieb jedoch nur wenig vom früheren Glanz erhalten.

Ein königliches Gemach *aus der Zeit der Anjou ist im Historischen Museum* (siehe S. 72) *zu bewundern.*

Das Portal der Matthiaskirche *aus dem 14. Jahrhundert wurde im 19. Jahrhundert um eine neogotische Vorhalle ergänzt.*

1440 Władysław III. von Polen wird Władysław I. von Ungarn

1456 Sieg über die Türken, Schlacht von Belgrad

1473 Die *Chronica Hungarorum*, das erste in Ungarn veröffentlichte Buch, druckt András Hess

1514 Bauernrevolte unter György Dózsa

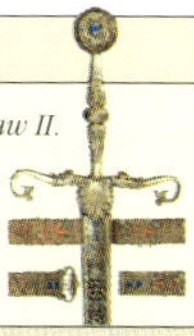

Schwert von Władysław II.

1450 | 1475 | 1500 | 1525 | 1550

1458–90 Mátyás Corvinus regiert

1444 Władysław I. wird in der Schlacht von Warna getötet

1478 Ein neues Gesetz droht Grundbesitzern, die ihren Besitz verfallen lassen, mit Enteignung

Schild eines Soldaten unter Mátyás Corvinus

1526 Sieg der Türken über die Ungarn in der Schlacht von Mohács; König Ludwig II. fällt in der Schlacht

Türkische Besatzung

Osmanischer Teller

Nach der Schlacht von Mohács zerstörten die Türken Buda, verließen jedoch die Stadt wieder. 1541 besetzten sie sie erneut. Sie zogen in den Königspalast *(siehe S. 70f)* ein, und Buda wurde die Hauptstadt des osmanischen Ungarn; Westungarn und Transsylvanien waren feudale Protektorate. Die Osmanen verwandelten bald die Kirchen, auch die Matthiaskirche, in Moscheen und errichteten zahlreiche türkische Bäder *(siehe S. 50ff)*. Die Habsburger versuchten in dieser Epoche hartnäckig, Buda zurückzugewinnen. Ihre Belagerungen zerstörten die Stadt zusehends, und als die christliche Armee 1686 die Stadt besetzte, bot Buda ein Bild der Zerstörung.

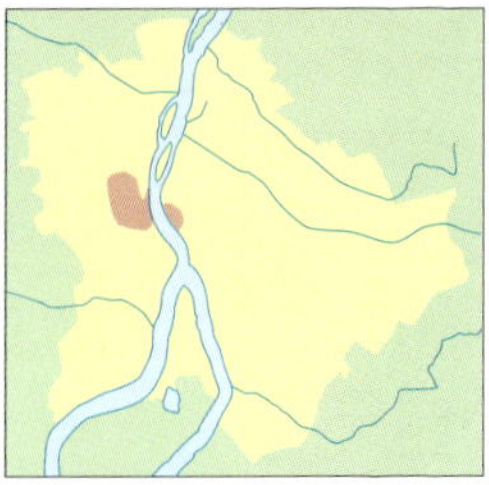

Ausdehnung der Stadt

1630 *Heute*

Die Befreiung Budas 1686
Nach der blutigen Belagerung befreite die christliche Armee unter Führung Prinz Eugens von Savoyen Buda von den Türken. Dieser historischen Szene ist das Gemälde Gyula Benczúrs von 1896 gewidmet.

Pest und Buda 1617
Georgius Hurnagels Kupferstich stellt die stark befestigten Städte Pest und Buda dar. In dieser Zeit stand ein Großteil Ungarns unter türkischer Herrschaft.

Osmanische Grabsteine
Einige der osmanischen Grabsteine mit Inschriften und Turbanen auf der Spitze blieben in Tabán erhalten (siehe S. 94).

Zeitskala

1526–41 Die Türken erobern Buda dreimal

1529 Der ungarische König János I. Szapolyai huldigt Sultan Suleiman I.

1530–40 János I. Szapolyai baut Buda wieder auf

1541–66 Sultan Suleiman »der Prächtige« regiert; er betrachtet sich als türkischen König Ungarns

1542 Die Österreicher belagern Buda

1594 Bálint Balassi, der erste große ungarische Poet, verliert sein Leben in der Schlacht von Esztergom gegen die Türken

1602/03 Die Österreicher unter Hermann Rußworm versuchen vergeblich, Pest und Buda zu erstürmen

1525 | 1545 | 1565 | 1585 | 1605

Österreichische Belagerung von Buda

Kriegszelt
Das Zelt des türkischen Anführers, bei der Belagerung Wiens 1683 erbeutet, schmücken Applikationen. Es ist im Ungarischen Nationalmuseum (siehe S. 130ff) *ausgestellt.*

Osmanischer Mantel
Den Ledermantel (16. Jh.) trug angeblich ein Soldat in der Schlacht von Mohács (siehe S. 25).

Die Matthiaskirche
(siehe S. 82f) wurde in eine Moschee umgewandelt.

Osmanischer Krug
Der kupferne Krug (17. Jh.) wurde in Buda beim Wiederaufbau des Königspalasts gefunden (siehe S. 70f).

Wegweiser: Türkische Stadt

Nahezu alle Bauten der Türken wurden unter den Habsburgern während und nach der Wiedereroberung der Stadt zerstört. Von den Türken als Moscheen genutzte Gotteshäuser wurden wieder in Kirchen umgewandelt; einige Mihrabs (gen Mekka weisende Nischen) blieben erhalten, etwa in der Kapuzinerkirche *(S. 100)* und in der Innerstädtischen Pfarrkirche *(S. 124f)*. Zu den wenigen Beispielen klassischer osmanischer Architektur zählen Rudas-, Rác- *(S. 95)* und Király-Bad sowie das Grab des Derwisches Gül Baba *(S. 101)*.

***Das Király-Bad**, im 16. Jahrhundert von Arshlan Pascha erbaut, ist ein eindrucksvolles Monument* (siehe S. 101).

***Das Rudas-Bad** ziert eine türkische Kuppel über dem zentralen Raum* (siehe S. 93).

Osmanische Kalligrafie

1624 Vertrag von Wien

1625

1634 Allianz von György I. Rákóczi, Fürst von Transsylvanien, mit Frankreich und Schweden gegen Habsburg

1645

Goldene Fünf-Dukaten-Münze von 1603 mit dem Wappen des Fürsten von Transsylvanien

1648 Tod von György I. Rákóczi

1665

1684 Beginn der erfolgreichen Belagerung Budas durch Österreich

1685

1686 Einzug christlicher Truppen in Buda; Ende der Türkenherrschaft

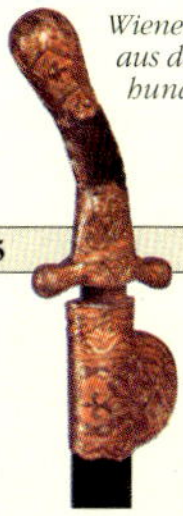

Wiener Schwert aus dem 17. Jahrhundert

Habsburger Herrschaft

Von Maria Theresia geschaffener Orden

Für den Wiederaufbau Ungarns nach der türkischen Herrschaft ermunterten die Habsburger Fremde, vor allem Deutsche, sich im Land anzusiedeln. Diese Politik führte unter Ferenc II. Rákóczi, dem Fürsten von Transsylvanien, zum ungarischen Aufstand (1703–11). Erst in der zweiten Hälfte des 18. Jahrhunderts begann vor allem Kaiserin Maria Theresia ernsthaft mit dem Wiederaufbau von Buda, Óbuda und Pest. Dies ging Hand in Hand mit wirtschaftlichem Aufschwung und einem Bevölkerungsanstieg. Die Universität von Nagyszombat (heute Tyrnau, Slowakei) kam 1777 nach Buda und 1784 nach Pest; dies förderte ebenfalls die Bedeutung der Stadt.

Ausdehnung der Stadt

1770 · *Heute*

Rückkehr der Krone nach Buda *(1790)*
Eine riesige Prozession von Gesandten flankierte die Ankunft der königlichen Insignien aus Wien, Zeichen des Friedens zwischen beiden Ländern.

Maria Theresia wiegt den Infanten Joseph, den Thronfolger, im Arm.

»Vitam et Sanguinem«
1741 schworen die ungarischen Staaten »auf Leben und Blut«, dass sie Kaiserin Maria Theresia gegenüber loyal sein wollten. Der Kupferstich von Joseph Széntpétery stellt die Gelöbnisszene dar.

Ferenc II. Rákóczi
Das Porträt von Ádám Mányoki zeigt Ferenc II. Rákóczi, den Führer des ungarischen Aufstands (1703–11), der vom Volk tief verehrt wurde.

Zeitskala

1687 Unter dem Druck Österreichs verzichtet das ungarische Parlament auf sein Recht der Königswahl und willigt ein, dass die Habsburger den Thron erben

1689 Die Beulenpest wütet unter den Bewohnern von Buda und Pest

Königliche Postkutsche

1690

1702 Jesuiten gründen ein Kolleg und ein theologisches Seminar

1703 Ferenc II. Rákóczi, Fürst von Transsylvanien, führt eine Rebellion der Ungarn gegen die Habsburger an

1705

1711 Rákóczis Aufstand wird niedergeschlagen; zum zweiten Mal wütet die Beulenpest in der Stadt

1720

1723 Brand in Buda

1724 Buda und Pest haben 12 000 Einwohner

1729 Der Wiederaufbau der Vororte von Pest beginnt

1735

Dreierkrug der Familie Andrássy
Die silbernen Krüge verbindet eine Miniatur der Burg des Hauses Andrássy in der heutigen Slowakei.

Ungarische Aristokraten schwören bei ihren Leben, den Thron Maria Theresias zu verteidigen.

Gewand *(um 1750)*
Das Gewand im typisch ungarischen Stil, dessen Korsett mit goldenen Kordeln geschnürt wird, trug eine Dame aus der Adelsfamilie der Majtényi.

Stuhl Ferenc II. Rákóczis
Der mit wertvollem Stoff bezogene Stuhl (18. Jh.) aus dem Schloss Regéc ist typisch für den Stil jener Epoche.

WEGWEISER: STADT DER HABSBURGER

Nachdem die Österreicher den Türken im späten 17. Jahrhundert Buda und Pest entrissen hatten, bauten sie die Städte im 18. Jahrhundert, meist im Barockstil, wieder auf. Zu den berühmten Gebäuden zählen die Sitzungssäle im Rathaus, die Kirchen St. Anna *(S. 102f)*, St. Elisabeth *(S. 101)* und die Universitätskirche *(S. 139)*.

***Die St.-Anna-Kirche**, erbaut 1740–1805, erfreut das Auge mit herrlichem Barockinterieur.*

***Die Sitzungssäle des Rathauses** in Pest schmückt ein Portikus, der mit Figuren von Johann Christoph Mader dekoriert ist* (siehe S. 128).

1745–71 Bau des Königspalasts der Habsburger

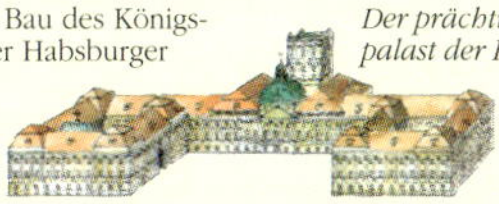

Der prächtige Königspalast der Habsburger

1788 Die erste Zeitung, der *Magyar Merkurius*, geht in Druck

1778 Römische Ruinen werden in Óbuda entdeckt

Ein Husar in Nationaltracht

1750 | **1765** | **1780** | **1795**

1752 Regulärer Postdienst zwischen Buda und Wien eingerichtet

1746–57 Bau des Schlosses Zichy in Óbuda *(siehe S. 171)*

1766 Eine Schiffsbrücke verbindet Buda mit Pest

1777 Die Universität zieht von Nagyszombat nach Buda um, später von dort nach Pest

1792 Einberufung des Parlaments und Krönung von Franz I.

1784 Gründung der Textilfabrik von Ferenc Goldberger in Óbuda

Nationalismus und bürgerliche Revolution

Ungarisches Staatswappen

Die wirtschaftliche Blütezeit von Buda und Pest setzte zu Beginn des 19. Jahrhunderts ein. Vor allem Pest kamen beim Getreidehandel günstige Umstände zugute; in den Napoleonischen Kriegen wurde die Stadt ein Zentrum der Donaumonarchie. Nach dem Krieg blühten Nationalbewusstsein und Kulturleben erneut auf. Das Ungarische Nationalmuseum und viele andere Bauten stammen aus jener Zeit. Die Reformer sahen sich jedoch vom Wiener Kaiserhof geknebelt; im Frühjahr 1848 kam es zum Aufstand. Die Habsburger schlugen die Revolution zusammen mit der russischen Armee nieder. Es folgte die Zeit des Absolutismus.

Ausdehnung der Stadt

1848 | Heute

Vormarsch der Husaren
Das Aquarell (1850) von Mór Than zeigt die Schlacht von Tápióbicske von 1849. Die ungarische Armee führte Henryk Dembiński, ein polnischer General.

Graf György Andrássy spendete 10 000 Forint für den Bau der Ungarischen Akademie der Wissenschaften.

Gründung der Akademie

1825 stellte István Széchenyi für den Bau der Ungarischen Akademie der Wissenschaften *(siehe S. 114)* 60 000 Forint bereit; in der Folge kam es zu landesweiten Kollekten. Barnabás Holló schuf das Relief, das die bedeutendsten Stifter zeigt.

Donauhochwasser
Das Flachrelief (1900) von Barnabás Holló zeigt den heroischen Retter Graf Miklós Wesselényi bei der Überschwemmung von 1838.

Zeitskala

1802 Graf Ferenc Széchenyi stiftet Sammlungen, die den Grundstock für die Széchenyi-Nationalbibliothek *(siehe S. 72)* und das Ungarische Nationalmuseum *(siehe S. 130ff)* bilden

1809 Als Napoleon vorrückt, zieht der Kaiserhof von Wien nach Buda; der Korse bietet den Ungarn die Unabhängigkeit an, doch sie unterstützen die Habsburger

1817 Erste Dampferfahrt auf der Donau bei Buda und Pest

1800 | 1805 | 1810 | 1815 | 1820

1808 Gründung der Verschönerungskommission unter Erzherzog Joseph

Boote auf der Donau

Ewige Flamme
Die von Móric Pogány entworfene Lampe brennt seit 1926 auf dem Freiheitsplatz (siehe S. 110). *Dort füsilierten die Österreicher Lajos Batthyány, den ersten Ministerpräsidenten des Landes, am 6. Oktober 1849.*

NEMZETI DAL PETŐFITŐL.

Zenére s' énekre szerzé KÁLÓZDI JÁNOS.

Pest 1848.

Nationallied
Der Aufstand von 1848 brach am 15. März los, als Sándor Petőfi sein Gedicht Nemzeti dal *(Nationallied) vor dem Ungarischen Nationalmuseum rezitierte.*

Graf István Széchenyi, ein tatkräftiger Reformer, gilt als einer der größten Söhne des Landes.

György Károlyi

Wegweiser: Klassizistische Stadt

Im frühen 19. Jahrhundert erarbeitete die von Erzherzog Joseph eingesetzte und von János Hild geleitete Verschönerungskommission einen Plan für die Entwicklung Pests; das Zentrum wurde mit einem Netz konzentrischer Straßen neu gestaltet. Es entstanden monumentale klassizistische Bauten, die bis heute den Charakter dieses Areals bestimmen. Attraktionen sind das Ungarische Nationalmuseum, die Kettenbrücke und einige Häuser rund um den József-Nádor-Platz.

Das Ungarische Nationalmuseum *(1836–46) zählt zu den schönsten klassizistischen Bauwerken Ungarns* (siehe S. 130ff).

Die Kettenbrücke*, die erste feste Brücke über die Donau, wurde 1839–49 von Adam Clark gebaut* (siehe S. 62).

Buda und Pest 1838
Die Donau, hier im Jahr vor dem Bau der Kettenbrücke dargestellt, war ein wichtiger Transportweg.

1825–48 Gründung der Ungarischen Akademie der Wissenschaften, des Ungarischen Nationalmuseums und des Nationaltheaters

Der Dichter Sándor Petőfi (1823–1849)

1840 Sprachengesetz: Ungarisch löst Latein als offizielle Landessprache ab

1847 Tod des Erzherzogs Joseph, des kaiserlichen Gouverneurs

15. März 1848 Beginn des Aufstands

1825 | 1830 | 1835 | 1840 | 1845

Das Hochwasser

1830 István Széchenyi veröffentlicht sein Buch *Über den Kredit*; es gilt als Manifest des Kampfes für ein modernes Ungarn

1838 Das schwere Hochwasser zerstört die Hälfte aller Gebäude in Pest

1846 Die erste Eisenbahnlinie der Stadt verbindet Pest und Vác

1849 Nach tapferem Widerstand der Ungarn wirft die russische Armee den Aufstand nieder

Ausgleich und Vereinigung von Buda und Pest

Maria Theresia

NACH DER NIEDERLAGE gegen Preußen 1866 erkannten die Habsburger die Notwendigkeit eines Abkommens mit Ungarn; der 1867 geschlossene Ausgleich erwies sich als unverzichtbar für die Zukunft von Buda und Pest. Die Vereinigung der beiden Städte war seit der Eröffnung der Kettenbrücke 1849 im Gespräch gewesen. 1873 wurde sie verwirklicht, und Budapest gehörte rasch zu den am schnellsten wachsenden Metropolen Europas. 1896 stand der Városliget im Mittelpunkt der ungarischen Millenniumsfeier *(siehe S. 142)*.

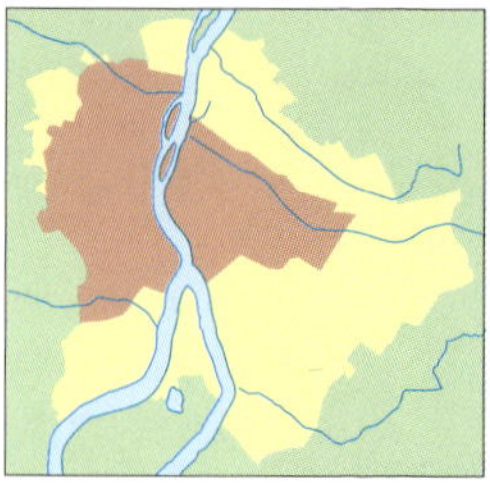

AUSDEHNUNG DER STADT

1873 | *Heute*

Weinkelch
Den Weinkelch (19. Jh.) ziert das ungarische Wappen mit der Krone der Árpáden (siehe S. 23).

Die Zitadelle *(siehe S. 92f)* auf dem Gellértberg

Burgviertel

Der Boráros tér, auf dem früher mit Waren gehandelt wurde.

Ferenc Deák *(1803–1876)*
Der große Staatsmann Deák war ein Befürworter moderater Reformen. Er überzeugte als Fürsprecher des 1867 mit Österreich ausgehandelten Kompromisses.

Dekorative Pfeife *(1896)*
Die im Jahr der ungarischen Millenniumsfeier gefertigte Pfeife des »himmlischen Friedens« zeigt die Árpádenkönige und Kaiser Franz Joseph.

ZEITSKALA

1854 Das Kriegsrecht endet fünf Jahre nach dem Aufstand von 1848/49

1856 Adam Clark baut einen Tunnel unter dem Burgberg *(siehe S. 100)*

Eingang zum Tunnel

1875 Eröffnung der Franz-Liszt-Musikakademie *(siehe S. 129)* mit dem Komponisten als Rektor

1850 | 1860 | 1870 | 1880

1859 Die Synagoge an der Dohány utca *(siehe S. 134)* wird vollendet

1864 Eröffnung der Großen Markthalle *(siehe S. 203)*

1867 Ausgleich mit Österreich; Ungarn wird innenpolitisch unabhängig; Einführung der Doppelmonarchie; Kaiser Franz Joseph nimmt die ungarische Krone an

1873 Vereinigung von Buda, Óbuda und Pest zu einer Stadt mit insgesamt 300 000 Einwohnern

Denkmal der im Ersten Weltkrieg gefallenen Soldaten
Das Flachrelief von János Istók ist den Toten des Ersten Weltkriegs gewidmet, in dem Ungarn auf deutsch-österreichischer Seite kämpfte. Es prangt am Haupteingang zur Servitenkirche (siehe S. 128).

»Handschellen«-Armband
Nach dem fehlgeschlagenen Aufstand von 1848/49 gedachten die Ungarn sogar in Schmuckstücken ihrer Unterdrückung.

Handel am Uferdamm von Pest

Das 1887 vollendete Gemälde von Antal Ligeti zeigt den Uferdamm von Pest zu einer Zeit, in der die Stadt aufblühte. Manufakturwaren und Korn wurden entlang der Donau nach Deutschland und in den Balkan verschifft.

Wegweiser: Stadt des Historismus

Die rasch wachsende Metropole wurde vom Historismus geprägt. Beispiele des historisierenden Stils, der später in den Sezessionsstil überging, sind die Ungarische Akademie der Wissenschaften, das Parlamentsgebäude *(S. 108f)*, die St.-Stephans-Basilika *(S. 116f)*, das Museum der schönen Künste *(S. 146ff)*, das Palais New York *(S. 129)* und viele Bauten an der Andrássy-Straße *(S. 144)*.

***Die Akademie der Wissenschaften** ist in einem Palais von 1864 im Stil der Neorenaissance zu Hause* (siehe S. 114).

***Die St.-Stephans-Basilika** erbauten drei Architekten über 60 Jahre hinweg. Vollendet wurde sie 1905* (siehe S. 116f).

1894 Der Leichnam von Lajos Kossuth *(siehe S. 106)* wird aus Turin überführt

1904 Eröffnung des Parlamentsgebäudes *(siehe S. 108f)*

Kongresssaal, Parlamentsgebäude

1916 Franz Joseph stirbt; Karl IV. wird König von Ungarn

1890 **1900** **1910** **1920**

1896 Erste U-Bahn-Linie und mehrere Museen eröffnet

1900 Mit 773 000 Einwohnern ist Budapest die am schnellsten wachsende Stadt Europas

1909 Eröffnung des Flughafens in Rákos (heute Kőbánya)

1914 Ungarn unterstützt Deutschland und Österreich im Ersten Weltkrieg

1918 Die Abdankung Karls IV. markiert das Ende der Donaumonarchie

Das moderne Budapest

Plakat für Unicum-Likör *(siehe S. 193)*

UNGARN ZAHLTE EINEN hohen Preis für die Allianzen mit Österreich und Deutschland. Nach den Niederlagen in beiden Weltkriegen verlor das Land große Teile seines Territoriums. Gemäß dem Abkommen von Jalta 1945 gehörte es nun zu dem von der Sowjetunion kontrollierten Teil Europas. Der Stalinismus erwies sich hier als besonders unbarmherzig. Dies führte zum Aufstand von 1956, den sowjetische Panzer in Budapest niederwalzten. Die Bemühungen János Kádárs, eine Reform durchzusetzen, brachten Veränderungen, doch politische Opposition wurde nicht geduldet. 1989 wurden die Kommunisten abgesetzt: Ungarn wurde unabhängig.

1944 Als sich Ungarn aus dem Krieg zurückziehen will, besetzen es deutsche Truppen; das Budapester Ghetto wird errichtet, die Vernichtung der ungarischen Juden beginnt; als die Rote Armee anrückt, werden alle Donaubrücken gesprengt

1945 Nach sechswöchiger Belagerung nimmt die Rote Armee Budapest ein

1946 Proklamation der Republik Ungarn; Wahlsieger ist die Kleinbauernpartei

1947 Nach der Fälschung der Wahlergebnisse kontrollieren die Kommunisten das Land

1957 János Kádár wird erster Vorsitzender der Sozialistischen Arbeiterpartei

1949 Stalinistischer Terror: Kardinal Mindszenty *(siehe S. 111)* wird angeklagt, László Rajk, Chef der Geheimpolizei, zum Tod verurteilt

1919 Regierungsübernahme der Kommunisten, Ausrufung der Sowjetrepublik Ungarn

1922 Wiedereröffnung der Staatsoper *(siehe S. 118f)* nach dem Ersten Weltkrieg

1928 Budapest ist Donaufreihafen

1937 Sechster und letzter Besuch des Dichters Thomas Mann

1941 Eintritt in den Zweiten Weltkrieg an der Seite Deutschlands

1939 Im Zweiten Weltkrieg bleibt Ungarn anfangs neutral; nach der Kapitulation Polens nimmt das Land Flüchtlinge auf

1920 | **1930** | **1940** | **1950**

1920 | **1930** | **1940** | **1950**

1935 Tabán *(siehe S. 94)* wird abgerissen, es entsteht ein Park

1938 Eucharistiekongress

1925 Radio Budapest sendet sein erstes Programm

1919 Admiral Miklós Horthy zieht in Budapest ein; die Ära des »weißen Terrors« fordert viele Opfer; Horthy wird Staatsoberhaupt

1945–1. August 1946 Währungsreform: Während der galoppierenden Inflation werden Banknoten im Wert von einer Milliarde Pengő gedruckt; die vielen Nullen passen kaum mehr auf die Scheine

1954 Ungarn unterliegt im Endspiel der Fußballweltmeisterschaft gegen Deutschland mit 2:3

1948 Mátyás Rákosi führt die von den Kommunisten gegründete Sozialistische Arbeiterpartei

1918 Demokratische Revolution; Ausrufung der Republik; Mihály Károlyi wird zum ersten Staatspräsidenten gewählt

1956 Volksaufstand wird von den Sowjets niedergeschlagen

1958 Ministerpräsident Imre Nagy, Führer des Aufstands von 1956, wird exekutiert

1960–66 Wiederaufbau des Burgviertels *(siehe S. 68ff)*, des Königspalasts und der Donaubrücken

1964 Die rundum erneuerte Elisabethbrücke *(siehe S. 63)* ist wieder für den Verkehr freigegeben

1981 Der Regisseur István Szabó erhält einen Oscar für seinen Film *Mephisto*

Februar 1989 Gespräche am runden Tisch zwischen Oppositionsparteien und den regierenden Sozialisten

September 1989 Ungarn öffnet seine Grenzen und ermöglicht DDR-Bürgern die Flucht in den Westen

Oktober 1989 Erneute Ausrufung der Republik Ungarn; Wiedereinführung des alten Staatswappens

1991 Der Warschauer Pakt wird aufgelöst; die Rote Armee verlässt Ungarn

1994 Die Sozialistische Partei gewinnt die zweiten freien Wahlen; Gyula Horn leitet die Regierungskoalition

1998 Dritte freie Wahl, Sieger wird Viktor Orbán von der Bürgerpartei

2002 Bei den Wahlen siegt der Sozialist Péter Medgyessy. Imre Kertész erhält den Literatur-Nobelpreis

2004 Ungarn wird EU-Mitglied

1960 | 1970 | 1980 | 1990 | 2000

1960 | 1970 | 1980 | 1990 | 2000

1968 Einführung eines neuen Wirtschaftssystems (»Gulaschkommunismus«)

1970 Eröffnung der neuen U-Bahn-Linie

1987 Die UNESCO erklärt das Burgviertel und die Uferzone der Donau zum Weltkulturerbe

Juni 1989 Zeremonielles Begräbnis für Imre Nagy, andere Führer des Aufstands von 1956 werden rehabilitiert

1990 Das Demokratische Ungarische Forum gewinnt die freien Wahlen; József Antall wird erster demokratisch gewählter Ministerpräsident, Árpád Göncz Präsident

1991 Václav Havel, József Antall und Lech Walesa unterzeichnen in Visegrád *(siehe S. 164)* ein Abkommen zwischen der Tschechoslowakei, Ungarn und Polen

1993 Papst Johannes Paul II. besucht Ungarn

BUDAPEST IM ÜBERBLICK

BUDAPEST, DAS »Paris des Ostens«, ist nicht allein für die Denkmäler seiner tausendjährigen Kultur berühmt, sondern auch für die Spuren anderer Siedler. Überreste der römischen Besatzung und der Türkenherrschaft sind bis heute zu sehen. Nach den Türken beeinflusste die Verbindung mit Österreich das Aussehen der Stadt nachhaltig. In den Kapiteln *Die Stadtteile Budapests* finden Sie Beschreibungen von rund 150 Sehenswürdigkeiten. Die folgenden 20 Seiten sollen Ihnen helfen, auch einen kurzen Besuch optimal zu gestalten. Sie zeigen die schönsten Ecken Budapests: Bäder, Sezessionsgebäude, Museen, Kirchen und Synagogen, Palais und historische Bauten – jeweils mit Querverweis zur ausführlichen Beschreibung der Sehenswürdigkeit. Die Hauptattraktionen Budapests sind auf dieser Seite abgebildet.

BUDAPESTS WICHTIGSTE SEHENSWÜRDIGKEITEN

Váci-Straße
Siehe S. 127

Gellértdenkmal
Siehe S. 93

Gellértbäder
Siehe S. 90f

Parlamentsgebäude
Siehe S. 108f

Nationalmuseum
Siehe S. 130ff

Staatsoper
Siehe S. 118f

Matthiaskirche
Siehe S. 82f

Margareteninsel
Siehe S. 172f

Kettenbrücke
Siehe S. 62

Nationalgalerie
Siehe S. 74ff

◁ **Die Neorenaissance-Fassade der Stadtratskammer *(siehe S. 138)* im Zentrum von Pest**

Highlights: Museen und Sammlungen

IM GEGENSATZ ZU anderen Städten Europas – z.B. Paris mit seinem Louvre und Madrid mit dem Prado – hat Budapest kein Museum, das sich einer königlichen Sammlung rühmen könnte, denn im Land herrschten lange Zeit fremde Mächte. Im frühen 19. Jahrhundert jedoch erwachte, unterstützt vom aufstrebenden Bürgertum, das Interesse der Aristokratie am Erhalt historischer Objekte für die Nation. Heute verweist Budapest stolz auf über 60 Museen und Sammlungen: Museen von internationalem Rang und Bedeutung sind ebenso darunter wie solche von eher lokalem Interesse. Weitere Informationen über Museen und Sammlungen auf Seite 40f.

Museum für Kriegsgeschichte
Das Museum zeigt einen interessanten Querschnitt ungarischer Waffen.

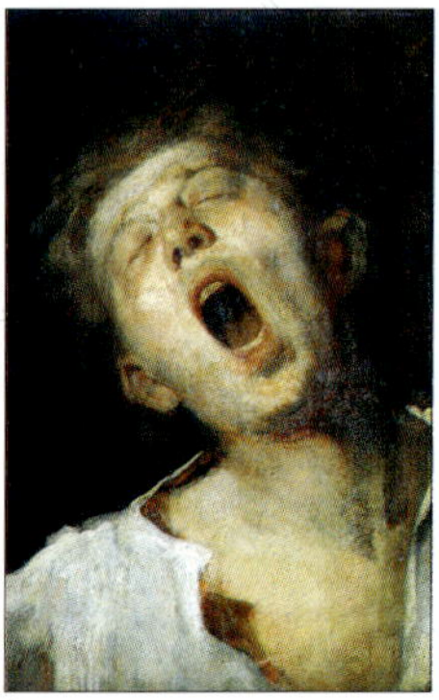

Ungarische Nationalgalerie
Hier bewundert man ungarische Kunst vom Mittelalter bis ins 20. Jahrhundert. Der gähnende Geselle *(1868) des großen Künstlers Mihály Munkácsy ist eines der Highlights der Sammlungen.*

Budapester Historisches Museum
Die gotische Skulptur zählt zu den mittelalterlichen Schätzen des Historischen Museums. Die ältesten Stücke sind in den original erhaltenen unteren Räumen des Renaissancepalais ausgestellt.

Semmelweis-Museum für Medizingeschichte
Ignác Semmelweis, den die Therapie gegen Kindbettfieber berühmt machte, erblickte 1818 in dem heutigen Museum das Licht der Welt.

Ethnografisches Museum
Zu den Ausstellungsstücken des Museums für ungarische Volkskultur und -kunst zählt dieser Krug, den György Mantl 1864 schuf. Sehenswert sind auch die Bereiche, die ethnischen Gruppen in anderen Teilen der Welt gewidmet sind.

Museum der schönen Künste
Das Bildnis eines Mannes (um 1565) von Paolo Veronese ist eines unter vielen Meisterwerken der hervorragenden Sammlung.

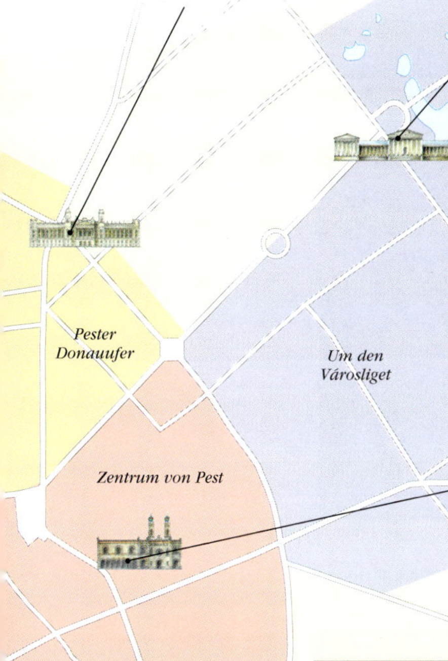

Jüdisches Museum
Verteilt auf Räume neben der Großen Synagoge dokumentiert dieses Museum den Holocaust in Ungarn und zeigt rituelle Objekte.

Ungarisches Nationalmuseum
Herrliche Fresken von Károly Lotz und Mór Than zieren das elegante Treppenhaus im ältesten Museum Budapests.

Museum für Kunsthandwerk
Kostbare Keramik, Porzellan und Möbelstücke birgt dieses Gebäude. Es ist selbst ein Kunstwerk, das von einer herrlichen orientalischen Kuppel gekrönt wird.

Überblick: Museen und Sammlungen

Wappen des Handelsmuseums

DIE MEISTEN MUSEEN und Sammlungen Budapests sind in historischen Bauten zu finden, etwa in den Räumen des Königspalasts, wo in den 1970er und 1980er Jahren verschiedene Museen einzogen, darunter die Ungarische Nationalgalerie. Einige Museen, etwa das Ungarische Nationalmuseum und das Historische Museum, zeigen auch Wechselausstellungen, die bei Einheimischen und Besuchern gleichermaßen beliebt sind.

Skulptur von Imre Varga in der gleichnamigen Galerie ***(siehe S. 171)***

UNGARISCHE GEMÄLDE UND SKULPTUREN

ZWEI WICHTIGE Adressen sollte kein Besucher versäumen, der die schönsten Beispiele ungarischer Kunst genießen möchte.

In der **Ungarischen Nationalgalerie** präsentieren sieben chronologische Bereiche Gemälde und Skulpturen vom Mittelalter bis in die Neuzeit. Der Rundgang beginnt im Lapidarium, in dem Fragmente mittelalterlicher Steinskulpturen aus den Burgen der ersten ungarischen Könige zu bewundern sind.

Im Allgemeinen blieben nur wenige Kunstwerke aus Gotik und Renaissance in Budapest erhalten; die Türken plünderten während ihrer Herrschaft reichlich. Eine schöne Sammlung von Altarbildern aus dem 15. und 16. Jahrhundert ist in der Ungarischen Nationalgalerie zu bewundern.

Im 19. Jahrhundert erlebte die Malerei eine Blütezeit, beeinflusst von den großen internationalen Kunstströmungen. Spezifisch ungarisch sind insbesondere die Arbeiten von Pál Szinyei Merse, Mihály Munkácsy und László Paál. Die berühmtesten Skulpturen schufen István Ferenczy, Zsigmond Kisfaludi Stróbl und Imre Varga.

Viele Porträts und eher wenige Gemälde und Skulpturen erwarten Sie im **Ungarischen Nationalmuseum**. Sie bieten einen faszinierenden Einblick in die Landesgeschichte.

Das **Vasarély-Museum** birgt eine Sammlung von 300 Werken des in Ungarn geborenen Künstlers Victor Vasarély. Er ging 1930 nach Paris und wurde zu einem der bedeutendsten Op-Art-Künstler.

EUROPÄISCHE GEMÄLDE UND SKULPTUREN

MEISTERWERKE DER besten Künstler Europas vom Mittelalter bis in die Neuzeit sind in zwei Budapester Museen zu bewundern.

Das **Museum der schönen Künste** besitzt eine herrliche Sammlung italienischer Meister vom 14. Jahrhundert bis zur Epoche des Barock, mit Künstlern wie Tizian, Antonio Correggio, Paolo Veronese, Giambattista Tiepolo und Jacopo Tintoretto. Prunkstück der italienischen Sammlung ist jedoch die *Esterházy-Madonna* (1508) von Raffael. Ebenso hochkarätig ist die Kollektion spanischer Gemälde, die als eine der weltweit größten gilt. Zu den Werken Goyas zählt *Die Wasserträgerin* (um 1810). Auch einige Ölgemälde von El Greco, Francisco de Zurbarán und Bartolomé Esteban Murillo sind zu sehen. Weitere Galerien im Museum präsentieren Künstler aus den Niederlanden und Deutschland sowie Meister aus England, Frankreich und Flandern. Das Museum birgt überdies neben 100 000 Zeichnungen und Stichen alter Meister eine hervorragende Sammlung moderner Kunst.

Moderne Gemälde sind auch im **Ludwig-Museum Budapest – Museum für zeitgenössische Kunst** zu bestaunen. Die Bilder gehören zur Peter-Ludwig-Stiftung. Besonders kostbar sind zwei Gemälde von Pablo Picasso: *Mutter und Kind* und *Musketier*.

Pablo Picassos *Musketier* (1967) im Ludwig-Museum

Blick in die Räumlichkeiten des Jüdischen Museums

Geschichte

Verschiedene Museen geben Einblick in die Geschichte Budapests und ganz Ungarns. Relikte aus der Römerzeit erwarten Sie im **Aquincum-Museum** und anderen Museen, darunter das **Römerlager-Museum** in Óbuda.

Die bedeutendsten historischen Schätze der Nation beherbergt das **Ungarische Nationalmuseum**, darunter die Krönungsrobe aus dem 11. Jahrhundert.

Mittelalterliche Siegel und gotische Statuen zählen zu den Schätzen des **Budapester Historischen Museums**. Im **Museum für Militärgeschichte** informieren Schautafeln über die vielen ungarischen Freiheitskämpfe wie den Aufstand von 1956 *(siehe S. 34)*. Das **Jüdische Museum** setzt sich mit dem Holocaust auseinander und zeigt rituelle Gegenstände. Die Sammlung des **Nationalmuseums der evangelischen Kirche** birgt eine Kopie des Vermächtnisses von Martin Luther.

Musik

Zwei der in diesem Buch vorgestellten Museen sind international berühmten Komponisten gewidmet: das **Franz-Liszt-Museum** und das **Zoltán-Kodály-Museum**. Die Wohnungen, in denen die Komponisten lebten und arbeiteten, bilden die Kulisse für Musikinstrumente, Partituren, Fotografien und Korrespondenz.

Einen allgemeinen Überblick über ungarische Musik gibt das **Museum für Musikgeschichte** in einem Barockpalais. Die Ausstellung dokumentiert die Entwicklung der Instrumente, der Volksmusik und der Musikgeschichte im 18. und 19. Jahrhundert; eine Abteilung ist Béla Bartók gewidmet.

Ethnografisch-orientalisches Kunsthandwerk

Prächtige Trachten und auch Alltagsgegenstände der einheimischen Volksgruppen sind im **Ethnografischen Museum** zu bewundern. Eine ganze Abteilung ist den Ureinwohnern Afrikas, Amerikas und Asiens gewidmet. In Asien sehen die Ungarn nämlich ihre Wurzeln; von dort sollen die Magyaren ins Land gekommen sein.

Die Faszination für den Orient inspirierte die Gründung von zwei weiteren Museen: Das **György-Rath-Museum** zeigt u. a. Fächer und Kämme aus China und Japan, das **Ferenc-Hopp-Museum** eine Sammlung von Exponaten aus Indien.

Kunsthandwerk

Aussergewöhnlich ist das von Ödön Lechner entworfene Gebäude, in dem das **Museum für Kunsthandwerk** *(siehe S. 56)* faszinierende Einblicke in die Entwicklung des Kunsthandwerks seit dem Mittelalter gibt. Meißner Porzellan funkelt neben orientalischen Teppichen und Exponaten aus Ungarn. Beeindruckend sind die Räume über die Sezession *(siehe S. 54ff)*; meist gibt es auch Sonderausstellungen.

Bierkrug, Evangelisches Museum

Kunsthandwerk, Gemälde und Architektenpläne, die im **Kiscelli-Museum** ausgestellt sind, erwecken das Budapest des 18. und 19. Jahrhunderts zu neuem Leben.

Besondere Museen

Wer sich für Gastronomiegeschichte interessiert, sollte sich diese ungewöhnliche Sammlung ansehen: Das **Museum für Handel und Gastronomie** besitzt zahlreiche Exponate aus der Welt des Handels mit Esswaren.

Das **Semmelweis-Museum für Medizingeschichte** ist dem Werk des Arztes Ignác Semmelweis gewidmet, der die Erreger des Kindbettfiebers entdeckte. Die Wöchnerinnen waren dem Fieber vorher hilflos ausgeliefert gewesen.

In dem Gebäude des heutigen **Apothekenmuseums »Goldener Adler«** eröffnete 1681 eine Apotheke. Zu sehen ist viel altes Inventar und eine Ausstellung pharmazeutischer Gegenstände. Eisenbahnfans begeistert das **Transportmuseum** mit seinen Modellbahnen.

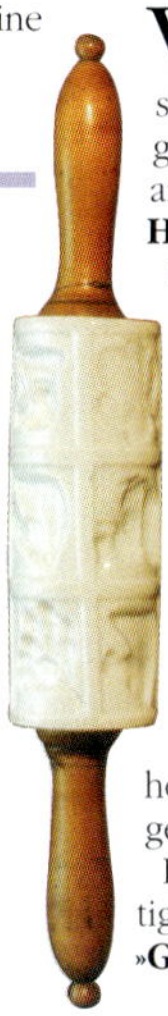

Teigrolle im Museum für Handel

Wegweiser: Museen

Aquincum-Museum *S. 162f*
Budapester Historisches Museum *S. 72*
Ethnografisches Museum *S. 110*
Franz-Liszt-Museum *S. 144*
Jüdisches Museum *S. 134*
Kiscelli-Museum *S. 48*
Ludwig-Museum Budapest *S. 73*
Museum der schönen Künste *S. 146ff*
Museum für Handel und Gastronomie *S. 84*
Museum für Kunsthandwerk *S. 136f*
Museum für Kriegsgeschichte *S. 85*
Semmelweis-Museum für Medizingeschichte *S. 95*
Ungarische Nationalgalerie *S. 74ff*
Ungarisches Nationalmuseum *S. 130ff*
Vasarély-Museum *S. 171*

Highlights: Kirchen und Synagogen

Nur wenige Kirchen aus Mittelalter und Renaissance blieben in Budapest erhalten. Dies rührt daher, dass die Türken in den 150 Jahren ihrer Herrschaft alle Kirchen in Moscheen umwandelten und die Christen später diese bei ihren Angriffen auf Buda und Pest zerstörten. Im späten 17. Jahrhundert begann man, alte Kirchen zu restaurieren und neue zu bauen; daher überwiegen im Stadtbild Barock und Klassizismus.

Kapuzinerkirche
Neben Mauerfragmenten aus dem Mittelalter blieben zwei türkische Fenster aus der Epoche erhalten, in der die Kirche als Moschee diente.

St.-Anna-Kirche
Eine der schönsten Barockkirchen Budapests; erbaut wurde sie Mitte des 18. Jahrhunderts. Die Figuren der Heiligen Anna und Maria zieren die Mitte ihrer Fassade.

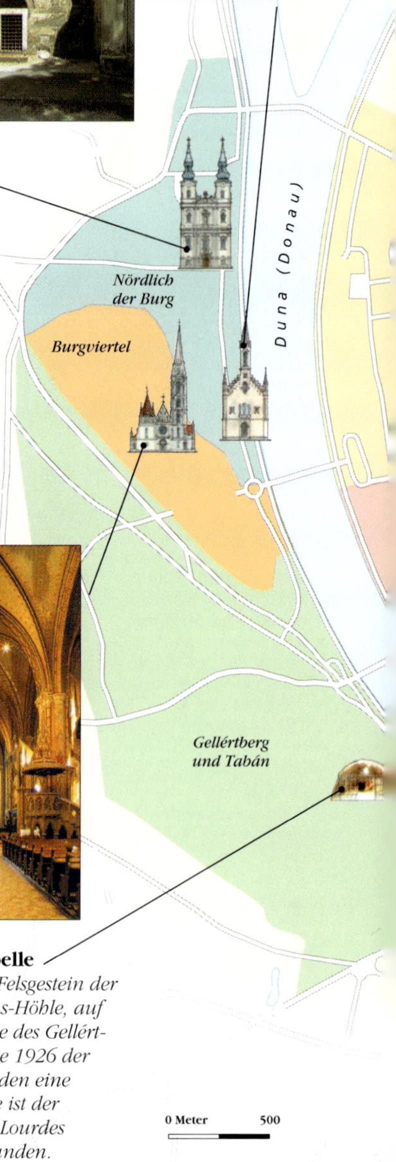

Matthiaskirche
Romanische und gotische Stilelemente schmücken die Krönungskirche der ungarischen Könige. Der neogotische Altar stammt aus dem 19. Jahrhundert.

Felsenkapelle
Mitten ins Felsgestein der St.-Stephans-Höhle, auf der Südseite des Gellértbergs, baute 1926 der Paulinerorden eine Kapelle. Sie ist der Grotte von Lourdes nachempfunden.

St.-Stephans-Basilika
Ein Flachrelief von Leó Feszler schmückt das Haupttympanon der St.-Stephans-Basilika; es zeigt die Jungfrau Maria, umgeben von ungarischen Heiligen. Die imposante Kirche wurde 1851–1905 erbaut.

Evangelische Kirche
Die klassizistische Kirche vollendete Mihály Pollack 1808. Die eindrucksvolle Fassade fügte József Hild 50 Jahre später hinzu.

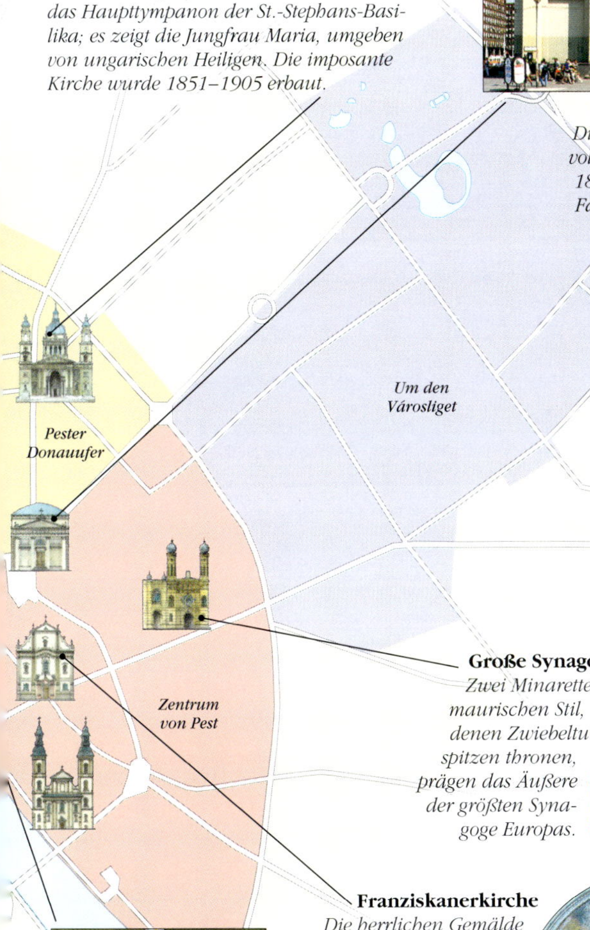

Große Synagoge
Zwei Minarette im maurischen Stil, auf denen Zwiebelturmspitzen thronen, prägen das Äußere der größten Synagoge Europas.

Franziskanerkirche
Die herrlichen Gemälde (19. Jh.), die das Innere der Barockkirche schmücken, stammen von Károly Lotz.

Innerstädtische Pfarrkirche
1046 entstand diese Kirche, das älteste Gebäude in Pest. Seit sie die Feuersbrunst von 1723 überstand, wacht Florian, der Schutzheilige gegen Feuer, an der Mauer neben dem Altar über das Gotteshaus.

Überblick: Kirchen und Synagogen

Detail der Elisabethkirche

Die meisten Kirchen stehen im Zentrum von Buda und im Zentrum von Pest; an den Stadträndern sind nur wenige interessante Sakralbauten zu finden. Die größte Bautätigkeit entfaltete sich im 18. Jahrhundert, nach der endgültigen Vertreibung der Türken. Eine weitere Bauphase fand in der zweiten Hälfte des 19. Jahrhunderts statt, als zwei der größten Kultstätten Budapests entstanden: die St.-Stephans-Basilika und die Große Synagoge. Nach dem Zweiten Weltkrieg verfielen die Kirchen; seitdem restauriert wird, erstrahlen einige wieder im früheren Glanz.

Rekonstruiertes gotisches Fenster der Maria-Magdalena-Kirche

Mittelalter

Die **Matthiaskirche** und die **Innerstädtische Pfarrkirche** stammen ursprünglich aus der Epoche Bélas IV. (13. Jh.). Reste der romanischen Epoche sind noch erkennbar, auch wenn beide Kirchen später im gotischen Stil umgebaut wurden. Nach der Plünderung durch die Türken 1526 wurde das Innere der Matthiaskirche von den Jesuiten, die sie übernommen hatten, im Barockstil gestaltet. Die Kirche gewann etwas von ihrem mittelalterlichen Erscheinungsbild zurück, als 1874–96 alle barocken Elemente systematisch entfernt wurden; sie bekam nun ein neogotisches Aussehen.

Die **Maria-Magdalena-Kirche**, 1274 im gotischen Stil erbaut, wurde 1945 fast ganz zerstört. Intakt ist heute nur noch der Turm aus dem 15. Jahrhundert mit seinen beiden Kapellen. Auch ein gotisches Fenster wurde erneuert.

Die **Michaelskirche** wurde im 12. Jahrhundert auf der Margareteninsel erbaut und von den Türken zerstört, 1932 jedoch nach den ursprünglichen Plänen wiederaufgebaut.

Barock

Im 18. Jahrhundert entstanden 17 Kirchen in Pest, Buda und Óbuda, alle im Barockstil. Der Einfluss der italienischen Architektur ist bei vielen unübersehbar, obgleich nur die **Universitätskirche** von einem Italiener, Donato Allio, stammt. Unter den Habsburgern hielten sich die führenden Architekten der Stadt, András Meyerhoffer, Mátyás Nepauer und Kristóf Hamon, häufig an österreichische Vorbilder.

Die Universitätskirche und die **St.-Anna-Kirche** gelten als die schönsten Gebäude der Stadt aus jener Epoche. Erstere entzückt die Besucher mit schönen Schnitzereien bei Gestühl und Kanzel sowie den Gemälden von Johann Bergl, die ihre Gewölbe zieren. Der ovale Grundriss der St.-Anna-Kirche mit ihrer herrlichen Fassade bezeugt den Einfluss des süddeutschen Barock. Im Inneren prangen ein prächtiger Altar sowie eine Kanzel von Károly Bebó.

Die **Franziskanerkirche** im Zentrum Budapests stammt von 1758. Sie hat ein barockes Kirchenschiff; den Hauptaltar schuf Antal Grassalkovich.

Das Innere der Servitenkirche (1725) mit Barockaltar

Kuppeln und Türme

Die gotischen Türme der Maria-Magdalena-Kirche und die neogotischen Türme der Matthiaskirche zählen zu den Wahrzeichen Budapests. Die barocken Zwillingstürme der St.-Anna-Kirche und die hohen Türme der Kalvinistenkirche überragen Buda und die Donau. Das Ufer von Pest beherrschen die Kuppel der St.-Stephans-Basilika und die Türme der Großen Synagoge.

Gotischer Turm der Maria-Magdalena-Kirche

Barocke Türme der St.-Anna-Kirche

Turm der Kalvinistenkirche im gotischen Stil

Klassizismus und Historismus

Das Edikt von 1781, das Joseph II. erließ, gestattete den Bau protestantischer Kirchen. Katholische Kirchen gab es bereits viele, und so begannen die Protestanten, ihre eigenen Gotteshäuser im vorherrschenden Stil jener Epoche zu errichten: dem Klassizismus.

Als eine der ersten entstand die **Evangelische Kirche** am Deák Ferenc tér. 1808 vollendete sie Mihály Pollack, ein Meister klassizistischer Architektur. Das asketisch weiße Kircheninnere mit der zweistöckigen Galerie harmonierte aufs Beste mit dem Äußeren des Gotteshauses. Die Schlichtheit des klassizistischen Stils entsprach dem eher strengen Wesen des Protestantismus. József Hild, ein weiterer Meister dieses Stils, erweiterte die Kirche später um den Portikus mit dorischen Säulen und verband sie mit dem Presbyterium und einer Schule. Der Gesamtkomplex ist eines der schönsten Beispiele klassizistischer Architektur in Budapest.

Etwas einfacher ist die **Kalvinistenkirche,** 1893–96 im neogotischen Stil erbaut.

Als 1845 József Hild die Pläne entwarf, galt die **St.-Stephans-Basilika** als Juwel klassizistischer Architektur. Doch verschiedene Verzögerungen, etwa der teilweise Einsturz der Kuppel, machten die Umsetzung der ursprünglichen Pläne unmöglich. Nach Hilds Tod im Jahr 1867 führte Miklós Ybl das Projekt weiter. Ausgehend von Hilds Plänen, fügte er Elemente im Renaissance-Stil ein. 1905 vollendete ein dritter Architekt, József Kauser, die Basilika.

Spätes 19. und frühes 20. Jahrhundert

Die beiden schönsten Synagogen Budapests schufen Architekten aus Wien in der zweiten Hälfte des 19. Jahrhunderts.

Ludwig Förster erbaute die **Große Synagoge** 1859 im byzantinisch-maurischen Stil. Otto Wagner, ein bedeutender Sezessionsarchitekt *(siehe S. 54ff)*, realisierte 1872 eines seiner ersten Projekte: die **orthodoxe Synagoge** in der Rumbach utca, die ebenfalls maurische Elemente enthielt. Nahe verwandt mit dem Sezessionsstil ist der ungarische Nationalstil. Er basiert auf einer einmaligen Kombination von ethnischen Motiven und Elementen der Volkskunst. In diesem Stil sind zwei Kirchen ungarischer Architekten erbaut: Ödön Lechner, der Vater des ungarischen Nationalstils, vollendete die **Pfarrkirche von Kőbánya** am Rande Budapests 1900. Fast zeitgleich, 1913, erbaute Aladár Árkay die **Kalvinistenkirche am Városliget**. Beide beeindrucken durch bunte Keramik und orientalische Ornamente in Kombination mit neogotischen Elementen.

Taufbecken in der Evangelischen Kirche

Skulpturen und eine Inschrift zieren die Große Synagoge

Maurische Türme der Großen Synagoge

Kuppel der St.-Stephans-Basilika

Wegweiser: Kirchen und Synagogen

Highlights: Palais und historische Bauten

Detail am Palais Károly

BUDAPEST KANN sich historischer Bauten und Palais in großer architektonischer Vielfalt rühmen. Die meisten sind Vertreter des Klassizismus, Historismus oder des Sezessionsstils des 19. und frühen 20. Jahrhunderts. Fast alle Details der Gotik und Renaissance gingen 1686 verloren, als christliche Truppen Buda und Pest zerstörten, doch einige Schätze des barocken Erbes blieben erhalten. Diese Karte zeigt einige Highlights, Einzelheiten finden Sie auf S. 48f.

Königspalast
Die turbulente Geschichte des Palasts geht zurück bis ins 13. Jahrhundert. Heute spiegelt sein Aussehen die Opulenz des 19. Jahrhunderts wider. Er beherbergt einige der schönsten Museen der Stadt.

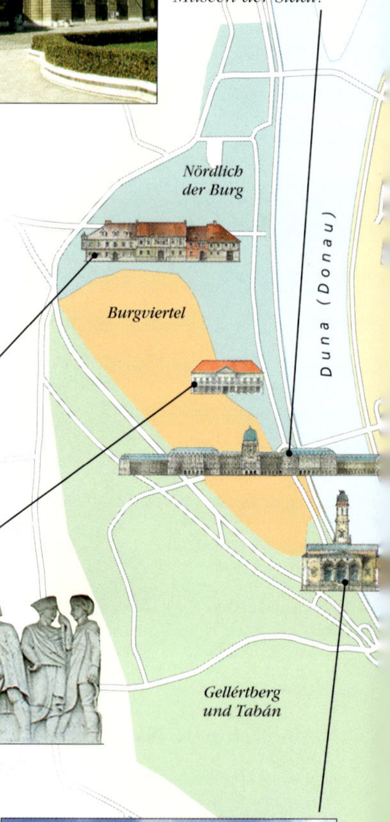

Häuser am Wiener-Tor-Platz
Die reizende Zeile mit vier Häusern entstand im späten 18. und frühen 19. Jahrhundert auf den Ruinen mittelalterlicher Gebäude. Dekorative Motive im Stil des Barock, Rokoko und Klassizismus zieren sie.

Palais Sándor
Die ursprünglichen Friese, die das Palais aus dem 19. Jahrhundert einst schmückten, wurden bei der Restaurierung von ungarischen Künstlern erneuert. Das Palais ist heute Amtssitz des Präsidenten der Republik Ungarn.

Várkert-Kiosk
Den Renaissance-Pavillon erbaute Miklós Ybl (siehe S. 119) *als Pumpenhaus des Königspalasts. Heute beherbergt er das luxuriöse Várkert-Kasino.*

Ungarische Akademie der Wissenschaften
Die Fassade der Akademie zieren Statuen von Emil Wolff und Miklós Izsó, Allegorien von Recht, Naturgeschichte, Mathematik, Philosophie, Linguistik und Geschichte.

Palais Gresham
Ein herrliches Beispiel für Sezessionsarchitektur. Das Palais, 1905–07 von Zsigmond Quittner erbaut, beherbergt heute ein Fünf-Sterne-Hotel.

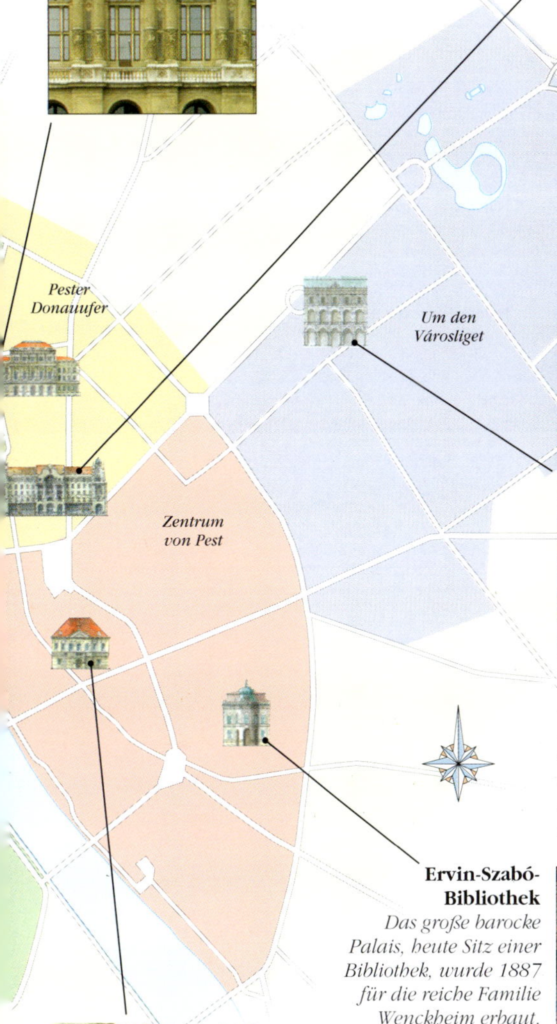

Palais Pallavicini
Gustáv Petschacher baute 1882 die Renaissance-Villa am Kodály körönd. Der Innenhof ist dem des Palazzo Marini in Mailand nachempfunden.

Ervin-Szabó-Bibliothek
Das große barocke Palais, heute Sitz einer Bibliothek, wurde 1887 für die reiche Familie Wenckheim erbaut.

Palais Péterffy
Die Tafel an einer der wenigen Barockvillen, die in Pest überdauerten, erinnert an das Hochwasser von 1838. Das Haus wurde 1756 erbaut.

Überblick: Palais und historische Bauten

FAST NUR FRAGMENTE BLIEBEN in Budapest von den einstigen Gotik- und Renaissance-Bauten erhalten. Einige Barockbauten im Burgviertel von Buda und in Víziváros trotzten jedoch der Zeit. Stärker präsent ist der Klassizismus; größere Wohnhäuser, Palais und Denkmäler wurden in diesem Stil erbaut, insbesondere rund um die alten Befestigungswälle Pests am Ostufer der Donau. Der Historismus prägte die Architektur in der zweiten Hälfte des 19. Jahrhunderts. Als Ausdruck und Verherrlichung jener euphorischen Epoche war er maßgebend bei der Vergrößerung der Stadt.

Barocke Palais und Gebäude

VIELE GEBÄUDE im Burgviertel und im benachbarten Víziváros rund um die Fő utca haben ihre ursprüngliche Barockfassade noch bewahrt. Der Haupteingang des **Hotels Hilton**, im 17. Jahrhundert ein Jesuitenkolleg, ist ein schönes Beispiel.

Herausragende Überbleibsel des Stils sind auch die vier Häuser am **Wiener-Tor-Platz**, das **Palais Batthyány** am Paradeplatz und das **Palais Erdődy** an der Mihály-Táncsics-Straße, heute das Museum für Musikgeschichte. **Schloss Zichy** in Óbuda ist ein herrlicher Barockbau; auch die Gebäude des früheren **Trinitarierklosters**, jetzt Kiscelli-Museum, sind bedeutende Zeugen des Baustils.

In Pest haben nur zwei barocke Denkmäler überdauert. Das **Palais Péterffy** reicht unter das heutige Straßenniveau; die Villa wurde 1755 erbaut. Das zweite relevante Gebäude in Pest war das erste überhaupt, das in Buda und Pest im Barockstil entstand. Das riesige **Rathaus**, ehedem ein Hospital für Veteranen der Türkenkriege, erbaute Anton Erhard Martinelli. Kaiserin Maria Theresia war so beeindruckt davon, dass sie erklärte, der Bau sei schöner als das Schloss Schönbrunn in Wien!

Barocke Brüstung und Wappenrelief am Palais Erdődy

Fassade des Palais Gross, erbaut 1824 von József Hild

Klassizistische Palais und Bauten

DER KLASSIZISMUS war von der griechisch-römischen Antike beeinflusst. Die in der ersten Hälfte des 19. Jahrhunderts populäre Strömung griff den Optimismus jener Epoche des Nationalgefühls und sozialer Reformen auf. Klassizistische Monumentalbauten entstanden – etwa die Kettenbrücke, die 1839–49 erbaut wurde. Mihály Pollack war der führende Architekt des Baustils; er schuf das **Ungarische Nationalmuseum**.

Besondere Aufmerksamkeit verdienen zwei Gebäude: das **Palais Sándor** in Buda und das **Palais Károlyi** in Pest. Ersteres überragt den Burgberg an der Bergstation der Seilbahn und beeindruckt mit seiner harmonischen Bauweise. Das zweite, heute Sitz des Petőfi-Literaturmuseums, erhielt 1834 nach beachtlichen Umbauten seine heutige Erscheinungsform.

Eine Gruppe attraktiver klassizistischer Häuser säumt den **József-Nádor-Platz**. Beachtenswert sind Details wie Säulen, Vorsprünge und Giebelfelder.

1808 gründete der Architekt János Hild die Verschönerungskommission zur Entwicklung Pests. Er und sein Sohn József, der 1824 das **Palais Gross** erbaute, wirkten aktiv bei der Erneuerung der Stadt mit. Beide hatten in Rom Architektur studiert und schufen Bauten im italienischen Stil.

Palais und Gebäude des Historismus

In der zweiten Hälfte des 19. Jahrhunderts löste der Historismus den Klassizismus ab und nahm – nach der Vereinigung von Buda, Óbuda und Pest im Jahr 1873 – wesentlichen Einfluss auf die Entwicklung der Budapester Architektur. Der eklektische Stil der neuen großen Wohnhäuser und Palais ergab sich aus den verschiedenen Inspirationsquellen der Architekten. Miklós Ybl, der u. a. die **Staatsoper** schuf und den **Königspalast** vergrößerte, liebäugelte mit der Renaissance; Imre Steindl schuf das neogotische **Parlamentsgebäude** (das eine Kuppel im Renaissance-Stil krönt). Frigyes Schuleks **Fischerbastei** vereint neogotische und romanische Elemente.

Skulpturen an der Vigadó-Fassade

Der **Vigadó**, ein von Frigyes Feszl 1859–64 erbauter Konzertsaal, zählt zu den prächtigsten Bauten des Historismus: Die Fassade ist reich verziert mit Reliefskulpturen und Büsten großer Ungarn.

Doch auch der Komplex mit den drei französischen Renaissance-Bauten – den Palais Festetics, Károly und Esterházy – am **Mihály-Pollack-Platz** gilt vielen als Meisterwerk.

Palais Drechsler in der Andrássy-Straße ist ein wunderbares Beispiel des Renaissance-Stils; das Kaufhaus **Divatcsarnok** kann den Lotz-Saal aufweisen, der mit Gemälden und Gold prachtvoll dekoriert ist. Die als **Klothildenpalais** bekannten Zwillings-Wohnhäuser schmücken spanische Barockmotive; sie erheben sich an der Auffahrt zur Elisabethbrücke. Wohl eines der extravagantesten Bauwerke des Historismus in Budapest ist das neobarocke **Palais New York** von Alajos Hauszmann; sein luxuriöses farbenprächtiges Inneres zieren fantastische Marmorsäulen.

Das schöne neobarocke Innere des Palais New York

Schmuckelemente

Die Fassaden vieler Palais und Bauwerke schmückt noch heute das reiche plastische Dekor, das für die verschiedenen Architekturstile der Stadt jeweils charakteristisch war. Zu diesen Elementen zählen Gewölbebogen, Medaillons, Giebelfelder und -aufsätze, Reliefskulpturen und verzierte Fensterrahmen.

Leider haben in Budapest fast keine gotischen Details überlebt, doch zumindest in der Altstadt sind an alten Wohnhäusern Nischen und Spitzbogen zu bewundern.

Edle Gebäude wie Schloss Zichy und Palais Erdődy sind mit barocken Details verziert. Dekorative klassizistische Elemente, etwa Friese und Giebelfelder, prangen an vielen Häusern aus der ersten Hälfte des 19. Jahrhunderts.

Giebelaufsatz mit Medaillon am Palais Károlyi

Relief der Ungarischen Nationalbank (1905)

Gewölbebogen an der Fassade des Staffenberg-Hauses

Fensterrahmen mit Ornamenten schmücken das Haus in der József-Nádor-Straße 21

Wegweiser: Palais und historische Bauten

Highlights: Quellen und Bäder

Budapest ist eines der größten Kurbäder Europas. Tagtäglich sprudeln aus zahlreichen heißen Quellen über 80 Millionen Liter mineralstoffreichen Wassers empor. Am dichtesten konzentrieren sich die Mineralbrunnen in Óbuda, nahe dem Gellértberg, auf der Uferseite von Buda nahe der Margaretenbrücke und auf der Margareteninsel. Bäder gab es hier seit der Römerzeit, doch erst die Türken nutzten die natürlichen Ressourcen intensiv. Heute findet man eine große Auswahl an Bädern für Kuren und zur Erholung.

Palatinus-Strandbad
Sieben Becken, heiße Quellen, Rutschen und die ruhige Lage auf der Margareteninsel machen die Heilquelle zu einer der schönsten Europas.

Hajós-Olympiabad
Das Bad entwarf Alfréd Hajós, der erste Ungar, der eine Olympia-Goldmedaille gewann (1896 im Schwimmwettbewerb). An den Wänden der Schwimmhalle sieht man goldgeschmückte Marmortafeln mit den Namen vieler ungarischer Olympiasieger.

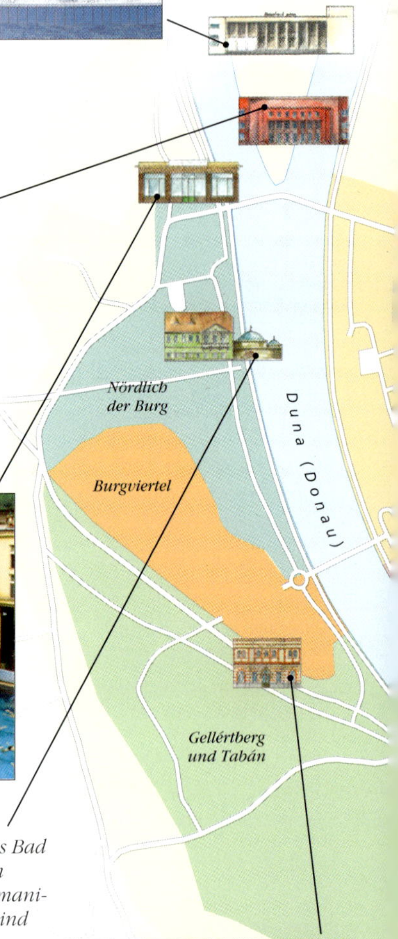

Lukács-Bad
Die ganzjährig geöffneten Thermalbecken aus dem 19. Jahrhundert begeistern Urlauber ebenso wie Einheimische.

Király-Bad
1566 wurde das Bad von den Türken erbaut; viele osmanische Elemente sind noch erhalten.

Rác-Bad
Ein prunkvoller Nebenraum des Bades ist heute Fitness-Bereich.

Dagály-Strandbad
Vor 50 Jahren entdeckte man, dass das Wasser des Teichs der Gesundheit förderlich ist. Heute erwartet Sie ein riesiger Komplex im Freien: Schwimm- und Kinderbecken, Hydrotherapie- und Fitness-Center.

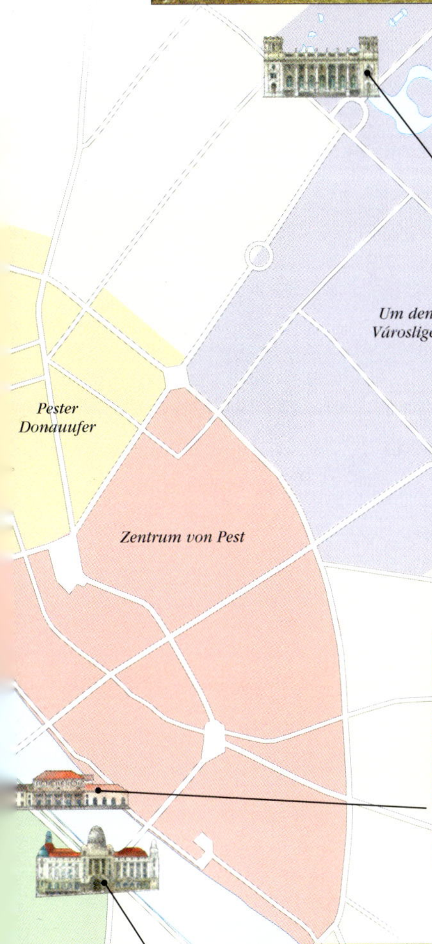

Széchenyi-Bad
Die Heilquelle mit den heißesten Thermalbecken Budapests lockt mit prächtiger neobarocker Architektur. Das Wasser ist derart warm, dass sich selbst in der Wintersaison hier Badegäste tummeln.

Rudas-Bad
Das berühmteste türkische Bad entstand im 16. Jahrhundert. Es wird noch heute von der alten osmanischen Kuppel über dem achteckigen Becken gekrönt.

Gellértbad
Im größten Schwimmbecken des Spa-Hotels genießen die Badegäste das schöne Sezessionsinterieur, Marmorsäulen und bunte Mosaiken.

Überblick: Quellen und Bäder

Tief im Inneren der Erde brodelt das Wasser der Mineralquellen, bis es durch Spalten in den felsigen Hügeln Budas und Óbudas emporsprudelt. Dem Heilwasser verdankt die Stadt ihre türkisch geprägte Badekultur, die selbst den Kommunismus überstand. Zumindest eines der insgesamt 31 Thermalbäder mit ihren niedrigen, vom Staat generös subventionierten Eintrittspreisen sollte man in Budapest besuchen.

Türkische Reminiszenzen

Obgleich in Óbuda die Ruinen römischer Thermalbäder aus dem 2. Jahrhundert n. Chr. entdeckt wurden, setzte sich die Badekultur in Budapest erst im 16. und 17. Jahrhundert *(siehe S. 26f)* unter den osmanischen Herrschern richtig durch.

Vier prachtvolle türkische Bäder zählen zu den Zeugnissen osmanischer Architektur in Budapest. Das **Rudas-**, das **Rác-**, das **Király-** und das **Komjády-Bad** (Letzteres hieß früher Császár-Bad) entstanden im 16. Jahrhundert und wurden nach demselben Muster erbaut. Eine Marmortreppe führt in einen Raum mit einem kuppelgekrönten, oktogonalen Thermalbecken, das kleinere kuppelgekrönte Becken flankieren. Die Temperaturen reichen von eisig kalt bis kochend heiß.

Schönheit und Atmosphäre genießt man vor allem im Rudas-Bad, gefolgt vom Király-Bad. Das Rác-Bad hingegen, wenngleich nicht ohne Charme, wurde erheblich restauriert und ist weniger spektakulär. Das Komjády-Bad wurde in den Komplex des Lukács-Bads integriert *(siehe unten)*.

In den neueren Bädern tummeln sich Männer und Frauen. Die türkischen Bäder jedoch verdanken ihre Atmosphäre auch ihrer strikten Geschlechtertrennung. Rudas-, Rác- und Király-Bad sind – je nach Wochentag – entweder für Damen oder für Herren. Dann braucht man keinen Badedress, ein Badeschurz wird zur Verfügung gestellt.

Nach den Türken

Das späte 19. und frühe 20. Jahrhundert waren das goldene Zeitalter Budapests *(siehe S. 32f)*; damals entstand eine Reihe prächtiger Bäder. Viele warten mit Quellwasser-Schwimmbecken auf.

Das 1894 eröffnete, klassizistische **Lukács-Bad** besitzt zwei Freischwimmbecken, ebenso das Komjády-Thermalbad aus dem 16. Jahrhundert. Das **Széchenyi-Bad**, das 20 Jahre später auf der Pester Seite eröffnete, ist gar der größte Badekomplex Europas. Neben Thermalbecken im Inneren gibt es Schwimmbecken im Freien, die von Sonnenterrassen umrahmt werden. Im äußeren Thermalpool dampft das wärmste Wasser der Stadt.

Neben den Thermalbecken locken in den Badeeinrichtungen Dampfraum und Sauna. Professionelle Massagen sind fast immer gegen Gebühr erhältlich. Einige Bäder bieten Fangopackungen und Schwefelbäder an. Hier können Sie auch duschen und ein Nickerchen im Ruheraum machen, bevor Sie das Bad verlassen.

Stilvoll baden im Rudas-Bad

Außenbecken im Hotel Gellért mit Bad

Kurhotels

An den Fuss des Gellértbergs schmiegt sich das schöne **Hotel Gellért** mit seinem Badekomplex: das älteste und bekannteste einer Hand voll Budapester Luxushotels, die mit Schwimm- und Thermalbecken, Dampfbad, Sauna und Massage aufwarten. Das Gellértbad ist seit 1927 öffentlich und lockt mit einem von Marmorsäulen umgebenen Innenbecken, unzähligen Thermalbädern (je ein Komplex für Männer und Frauen), getrennten FKK-Bereichen und einem Außenschwimmbecken. Hier sorgt die Wellenmaschine stündlich zehn Minuten lang für nassen Spaß.

Weitere Kurhotels entstanden in den 1970er und 1980er Jahren. Auf der Margareteninsel verbindet ein unterirdischer Durchgang das moderne, blitzsaubere und luxuriöse **Thermalhotel Margitsziget** mit dem älteren **Grandhotel Margitsziget**. Neben den üblichen Bädern und Becken lässt man sich hier bei Maniküre und Pediküre sowie im

Das Széchenyi-Bad, die größte Badeanlage Europas

Solarium verwöhnen. In den 1980er Jahren entstanden zwei neue Kurhotels, das **Thermal Helia** unweit des Pester Donauufers und – auf der Seite von Buda – das **Corinthia Aquincum**, das gen Norden nach Óbuda blickt. Beide nutzen die heißen Quellen der Margareteninsel und bieten Fitnessräume und Restaurants neben Schwimmbecken und Thermalbädern.

Heilwasser

Die Budapester und auch alle Ungarn glauben fest an den medizinischen Nutzen der Thermalbäder. In den meisten Bädern berät Sie medizinisches Personal über die geeigneten Becken und Spezialbehandlungen für bestimmte Leiden. In den Bädern kann man aber auch herrlich entspannen. Bei bestimmten Beschwerden verschafft Thermalwasser Linderung, z.B. bei posttraumatischem Stress, Gelenk- und Muskelschäden, Rheumatismus und Menstruationsproblemen.

Wasserspeier, ein typisches Ornament, das man in den Budapester Bädern findet

Schwimmen als Sport

Viele Ungarn sind exzellente Schwimmer; das Land hat bei Wassersport-Wettkämpfen viele Trophäen geholt. Neben den Erholungsbädern wartet Budapest mit Sportbädern auf, etwa dem **Hajós-Olympiabad** auf der Margareteninsel. Die Anlage besteht aus drei Sportbecken – zwei Freibecken, darunter eines mit olympischen Maßen, und ein Hallenbad. Hier trainieren Profischwimmer; daneben ziehen Badegäste ihre Bahnen. Hier kann man – ebenso wie im Béla-Komjádi-Schwimmstadion an der Árpád Fejedelem útja – professionelle Schwimmer und Taucher sowie Wasserpolo bewundern.

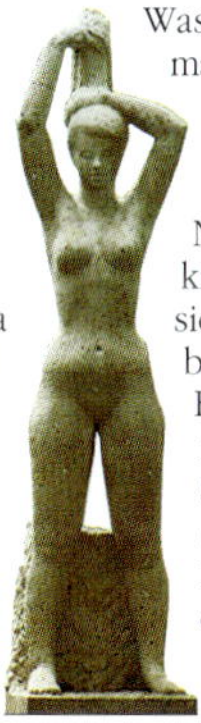

Skulptur im Római-Strandbad

Ein Tag am Strand

In Budapests Strandbädern erleben Sie einen Tag voller Badefreuden – testen Sie unbedingt eins! Die insgesamt zwölf Strandbäder sind ausgesprochen beliebt. Die Schwimm- und Thermalbecken unter freiem Himmel sind von grünen Liegewiesen umgeben. Trampoline, Tischtennis und Billardtische locken Wasserratten an Land; Eis, Bier und Würstchen sorgen für Ferienatmosphäre.

Das reizvolle **Palatinus-Strandbad** in einem breiten Grünstreifen auf der Margareteninsel lockt mit Außenbecken – einige thermal, andere für Schwimmer –, Wasserrutschen und Wellenmaschinen. Östlich der Uferstraße von Pest liegt das große, moderne **Dagály-Strandbad**. Nach dem Zweiten Weltkrieg erbaut, tummeln sich in den zwölf Becken bis zu 12 000 Badegäste. Einen Abstecher wert ist auch das **Római-Strandbad** in Óbuda, im Norden der Stadt. Drei Becken wurden auf den Ruinen römischer Bäder neu angelegt; daneben gibt es eine Wasserrutsche. Nördlich der Stadt, in Csillaghegy an der HÉV-Nahverkehrslinie, finden Sie das **Csillaghegy-Strandbad** mit vier Becken in pittoreskem Rahmen; hier lockt auch ein beliebter FKK-Strand.

Wegweiser: Quellen und Bäder

Corinthia Aquincum *S. 185*
Grandhotel Margitsziget *S. 173, 185*
Hajós-Olympiabad *S. 172*
Hotel Gellért mit Bad *S. 90f*
Hotel Thermal Helia *S. 185*
Király-Bad *S. 101*
Komjády-Bad, Teil des Lukács-Bads *S. 101*
Lukács-Bad *S. 101*
Palatinus-Strandbad *S. 172*
Rác-Bad *S. 95*
Rudas-Bad *S. 93*
Széchenyi-Bad *S. 151*
Thermalhotel Margitsziget *S. 173*

Highlights: Sezession

Dekor an einem Haus in der Áldás utca

BESUCHER SIND MEIST von den prächtigen Budapester Gebäuden des späten 19. und frühen 20. Jahrhunderts beeindruckt. Die meisten findet man im Zentrum von Pest und um den Városliget; Buda war bereits so entwickelt, dass dort nur noch wenig gebaut wurde. Die Sezession ging von avantgardistischen Künstlergruppen in Paris und Wien aus; daher stammt auch der Begriff. In Budapest inspirierte der Sezessionsstil auch die Entwicklung des ungarischen Nationalstils. Weitere Details finden Sie auf Seite 56f.

Schule auf dem Rosenberg
Károly Kós und Dezső Zrumeczky schufen dieses Gebäude an der Áldás utca nach dem Vorbild der Dörfer Transsylvaniens.

Frau mit Vogelkäfig (1892)
Die mysteriös-intime Atmosphäre des Gemäldes von József Rippl-Rónai ist typisch für die ungarische Kunst jener Epoche. Es hängt heute in der Ungarischen Nationalgalerie (siehe S. 77).

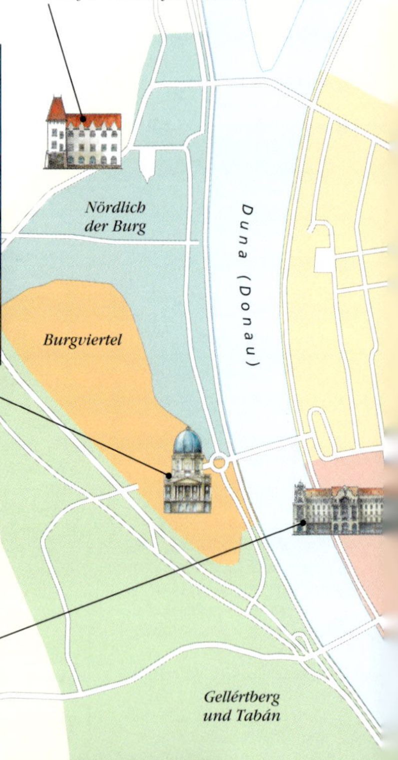

Schmiedeeisernes Tor, Palais Gresham
Zwei kunstvolle Pfauen, ein typisches Motiv des Sezessionsstils, zieren das schmiedeeiserne Tor am Palais Gresham. Den Büroblock erbauten Zsigmond Quittner und die Brüder Vágó 1905–07.

Hotel Gellért mit Bad
Von Flachbogen gestützt, bestimmt das Glasdach die Atmosphäre dieses Saales im berühmten Kurbad des Hotels Gellért. Sein Interieur im Sezessionsstil zählt zu den herrlichsten der Stadt.

Postsparkasse
Die Haupttreppe des Gebäudes von Ödön Lechner zieren ein schönes Geländer, Rundleuchten und dekorative Fenster.

Eingang zum Zoo
Kornel Neuschloß-Knüsli verwendete geschickt Elemente hinduistischer Architektur für den Bau des aparten Tores, das zwei Elefanten bewachen.

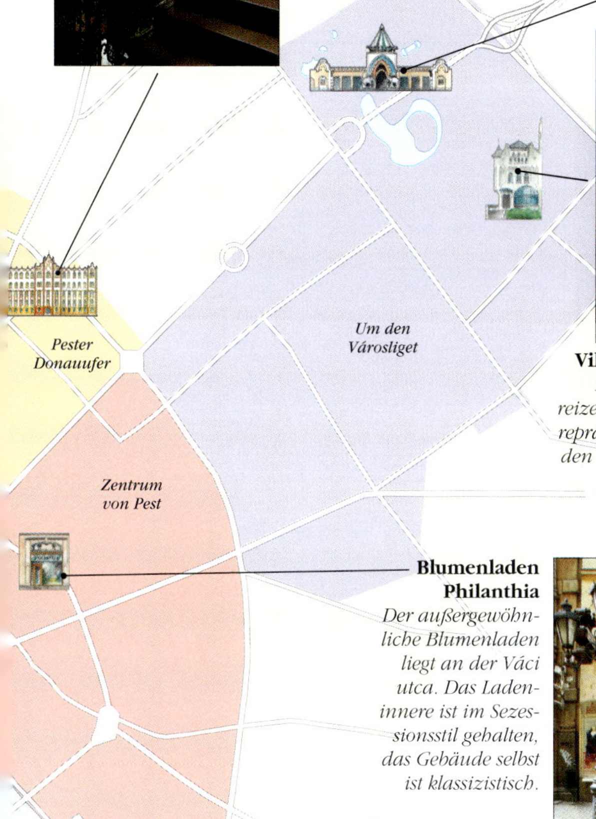

Villa von Sipeky Balázs
Erbaut 1905/06, ist die reizende Villa vielleicht das repräsentativste Beispiel für den Sezessionsstil in Budapest. Entworfen hat sie Ödön Lechner.

Blumenladen Philanthia
Der außergewöhnliche Blumenladen liegt an der Váci utca. Das Ladeninnere ist im Sezessionsstil gehalten, das Gebäude selbst ist klassizistisch.

Wohnhäuser in der Bartók Béla utca
Ödön Lechner war die Galionsfigur des ungarischen Nationalstils. 1899 schuf er das abgebildete Wohnhaus mit einem Studio für sich selbst im vierten Stock. Das Gebäude steht in der Bartók Béla utca Nr. 40.

Überblick: Sezession

Sezessions-ornament

Die Sezessionsbewegung beeinflusste viele Kunstrichtungen: neben Malerei und Kunsthandwerk auch die Architektur. Stilprägend sind ihre unverwechselbar bunten, teils bizarren Motive. Der ungarische Nationalstil folgte diesem Trend und verschmolz ihn mit Elementen der altungarischen – insbesondere der transsylvanischen – Architektur, mit Volkskunst und mit orientalischen Motiven.

József Rippl-Rónais *Dame in Tupfenkleid* (1899) in der Ungarischen Nationalgalerie

Gemälde und Zeichnungen

Die bedeutendsten Vertreter der Sezession in Ungarn waren József Rippl-Rónai, János Vaszary und Lajos Gulácsy.

Rippl-Rónai lebte viele Jahre in Paris – in der Zeit, in der sich der Jugendstil gerade durchzusetzen begann. Die *Dame in Tupfenkleid*, die er 1899 malte, war das erste ungarische Gemälde im Sezessionsstil. Viele Werke Rippl-Rónais sind in der **Ungarischen Nationalgalerie** ausgestellt; eine Gobelinversion der *Dame in Tupfenkleid* hängt im **Museum für Kunsthandwerk**. János Vaszarys Werk ist stark von der deutschen und englischen Kunst geprägt. Seine schönsten Gemälde, *Das goldene Zeitalter* und *Adam und Eva*, sind in der Ungarischen Nationalgalerie zu sehen. Lajos Gulácsy war ein Anhänger der präraffaelitischen Bewegung; seine Bilder sind häufig symbolisch. Viele davon hängen heute ebenfalls in der Ungarischen Nationalgalerie.

Die Künstlerkolonie von Gödöllő war ein bedeutendes Zentrum für Künstler, die dem Sezessionsstil anhingen. Ihr Gründer, Aladár Körösfői-Kriesch, schuf zahlreiche Werke, darunter das Fresko *Der Jungbrunnen*, das in der **Franz-Liszt-Musikakademie** zu bewundern ist.

Kunsthandwerk

Neuheiten im Kunsthandwerk jener Zeit waren eng mit der Architektur verbunden. Ödön Lechner be-

Von István Sovának kreierte Vase im Museum für Kunsthandwerk

gann damit, bunte Keramikkacheln zu verwenden, die er in der Ziegelei seines Schwiegervaters im südungarischen Pécs erwarb – nicht nur für Dächer, sondern auch zur Dekoration.

Der Eigner dieser Ziegelei, Vilmos Zsolnay, erfand eine neue Methode, Fliesen und Ziegel zu glasieren. Sie war so erfolgreich, dass die Ziegelei sich auf die Herstellung von Kacheln spezialisierte. So lieferte Zsolnays Firma viele der charakteristischen Keramikfliesen und -ziegel, die die Stadthäuser im Sezessionsstil schmücken.

Zsolnay beschäftigte auch führende Designer, die Tafelgeschirr, Vasen und Kerzenleuchter entwarfen. Dafür wurde ihm bei der Weltausstellung in Paris die Goldmedaille der Ehrenlegion verliehen. Eine herrliche Sammlung seines Sezessionsporzellans ist im Museum für Kunsthand-

Ödön Lechner (1845–1914)

Ödön Lechner

Der einflussreichste Architekt der ungarischen Sezession studierte in Berlin; zum Abschluss seiner Lehrjahre arbeitete er in Frankreich und Italien. Er wollte einen unverwechselbaren ungarischen Nationalstil schaffen, der Sezessionsmotive mit Elementen der ungarischen Volkskunst und des Hinduismus verschmolz. Sein Markenzeichen wurden die häufig von ihm verwendeten bunten Kacheln. Budapest verdankt ihm Bauwerke wie das Museum für Kunsthandwerk, die Postsparkasse und das Geologische Institut. Neben dem kunstvoll-bizarren Äußeren zeichnet Lechners Bauten das schlichte, funktionale und lichtdurchflutete Innere aus.

werk neben Glaswaren, Leuchten und dekorativem Schmiedeeisen der Zeit zu sehen. Das **Palais Gresham** und das **Hotel Gellért** mit seinen Bädern zählen zu den vielen Gebäuden der Stadt, die Tore und Geländer mit schönen Sezessionsmotiven besitzen.

INNENDEKORATION

Ein Prunkstück jener Ära ist das Interieur des **Palais New York**. Üppig ausgekleidet mit den besten Materialien, nämlich Bronze und Marmor, bewahrt es den Glanz seiner ursprünglich barocken Ausschmückung.

Eine Besichtigung wert sind auch die **Ungarische Nationalbank** und die **Postsparkasse** mit ihren möblierten Tresorräumen und den verzierten Tür- und Fensterrahmen. Die Gestaltung der Räumlichkeiten des Blumenladens Philanthia ist ein weiteres herausragendes Beispiel des Sezessionsstils.

Vertiko im Sezessionsstil, Museum für Kunsthandwerk

Fenster von Miksa Róth in der Ungarischen Nationalbank

Ausstellungen mit Sezessionsmöbeln zeigen das Museum für Kunsthandwerk und das **Schloss Nagytétény**.

ARCHITEKTUR

Die ungarische Architektur des Fin de Siècle zeichnet sich nicht nur durch dekorative Formen mit glasierter Keramik aus, sondern insbesondere durch die Verwendung moderner technischer Mittel. Gebaut wurde mit Stahlbeton, Stahl und Glas; so erhielt man große, lichtdurchflutete Innenräume. Der Hauptsaal des Museums für Kunsthandwerk ist hierfür ein gelungenes Beispiel.

Neben Ödön Lechner prägten weitere bedeutende Architekten den Sezessionsstil. Auch Béla Lajta, Aladár Árkay, Károly Kós und István Medgyaszay schufen beachtliche Bauwerke.

Béla Lajta, ein Schüler Ödön Lechners, entwarf das **Rózsavölgyi-Gebäude** mit seinen geometrischen Ornamenten am Martinelli tér. Er erbaute auch das außergewöhnliche, ehemalige **jüdische Altenstift** in der Amerikai út 57. Die dekorativen Elemente im Stil der Volkskunst in der **Kalvinistenkirche am Városliget** schuf Aladár Árkay.

Interessant sind auch die Arbeiten von Károly Kós. Fasziniert von der traditionellen Architektur Transsylvaniens, zeichnete er die Dorfkirchen und Gutshäuser nach, auf die er bei seinen Reisen stieß. Motive dieser Häuser wurden später beim Vogelhaus des Budapester **Zoos** und bei den Häusern der **Wekerle-Siedlung** übernommen.

Fries am Rózsavölgyi-Haus

WEGWEISER: SEZESSIONSBAUTEN

Blumenladen Philanthia, Váci-Straße *S. 55*

Franz-Liszt-Musikakademie *S. 129*

Geologisches Institut *S. 154*

Hotel Gellért *S. 90f*

Kalvinistenkirche am Városliget *S. 144*

Museum für Kunsthandwerk *S. 136f*

Palais Gresham *S. 114*

Palais New York *S. 129*

Postsparkasse *S. 111*

Türkische Bank *S. 128*

Ungarische Nationalbank, Freiheitsplatz *S. 110*

Ungarische Nationalgalerie *S. 74ff*

Wekerle-Siedlung *S. 157*

Zoo *S. 150f*

DEKORATIVE MOTIVE

Stilisierte, sich an Stickerei anlehnende Volkskunstmotive und orientalische Muster bereicherten das Kunsthandwerk jener Zeit. Auch Sezessionselemente, etwa Katzenmotive nach Pariser und Wiener Vorbildern, sind zu sehen.

Sezessionsgrafik auf dem Schild des Blumenladens Philanthia

Stilisierte Sonnenblumen zieren die Postsparkasse

Buntes Mosaik in der Aulich utca 3

Das Jahr in Budapest

Mitten in der Ungarischen Tiefebene gelegen, hat Budapest ein kontinentales Klima mit ausgeprägten Jahreszeiten. Zu allen Jahreszeiten gibt es Highlights – von traditionellen Veranstaltungen an Feiertagen bis hin zu Kultur- und Sportereignissen. Budapest ist Zentrum vielfältiger kultureller Aktivitäten; die Stadt pflegt die musikalische Tradition, etwa mit dem Frühlingsfestival, einem internationalen Festival für klassische Musik, Tanz und Ballett, oder mit den intimeren Budapester Wochen mit moderner Musik. Viele Hotels und die ungarischen Tourismusämter haben die Programme der Veranstaltungen.

Logo des Frühlingsfests

Frühling

Der Frühling hält im März seinen Einzug mit viel Sonnenschein und warmen Tagen. Budapest erblüht, und das Frühlingsfestival lockt die ersten Besucher des neuen Jahres an.

März

Frühjahrsaufstand *(15. März).* Offizieller Feiertag zum Gedenken an 1848, als Budas Jugend, geführt vom Dichter Sándor Petőfi, gegen die Herrschaft der Habsburger rebellierte *(siehe S. 30f).* Tausende von Menschen, gekleidet in den Nationalfarben Rot, Weiß und Grün, legen in den Straßen Kränze nieder und entzünden Kerzen. Es gibt Ansprachen und Straßentheater, insbesondere vor dem Ungarischen Nationalmuseum *(siehe S. 130ff).*
Frühlingsfestival *(letzte zwei Märzwochen–Mitte April).*

Parade im Burgviertel während des Frühlingsfestivals

Musiker aus der ganzen Welt treffen sich zu Wochen voller Musik und Tanz in Kirchen und Konzertsälen überall in der Stadt. Das Festival ist vor allem der Pflege klassischer Musik gewidmet, doch locken auch Volksmusik und Volkstanz sowie Pop und Jazz.

April

Ostern ist ein bedeutendes kirchliches Fest in Ungarn; der Besuch des Ostergottesdienstes in einer der vielen Kirchen ist ein Erlebnis. Am Morgen des Ostermontags besprühen junge Männer in den Straßen Mädchen und junge Frauen mit Parfüm oder Wasser: Dieses Ritual soll für den Rest des Jahres ihre Schönheit bewahren. Zum Dank bekommen sie bemalte Eier.
Tanz-Weltfestival *(21.–29. April).* Das Nationale Tanztheater und der Verband ungarischer Tanzkünstler organsieren dieses Festival alljährlich und laden dazu die wichtigsten ungarischen Tanztruppen sowie internationale Gäste ein. Veranstaltungsorte sind das Burgtheater, das Erkeltheater, die Komische Oper und die Staatsoper.
Pferderennen *(So, April–Oktober).* Im April beginnt die Saison der Flachrennen. Jeden Sonntag kann man auf der umtriebigen, reizvoll schäbigen Rennbahn Kincsem Park an der Albertirsai út wetten.
Internationales Buchfestival *(letzte Aprilwoche).* In Zusammenarbeit mit der Frankfurter Buchmesse veranstaltet, gewinnt das Festival zunehmend an Bedeutung, sowohl für die Verlagsbranche wie für die lesende Öffentlichkeit. Veranstaltungsort ist das Budapester Kongresszentrum.

Mai

Tag der Arbeit *(1. Mai).* Die Maifeiern werden in sämtlichen öffentlichen Stadtparks mit Kunsthandwerksmärkten, Straßenkünstlern, Imbissständen und Bierzelten begangen. Ein Sprung ins örtliche Thermalbad oder ins Schwimmbad *(siehe S. 50ff)* ist ebenfalls eine beliebte Maitradition.

Im Frühling blühen die Magnolien auf der Margareteninsel

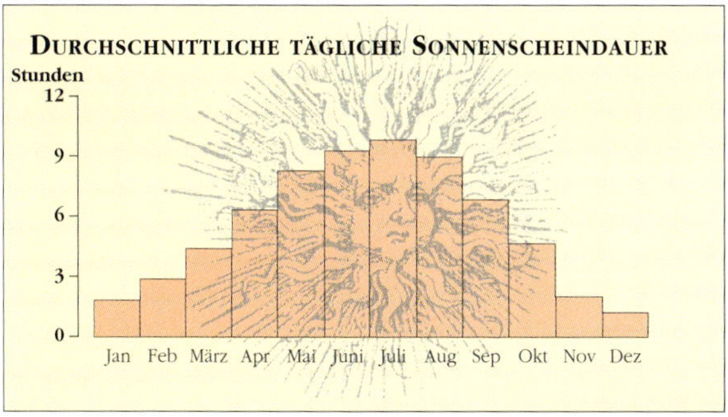

Sonnenschein
Budapest ist eine der sonnenverwöhntesten Städte Europas; im Schnitt scheint die Sonne von April bis September acht Stunden am Tag. Während der schwülen Monate im Hochsommer (Juni, Juli und August) bieten die kühlen Hügel Budas willkommene Zuflucht vor der Hitze.

SOMMER

AN LANGEN, HEISSEN Sommertagen entspannt man sich auf der Margareteninsel oder sonnt sich in einem der zwölf Freibäder der Stadt.

JUNI

Openair-Theaterfestival *(Juni–August)*. Auf der Margareteninsel und der Óbuda-Insel finden zwei der vielen Openair-Events statt.
Budapesti Búcsú *(letztes Juniwochenende)*. Eine bunte Mischung aus Musik, Tanz und Theater belebt die Parks und Plätze der Stadt.
Donau-Karneval – Internationales Festival der Kulturen. An verschiedenen Stätten wird Musik und Tanz geboten.
Budapester Wasserkarneval. Kajak-, Kanu- und Motorbootrennen finden auf der Donau zwischen Margareten- und Kettenbrücke statt.
UIM Formel 1 Powerboat-Weltmeisterschaft *(22. Juni)*. Das laute Spektakel spielt sich an und auf der Donau ab.

Formel-1-Rennen auf dem Hungaroring

JULI

Konzerte in der St.-Stephans-Basilika *(Juli/August)*. Die Montagabend-Orgelkonzerte in der größten Kirche der Stadt *(siehe S. 116f)* sind ein idealer Anlass, die prächtige Innendekoration des Bauwerks zu bewundern.
Budapester Sommer – Oper-und-Ballett-Festival *(Juli oder August)*. Die zehntägige Veranstaltungsreihe krönt die Sommersaison der Staatsoper *(siehe S. 118f)*.

AUGUST

Ungarischer Grand Prix *(zweiter So im August)*. Das größte Sportereignis des Jahres findet 20 Kilometer östlich von Budapest auf dem Hungaroring bei Mogyoród statt.
Stephanstag *(20. August)*. Dem heiligen Stephan, dem Schutzpatron Ungarns, werden eine Messe in der St.-Stephans-Basilika und eine riesige Prozession gewidmet. Am Abend erhellt ein Feuerwerk den Gellértberg *(siehe S. 88f)*.
Sziget-Festival *(erste Augustwoche)*. Zehn Bühnen und ein Zeltplatz auf der Óbuda-Insel sind Schauplatz des einwöchigen Musikfestivals.
Budapester Parade *(Ende August)*. Techno-Umzug zwischen Rooseveltplatz und Hősök tere zum Sommerende.

Feuerwerk auf dem Gellértberg am Stephanstag

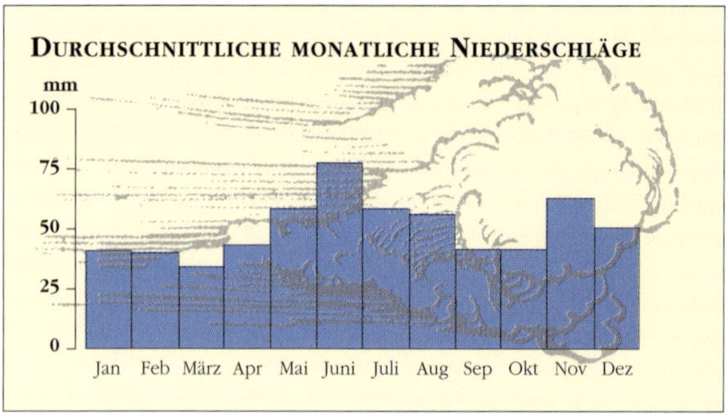

Niederschläge
Budapest ist relativ trocken. Typisch sind heftige Regengüsse für etwa zwei Tage, dann kann es wochenlang regenlos bleiben. Juni ist der feuchteste Monat; Mai, Juli, August und November sind ebenfalls relativ feucht. Der Herbst ist am trockensten; in den Wintermonaten fällt Schnee.

HERBST

Zu den vielen Attraktionen des Budapester Herbstes zählt ein Besuch auf den Märkten der Stadt. Hier schwelgt das Auge in den Farben der verschiedensten Gemüse und Früchte.

SEPTEMBER

Budapester Weinfest *(zweite Septemberwoche).* Nach dem Erntedankfest Ende August stellen Winzer ihre Stände mit Weinproben am Mihály-Vörösmarty-Platz *(siehe S. 126)* und an anderen Plätzen auf. Oft Volkstanz.

Budapester Wochen moderner Musik *(25. September–Ende Oktober).* Der Todestag des großen Béla Bartók bildet den Auftakt zu diesem Festival.

Jüdisches Sommerfestival *(Anfang September).* Das multikulturelle Festival bietet eine jüdische Buchmesse, ein israelisches Filmfestival, Kunstausstellungen und kulinarische Veranstaltungen.

Kaiser's-Plus Internationaler Marathon *(Ende September).* Neben dem klassischen Marathonlauf gibt es einen Staffellauf, einen Mini-Marathon und ein Familienrennen. Begleitet wird die Veranstaltung von Konzerten.

Lebensmittelstand in einem der überdachten Budapester Märkte

OKTOBER

Herbstfestival *(Ende September–Mitte Oktober).* Wochen des zeitgenössischen Films, Tanzes und Theaters an verschiedenen Veranstaltungsorten.

Wien–Budapest Supermarathon *(Mitte/Ende Oktober).* Neben sportlichen Aspekten fördert die Veranstaltung die nachbarschaftlichen Beziehungen zwischen Österreich und Ungarn. Gefeiert wird ein Europa ohne Grenzen.

Tag der Republik *(23. Oktober).* Nationalfeiertag zum Gedenken an den Aufstand von 1956, als sowjetische Panzer durch die Straßen Budapests rollten und 200 000 Menschen ins Exil gingen. Kranzniederlegungen auf dem Städtischen Friedhof *(siehe S. 158f)* am Grab von Imre Nagy *(siehe S. 34)*.

NOVEMBER

Vox Pacis *(November).* Beim Chormusikfestival singen Chöre aus aller Welt.

Künstler beim Openair-Theaterfestival

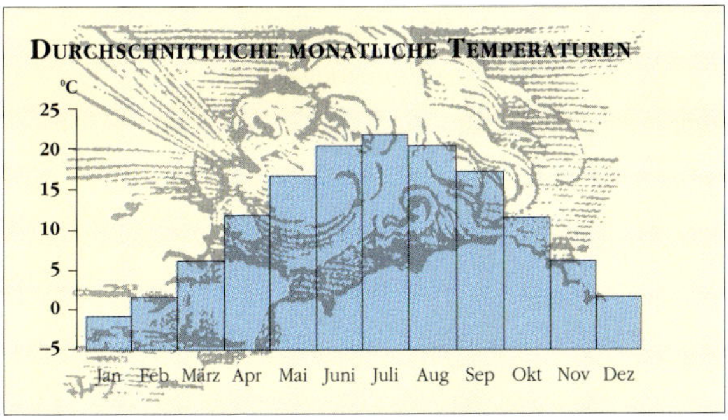

Temperaturen
Die Jahreszeiten sind in Budapest sehr ausgeprägt. Die Tagestemperaturen steigen ab März rasch. Ab Juni klettert das Thermometer häufig auf 30 °C und mehr. Im September kühlt es ab; die Temperaturen fallen bis hin zu deutlichen Minusgraden im Januar.

WINTER

TROTZ DER KÄLTE kann ein Besuch im winterlichen Budapest sehr schön sein. Eislaufen kann man ab November. Auf den Straßen locken Maroni-Buden, und den Mihály-Vörösmarty-Platz dominiert ein Christbaum.

DEZEMBER

Silber-und-Gold-Sonntag *(die zwei letzten Adventssonntage)*. Alle Läden öffnen an den beiden Sonntagen für letzte Weihnachtseinkäufe.
Mikulás *(6. Dezember)*. Die Kinder stellen ihre Schuhe aufs Fensterbrett, die der Nikolaus dann füllt.
Weihnachten *(24.–26. Dezember)*. Ab Mittag des Heiligabends bleiben die Läden für zwei Tage geschlossen.
Szilveszter *(31. Dezember)*. Ganz Budapest feiert den Silvesterabend. Die öffentlichen Verkehrsmittel sind die ganze Nacht kostenlos.
Budapester Weihnachtsmarkt *(31. Dezember)*. Verkauf von Kunsthandwerk auf dem Vörösmarty tér.

In Budapest tanzt man stilvoll ins neue Jahr

Weihnachtsbaum auf dem Mihály-Vörösmarty-Platz

JANUAR

Neujahrskonzert *(1. Januar)*. Das traditionelle Konzert im Vigadó-Konzertsaal *(siehe S. 208)* bietet den angemessenen Rahmen für einen feierlichen Start ins neue Jahr. Bekannte ungarische und ausländische Künstler interpretieren Auszüge aus Opern und Musicals.

FEBRUAR

Ungarisches Filmfestival *(Anfang Februar)*. Das zweitägige Festival des ungarischen Films wird seit 1969 vom *Magyar Filmszemle* veranstaltet, um der Not leidenden Industrie dringend benötigte Geldmittel zu verschaffen. Viele Filme laufen mit Untertiteln.
Maskenballsaison *(Februar)*. Budapest feiert nach den kalten Tagen den nahenden Frühling und den *farsang* (Fasching). Viele Faschingsvereine bieten Veranstaltungen. Höhepunkt der närrischen Zeit ist eine Maskenprozession am Karnevalssonntag, dem letzten Sonntag vor der Fastenzeit.

Weihnachtseinkäufe

FEIERTAGE

Die Feiertage richten sich nach dem Kirchenkalender. Zwei erinnern an die Geschichte der Magyaren und der 1. Mai an die sozialistische Vergangenheit.

Neujahr (1. Jan)
Frühjahrsaufstand (15. März)
Ostersonntag (variabel)
Ostermontag (variabel)
Pfingstmontag (variabel)
Tag der Arbeit (1. Mai)
Stephanstag (20. Aug)
Tag der Republik (23. Okt)
Weihnachten (24.–26. Dez)

Von der Margareten- zur Elisabethbrücke

Krone auf der Elisabethbrücke

Bei einer Fahrt mit dem Schiff auf der Donau genießt man herrliche Ausblicke. Auch viele andere Städte durchzieht ein Fluss, doch die Donau spielt im Fall von Budapest eine Sonderrolle: Jahrhundertelang trennte sie die beiden Städte Buda und Pest. Heute verbinden Autobrücken die beiden Stadtteile. Alle Brücken wurden neu aufgebaut, da sie die deutsche Wehrmacht noch kurz vor Ende des Zweiten Weltkriegs zerstört hatte.

Vereinigungsdenkmal
Das 1973 errichtete Denkmal erinnert an die Vereinigung von Buda, Óbuda und Pest ein Jahrhundert zuvor. Es ragt auf der Margareteninsel (siehe S. 172f) *nahe der Margaretenbrücke auf.*

Elisabethkirche
Die Barockkirche wurde für Klosterschwestern erbaut; die Frontseite ist von der Donau abgekehrt. Hospital und Herberge des Ordens blicken jedoch auf den Fluss (siehe S. 101).

Matthiaskirche
Der Turm der mittelalterlichen Kirche wurde mehrfach erneuert. Er überragt das Hotel Hilton und die Fischerbastei (siehe S. 82f).

Die St.-Anna-Kirche erkennt man an ihren schlanken, barocken Zwillingstürmen.

Die Kettenbrücke (Széchenyi lánchíd) entstand 1839–49 auf Anregung des Grafen Széchenyi *(siehe S. 31)*. Sie wurde von William Tierney Clark entworfen und von seinem Namensvetter Scot Adam Clark gebaut. Die Brücke spannt sich, von zwei Türmen gestützt, 380 Meter weit – damals eine architektonische Meisterleistung.

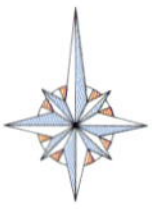

Legende

- M U-Bahn-Station
- Bootsanlegestelle

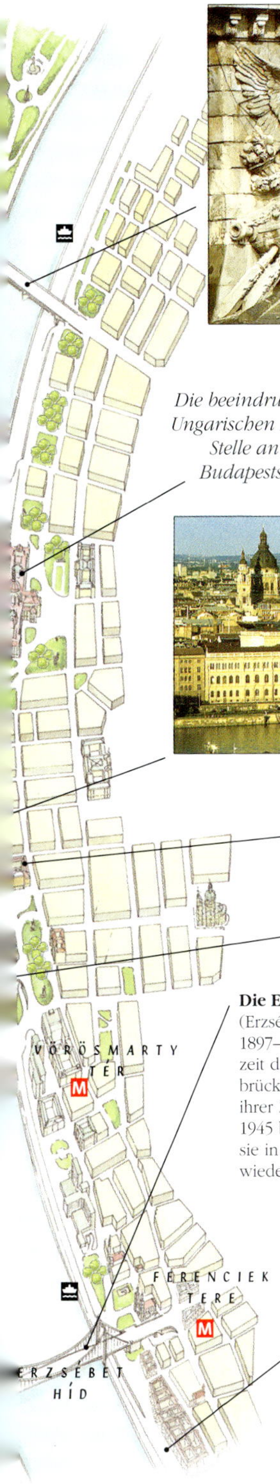

Die Margaretenbrücke (Margit híd) erbaute der französische Ingenieur Ernest Gouin an der Stelle, an der sich die Donau wieder vereinigt, nachdem sie von der Margareteninsel geteilt wurde. Errichtet wurde sie 1872–76; die Zufahrt zur Insel wurde 1899/1900 angefügt. Skulpturen von Adolphe Thabart zieren die Brückenpfeiler.

Parlamentsgebäude
Die beeindruckende hohe Kuppel des Ungarischen Parlaments ist von jeder Stelle an der Donau im Zentrum Budapests sichtbar (siehe S. 108f).

Am Ostufer des Flusses herrscht großteils einförmige Architektur vor. Akzente setzen Kuppel und Türme der St.-Stephans-Basilika *(siehe S. 116f)*.

0 Meter 300

Ungarische Akademie der Wissenschaften

Den Brückenkopf der Kettenbrücke bewachen zwei Steinlöwen von János Marschalkó. Eine Anekdote erzählt, der Künstler sei untröstlich gewesen, weil er die Zungen der Löwen vergessen hatte, und habe sich daher im Fluss ertränkt. Tatsächlich sind Zungen vorhanden, wenn auch nicht leicht erkennbar.

Die Elisabethbrücke (Erzsébet híd), errichtet 1897–1903, war seinerzeit die längste Hängebrücke der Welt. Nach ihrer Zerstörung im Jahr 1945 baute Pál Sávolya sie in der heutigen Form wieder auf.

Piere, von denen im Sommer täglich Ausflugsschiffe ablegen, gibt es in Budapest viele.

Von der Elisabeth- zur Lágymányosi-Brücke

Wie Paris wusste auch Budapest die Möglichkeiten des Flusses voll zu nutzen. Die wichtigsten und schönsten Gebäude Budas und Pests säumen die Donau. Hierzu zählen der Königspalast, Kirchen, historische Palais und Häuser sowie das Parlamentsgebäude.

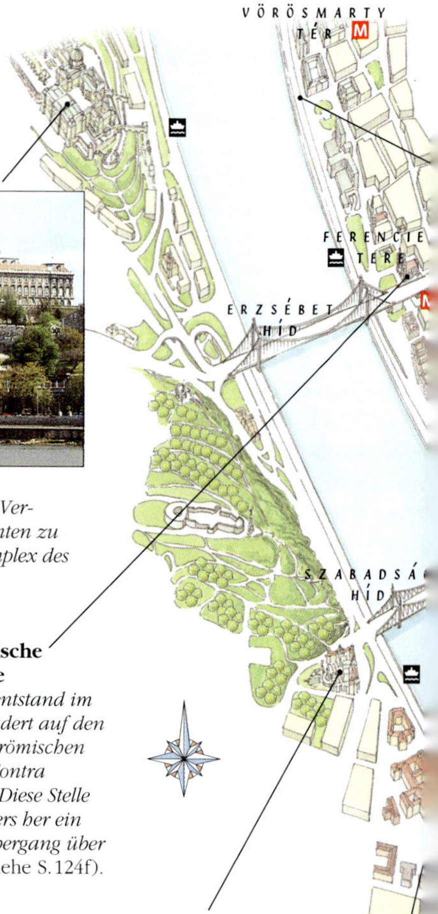

Königspalast
Vom Fluss aus sind die unteren Bereiche des Verteidigungswalls mit mittelalterlichen Fragmenten zu sehen. Im Inneren erhebt sich der riesige Komplex des habsburgischen Königspalasts (siehe S. 70f).

Innerstädtische Pfarrkirche
Die Kirche entstand im 12. Jahrhundert auf den Ruinen der römischen Wälle von Contra Aquincum. Diese Stelle war von alters her ein wichtiger Übergang über den Fluss (siehe S. 124f).

Hotel Gellért mit Bad
Die Architekten des Hotels gestalteten die flussseitige Fassade so imposant wie nur möglich (siehe S. 90f).

Technische Universität
Der Campus der größten ungarischen Bildungsinstitution nimmt fast den ganzen Raum zwischen Freiheitsbrücke und Petőfi-Brücke ein (siehe S. 157).

Eine Uferpromenade erstreckt sich entlang der Donau am Pester Ufer. Sie ist ein beliebter Treffpunkt zum Flanieren und wird von erstklassigen Hotels und Restaurants gesäumt.

Die kleine Prinzessin (1989) entzückte Prinz Charles bei seinem Besuch in Budapest dermaßen, dass er den Künstler László Marton einlud, seine Werke in London auszustellen.

Die Freiheitsbrücke (Szabadság híd) erbaute 1894–99 der ungarische Ingenieur János Feketeházy. Kaiser Franz Joseph, nach dem sie früher benannt war, eröffnete sie. Alle ursprünglichen Details wurden beim Wiederaufbau nach dem Zweiten Weltkrieg rekonstruiert.

Wirtschaftsuniversität
Das einstige Hauptzollamt ziert eine elegante Fassade mit zehn allegorischen Figuren. Sie stammen von dem deutschen Bildhauer August Sommer (siehe S. 138).

Die Lágymányosi-Brücke, die modernste und südlichste Brücke Budapests, ist hier in der Bauphase zu sehen. 1996 eröffnet, dient sie dem Durchgangsverkehr auf der Ringstraße ums Stadtzentrum.

Die Stadtteile Budapests

Burgviertel

Buda mit seinen Hügeln breitete sich vom 13. Jahrhundert an um die Burg und die Matthiaskirche aus. Die strategisch günstige Lage 60 Meter über der Donau und die natürlichen Ressourcen wussten bereits die frühesten Bewohner zu schätzen. Im 13. Jahrhundert bildete sich eine große Siedlung, als König Béla IV. nach einem Tatareneinfall eine Befestigungsanlage bauen ließ und die Hauptstadt hierher verlegte. Unter Mátyás Corvinus (15. Jh.) florierte und expandierte die Stadt, doch im 16. Jahrhundert fiel sie unter türkische Besatzung und wurde später von christlichen Truppen zerstört. Im 18. und 19. Jahrhundert erlebte Budapest eine neue Blütezeit und spielte unter den Habsburgern eine wichtige Rolle. Am Ende des Zweiten Weltkriegs war die Altstadt fast völlig zerstört, der Königspalast bis auf die Grundmauern niedergebrannt. In der Nachkriegszeit wurden beide rekonstruiert, und die Altstadt konnte ihren einstigen Charme wiedererlangen.

Flachrelief am Denkmal Eugens von Savoyen

Sehenswürdigkeiten auf einen Blick

Kirchen

Evangelische Kirche in Buda 17
Maria-Magdalena-Kirche 20
Matthiaskirche S. 82f 11

Museen und Sammlungen

Apothekenmuseum »Goldener Adler« 9
Budapester Historisches Museum 1
Ludwig-Museum – Museum für zeitgenössische Kunst 5
Museum für Handel und Gastronomie 18
Museum für Kriegsgeschichte 21
Széchenyi-Nationalbibliothek 2
Ungarische Nationalgalerie S. 74ff 4

Historische Straßen und Plätze

Dreifaltigkeitsplatz 10
Herrengasse 22
Hess-András-Platz 14
Paradeplatz 8
Parlamentsgasse 19
Táncsics-Mihály-Straße 15
Wiener-Tor-Platz 16

Palais, historische Gebäude und Monumente

Fischerbastei 12
Hotel Hilton 13
Matthiasbrunnen 3
Palais Sándor 6
Staatliches Tanztheater 7

Anfahrt

Der Burgberg und die Altstadt sind großteils Fußgängerzone, doch es gibt einige gebührenpflichtige Parkplätze für Autos und Busse. Von dort aus können Sie das Viertel zu Fuß erkunden. Bus 16 fährt vom Clark Ádám tér zum Dísz tér; eine Standseilbahn (*sikló*) verbindet den Clark Ádám tér mit dem Szent György tér. Ein Minibus (Várbusz) fährt den Platz vom Moszkva tér her an.

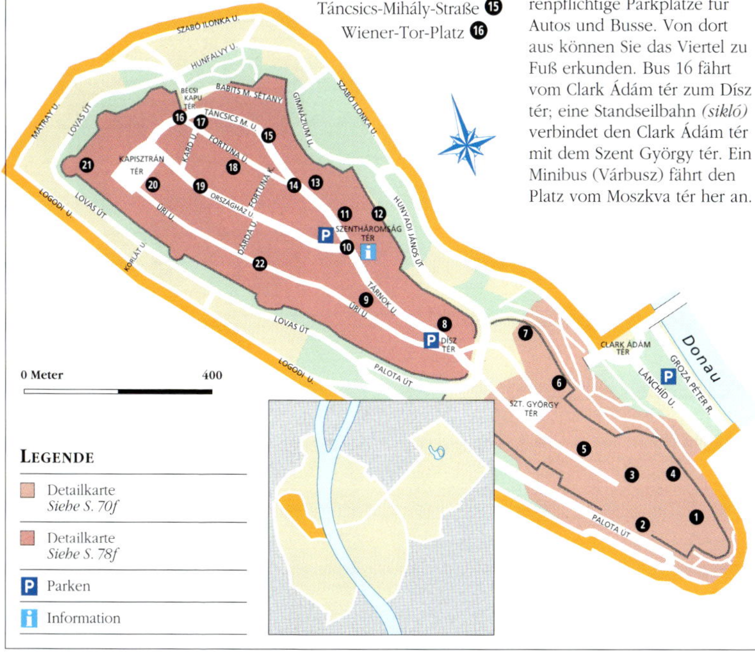

Legende

Detailkarte *Siehe S. 70f*
Detailkarte *Siehe S. 78f*
Parken
Information

◁ **Brunnen in der Tárnok utca in der Altstadt**

Im Detail: Königspalast

Der Königspalast (auch Burgpalast oder Burg) erfuhr in seiner langen Geschichte viele Verwandlungen. Auch heute weiß man nicht genau, wo König Béla IV. mit dem Bau begann; vermutlich nahe an der Matthiaskirche *(siehe S. 82f)*. Sigismund von Luxemburg, Kaiser des Heiligen Römischen Reichs, ließ eine gotische Burg errichten; um sie herum entstand die heutige Anlage. Im 18. Jahrhundert schufen dann die Habsburger ihren monumentalen Palast. Das heutige Bauwerk ist eine Rekonstruktion der im Februar 1945 zerstörten Anlage aus dem 19. Jahrhundert. Während der Arbeiten entdeckte man Reste der gotischen Burg aus dem 15. Jahrhundert. Die Archäologen beschlossen, die freigelegten Verteidigungswälle und Königsgemächer in die Rekonstruktion einzufügen.

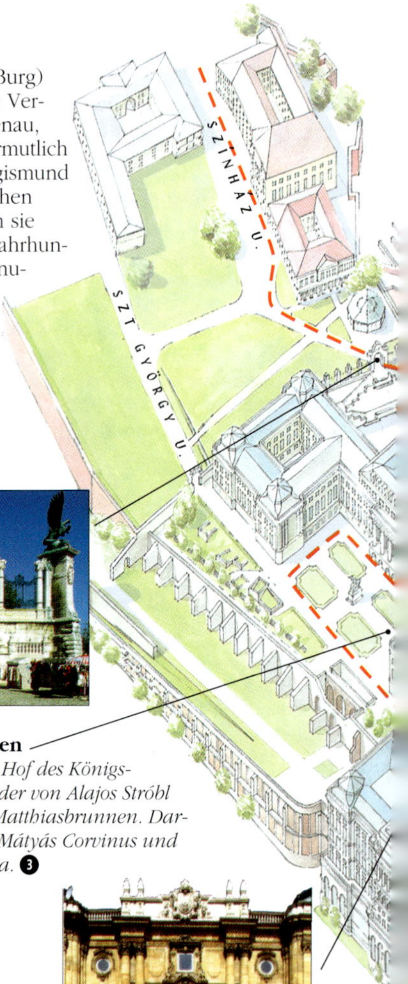

Durch ein verziertes Tor von 1903 betritt man den Königspalast von Nordwesten. Eine Bronzeskulptur des adlerähnlichen, mythischen Vogels *Turúl* wacht über die Anlage. Die Statue erinnert an die Landnahme der Magyaren 896.

★ Matthiasbrunnen
Im nordwestlichen Hof des Königspalasts erhebt sich der von Alajos Stróbl 1904 geschaffene Matthiasbrunnen. Dargestellt sind König Mátyás Corvinus und seine geliebte Ilonka. ❸

Das Löwentor führt in einen Hinterhof des Königspalasts. Seinen Namen verdankt es den vier Löwen, die es bewachen. Die Skulpturen schuf János Fadrusz 1901.

Zeitskala

1255 Erste schriftliche Überlieferung, ein Brief König Bélas IV., über den Bau einer Burgfeste

um 1356 Ludwig I. erbaut ein Königsschloss an den Südhängen des Burgbergs

um 1400 Sigismund von Luxemburg erbaut an gleicher Stelle eine gotische Burg

1458 Ein Renaissance-Palast entsteht unter König Mátyás

1541 Nach der Einnahme Budas nutzen die Türken den Königspalast als Pferdestall und Pulverkammer

1686 Christliche Soldaten stürmen den Palast und machen ihn dem Erdboden gleich

1719 Auf den Ruinen beginnt der Bau eines kleinen Palasts nach einem Entwurf von Hölbling und Fortunato de Prati

1749 Maria Theresia erbaut einen riesigen Palast mit 203 Zimmern

1849 Der Königspalast wird bei einer Attacke ungarischer Aufständischer erneut zerstört

1881 Miklós Ybl *(siehe S. 119)* beginnt, den Königspalast umzubauen und zu erweitern

1200 | 1400 | 1600 | 1800

Vogel Turúl

Die Kuppel des Königspalasts wurde im klassizistischen Stil erneuert, nachdem die barocke Kuppel von Alajos Hauszmann zusammen mit der Anlage im Zweiten Weltkrieg zerstört worden war.

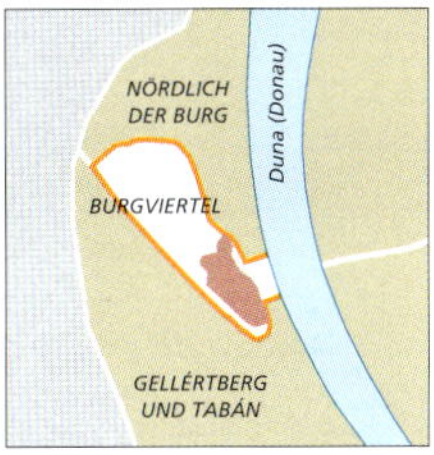

ZUR ORIENTIERUNG

Siehe Stadtplan, Karten 1, 4 & 9

0 Meter 50

Die Statue von Prinz Eugen von Savoyen von József Róna wurde 1900 enthüllt. Sie erinnert an die Schlacht von Zenta 1697; dieser Sieg war der Wendepunkt im Krieg gegen die Türken. Die Flachreliefs am Sockel stellen Szenen jener Schlacht dar. Zwei türkische Gefangene kauern zu Füßen des Prinzen.

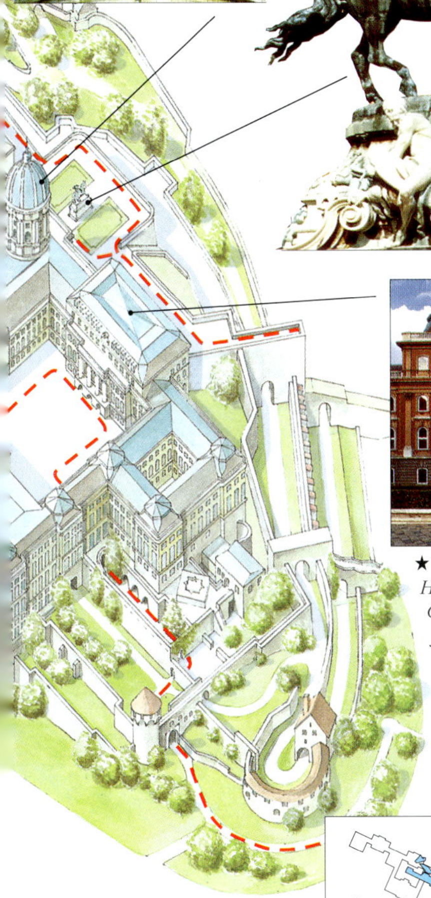

★ Ungarische Nationalgalerie

Hier kann man Kunstwerke zur turbulenten Geschichte Ungarns sehen. Die breit gefächerte Sammlung erweckt die Epochen der Fremdherrschaft und die Zeiten ungarischer Monarchen zu neuem Leben. ❹

LEGENDE

– – – Routenempfehlung

BAU DES KÖNIGSPALASTS

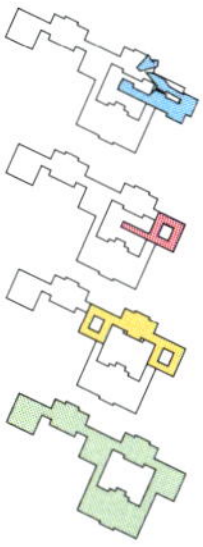

Um das Jahr 1400 entstand eine gotische Burg; 1458 ließ König Mátyás sie im Renaissance-Stil erneuern. Nach der Türkenherrschaft wurde der Palast in kleinerer Form neu aufgebaut. Maria Theresia schuf einen Monumentalbau, der nach dem Zweiten Weltkrieg in der Gestalt von 1905 rekonstruiert wurde.

- 15. Jh.
- 1719
- 1749
- 1905

NICHT VERSÄUMEN

- ★ **Matthiasbrunnen**
- ★ **Ungarische Nationalgalerie**

Bei Ausgrabungen auf dem Burgberg entdeckter Renaissance-Kachelboden (15. Jh.), ein Exponat des Budapester Historischen Museums

Budapester Historisches Museum ❶

Budapesti Történeti Múzeum

Szent György tér 2. **Stadtplan** 3 C1 (9 B4). ☎ *255 78 09.* 🚌 *5, 16, 78, Várbusz.* ◯ *März–Mitte Mai u. Mitte Sep–Okt Mi–So 10–18 Uhr; Mitte Mai–Mitte Sep tägl. 10–18 Uhr; Nov–Feb Mi–So 10–16 Uhr.*

Seit der Vereinigung Budapests 1873 werden historische Gegenstände über die ungarische Hauptstadt gesammelt. Viele davon werden heute im Budapester Historischen Museum (auch Burgmuseum) ausgestellt.

Bei der Rekonstruktion der im Zweiten Weltkrieg zerstörten Anlage wurden im Südflügel (Flügel E) des Königspalasts aus dem Mittelalter stammende Gemächer freigelegt. Sie sind in die heutige Struktur eingebunden und lassen die Gestalt des früheren Schlosses erahnen.

Rekonstruktionen dieser Gemächer warten im Keller des Palasts. Heute beherbergen sie die Ausstellung »Der Königspalast im Buda des Mittelalters« mit unterschiedlichsten Artefakten aus dieser Zeit. Im Erdgeschoss lässt die Ausstellung »Budapest im Mittelalter« die Entwicklung der Stadt von ihren römischen Ursprüngen bis zur ungarischen Siedlung des 13. Jahrhunderts aufleben. Sehenswert sind auch die rekonstruierten Verteidigungswälle, Gärten und der Bergfried. Im Erdgeschoss sind gotische Statuen aus dem 14./15. Jahrhundert zu sehen.

Die Ausstellung »Modernes Budapest« im ersten Stock zeichnet die Stadtannalen von 1686 bis zur Gegenwart nach.

Széchenyi-Nationalbibliothek ❷

Nemzeti Széchenyi Könyvtár

Szent György tér 6. **Stadtplan** 3 C1 (9 B4). ☎ *224 38 45.* 🚌 *5, 16, 78, Várbusz.* ◯ *Sep–Juli Mo 13–21 Uhr, Di–Fr 9–21 Uhr, Sa 9–17 Uhr.*

Eine herrliche Büchersammlung beherbergt seit 1985 der Flügel F des Königspalasts, den Alajos Hauszmann und Miklós Ybl *(siehe S. 119)* 1890–1902 erbauten. Davor war die Bibliothek Teil des Ungarischen Nationalmuseums *(siehe S. 130ff)*.

Illuminierte Handschrift in der Széchenyi-Nationalbibliothek

Zu den wertvollsten Schätzen der Sammlung zählen die *Corviniani*, eine Sammlung alter Bücher und Manuskripte, die König Mátyás Corvinus *(siehe S. 24f)* gehörten. Er besaß eine der größten Bibliotheken in ganz Europa. Ebenso bedeutend sind die ältesten erhaltenen Zeugnisse der ungarischen Sprache aus dem frühen 13. Jahrhundert.

Graf Ferenc Széchenyi gründete die Bibliothek 1802. Er stiftete dafür 15 000 Bücher und 2000 Manuskripte. Die Sammlung umfasst heute fünf Millionen Exemplare: einfach alles, was in Ungarn und in ungarischer Sprache veröffentlicht wurde oder sich auf Ungarn bezieht.

Wappen am Matthiasbrunnen in einem Innenhof des Königspalasts

Matthiasbrunnen ❸

Mátyás kút

Königspalast. **Stadtplan** 1 C5 (9 B3). 🚌 *5, 16, 78, Várbusz.*

Den verzierten Brunnen im Nordwesthof des Königspalasts (zwischen den Flügeln A und C) entwarf Alajos Stróbl 1904. Die Statue ist dem Renaissance-König Mátyás gewidmet, um dessen Gestalt der Volksmund allerlei Sagen gesponnen hat.

Der romantische Stil der Bronzeskulpturen greift das Thema einer Ballade des Poeten Mihály Vörösmarty aus dem 19. Jahrhundert auf. Der Sage nach traf König Mátyás bei einer Jagd auf Ilonka, eine schönes Bauernmädchen, das sich in ihn verliebte.

Diese Darstellung zeigt König Mátyás verkleidet als Jäger, der stolz seine Beute vorführt. Ihn flankieren im mittleren Teil des Brunnens sein Oberjäger und einige Jagdhunde. Links unter den Säulen sitzt Galeotto Marzio, ein italienischer Hofdichter; die zarte Gestalt der jungen Ilonka ist rechts unter den Säulen zu sehen.

Im Einklang mit dem Nimbus des Königs als Romantiker entstand hier ein neuer Brauch: Jeder Besucher, der Budapest wiedersehen möchte, sollte Münzen in den Brunnen werfen – dann wird er bestimmt zurückkehren.

Ungarische Nationalgalerie ❹

MAGYAR NEMZETI GALÉRIA

Siehe S. 74ff.

Ludwig-Museum Budapest – Museum für zeitgenössische Kunst ❺

LUDWIG MÚZEUM BUDAPEST – MŰVÉSZETEK PALOTÁJA

Das Museum ist nicht mehr im Königspalast, sondern umgezogen! Neue Adresse: Komor Marcell utca 1. **Stadtplan** *südöstl. von* 4 F4. *555 34 55.* *54, 79, 103.* *1, 2.* *Di, Fr, So 10–18 Uhr, Mi 12–18 Uhr, Do 12–20 Uhr, Sa 10–20 Uhr.* *nur für Wechselausstellungen, sonst frei.* www.ludwigmuseum.hu

BIS 2004 BEHERBERGTE ein Flügel des Königspalasts das Museum für zeitgenössische Kunst und die Sammlung Ludwig. Jetzt ist das Museum im 2004 eröffneten Palast der Künste am linken Donauufer zu finden. Es bietet einen Überblick über die letzten 50 Jahre internationaler und ungarischer zeitgenössischer Kunst. Außerdem beherbergt das Museum die Sammlung Ludwig, 150 zeitgenössische Kunstwerke, die 1989 erst Leihgaben, dann Schenkungen des aus Köln stammenden Ehepaars Irene und Peter Ludwig waren.

Im Palast der Künste ist außerdem der Nationale Konzertsaal und das Festival Theater *(siehe S. 161 und 208f).*

Die Westfassade am klassizistischen Palais Sándor

Palais Sándor ❻

SÁNDOR PALOTA

Szent György tér 1–3. **Stadtplan** 1 C5 (9 A3). *5, 16, 78, Várbusz.* *für die Öffentlichkeit.*

AN DER BERGSTATION der Seilbahn erhebt sich das große klassizistische Palais Sándor. Graf Vincent Sándor ließ die Villa 1806 von den Architekten Mihály Pollack und Johann Aman erbauen.

Die Flachreliefs am Palais stammen von Richárd Török, Miklós Melocco und Tamás Körössényi. Der Schmuck an der Westseite zeigt griechische Götter auf dem Olymp. An der Südfassade ist der Ritterschlag des Grafen Sándor abgebildet, im Norden prangt der heilige Georg (1934) von Zsigmond Kisfaludi Stróbl.

Das Palais diente 1867–1944 als Residenz des Ministerpräsidenten. Im Zweiten Weltkrieg wurde es beschädigt, danach restauriert. Heute ist es die Residenz des Staatspräsidenten.

Staatliches Tanztheater ❼

NEMZETI TÁNCSZÍNHÁZ

Színház utca 1–3. **Stadtplan** 1 C5 (9 A3). *318 60 66.* *5, 16, 78 Várbusz.* *Mo–So 13–18 Uhr.*

EINE MERKWÜRDIGE Mischung von Einrichtungen befand sich einst an der Stelle des heutigen Burgtheaters. Im 13. Jahrhundert ragte hier die Kirche für Johannes den Täufer auf, die König Béla IV. hatte erbauen lassen. Die Türken nutzten sie als Moschee, 1686 zerstörten christliche Truppen das Gotteshaus. 1725 erbaute der Karmeliterorden eine Barockkirche, die 1786 unter Kaiser Joseph II. in ein Theater umgewandelt wurde.

Der ungarische Baumeister Farkas Kempelen leitete den Umbau; er fügte die Rokoko-Fassade an und baute Sitze für 1200 Zuschauer. Die ersten Stücke wurden in deutscher Sprache aufgeführt; erst 1790 feierte die ungarische Sprache hier Premiere. Eine Gedenktafel erinnert an Beethovens Konzert von 1800.

Das Gebäude erlitt im Zweiten Weltkrieg schwere Schäden und wurde 1978 restauriert. Heute beherbergt es das Staatliche Tanztheater.

Imre Buktas *Schweineschlachten* (1993) in der Sammlung Ludwig

Ungarische Nationalgalerie ❹

***Schwestern* von Erzsébet Schaár**

Die 1957 gegründete Ungarische Nationalgalerie besitzt eine riesige Sammlung ungarischer Kunst vom Mittelalter bis heute. Seit 1839 wurde sie von verschiedenen Gruppen und Institutionen zusammengetragen. Die Exponate waren zuvor im Ungarischen Nationalmuseum *(siehe S. 130ff)* und im Museum der schönen Künste *(siehe S. 146ff)*. 1975 zog die Sammlung in den Königspalast (Flügel B, C und D) ein. Heute kann man hier sechs Dauerausstellungen mit den kostbarsten ungarischen Kunstwerken bewundern.

Altarbild in St. Anna *(1520)*
Das kunstvoll verzierte Altarbild aus Kisszeben zählt zu den gotischen Meisterwerken der Nationalgalerie.

Madonna von Toporc (um 1420)
Ein faszinierendes Beispiel mittelalterlicher Schnitzkunst im gotischen Stil. Ursprünglich entstand die Figur für eine Kirche in Spiz (heute Slowakei).

Madonna von Bártfa *(1465–70)*
Das Gemälde der Madonna mit Kind stammt aus einer Kirche in Bártfa (heute Slowakei). Vermutlich schuf es ein Maler in Krakau.

★ Die Heimsuchung *(1506)*
Das Gemälde des Meisters MS ist ein herrliches Werk der ungarischen Spätgotik. Es ist das Fragment eines Altarbilds aus einer Kirche in Selmecbánya (heute Slowakei).

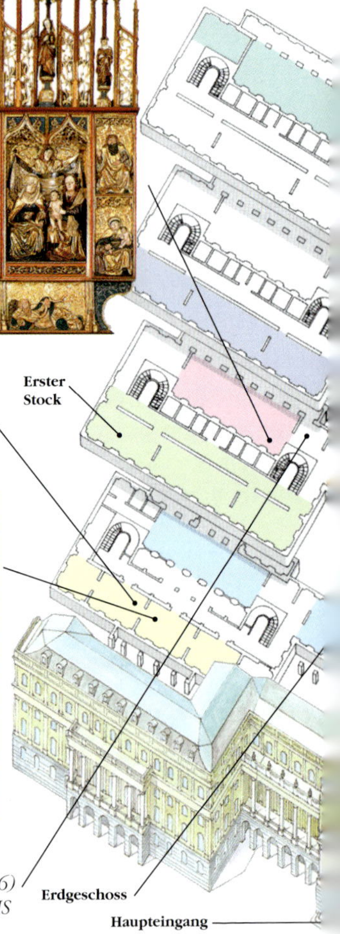

Legende

- Steinskulpturen und -artefakte
- Gotische Kunst
- Spätgotische Altarbilder
- Renaissance- und Barockkunst
- Kunst des 19. Jahrhunderts
- Kunst des frühen 20. Jahrhunderts
- Wechselausstellungen

Nicht versäumen

- **★ Die Heimsuchung**
- **★ Picknick im Mai**

Luischen *(1884)*
Die Marmorbüste von Luischen, eine der frühesten Arbeiten des Bildhauers Alajos Stróbl, steht im ersten Stock.

INFOBOX

Flügel B, C und D des Königspalasts. **Stadtplan** 3 C1 (9 B4).
☎ *375 75 33.* 🚌 *5, 16, 78, Várbusz.* ◯ *Di–So 10–18 Uhr.*
deutschsprachige Führungen kann man unter der Nebenstelle 616 buchen.
www.mng.hu

Badende Frau *(1901)*
Das Gemälde von Károly Lotz – seine Fresken sind bekannter – ist ein schönes Beispiel klassizistischer Malerei. Es spiegelt Lotz' Bewunderung für das Werk des französischen Malers Ingres wider.

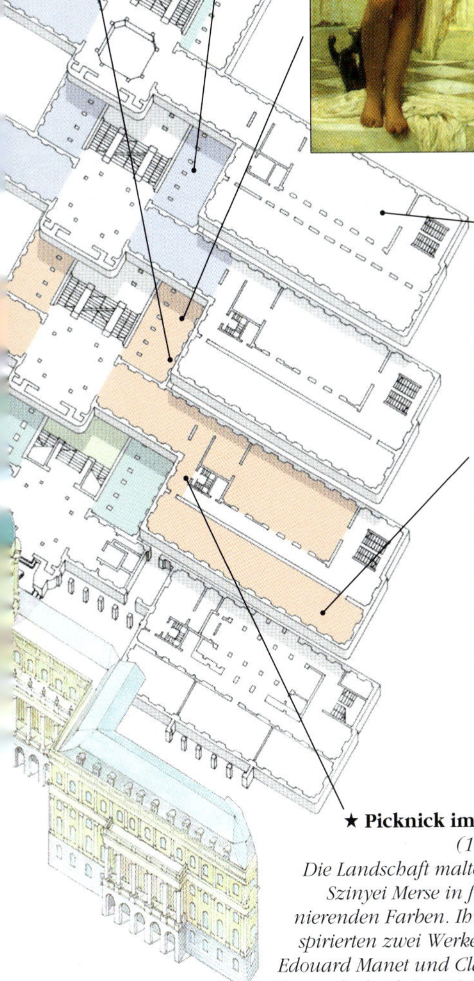

KURZFÜHRER
Artefakte aus Stein sowie gotische Kunst sind im Erdgeschoss zu sehen. Spätgotik, Renaissance und Barock sowie das 19. Jahrhundert teilen sich den ersten Stock. Werke des 20. Jahrhunderts findet man im zweiten, Sonderausstellungen im obersten Stockwerk.

Frau beim Butterstampfen *(1872/73)*
Das ausdrucksstarke Gemälde von Mihály Munkácsy, dem international berühmtesten ungarischen Künstler, zeigt das mühevolle, entbehrungsreiche Leben der »kleinen Leute«.

★ Picknick im Mai *(1873)*
Die Landschaft malte Pál Szinyei Merse in faszinierenden Farben. Ihn inspirierten zwei Werke von Edouard Manet und Claude Monet, die beide Le Déjeuner sur l'herbe *betitelt sind.*

Überblick: Ungarische Nationalgalerie

Sezessionsplakat

Die hier gezeigten Kunstwerke bieten einen umfassenden Einblick in die ungarische Kunst vom Mittelalter bis heute. Obgleich eineinhalb Jahrhunderte türkischer Besatzung und Kriege die Entfaltung der ungarischen Kunst unterbrachen, förderte das aufkommende Nationalbewusstsein im 19. Jahrhundert die Entwicklung eines neuen, eigenen Stils. Zu den interessantesten Werken zählen die des späten 19. Jahrhunderts, als sich zahlreiche Stilformen durchsetzten.

Die Krypta mit dem Sarkophag von Erzherzog Joseph

Lapidarium

Im Erdgeschoss sind links vom Haupteingang einige Steinobjekte ausgestellt, die beim Wiederaufbau des Königspalasts *(siehe S. 70)* entdeckt wurden. Das Lapidarium birgt Skulpturen und architektonische Fragmente wie Balustraden und Fenster, die die königlichen Gemächer zu Zeiten der Anjou und der Jagiellonen *(siehe S. 18)* zierten. Am kostbarsten ist die Skulptur vom Haupt König Bélas III. (um 1200). Die erste Abteilung enthält auch zwei marmorne Flachreliefs von König Mátyás und seiner Gemahlin Beatrix, geschaffen von einem unbekannten lombardischen Renaissance-Meister. Die zweite Abteilung zeigt Artefakte der Spätgotik und Renaissance aus anderen Palästen, so auch Säulen und Balustraden aus dem Palast in Visegrád und Flachreliefs aus einer Kapelle in Esztergom.

Königshaupt aus rotem Marmor

Gotische Kunst

Eine Sammlung von Altarbildern, Skulpturen und Fragmenten von Altardekorationen ist gegenüber dem Lapidarium ausgestellt. Sehenswert ist das Bildnis der *Madonna von Bártfa*, ein Kunstwerk aus der Gotik.

Die Skulpturen der »schönen Madonnen« sind im »weichen Stil« gehalten. Merkmal dieser Stilform ist, wie schon der Name besagt, die gefühlvoll-sanfte Bildsymbolik der Muttergottes mit dem Jesuskind.

Die Verkündigung, ein Werk des Meisters GH, ist eigentlich nur der Hauptteil eines Altars; der Rest befindet sich heute in Esztergom *(siehe S. 164)*.

Renaissance- und Barockkunst

Die Sammlung eröffnen ein Stillleben von Jakab Bogdány (1660–1724) und Porträts von Ádám Mányoki (1673–1757; *siehe S. 28)*, der außerhalb Ungarns lebte. Der übermächtige Einfluss der Habsburger in jener Epoche *(siehe S. 28f)* führte dazu, dass im Barock österreichische Künstler tonangebend waren. Maler wie Joseph Dorfmeister und Franz Anton Maulbertsch sowie Bildhauer wie Georg Raphael Donner und Philipp Jakob Straub waren die unbestrittenen Meister. Jan Kupetzkys Porträts sind gleichfalls charakteristisch für diese Ära. Donners Skulpturen und Dorfmeisters sakrale Gemälde beschließen diesen Bereich der Nationalgalerie.

Spätgotische Altarbilder

Zu den Höhepunkten der Abteilung zählt ein imposantes spätgotisches Altarbild. Die Mehrzahl der riesigen Altarbilder, die den Großen Thronsaal schmücken, stammt aus dem 15. und 16. Jahrhun-

Der Große Thronsaal birgt eine Sammlung von Altarbildern

dert. Eigentlich sind die Altarbilder gotisch, doch die sie verzierenden Skulpturen und Gemälde deuten auf den Einfluss der Renaissance hin. Augenfällig ist dies bei den Altären (1510–16) der heiligen Anna und Johannes des Täufers aus Kisszeben (heute das slowakische Sabinov). Das jüngste Altarbild (1643) stammt aus der Kirche Unsere Jungfrau Maria in Csíkmenaság.

Bertalan Székelys *Frauen von Eger* (1867) zeigt die Türkenkriege

***Libanonzeder* von Tivadar Kosztka Csontváry (1907)**

Kunst des 19. Jahrhunderts

Die herrliche Sammlung von Kunstwerken dieser Epoche spiegelt die Blüte der schönen Künste im Ungarn des 19. Jahrhunderts wider.

Damals entwickelte sich der Historismus. Herausragende Vertreter dieses Stils waren Gyula Benczúr und Bertalan Székely, die die grandiosen Werke *Die Rückgabe Budas 1686* (1896) und *Frauen von Eger* (1867) schufen. Letzteres Gemälde zeigt die Frauen der Stadt, wie sie die Burg gegen die Türken verteidigen.

Viktor Madarászs Werk *László Hunyadi* (1859) gedenkt der Exekution László Hunyadis durch die Habsburger 1457. Es spielt auch auf die Hinrichtung vieler Ungarn nach dem Aufstand gegen Österreich von 1848/49 *(siehe S. 30f)* an.

Die Entfaltung der schönen Künste in Europa beeinflusste Ende des 19. Jahrhunderts auch die ungarische Malerei. Die Auseinandersetzung mit dem Impressionismus zeigt sich bei Pál Szinyei Merses *Picknick im Mai* (1873).

Den ungarischen Realismus greifen László Paál und der berühmte Mihály Munkácsy auf. Gemälde von Munkácsy, die besondere Aufmerksamkeit verdienen, sind *Der gähnende Geselle* (1869), das *Reisig schleppende Bauernmädchen* (1870), *Staubige Straße* (1874) und das Stillleben *Blumen* (1881). Auch ein Abstecher zu den klassizistischen Gemälden lohnt. Hier ist das Werk von Károly Lotz zu bewundern; bekannt ist er wohl eher für seine Fresken, die Budapester Mauern und Decken zieren.

Kunst des 20. Jahrhunderts

Hier sind Kunstwerke von der Sezession über Expressionismus und Surrealismus bis hin zu zeitgenössischer Kunst ausgestellt. Sie bieten einen umfassenden Überblick über die ungarische Kunst des 20. Jahrhunderts.

Das Werk von József Rippl-Rónai, der in Frankreich studierte, zeigt den Einfluss des Sezessionsstils, so in den Arbeiten *Der Palast in Körtyvélyes* und *Frau mit Vogelkäfig*. Einer der faszinierendsten Künstler des frühen 20. Jahrhunderts ist jedoch Károly Ferenczy, dessen Bild *Der Maler* (1923) die Klarheit seines Schaffens zum Ausdruck bringt. Dem Maler Tivadar Kosztka Csontváry lag jeder konventionelle Stil fern; sogar Picasso verehrte ihn. Zwei Gemälde spiegeln seine abstrakte Interpretation der Welt: die *Ruinen des griechischen Amphitheaters in Taormina* (1905) und die *Libanonzeder* (1907).

»Die Acht«, eine Künstlergruppe, die die erste Avantgardeschule Ungarns gründete, war zwischen den beiden Weltkriegen aktiv. Bemerkenswert sind die Werke *Junges Mädchen mit Bogen* von Béla Czóbel, *Frau mit Kontrabass* von Róbert Berény, *Die Ruderer* von Ödön Marffy, *Spaziergang beim Wasserturm* von István Farkas und *Reiter am Ufer* von Károly Kernstok.

Beste Beispiele des ungarischen Expressionismus sind die Gemälde *Entlang dem Pfad*, *Für Brot* und *Generationen* von Gyula Derkovits.

Zu den interessantesten Skulpturen gehören *Selbstaufrichtung* und *Der Sämann* von Ferenc Medgyessy sowie *Stehendes Mädchen* von Béni Ferenczy.

***Der Maler* von Károly Ferenczy (1923), ein friedvolles Werk**

Im Detail: Altstadt

Flachreliefs an einem Haus in der Fortuna utca

Budas Altstadt spiegelt die wechselnden Geschicke wider. Ab dem 13. Jahrhundert breitete sie sich nördlich des Königspalasts aus. Unter König Sigismund blühte sie auf; deutsche Kaufleute belieferten von ihren Läden in der Herrengasse (Úri utca) den Hof. Später zerstörten die Türken das Viertel, danach deren Bezwinger. Nach dem Zweiten Weltkrieg wurde Buda wieder aufgebaut, doch in seinen Gassen kann man noch Relikte vergangener Zeiten entdecken.

Táncsics-Mihály-Straße
Im Mittelalter lebten hier Juden. Das Museum in Nr. 26, an der Stelle der alten Synagoge, zeigt u.a. Grabsteine. ⓯

Das Staatsarchiv für historische Urkunden in einem romanischen Gebäude besitzt Dokumente, die 1785 aus Pressburg, der früheren Hauptstadt Ungarns, nach Buda verbracht wurden.

Erhaltener Turm der Maria-Magdalena-Kirche

Verteidigungswall

0 Meter 50

★ Museum für Handel und Gastronomie
Das ungewöhnliche Museum vermittelt Besuchern das gastronomische Gewerbe und den damit verbundenen Handel von einst. Außer dem Nachbau eines Kaufmannsladens (19. Jh.) sind Utensilien und Plakate jener Zeit zu sehen. ⓲

★ Herrengasse
Die einstigen Häuser der Aristokraten und Kaufleute an dieser Straße haben mittelalterliche Fundamente und oft Innenhöfe. Viele zieren gotische Details. ㉒

Legende

– – – Routenempfehlung

★ Matthiaskirche
Obwohl einige Teile der Kirche älteren Datums sind, ist der Großteil eine neogotische Rekonstruktion aus den Jahren 1874–96. Das pittoreske Vestibül an der Südseite schmückt ein original erhaltenes gotisches Portal aus dem 14. Jahrhundert. ⓫

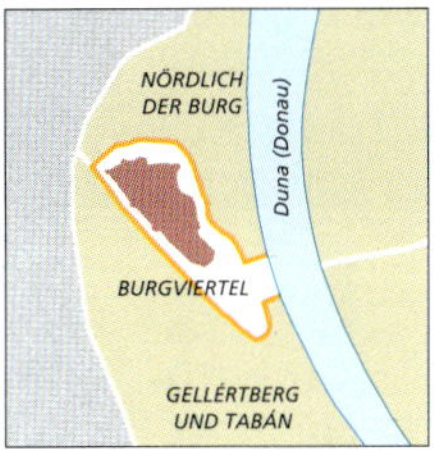

Zur Orientierung
Siehe Stadtplan, Karten 1 & 9

Fischerbastei
Das von Frigyes Schulek 1895 errichtete Bauwerk diente trotz seines Namens nie zur Verteidigung. Es wird als Aussichtsterrasse genutzt. Die konischen Türme sind eine Reminiszenz an die Zelte der frühen Magyarenstämme. ⓬

Die Statue des heiligen Stephan (István), des ersten gekrönten Königs von Ungarn *(siehe S. 22f)*, wurde 1906 errichtet. Den Sockel umläuft ein Flachrelief mit Szenen aus dem Leben des Königs.

Dreifaltigkeitsplatz
1713, nachdem eine Pestepidemie gewütet hatte, errichtete man auf diesem Platz eine Säule, die die heilige Dreifaltigkeit darstellt. ❿

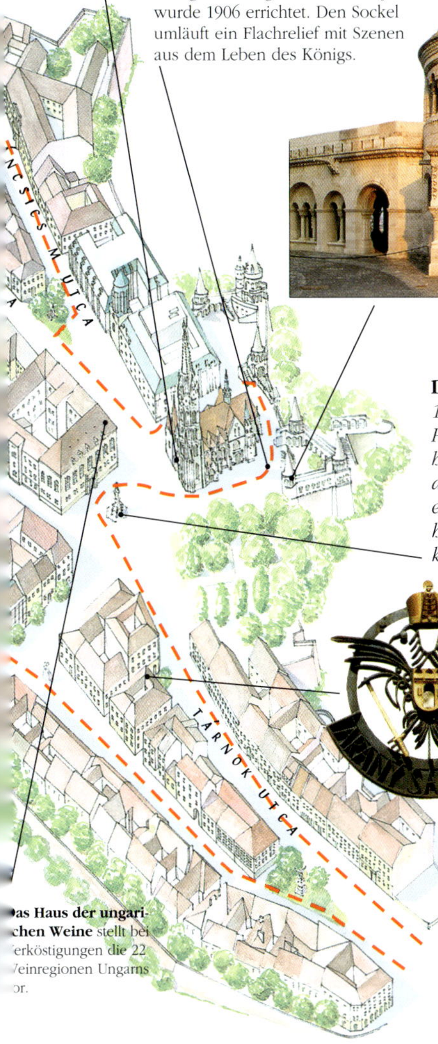

Apothekenmuseum »Goldener Adler«
Ab dem 18. Jahrhundert beherbergte das mittelalterliche Haus eine Apotheke namens »Unter dem goldenen Adler«; heute ist es ein Museum. ❾

…as Haus der ungari-…chen Weine stellt bei …erköstigungen die 22 …einregionen Ungarns …or.

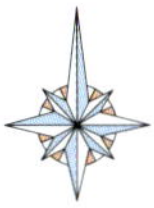

Nicht versäumen

- ★ **Matthiaskirche**
- ★ **Museum für Handel und Gastronomie**
- ★ **Herrengasse**

Palais Batthyány am Paradeplatz

Paradeplatz 8

Dísz tér

Stadtplan 1 B5 (9 A3). *Várbusz.*

Der Paradeplatz ist nach den Militärparaden benannt, die im 19. Jahrhundert hier stattfanden. An seiner Nordflanke ragt das von György Zala 1893 erbaute Honvéd-Denkmal auf. Es gedenkt der Opfer des Aufstands von 1848/49.

Das Haus Nr. 3 erbaute József Giessl 1743–48. Das zweistöckige Barockpalais war bis 1945 das Heim der Familie Batthyány. Obgleich das Gebäude häufig umgebaut wurde, blieb die Fassade intakt.

In einige Häuser am Paradeplatz wurden mittelalterliche Reste integriert. Zu besichtigen ist dies bei den Häusern Nr. 4–5 und 11, die Venerio Ceresola erbaute. In Ersterem gibt es Sitznischen aus dem 13. Jahrhundert.

Apothekenmuseum »Goldener Adler« 9

Aranysas Patikamúzeum

Tárnok utca 18. **Stadtplan** 1 B5 (9 A2). 375 97 72. *16, Várbusz. März–Okt Di–So 10.30–17.30 Uhr, Nov–Feb Di–So 10.30–15.30 Uhr.*

Die 1688 eröffnete Apotheke von Ferenc Ignác Bösinger firmierte ab 1740 unter dem Namen »Goldener Adler«. Später im 18. Jahrhundert zog sie in das ursprünglich gotische Gebäude mit Barockinterieur und klassizistischer Fassade ein. Seit 1974 ist die Apotheke ein Museum mit pharmazeutischen Exponaten aus Renaissance und Barock, darunter auch eine Sammlung chinesischer Instrumente.

Dreifaltigkeitsplatz 10

Szentháromság tér

Stadtplan 1 B4 (9 A3). *Várbusz ab Moszkva tér.*

Auf diesem Platz schlägt das Herz der Altstadt. Er verdankt seinen Namen der barocken Dreifaltigkeitssäule, die Philipp Ungleich 1710–13 schuf; 1967 wurde sie restauriert. Sie erinnert an die Opfer zweier Pestepidemien, die die Einwohner Budas 1691 und 1709 dahinrafften.

Den Säulensockel umlaufen Flachreliefs von Anton Hörger. Weiter oben ragen Heiligenfiguren auf, an der Spitze befindet sich eine großartige Komposition mit Figuren der Dreifaltigkeit. Den Mittelteil der Säule zieren von Wolken umgebene Engel.

Das Alte Rathaus Budas, ein großes Barockgebäude mit zwei Innenhöfen, wurde ebenfalls zu Beginn des 18. Jahrhunderts an diesem Platz erbaut. Der Entwurf stammt vom kaiserlichen Hofarchitekten Venerio Ceresola, dessen Planung die Reste mittelalterlicher Häuser mit einbezog. 1770–74 wurden der Ostflügel sowie Erkerfenster und eine Steinbalustrade mit Rokoko-Urnen von Mátyás Nepauer angefügt. Die Ecknische gegenüber der Matthiaskirche birgt eine kleine Statue der Pallas Athene von Carlo Adami.

Das Haus der ungarischen Weine in der Szentháromság utca Nr. 6 bietet Qualitätsweine aus 22 ungarischen Anbaugebieten an. Bei den Verköstigungen können sie probiert und gekauft werden.

Matthiaskirche 11

Mátyás templom

Siehe S. 82f.

Fischerbastei 12

Halászbástya

Szentháromsag tér. **Stadtplan** 1 B4 (9 A2). *Várbusz ab Moszkva tér.*

Frigyes Schulek entwarf das neoromanische Monument 1895 für die Fischergilde. Es erhebt sich an der Stelle des mittelalterlichen Fischmarkts von Buda. Das Bauwerk, von dem aus man einen herrlichen Blick auf die Donau und über Pest genießt, ist wahrlich eine ästhetische Bereicherung für den Burgberg.

Vor der Bastei thront eine Statue des heiligen Stephan, des Königs, der das Christentum in Ungarn einführte.

Am Dreifaltigkeitsplatz: Budas Altes Rathaus, dessen Uhrturm ein Zwiebeldach krönt

Das Flachrelief an der Fassade des Hilton stellt König Mátyás dar

Hotel Hilton ⓭

Hilton Szálló

Hess András tér 1–2. **Stadtplan** 1 B4 (9 A2). *488 66 00. Várbusz.*

Das 1976 erbaute Hilton ist ein seltenes Beispiel moderner Architektur in der Altstadt. Das anfangs umstrittene Konzept des ungarischen Architekten Béla Pintér verbindet die historischen Ruinen der Stätte mit modernen Materialien und Ansichten.

Ab 1254 ragte hier eine Dominikanerkirche auf; später wurde ein Turm hinzugefügt, gefolgt von einem spätbarocken Jesuitenkloster. Die Überbleibsel beider Bauten wurden in den Entwurf integriert. Die Reste der mittelalterlichen Kirche, die 1902 bei Ausgrabungen zutage kamen, sind Teil des Dominikaner-Innenhofs, in dem im Sommer Konzerte und Operetten aufgeführt werden.

Auch die zur Donau weisende Hauptfassade besteht zum Teil aus der Fassade des Jesuitenklosters. Linker Hand des Eingangs ragt der Nikolausturm auf. 1930 wurde ihm ein Flachrelief (15. Jh.) von König Mátyás hinzugefügt, das dem König wie aus dem Gesicht geschnitten sein soll.

Hess-András-Platz ⓮

Hess András tér

Stadtplan 1 B4 (9 A2). *Várbusz ab Moszkva tér.*

Namenspatron des Platzes war der Drucker, der das erste ungarische Buch, die *Chronica Hungarorum*, 1473 im Haus Nr. 4 druckte. Das Haus wurde Ende des 17. Jahrhunderts als Verbund dreier mittelalterlicher Häuser restauriert, mit vierfachen Sitznischen, Kellern mit Tonnengewölben und verzierten Toren. Die einstige Herberge in Nr. 3 wurde 1696 »Roter Igel« getauft. Das einstöckige Gebäude zieren gotische und barocke Elemente.

Igel an der Fassade des Hauses Hess-András-Platz 3

Den Platz überragt eine Statue von Papst Innozenz XI. von József Damkó; der Papst wirkte bei der Mobilisierung der Truppen mit, die Buda von den Türken befreiten. Aufgestellt wurde die Statue 1936.

Táncsics-Mihály-Straße ⓯

Táncsics Mihály utca

Stadtplan 1 B4 (9 A2). *Várbusz.* **Museum für Musikgeschichte** *214 67 70. Di–So 10–17 Uhr.*

Haus Nr. 7 ist das Palais Erdődy, 1750–69 von Mátyás Nepauer, dem seinerzeit führenden Architekten, für die Familie Erdődy erbaut. Wie viele Nachbarhäuser entstand es auf den Ruinen mittelalterlicher Bauten. Prachtvolle Barockfassaden zieren die auf die Donau, den Hof und die Straße gerichteten Seiten.

1800 hielt sich Ludwig van Beethoven hier auf, der in Budapest einige Konzerte gab. Das Palais beherbergt heute das Museum für Musikgeschichte und das Béla-Bartók-Archiv. Eine ständige Ausstellung dreht sich um die Budapester Musik des 18. bis 20. Jahrhunderts, einschließlich der ältesten erhaltenen ungarischen Musikinstrumente.

Gebäude Nr. 9 war im Mittelalter die Königliche Münze, 1810 wurde hier die Josephkaserne errichtet. Später nutzten sie die Habsburger als Gefängnis für die Anführer des Aufstands von 1848/49.

Die Fassade des Hauses Nr. 16 ziert ein Wandgemälde von etwa 1700. Es stellt Christus und Maria umgeben von Heiligen dar. Die Flachreliefs auf dem Torbogen stammen aus einer venezianischen Kirche. Reste des jüdischen Erbes sind in Nr. 23 und Nr. 26 zu finden. Die Ruinen einer Synagoge aus dem 15. Jahrhundert schlummern im Garten der Villa von Nr. 23. Bei archäologischen Ausgrabungen förderte man Gräber und religiöse Gegenstände im Hof von Haus Nr. 26 zutage.

Das Museum für Musikgeschichte in der Táncsics-Mihály-Straße

Matthiaskirche ⓫

Als Liebfrauenkirche war die Kirche vom 13. bis 15. Jahrhundert erbaut worden. Einige der heutigen architektonischen Elemente stammen aus der Zeit Sigismunds von Luxemburg. Der Name Matthiaskirche ehrt König Mátyás Corvinus, der den Bau vergrößern und verschönern ließ. Viele originale Details gingen verloren, als die Türken die Kirche 1541 zur Großen Moschee umwandelten. Bei der Befreiung Budas wurde sie fast völlig zerstört, später vom Franziskanerorden im Barockstil wiederaufgebaut. 1723 wurde sie erneut beschädigt und 1873–96 von Frigyes Schulek im neogotischen Stil gestaltet. In der Krypta befindet sich das Museum für sakrale Kunst.

Fensterrosette
Frigyes Schulek kopierte getreu das mittelalterliche Buntglasfenster, das in der Frühgotik diese Stelle einnahm.

Béla-Turm
Der Turm ist nach dem Gründer der Kirche, König Béla IV., benannt. Einige originale gotische Elemente blieben erhalten.

★ Barocke Madonna
Nach einer Legende wurde die Originalstatue während der türkischen Besatzung in die Wand der Kirche eingelassen. Als das Gotteshaus 1686 zerstört wurde, tauchte die Madonna wunderbarerweise wieder auf. Die Türken deuteten dies als Omen ihrer Niederlage.

Hauptportal
Über dem gewölbten Westeingang prangt ein Flachrelief der Madonna mit Kind (19. Jh.) zwischen zwei Engeln. Es stammt von Lajos Lantai.

Nicht versäumen

- ★ Barocke Madonna
- ★ Marienportal
- ★ Grab von König Béla III. und Anne de Châtillon

★ Grab von König Béla III. und Anne de Châtillon
Die sterblichen Überreste des Königspaares wurden 1860 aus der Kathedrale von Székesfehérvár in die Matthiaskirche überführt. Sie ruhen unter einem Steinbaldachin in der Dreifaltigkeitskapelle.

INFOBOX

Szentháromság tér 2. **Stadtplan** 1 B4 (9 A2). *Várbusz.* *Mo–Fr 9–17, Sa 9–13, So 13–17 Uhr.* *7, 8.30, 18 Uhr.*
Museum *So–Fr 9–17 Uhr.*

Das Dach schmücken bunte glasierte Ziegel.

Kanzel
Die reich dekorierte Kanzel zieren Steinfiguren der vier Kirchenväter und der vier Evangelisten.

Den Hauptaltar schuf Frigyes Schulek nach dem Vorbild gotischer Triptychen.

Buntglasfenster
Drei Bogenfenster auf der Südseite haben Buntglas aus dem 19. Jahrhundert. Sie stammen von Frigyes Schulek, Bertalan Székely und Károly Lotz.

★ Marienportal
Die Himmelfahrt der Heiligen Jungfrau ist das großartigste Beispiel gotischer Bildhauerkunst in Ungarn. Frigyes Schulek rekonstruierte das Portal aus Fragmenten, die den Zweiten Weltkrieg überstanden hatten.

ZEITSKALA

um 1387 Umbau in eine gotische Hallenkirche unter Sigismund von Luxemburg

1458 Eine Danksagungsmesse folgt auf die Krönung von Mátyás Corvinus

1541 Umbau in eine türkische Moschee

1686 Nach der Befreiung Budas von den Türken ist die Kirche fast zerstört; ein neuer Bau mit Barockinterieur entsteht

Heiligenfiguren auf der Kanzel

1250 | 1350 | 1450 | 1550 | 1650 | 1750 | 1850 | 1950

1309 Krönung des Anjou-Königs Karl I. Robert

1255 Gründung der Kirche unter König Béla IV. nach dem Mongolensturm

1526 Die Kathedrale brennt beim ersten Angriff der Türken nieder

1470 Vollendung des Matthiasturms nach seinem Einsturz 1384

1896 Frigyes Schulek vollendet die erneut aufgebaute Kirche im neogotischen Stil

1945 Die Wehrmacht und die Rote Armee beschädigen die Kirche schwer

1970 Nachkriegs-Wiederaufbauprogramm ist abgeschlossen

Das 1936 wiedererrichtete Wiener Tor erinnert an die Befreiung Budas

Wiener-Tor-Platz ⓰

Bécsi Kapu tér

Stadtplan 1 B4. *Várbusz ab Moszkva tér.*

Der Platz ist nach dem Tor benannt, durch das die Reisenden einst aus Budas Mauern hinaus gen Wien fuhren. Da das alte Tor mehrfach beschädigt worden war, wurde es 1896 abgerissen. Das heutige Tor nach einer historischen Vorlage wurde 1936 zum 250. Jahrestag der Befreiung Budas von den Türken errichtet.

Den Platz säumen sehenswerte Häuser. Nr. 5, 6, 7 und 8 entstanden an den Standorten mittelalterlicher Wohnhäuser. Die Häuser im Barock- und Rokokostil zieren Skulpturen und Flachreliefs. An der Fassade von Nr. 7 sind Medaillons mit den Porträts bedeutender Philosophen und Dichter angebracht. Thomas Mann logierte hier 1935/36. An Nr. 8 fallen die Erkerfenster, die Mäuerchen und die restaurierten mittelalterlichen Wandgemälde an der Fassade ins Auge.

Linker Hand des Platzes erhebt sich ein großes neoromanisches Gebäude mit einem farbenfrohen Dach, das Samu Pecz 1913–20 erbaute. Es beherbergt das Nationalarchiv, in dem Dokumente aus der Zeit vor der Schlacht von Mohács 1526 und der Aufstände von Rákóczi *(siehe S. 25)* und Kossuth *(siehe S. 106)* aufbewahrt werden.

Hinter dem Wiener-Tor-Platz erinnert ein Denkmal an Mihály Táncsics, den Führer des Herbstaufstandes. Enthüllt wurde es 1970.

Evangelische Kirche in Buda ⓱

Budavári Evangélikus templom

Bécsi kapu tér. **Stadtplan** 1 B4. *Várbusz.*

Gegenüber dem Wiener Tor steht die klassizistische Evangelische Kirche, die Mór Kollina 1896 erbaute. Eine Tafel gedenkt des Pfarrers Gábor Sztéhló, der im Zweiten Weltkrieg 2000 Kinder rettete.

Einst schmückte ein Gemälde Bertalan Székelys namens *Christus segnet das Brot* den Altar; es wurde während des Zweiten Weltkriegs zerstört.

Museum für Handel und Gastronomie ⓲

Kereskedelmi és Vendéglátóipari Múzeum

Fortuna utca 4. **Stadtplan** 1 B4. *375 62 49.* *16, Várbusz.* *Mi–Fr 10–17 Uhr, Sa, So 10–18 Uhr.*

Die ehemalige Herberge Fortuna – so hieß sie 1784–1868 – entstand im 17. und 18. Jahrhundert auf den Ruinen dreier mittelalterlicher Häuser. Die Fassade zieren originale gotische Nischen und ein barockes Tor. 1966 eröffnete hier ein Museum. Die kleine, aber feine Ausstellung zeigt u.a. das Innere einer Budaer Patisserie von 1870 und die Büste Emil Gerbeauds, des Gründers von Pests berühmtestem Kaffeehaus, gestaltet von Alajos Stróbl.

Parlamentsgasse ⓳

Országház utca

Stadtplan 1 A4/B4.

Die Strasse bewohnten einst Kunsthandwerker aus Florenz, die für König Mátyás am Königspalast *(siehe S. 70f)* arbeiteten; ehedem hieß sie Italienische Gasse. Der heutige Name spielt auf das Gebäude Nr. 28 an: Dort kam das Parlament von 1790 bis 1807 zusammen. Das Gebäude entwarf im 18. Jahrhundert der Architekt Franz Anton Hillebrandt als Klarissinnenkonvent. Joseph II. löste den Orden jedoch auf, bevor der Bau vollendet war.

Viele Häuser an dieser Straße weisen sehenswerte gotische und barocke Elemente auf. In Nr. 2, heute mit klassizistischer Fassade, zog das Restaurant Alabárdos Étterem *(siehe S. 194)* ein; die Geschichte des Hauses reicht bis ins späte 13. Jahrhundert zurück. Im 15. Jahrhundert erbaute Sigismund von Luxemburg hier eine gotische Villa; einige Details – wie die Kolonnaden, die den Hof umlaufen, und die Wandbilder im zweiten Stock – blieben erhalten. Im Eingang zu Nr. 9 gibt es filigrane gotische Sitznischen, wie sie einst in Buda beliebt waren. Vor dem klassizistischen Haus Nr. 21 thront eine Statue von Márton Lendvay (1807–1858), Schauspieler und Mitglied des Nationaltheaters.

Emaillierte Dose aus der Patisserie Gerbeaud

Rekonstruierter Barockturm der Maria-Magdalena-Kirche

Maria-Magdalena-Kirche ⑳

MÁRIA MAGDOLNA TEMPLOM TORNYA

Kapisztrán tér 6. **Stadtplan** 1 A4. *Várbusz.*

DIE HEUTE verfallene Kirche entstand in der Mitte des 13. Jahrhunderts. Im Mittelalter zelebrierten ungarische Christen hier die Messe; die Matthiaskirche gehörte der deutschen Gemeinde.

Erst in der zweiten Hälfte der Türkenherrschaft wurde die Kirche zur Moschee, bei der Befreiung Budas 1686 jedoch schwer beschädigt. Die Franziskaner errichteten später eine Barockkirche mit Turm. Nach dem Zweiten Weltkrieg wurde bis auf den Turm und das Tor alles abgerissen. Beide stehen zusammen mit einem rekonstruierten gotischen Fenster in einem Garten.

Museum für Kriegsgeschichte ㉑

HADTÖRTÉNETI MÚZEUM

Tóth Árpád sétány 40. **Stadtplan** 1 A4. *356 95 86. Várbusz. Apr–Sep Di–So 10–18 Uhr, Okt–März Di–So 10–16 Uhr. nach Vereinbarung.*

DAS MUSEUM NIMMT einen Flügel der früheren Pfalzkaserne ein. Es zeigt zahlreiche militärische Exponate aus den Kriegen, in die Budapest von der vortürkischen Epoche bis ins 20. Jahrhundert verwickelt war. Uniformen, Flaggen, Waffen, Karten und Munition ab dem 11. Jahrhundert gewähren Einblick in die lange, turbulente Geschichte der Stadt.

Interessant ist die Ausstellung über den Aufstand von 1956. Fotos veranschaulichen die 13-tägigen Demonstrationen, die mit dem Einmarsch der Sowjets endeten.

Herrengasse ㉒

ÚRI UTCA

Stadtplan 1 A4/B4/B5 (9 A2). *Várbusz.* **Telefonmuseum** *201 81 88. Apr–Okt tägl. 10–18 Uhr, Nov–März tägl. 10–16 Uhr.* **Labyrinth** *212 02 07. tägl. 9.30–19.30 Uhr.*

DIE GEBÄUDE in der Herrengasse wurden erst 1686 und nochmals 1944 zerstört. Der Wiederaufbau 1950–60 brachte ihren mittelalterlichen Charakter zum Vorschein. Fast alle Häuser besitzen Reste eines gotischen Tors oder Saals; die Fassaden sind barock oder klassizistisch.

Eine schöne gotische Front ist am Hölbling-Haus (Nr. 31) zu sehen. Genügend Originalelemente überstanden diverse Kriege und Umbauten, sodass die Architekten die Fassade recht detailgetreu rekonstruieren konnten. Beeindruckend ist das gotische Fenster im ersten Stock. Die gegenüberliegenden Häuser wurden ebenfalls restauriert.

Das Gebäude Nr. 53 wurde 1701–22 in ein Franziskanerkloster umgebaut, 1789 jedoch ließ es Kaiser Joseph II. für seine eigenen Zwecke umgestalten. 1795 wurden hier Jakobiten, angeführt von Ignác Martinovics, eingekerkert; daran erinnert eine Gedenktafel. 1873 setzte man vor das Haus einen Brunnen mit der Kopie einer Skulptur der Artemis, der griechischen Göttin der Jagd.

Zwei Museen befinden sich in der Herrengasse: Das Telefonmuseum (Nr. 49) ist eines der amüsantesten Museen Budapests. Bei Nr. 9 öffnet sich der Eingang zu den Katakomben. Besucher dieser neuen Attraktion können einen Teil des weiten Komplexes von Verliesen und Höhlen erkunden, die unter dem Burgberg verlaufen. Im Labyrinth gibt es zudem ein Panoptikum mit Informationen über die Frühzeit der ungarischen Geschichte und die Sagen jener Epoche.

Die Herrengasse zieht sich durch die gesamte Altstadt

Gellértberg und Tabán

Schnitzwerk am Altar der Felsenkapelle

Steil über der Donau steigt der Gellértberg empor, einer der malerischsten Orte der Stadt. Von seinem Gipfel hat man einen fantastischen Blick über ganz Budapest. An seinem nördlichen Ausläufer gründeten die keltischen Erawisken – noch vor den Römern – eine Siedlung *(siehe S. 94)*. Einst wurde er nur »Alter Berg« genannt; Aberglaube und Sagen ranken sich um ihn. 1046 sperrten »Heiden« Bischof Gellért, der sie zum Christentum bekehren wollte, in ein Fass und stürzten ihn darin den Berg hinab in den Tod. Später wurde der Berg nach dem Märtyrer benannt. Der Gellértberg erstreckt sich fast bis zur Donau, die sich an dieser Stelle verengt. Hier war ein wichtiger Flussübergang, um den die Siedlung Tabán entstand.

Legende

- Detailkarte *Siehe S. 88f*
- Parken
- U-Bahn-Station
- Polizei
- Post
- Bus

0 Meter 300

Sehenswürdigkeiten auf einen Blick

Museum
Semmelweis-Museum für Medizingeschichte 12

Kirchen
Felsenkapelle 2
Pfarrkirche von Tabán 10

Historische Gebäude
Haus zum Goldenen Hirschen 13
Zitadelle 4

Hotels und Bäder
Hotel Gellért mit Bad S. 90f 1
Rác-Bad 9
Rudas-Bad 6

Plätze und Denkmäler
Freiheitsdenkmal 3
Gellértdenkmal 5
Kaiserin-Elisabeth-Denkmal 7
Tabán 8
Ybl-Miklós-Platz 11

Anfahrt

Am bequemsten kommen Sie mit dem Auto auf den Gellértberg oder mit Bus 27, der vom Móricz Zsigmond körtér direkt auf den Gipfel fährt. Tram 19 fährt vom Batthyány tér aus entlang der Donau nach Tabán. Auch Bus 86 hält hier auf seinem Weg von Óbuda. Die Busse 5, 7, 8, 78, 112 und 116 halten, allesamt von Pest kommend, in Tabán.

◁ Das Gellértdenkmal erinnert an den im 11. Jahrhundert hier ermordeten Bischof

Im Detail: Gellértberg

Der Berg südlich des Burgbergs galt lange Zeit als verrufene Ecke. Im 11. Jahrhundert wiegelte Prinz Vata, der Bruder König Istváns, die »Heiden« hier zu einer Rebellion auf, der Bischof Gellért zum Opfer fiel. Im Mittelalter hieß es gar, dass auf dem Berg Hexensabbate gefeiert würden. Unter den Türken entstand erstmals eine Festung zur Verteidigung Budas auf dem Hügel; 1851 errichteten die Österreicher auf seinem Gipfel eine abweisende Zitadelle. Erst gegen Ende des 19. Jahrhunderts begann man, den Gellértberg mit anderen Augen zu sehen, er wurde ein Ausflugsziel. 1967 legte man auf dem Areal um die Zitadelle einen Park an.

Kaiserin-Elisabeth-Denkmal
Nahe der Einfahrt zur Elisabethbrücke erhebt sich die Statue der Gemahlin Kaiser Franz Josephs, die in Ungarn verehrt wurde. ❼

★ Gellértdenkmal
Mit erhobenem Kreuz segnet Bischof Gellért die Stadt. Der Märtyrer ist der Schutzpatron Budapests. ❺

Zitadelle
Der einstige Ort des Schreckens beherbergt heute ein Hotel samt Restaurant und Weinlokal; hier kann man sich entspannen und die Aussicht genießen. ❹

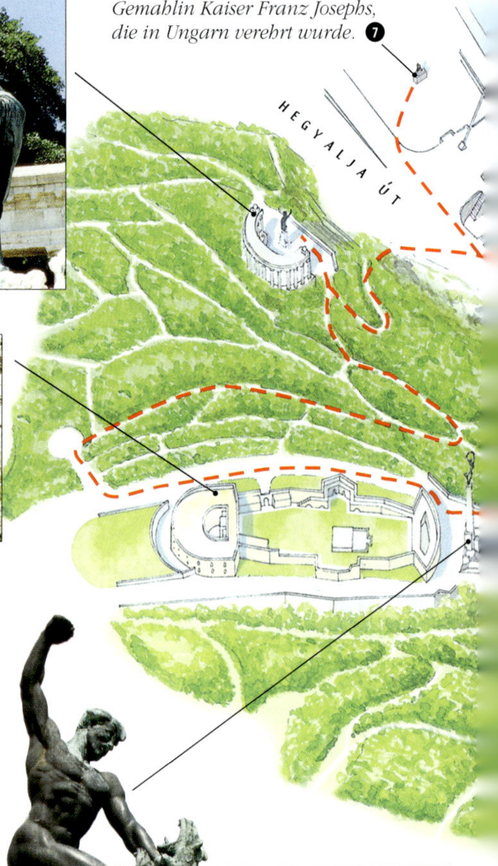

0 Meter 500

Legende

– – – Routenempfehlung

Freiheitsdenkmal
Am Fuß des Freiheitsdenkmals sieht man zwei Skulpturen. Die eine verkörpert den Kampf gegen das Böse. ❸

Nicht versäumen

★ **Gellértdenkmal**

★ **Felsenkapelle**

Die Aussichtsterrassen auf dem Gellértberg belohnen den Aufstieg mit einem herrlichen Ausblick über den Südteil von Buda und ganz Pest.

ZUR ORIENTIERUNG
Siehe Stadtplan, Karten 3, 4 & 9

★ Felsenkapelle
Die Kapelle wurde 1926 in einer heiligen Grotte erbaut. Unter den Kommunisten war der Paulinerorden gezwungen, sie aufzugeben. 1989 wurde sie wiedereröffnet. ❷

Rudas-Bad
Das berühmte türkische Bad aus dem 16. Jahrhundert ziert eine charakteristische osmanische Kuppel. ❻

Hotel Gellért mit Bad
Das prächtige Kurhotel mit Badeanlage wurde zu Beginn des 20. Jahrhunderts hier errichtet, um die natürlichen heißen Quellen zu nutzen. ❶

DAS RESERVOIR

1978 wurde ein Trinkwasserreservoir nahe am Uránia-Observatorium auf dem Gellértberg eingerichtet. Die Oberseite des Reservoirs ist überdacht; von hier aus genießt man den Blick auf den Königspalast *(siehe S. 70f)* im Norden. Eine Skulptur von Márta Lessenyei schmückt die Konstruktion.

Skulptur von Márta Lessenyei am Reservoir des Gellértbergs

Hotel Gellért mit Bad ❶

Buntglasfenster von Bózó Stanisits

VON 1912 BIS 1918 wurde das Kurhotel im Sezessionsstil *(siehe S. 54ff)* am Fuß des Gellértbergs erbaut. Die frühesten Hinweise auf die Heilquellen an dieser Stelle stammen aus dem Mittelalter: Im 13. Jahrhundert, zu Zeiten von König András II., erhob sich hier ein Hospital. Der seinerzeit bekannte türkische Reiseliterat Evliya Çelebi berichtet von Bädern, die die Osmanen hier erbauten. Die Architekten des Hotels waren Ármin Hegedűs, Artúr Sebestyén und Izidor Sterk. 1945 wurde es zerstört, nach dem Zweiten Weltkrieg wieder aufgebaut und modernisiert. Das Hotel hat diverse Restaurants und Cafés. Zudem gibt es das Institut für Hydrotherapie mit Sezessionsinterieur und modernen Anlagen.

Wellenbad im Freien
Das Schwimmbecken mit Wellenmaschine stammt von 1927. Es liegt auf der Rückseite des Hotelkomplexes zum Gellértberg hin.

★ Bäder
Zwei separate Bäder – eines für Männer, eines für Frauen – sind identisch angelegt. Jedes besitzt drei Becken mit unterschiedlich temperiertem Wasser, Sauna und Dampfbad.

Balkone
Die Balkone vor den Hotelzimmern schmücken Sezessionsbalustraden, die Leier- und Vogelmotive zieren.

★ Eingangshalle
Im Inneren des Hotels blieb, ebenso wie in den Bädern, das Sezessionsdekor erhalten: kunstvolle Mosaiken, Buntglasfenster und Statuen.

Sonnenterrassen
Die Terrassen nutzen die sonnigsten Winkel. Im Sommer sind sie ein beliebter »Trockenplatz«.

INFOBOX

Szent Gellért tér. **Stadtplan** 4 E3.
466 61 66. *7, 7A, 86.*
18, 19, 47, 49.
Bäder Eingang an der Kelenhegyi út. *Mo–Fr 6–18, Sa, So 6–16 Uhr.*

Pool mit heißem Heilwasser

Türme im östlichen Stil
Die Architekten verliehen den Türmen und Erkern des Hotels eine zylindrische, typisch orientalische Form.

Haupttreppe
Die Absätze der Haupttreppe zieren die 1933 eingefügten Buntglasfenster von Bózó Stanisits. Sie spielen auf die alte Sage von einem Zauberhirschen an.

Restaurantterrasse
Auf der Terrasse im ersten Stock speist man mit herrlichem Blick auf Budapest. Im Erdgeschoss und im ersten Stock gibt es insgesamt vier Cafés und Restaurants.

★ Hauptfassade
Hinter der imposanten Fassade des Hotels warten attraktive Erholungseinrichtungen und ein Heilbad, das auch Nichtgästen offensteht. Der Bädereingang ist rechts vom Haupteingang an der Kelenhegyi út.

NICHT VERSÄUMEN

- ★ **Eingangshalle**
- ★ **Bäder**
- ★ **Hauptfassade**

Hotel Gellért mit Bad ❶

GELLÉRT SZÁLLÓ ÉS FÜRDŐ

Siehe S. 90f.

Felsenkapelle ❷

SZIKLATEMPLOM

Gellért rakpart 1a. **Stadtplan** 4 E3. *7, 7A, 86.* *18, 19, 47, 49.*

AM SÜDHANG des Gellértbergs liegt der Eingang zu der Grottenkirche, einen Katzensprung vom Hotel Gellért mit seinem Bad entfernt. Kálmán Lux erbaute die Kapelle 1926 nach dem Vorbild des Heiligtums in Lourdes.

Genutzt wurde sie von den Mönchen des Paulinerordens, der im 13. Jahrhundert von Eusebius von Esztergom gegründet wurde. 1934, 150 Jahre nachdem Joseph II. den Orden in Ungarn aufgelöst hatte, kehrten 15 Patres aus dem polnischen Exil zurück. Sie blieben bis in die späten 1950er Jahre: Dann verboten die Kommunisten den Orden erneut und versiegelten den Eingang zur Grotte.

Die Kirche und das angrenzende Kloster öffneten ihre Pforten erst am 27. August 1989 wieder. Ihren neuen Granitaltar von Győző Sikot segnete der Papst. Links wachen in der Grotte eine Kopie der *Schwarzen Madonna von Tschenstochau* und ein nachgeahmter polnischer Adler. Auch ein Gemälde von Maximilian Kolbe ist zu bewundern. Der polnische Mönch opferte sein Leben, um Mitinsassen im Konzentrationslager Auschwitz zu retten. Eine Gedenktafel führt die Namen der Lager auf, in denen polnische Soldaten im Zweiten Weltkrieg interniert waren, sowie die Städte und Schulen, in denen polnische Flüchtlinge Unterschlupf fanden.

Ins Kloster kommt man durch die Stephanskapelle der Kirche. Die herrlichen Holzschnitzereien der Kapelle stammen von Béli Ferenc.

Am Eingang zur Kirche steht die Statue des hl. István.

Eingang zur Felsenkapelle des Paulinerordens

Freiheitsdenkmal ❸

FELSZABADULÁSI EMLÉKMU

Stadtplan 4 D3. *27.*

HOCH AUF DEM Gellértberg überragt das imposante Denkmal die gesamte Stadt. Geschaffen hat es der herausragende ungarische Bildhauer Zsigmond Kisfaludi Stróbl. Es erinnert an die Befreiung Budapests durch die Rote Armee im Jahr 1945 *(siehe S. 34)*. Ursprünglich soll das Denkmal zunächst István, dem Sohn des ungarischen Staatsoberhaupts Miklós Horthy, gewidmet gewesen sein, der 1943 an der Ostfront verschollen war. Doch nach der Befreiung der Stadt durch die russischen Truppen erblickte es Marschall Klimient Woroszyłow in der Werkstatt des Bildhauers und benutzte es für seine eigenen Zwecke.

Mittelpunkt der Anlage ist eine Frauenfigur, die einen Palmwedel hochhält. Sie reckt sich stolze 14 Meter in die Höhe. Den Fuß des Denkmals zieren zwei allegorische Skulpturen, die den Fortschritt und den Kampf gegen das Böse verkörpern.

Das Freiheitsdenkmal erhebt sich auf der Spitze des Gellértbergs

Der Einzug der Russen in Budapest bedeutete einerseits die Befreiung der Stadt, andererseits aber den Beginn der Sowjetherrschaft. Nach dem Ende der UdSSR wurde die Figur des russischen Soldaten vom Denkmal entfernt; sie fand im Statuenpark *(siehe S. 160)* einen neuen Platz.

Zitadelle ❹

CITADELLA

Stadtplan 4 D3. *27.* *tägl.*
Hotel Citadella *466 57 94.*
Diskothek Citadella *209 32 71.*
tägl. 22–4 Uhr. **Restaurant**
386 48 02. *tägl. 11–23 Uhr.*

NACHDEM der Aufstand von 1848/49 *(siehe S. 30f)* niedergeschlagen war, beschlossen die Habsburger, an dieser Stelle eine Festung zu bauen. Die 1850–54 errichtete Zitadelle war mit 60 Kanonen bestückt, die jederzeit auf die Stadt feuern konnten. Doch in Wahrheit diente die Anlage von Anfang an keinerlei militärischen Zwecken, sondern diente eher als Mittel zur Einschüchterung.

Die Zitadelle ist 220 Meter lang und 60 Meter breit; ihre Mauern ragen vier Meter in die Höhe. Nach dem Friedensschluss mit den Habsburgern forderten die Ungarn immer wieder die Zerstörung der Zitadelle, doch erst 1897 gab die österreichische Armee sie auf. Ein Teil des Eingangstors wurde symbolisch herausgerissen.

In den 1960er Jahren wurde die Zitadelle in einen Freizeitkomplex umgebaut. Ein Restaurant *(siehe S. 194)*, ein Hotel *(siehe S. 180)* und ein Nachtklub ziehen heute Besucher an. Vom alten Verteidigungswall aus genießt man einen spektakulären Blick über die Stadt.

Gellértdenkmal ❺

SZENT GELLÉRT EMLÉKMŰ

Stadtplan 4 E3. 🚌 *27.*

IM JAHR 1904 ERRICHTETE man ein großes Denkmal an der Stelle, an der Bischof Gellért im 11. Jahrhundert vermutlich ermordet wurde. Die Legende besagt, dass der Bischof in einem Fass in die Donau geworfen wurde, da sich die Heiden nicht bekehren lassen wollten. Das Denkmal zeigt Gellért, wie er ein Kreuz in der ausgestreckten Hand hält; ein bekehrter Ungar kniet zu seinen Füßen.

Die Statue schuf Gyula Jankovits, die halbrunde Kolonnade dahinter stammt von Imre Francsek. Eine Quelle speist den Brunnen. Das Denkmal, das die Elisabethbrücke überragt, ist von vielen Punkten der Stadt zu sehen. Einen besonders imposanten Anblick bietet es nachts, wenn es beleuchtet wird.

Das Schwimmbecken im Rudas-Bad krönt eine türkische Kuppel

Rudas-Bad ❻

RUDAS GYÓGYFÜRDŐ

Döbrentei tér 9. **Stadtplan** 4 D2 (9 C5). ☎ *375 83 73.* **Kurbereich (nur Männer)** ◯ *Mo–Fr 6–18 Uhr, Sa, So 6–12 Uhr.* **Schwimmbecken** ◯ *Mo–Fr 6–17 Uhr, Sa, So 6–12 Uhr.*

DAS 1550 ERBAUTE Bad wurde 1566 vom türkischen Pascha Sokoli Mustafa erheblich erweitert. Der größte Teil stammt aus jener Epoche. In diesem Bereich erwarten den Badegast ein oktogonales Becken und vier kleinere Eckpools mit verschieden temperiertem Wasser. Darüber thront als Dach eine osmanische Kuppel.

In den letzten Jahren wurde das Bad weitgehend modernisiert; schon 1952 war ein überdachtes Schwimmbecken hinzugefügt worden. Das heilende Thermalwasser (gegen Rheuma-Erkrankungen) war lange Zeit Männern vorbehalten, heute steht das Bad auch Frauen offen.

Kaiserin-Elisabeth-Denkmal ❼

ERZSÉBET KIRÁLYNÉ SZOBRA

Döbrentei tér. **Stadtplan** 4 D2 (9 C5).

DAS DENKMAL der Kaiserin Elisabeth (»Sisi«), der Gemahlin von Kaiser Franz Joseph, schuf György Zala.

Die Statue bekam 1986 ihren heutigen Platz nahe der Elisabethbrücke *(siehe S. 63)*; diese ist ebenfalls nach der Kaiserin benannt, die den Ungarn freundschaftlich zugetan war.

1932–47 stand das Denkmal auf der anderen Flussseite; dann ließen es die Kommunisten entfernen.

Das Gellértdenkmal, ein Wahrzeichen Budapests, überragt die Elisabethbrücke

Tabán ❽

Stadtplan 3 C1/C2/C3 (9 B5). *18, 19.* *5, 78, 112.*

TABÁN BESTEHT heute aus einem hübschen Park und historischen Gebäuden; das war nicht immer so. Zwischen Burgberg und Gellértberg gelegen, war es im frühen 20. Jahrhundert ein Slum. Aufgrund des Stadtentwicklungsplans wurde es dann verändert. Nur wenige Gebäude, darunter die Pfarrkirche, blieben vom Abriss verschont.

Dank seiner natürlichen Vorzüge gehörte das Areal zu den ersten der Gegend, auf dem sich Menschen ansiedelten. Die keltischen Erawisken gründeten hier eine Siedlung. Später erbauten die Römer einen Wachturm, von dem aus sie den Fluss beobachteten. Der erste Hinweis auf Thermalbäder in Tabán stammt aus dem 15. Jahrhundert. Die Türken wussten diese Gabe der Natur zu nutzen und erbauten hier zwei herrliche Bäder, das Rác- und das Rudas-Bad *(siehe S. 93)*; rundherum entwickelte sich ein blühendes Städtchen. Nur die Bäder blieben verschont, als bei der Wiedereroberung Budas 1686 alles zerstört wurde *(siehe S. 27)*.

Im späten 17. Jahrhundert zogen zahlreiche Serben auf der Flucht vor den Türken nach Tabán. Ihnen folgten Griechen und Zigeuner. Zu jener Zeit waren viele Einwohner von Tabán Gerber oder lebten vom Fluss. Am Berghang oberhalb wurde Wein angebaut.

Zu Beginn des 20. Jahrhunderts verfügte das malerische Viertel noch immer nicht über eine ordentliche Kanalisation. Das alte, verfallene Tabán mit seinen unzähligen Bars und Spielhöllen wurde schließlich abgerissen; an seiner Stelle entstanden die heutigen Grünanlagen.

Gärten mit Terrassen, *dekorativen Treppen und Arkaden von Miklós Ybl wurden hier errichtet, um eine adäquate Verbindung zwischen Königspalast* (siehe S.70f) *und Donauufer zu schaffen.*

Die Statue von Miklós Ybl, *einem Architekten des 19. Jahrhunderts, schuf Ede Mayer 1894.*

Haus zum Goldenen Hirschen

Osmanische Grabsteine *sind die Überreste des einstigen Friedhofs, in dem Türken, die bei der Verteidigung Budas 1686 ihr Leben ließen, begraben wurden.*

Rác-Bad ⑨

RÁC GYÓGYFÜRDŐ

Hadnagy utca 8–10. **Stadtplan** 4 D2 (9 B5). *375 83 73.* *18, 19.* *nach Renovierung wird das Bad 2006 wiedereröffnet. Zeiten im Tourismusbüro erfragen.* *nur mit Sondererlaubnis.*

DER NAME geht auf Serben zurück, die hier lebten. Die Einrichtung stammt aus türkischer Zeit *(siehe S. 26f)*, was von außen nicht zu sehen ist, denn das Bad wurde 1869 nach Plänen von Miklós Ybl erneuert. Das Innere birgt osmanische Elemente wie das oktogonale Becken und die Kuppel. Viele Budapester sind von der therapeutischen Wirkung des Wassers überzeugt.

Die Fassade des Rác-Bads

Pfarrkirche von Tabán ⑩

TABÁNI PLÉBÁNIATEMPLOM

Attila út 11. **Stadtplan** 4 D1 (9 C5). *375 54 91.* *18, 19.*

EIN TEMPEL SOLL bereits zu Zeiten Árpáds an dieser Stelle gestanden haben. Im Mittelalter erbaute man eine Kirche, die von den Türken in eine Moschee umgewandelt und später zerstört wurde. 1728–36, nachdem die Stadt an die Habsburger gefallen war, wurde eine zweite Kirche nach dem Entwurf von Keresztély Obergruber errichtet. Mátyás Nepauer fügte Mitte des 18. Jahrhunderts den Turm hinzu. 1881 wurde die Fassade erweitert und der Turm mit einer neobarocken Kuppel gekrönt. Im Inneren, rechts unter der Chorgalerie, prangt die Kopie einer Schnit-

Die Pfarrkirche von Tabán mit ihrem neobarocken Kuppelturm

zerei aus dem 12. Jahrhundert namens *Christus von Tabán*; das Original ist heute im Budapester Historischen Museum zu sehen *(siehe S. 72)*. Altar, Kanzel und die Gemälde an den Wänden stammen aus dem 19. Jahrhundert.

Ybl-Miklós-Platz ⑪

YBL MIKLÓS TÉR

Stadtplan 4 D1 (9 C4). *19.*

ES IST KEIN ZUFALL, dass dem berühmten Architekten Miklós Ybl *(siehe S. 119)* eine Statue auf diesem Platz, in der Nähe vieler seiner Bauwerke, gewidmet ist. Zu Ybls größten Projekten gehörten die Staatsoper *(siehe S. 118f)*, die St.-Stephans-Basilika *(siehe S. 116f)* und die weitgehende Erneuerung des Königspalasts *(siehe S. 70f)*.

Den Várkert-Kiosk auf dem Platz erbaute ebenfalls Ybl. Ursprünglich befand sich darin eine Pumpe, die Wasser zum Königspalast hochpumpte, 1903 zog dort ein Café ein. Seit 1992 beherbergt das Gebäude ein Spielkasino und ein Restaurant.

Semmelweis-Museum für Medizingeschichte ⑫

SEMMELWEIS ORVOSTÖRTÉNETI MÚZEUM

Apród utca 1–3. **Stadtplan** 4 D1 (9 B4). *375 35 33.* *18, 19.* *Di–Sa 10.30–17.30 Uhr.*

DAS MUSEUM liegt in dem Haus (18. Jh.), in dem Ignác Semmelweis 1818 geboren wurde. Der Arzt ging in die Geschichte ein, weil er den Erreger des Kindbettfiebers entdeckte, das seinerzeit viele Wöchnerinnen dahinraffte.

Hier wird Medizingeschichte vom alten Ägypten bis heute dokumentiert; sehenswert ist der Nachbau einer Apotheke aus dem 19. Jahrhundert und das Sprechzimmer von Semmelweis mit Originalmöbeln. Den Hof ziert das Denkmal *Mutterschaft* von Miklós Borsos.

Haus zum Goldenen Hirschen ⑬

SZARVAS HÁZ

Szarvas tér 1. **Stadtplan** 3 C1 (9 B4). *375 64 51.* *19.*

EIN BLICKFANG am Fuß des Burgbergs ist dieses Haus aus dem frühen 19. Jahrhundert. Seinen Namen verdankt es dem Gasthof »Unter dem Goldenen Hirschen«, der hier einzog. Über dem Eingang ist ein Flachrelief zu sehen, auf dem zwei Jagdhunde einen Hirschen verfolgen. Das Gebäude beherbergt noch heute das Restaurant Arany Szarvas, das auf Wildgerichte spezialisiert ist. Im Keller befindet sich ein Weinlokal.

Flachrelief über dem Eingang des Hauses zum Goldenen Hirschen

Nördlich der Burg

Dekoration, Millachera-Brunnen

Zwischen Burgberg und dem Westufer der Donau erstreckt sich nördlich der Kettenbrücke zur Margit körút hin der Stadtteil Víziváros (»Wasserstadt«). Der Name stammt aus dem Mittelalter, als das Viertel ständig überflutet wurde. Früher wohnten hier Handwerker und Fischer, zum Teil in großer Armut. Heute bieten die Kirchtürme von Víziváros entlang dem Westufer der Donau einen malerischen Anblick.

Im Mittelalter und während der Türkenherrschaft war das Viertel nördlich vom Burgberg mit Wällen befestigt. Ein kurzer Abschnitt ist heute noch an der Margit körút Nr. 66 zu sehen; eine Gedenktafel informiert über die Geschichte. Nördlich davon steht das Grab des türkischen Derwischs Gül Baba, eines der wenigen Monumente aus osmanischer Zeit.

Sehenswürdigkeiten auf einen Blick

Kirchen

Elisabethkirche 6
Kalvinistenkirche 3
Kapuzinerkirche 2
St.-Anna-Kirche S. 102f 4

Historische Gebäude und Denkmäler

Grab des Gül Baba 8
Tunnel 1

Platz

Batthyány-Platz 5

Bäder

Király-Bad 7
Lukács-Bad 9

Anfahrt

In Víziváros verkehren viele öffentliche Verkehrsmittel: Die Busse 4, 16, 86 und 105 fahren zum Clark Ádám tér (bei der Kettenbrücke). Tram 19, die U-Bahn M2 (rot) und der Vorstadtzug HÉV treffen sich am Batthyány tér. Straßenbahn und HÉV verkehren parallel zur Donau, die Tram von Süden, der HÉV von Norden. Die U-Bahn-Linie M2 verbindet das Viertel mit Pest.

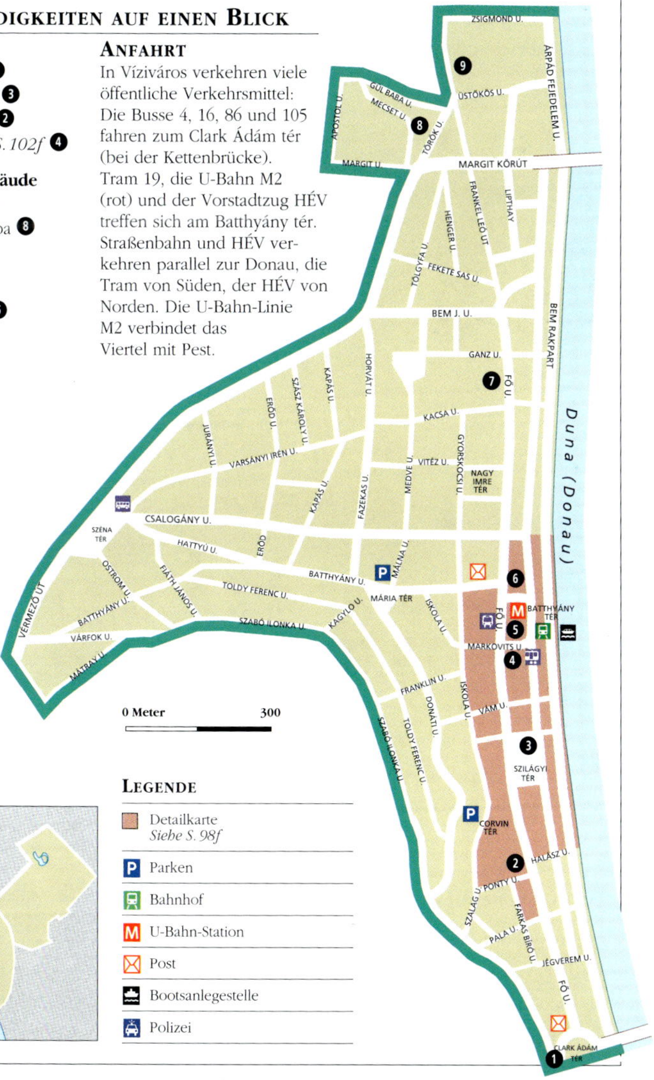

Legende

Detailkarte *Siehe S. 98f*
Parken
Bahnhof
U-Bahn-Station
Post
Bootsanlegestelle
Polizei

◁ **Blick von der Donau auf die nachts beleuchtete Kalvinistenkirche**

Im Detail: Víziváros

FŐ UTCA, die Hauptstraße von Víziváros, verläuft über die ganze Länge des Viertels. Viele Cafés und Restaurants, spektakuläre barocke Denkmäler und die Donaupromenade verleihen dem Viertel ein reizvolles Flair. Einige schöne Kirchen mit interessanten architektonischen Stilrichtungen spiegelt die Geschichte des Viertels seit dem Mittelalter. Von der Donaupromenade schweift der Blick auf das gegenüberliegende Pest mit dem Parlamentsgebäude *(siehe S. 108f)* im Vordergrund.

★ Elisabethkirche
Franziskaner schnitzten die barocke Kanzel. Für sie wurde das Gotteshaus Mitte des 18. Jahrhunderts erbaut. ❻

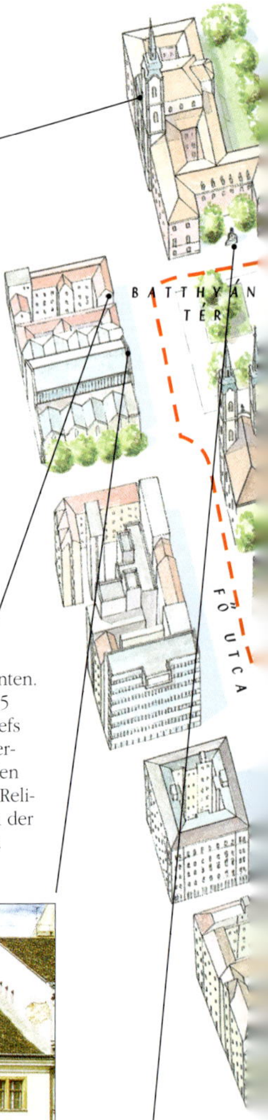

Das Hikisch-Haus entstand auf mittelalterlichen Fundamenten. Die Fassade von 1795 schmücken Flachreliefs mit Cherubim, die verschiedenen Tätigkeiten nachgehen. Weitere Reliefs stellen Allegorien der vier Jahreszeiten dar.

Das Gasthaus Weißes Kreuz, eines der ältesten Weinlokale der Stadt, besteht seit 1770. Die asymmetrische Fassade resultiert aus der Verbindung zweier Häuser. Hier stiegen einst illustre Gäste ab, etwa Kaiser Joseph II. und Casanova.

0 Meter 100

★ Batthyányplatz
Das Denkmal Ferenc Kölcseys (1790–1838) überragt den Platz. Der Literaturkritiker und politische Kolumnist des frühen 19. Jahrhunderts schrieb auch das Gebet Herr, segne Ungarn, *das als Text für die ungarische Nationalhymne verwendet wurde.* ❺

NICHT VERSÄUMEN

- ★ Batthyányplatz
- ★ St.-Anna-Kirche
- ★ Elisabethkirche

LEGENDE

– – – Routenempfehlung

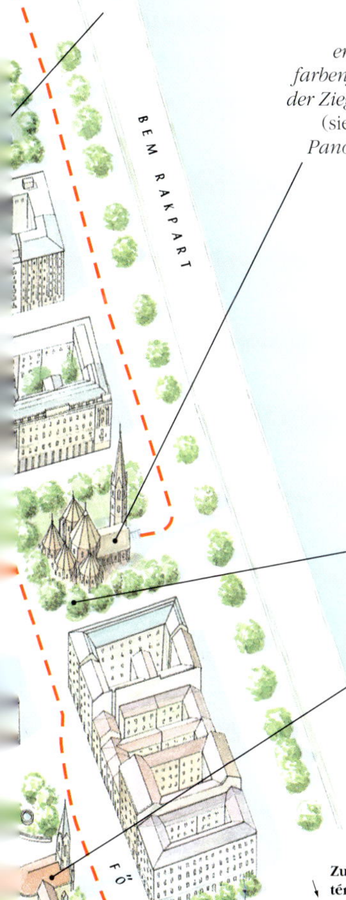

★ St.-Anna-Kirche
Der beeindruckende Innenraum der Kirche ist von spätbarocker Pracht. Das Hauptportal zieren allegorische Skulpturen: Glaube, Hoffnung und Barmherzigkeit. ❹

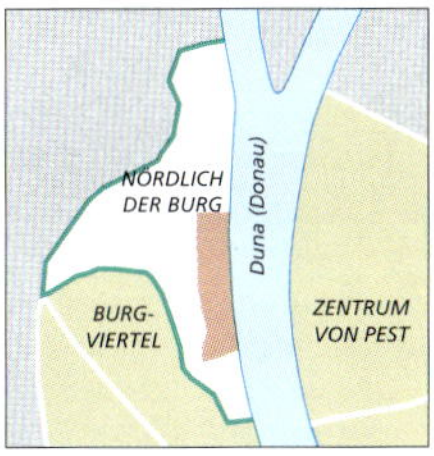

ZUR ORIENTIERUNG
Siehe Stadtplan, Karten 1 & 9

Kalvinistenkirche
Das Dach der 1893–96 erbauten Kirche bedecken farbenfrohe Keramikziegel aus der Ziegelei von Vilmos Zsolnay (siehe S. 56). *Sie stechen im Panorama Budas hervor.* ❸

Ein Samu Pecz gewidmetes Denkmal ragt neben der Kalvinistenkirche auf. Pecz war ein Anhänger der neogotischen Stilrichtung; die Stadt hat ihm viele bedeutende Bauwerke zu verdanken.

Kapuzinerkirche
Die mittelalterliche Kirche wurde von den türkischen Herrschern in eine Moschee umgewandelt. Viele gotische Elemente haben jedoch überdauert. Ihre heutige Form erhielt die Kirche 1854–56. ❷

↓ **Zum Clark Ádám tér und zur Kettenbrücke**

Das Kapisztory-Haus in der Fő utca (Nr. 20) wurde 1811 für den griechischen Kaufmann Joseph Kapisztory erbaut. Es fällt durch sein ungewöhnliches zylindrisches Erkerfenster auf.

Imposant ist die Tunneleinfahrt am Clark Ádám tér

Tunnel ❶

ALAGÚT

Clark Ádám tér. **Stadtplan** 1 C5 (9 B3). *16, 86.*

DER SCHOTTISCHE INGENIEUR Adam Clark ließ sich nach dem Bau der Kettenbrücke *(siehe S. 62)* in Ungarn nieder. Eines seiner späteren Projekte war 1853–57 der Bau des Tunnels durch den Burgberg, der den Clark Ádám tér mit Krisztinaváros verbindet. Der Tunnel ist 350 Meter lang, neun Meter breit und elf Meter hoch.

Den Eingang am Clark Ádám tér flankieren zwei dorische Säulenpaare. Dieser Platz ist Mittelpunkt der Stadt, denn hier thronen die beiden Null-Kilometer-Steine, von denen aus alle Entfernungen in Budapest gemessen werden.

Die Westeinfahrt schmückten ägyptische Motive. Nach ihrer Zerstörung im Zweiten Weltkrieg wurde sie ohne diese Details wieder aufgebaut.

Kapuzinerkirche ❷

KAPUCINUS TEMPLOM

Fő utca 32. **Stadtplan** 1 C4 (9 B2). *201 47 25.* *nach Vereinbarung.*

DIE URSPRÜNGE der Kirche reichen ins 14. Jahrhundert zurück, als Königin Elisabeth, die Mutter Ludwigs I., hier ein Gotteshaus erbauen ließ. An der Nordfassade blieben Mauerfragmente aus jener Zeit erhalten.

Während der Türkenherrschaft *(siehe S. 26f)* diente die Kirche als Moschee. Elemente aus jener Epoche, etwa die Fensteröffnungen und das Portal an der Südseite, sind noch erhalten. 1703–15 wurde die Kirche nach den Entwürfen eines Kapuzinerpaters im Barockstil erneuert.

1856 bauten Ferenc Reitter und Pál Zsumrák die Kirche erneut um: Sie verbanden die Fassaden mit ihren verschiedenen Stilrichtungen zu einer harmonischen Einheit. Die Statue der heiligen Elisabeth an der »romantischen« Fassade stammt ebenfalls von 1856.

Altar der Kapuzinerkirche

Kalvinistenkirche ❸

REFORMÁTUS TEMPLOM

Szilágyi Dezső tér 3. **Stadtplan** 1 C4 (9 B2). *201 37 25.*

DIE KALVINISTENKIRCHE, eine der ungewöhnlichsten Kirchen der Stadt, erbaute Samu Pecz 1893–96 an der Stelle eines mittelalterlichen Marktes. Trotz der modernen Dachziegel ist sie im neogotischen Stil gehalten. Bemerkenswert ist, dass Pecz bei der Kalvinistenkirche die traditionelle Form katholischer Sakralbauten des Mittelalters verwendete, die ganz andere liturgische Zwecke erfüllte.

St.-Anna-Kirche ❹

SZENT ANNA TEMPLOM

Siehe S. 102f.

Batthyány-Platz ❺

BATTHYÁNY TÉR

Stadtplan 1 C3 (9 B1). M *Batthyány tér.*

DER BATTHYÁNY-PLATZ zählt zu den interessantesten Plätzen am Westufer der Donau. Von hier genießt man einen herrlichen Blick auf das Parlamentsgebäude und auf Pest. 1905 wurde der Platz nach Graf Lajos Batthyány benannt, dem Ministerpräsidenten während des Aufstands von 1848/49 *(siehe S. 30f)*.

Den Platz säumen Gebäude in vielen Stilrichtungen. Das Hikisch-Haus (Nr. 3) aus dem späten 18. Jahrhundert ist spätbarock; bemerkenswert sind die Flachreliefs an der Fassade, die die vier Jahreszeiten darstellen. Spätbarock ist auch das Gasthaus Weißes Kreuz (Nr. 4) mit seinen Rokoko-Dekors. Auf der Westseite des Platzes liegt der erste überdachte Markt Budas von 1902. Er wurde im Zweiten Weltkrieg zerbombt, ist aber heute wiederhergestellt.

Die Flachreliefs am Hikisch-Haus stellen die vier Jahreszeiten dar

Elisabethkirche ❻

ERZSÉBET APÁCÁK TEMPLOMA

Fő utca 41–43. **Stadtplan** 1 C3 (9 B1). *201 80 91.* *Batthyány tér.*

HIER ENTSTAND 1731–57 eine Kirche für die Franziskaner nach dem Entwurf von Hans Jakab auf den Überresten einer Moschee. 1785 löste Kaiser Joseph II. den Franziskanerorden auf und überließ die Kirche dem Elisabethkonvent.

Das barocke Innere zieren Fresken aus dem späten 19. Jahrhundert. Eine Malerei davon stellt den heiligen Florian dar, wie er 1810 die Christen vor Feuer beschützt. Die von den Mönchen selbst geschnitzten Bänke samt Kanzel blieben intakt.

Im frühen 19. Jahrhundert errichtete man neben der Kirche ein Hospital und eine Herberge.

Király-Bad ❼

KIRÁLY GYÓGYFÜRDÖ

Fö utca 84. **Stadtplan** 1 C2. *201 43 92.* *Batthyány tér.* *Mo, Mi, Fr (Frauen) 7–17 Uhr; Di, Do, Sa (Männer) 9–20 Uhr.*

DAS OSMANISCHE Király-Bad ist eines der vier erhaltenen türkischen Bäder *(siehe S. 50ff)*. Es wurde 1566–70 erbaut und im 19. Jahrhundert mit klassizistischen Ornamenten ergänzt, sodass viele der originalen Merkmale überlagert wurden. Die Kuppelhalle mit dem achteckigen Schwimmbecken ist beeindruckend. Drum herum sind die kleineren, unterschiedlich temperierten Becken, die Dampfbäder und die Saunen strahlenförmig angeordnet.

Am Ende der Fö utca steht das Denkmal des polnischen Generals József Bem am gleichnamigen Platz. Der Held des Aufstands von 1848/49 trägt seinen Arm in einer Schlinge.

In diesem Zustand feuerte er in der Schlacht von Pisk die ungarischen Truppen zur Attacke auf die Brücke an – und sie siegten über die Armee der Habsburger. Am Sockel des Denkmals ist seine Ansprache während der Schlacht eingraviert.

Kacheln am Grabmal Gül Babas

Grab des Gül Baba ❽

GÜL BABA TÜRBÉJE

Mecset utca 14. **Stadtplan** 1 B1. 91. *Mai–Okt Di–So 10 –18 Uhr, Nov–Apr Mo–So 10–18 Uhr.*

GÜL BABA WAR EIN moslemischer Derwisch des Bektaschi-Ordens, der 1541, kurz nach der Einnahme Budas, starb. Er war einer der wenigen Türken, den das ungarische Volk respektierte und verehrte. Seine sterblichen Überreste ruhen in einem 1543–48 erbauten Grabmal.

Der Sage nach hat Gül Baba die Rosen in Budapest eingeführt. Daher stammen der Name der Gegend (»Rózsadomb« = »Rosenhügel«) und auch sein eigener, der auf Deutsch »Vater der Rosen« heißt. Dazu passend ist Gül Babas Grab von einem hübschen Rosengarten umgeben. Eine 400 Jahre alte Kuppel thront auf dem oktogonalen Grabmal. Im Inneren umhüllt ein grünes Tuch mit goldenen Koranzitaten den Sarkophag. Das Grab schmücken Bilder, religiöse Gegenstände und Teppiche.

Lukács-Bad ❾

LUKÁCS GYÓGYFÜRDŐ

Frankel Leo út 25–29. **Stadtplan** 1 C1. *326 16 95.* *17.* *tägl. 6–19 Uhr.*

NAMENSPATRON DES berühmten Heilbads war der heilige Lukas. Die klassizistische Anlage entstand 1894, gleichwohl zählt sie zu den noch heute betriebenen Bädern der Stadt *(siehe S. 50ff)*, die aus der osmanischen Ära stammen. Eingebettet in eine idyllische Umgebung, umfasst die Anlage die Komjády-(Császár-)Thermalbecken (16. Jh.) und Pools im Freien. Warme Quellen heizen die Becken das ganze Jahr über auf, sodass Einheimische und Besucher selbst im Winter komfortabel baden können.

Sehenswert ist auch der Hof, in dem eine Statue des heiligen Lukas von 1760 thront – mit Gedenktafeln voller Dankesschriften von Badegästen, deren Gebrechen das Heilwasser linderte.

Das Lukács-Bad steht im Schatten prächtiger alter Platanen

St.-Anna-Kirche ❹

Kruzifix auf dem Heilig-Kreuz-Altar

Budapest ist eine Stadt mit vielen Kirchen, eine der schönsten ist die barocke Pfarrkirche von Víziváros. Der Baumeister der ursprünglichen Jesuitenkirche ist unbekannt. Kristóf Hamon begann 1740 mit dem Barockbau, den Mátyás Nepauer nach dessen Tod vollendete. 1763 beschädigte ein Erdbeben das Gebäude schwer; die Auflösung des Jesuitenordens verzögerte die Fertigstellung weiter. So kam es, dass die Kirche erst im Jahr 1805 geweiht wurde. Im Pfarrhaus befindet sich heute das Café Angelika.

Fassade
In der Mitte des Tympanons prangt das Wappen Budapests. Darüber steht die Dreifaltigkeit; ihr zur Seite: zwei betende Engel.

Die Zwillingstürme werden von herrlichen barocken Spitzen gekrönt.

★ Kanzel
Die spätbarocke Kanzel schuf Károly Bebó 1773. Sie ist teilweise vergoldet und mit Engeln verziert, die die christlichen Tugenden verkörpern. Die Reliefs wurden später hinzugefügt.

Haupteingang

Orgel
Die Orgel aus dem früheren Karmeliterkloster auf dem Burgberg wurde Ende des 18. Jahrhunderts, nach der Auflösung des Ordens durch Kaiser Joseph II., in die Kirche gebracht.

★ Deckengemälde
Das Deckengemälde in der Kuppel des Altarraums stellt die Dreifaltigkeit dar. Gergely Vogl schuf es 1771. Neobarocke Fresken von 1938 zieren das Kirchenschiff.

INFOBOX

Batthyány tér 7. **Stadtplan** 1 C3 (9 B1). *201 34 04.* *Batthyány tér.* *nur zu Gottesdiensten.* *tägl.* **Café Angelika** *212 37 84.* *tägl. 10–22 Uhr.*

★ Hochaltar
Die Skulptur zeigt Maria als Kind; die heilige Anna, ihre Mutter, bringt sie in den Tempel von Jerusalem. Die 1773 vollendete Arbeit gilt als eine der schönsten von Károly Bebó.

Kirchenbänke
Die Kirchenbänke zieren kunstvolle Schnitzereien, die symbolische Szenen darstellen.

Taufbecken
Hinter einer Säule verbirgt sich das Taufbecken mit seinem Sockel und dem schlichten, aber schön verzierten Aufsatz.

Seitenaltar
Den spätbarocken Altar des heiligen Franziskus schuf, ebenso wie den Altar des Heiligen Kreuzes auf der anderen Seite der Kirche, 1768 Antal Eberhardt. Das Gemälde in seiner Mitte stammt von Franz Wagenschön.

NICHT VERSÄUMEN

- ★ **Deckengemälde**
- ★ **Hochaltar**
- ★ **Kanzel**

PESTER DONAUUFER

GEGEN ENDE DES 18. und während des 19. Jahrhunderts erlebte Pest gewaltige Veränderungen. 1838 zerstörte eine Überschwemmung die meisten ländlichen Häuser. Die Vereinigung von Buda und Pest 1873 und das tausendjährige Jubiläum der Landnahme der Magyaren 1896 gaben der Entwicklung ebenfalls Impulse. Pests mittelalterliche Grenzen wurden im Lauf der Urbanisierung überschritten. Damals entstanden viele der bedeutendsten ungarischen Bauten, so die St.-Stephans-Basilika, das Parlamentsgebäude und die Akademie der Wissenschaften, in denen alte Baustile wieder auflebten. Zudem wurden viele klassizistische Wohnhäuser errichtet, beispielsweise in der Nádor utca, Akadémia utca und Október 6 utca.

Verzierte Laterne, Parlamentsgebäude

SEHENSWÜRDIGKEITEN AUF EINEN BLICK

Historische Gebäude und Palais
Hotel Radisson Béke 13
Landwirtschaftsministerium 3
Mitteleuropäische Universität 6
Palais Drechsler 12
Palais Gresham 8
Parlamentsgebäude S. 108f 1
Postsparkasse 5
Ungarische Akademie der Wissenschaften 9

Kirche
St.-Stephans-Basilika S. 116f 10

Museum
Ethnografisches Museum 2

Plätze
Freiheitsplatz 4
Roosevelt-Platz S. 112f 7

Theater
Budapester Operettentheater 14
Staatsoper S. 118f 11

ANFAHRT

Die U-Bahn-Linie M2 (rot) fährt zum Kossuth Lajos tér, die M3 (blau) zur Arany János utca. Tram 2 folgt der Donau und endet hinter dem Parlamentsgebäude an der Margaretenbrücke. Auch Bus 70 und 78 fahren hier.

LEGENDE

- Detailkarte *Siehe S. 106f*
- Detailkarte *Siehe S. 112f*
- Parken
- U-Bahn-Station
- Post
- Polizei
- Information

◁ **Neogotische Türmchen, Strebebogen und Buntglasfenster zieren das Parlamentsgebäude**

Im Detail: Kossuth-Lajos-Platz

Brigadier Woroniecki

Der Platz ist ein Paradebeispiel für Glanz und Gloria der Pester Gründerzeit im 19. und im frühen 20. Jahrhundert. Zur Donau hin beherrscht das Parlamentsgebäude den Platz; gleichermaßen imposant sind das Landwirtschaftsministerium und das Ethnografische Museum. Einige Denkmäler erinnern an national gesonnene Führer und damit an die Geschichte Ungarns.

★ Ethnografisches Museum
Unter den 170 000 hier zusammengetragenen Exponaten sticht die faszinierende Sammlung von Trachten der verschiedenen Nationalitäten und ethnischen Gruppen Ungarns hervor. ❷

★ Parlamentsgebäude
Das Bauwerk gilt mittlerweile als Symbol der ungarischen Demokratie – trotz des roten Sterns, der in kommunistischer Zeit auf die Kuppel gesetzt wurde. ❶

Attila József war ein radikaler Poet, der in seinem Werk das menschliche Leben einfühlsam beschrieb. 1937 beging er mit 32 Jahren Selbstmord. Die Statue schuf László Marton 1980.

Lajos Kossuth (1802–1894)

Lajos Kossuth wird von den Ungarn verehrt. Er führte den Aufstand von 1848/49 gegen die Österreicher *(siehe S. 30f)* an und war einer der herausragenden Politiker Ungarns. Während der Revolution gehörte er der ersten demokratischen Regierung an; er leitete sie auch kurze Zeit, bevor die Erhebung 1849 niedergeschlagen und Kossuth verbannt wurde.

Buntglasfenster mit dem Bildnis Lajos Kossuths

Ferenc II. Rákóczi, Fürst von Transsylvanien, führte 1703–11 einen der ersten Unabhängigkeitskämpfe gegen die Habsburger. Sein bronzenes Reiterdenkmal vor dem Parlamentsgebäude vollendete János Pásztor im Jahr 1937.

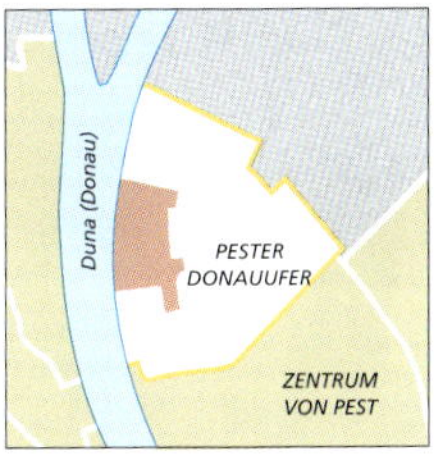

ZUR ORIENTIERUNG

Siehe Stadtplan, Karten 3, 4 & 7

Landwirtschaftsministerium

Eine riesige korinthische Kolonnade, die das Gebälk trägt, verleiht dem klassizistischen Gebäude majestätischen Charakter. ❸

Das Denkmal für Imre Nagy symbolisiert die Abwendung des Ministerpräsidenten vom Kommunismus – was er 1956 mit dem Leben bezahlte.

Die Sendeanstalt des ungarischen Fernsehens erbaute Ignác Alpár im klassizistischen Stil. Die 1905 errichteten Gebäude beherbergten früher die Börse.

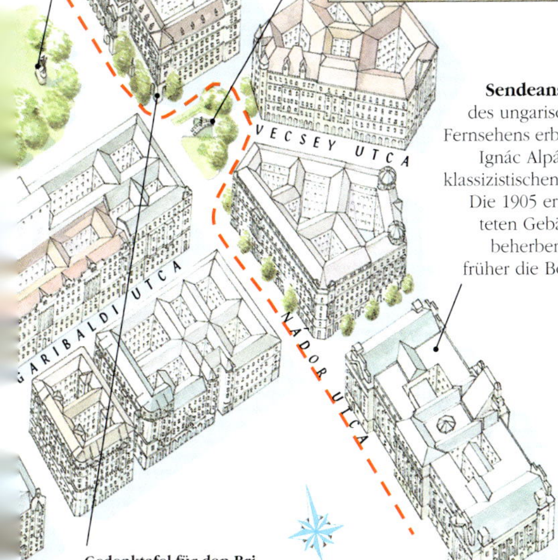

Gedenktafel für den Brigadier Woroniecki, Held des Aufstands von 1848/49

LEGENDE

– – – Routenempfehlung

NICHT VERSÄUMEN

★ **Ethnografisches Museum**

★ **Parlamentsgebäude**

Parlamentsgebäude ❶

Einer der beiden Löwen des Haupteingangs

DAS UNGARISCHE Parlamentsgebäude, der größte Bau des Landes, ist zu einem Symbol Budapests geworden. Im Wettbewerb siegte Imre Steindls neogotischer Entwurf nach dem Vorbild der Londoner Houses of Parliament. Er wurde 1884–1902 in die Tat umgesetzt. Charles Barry vollendete das Gebäude 1935/36; es ist 268 Meter lang, 96 Meter hoch und hat 691 Räume.

Luftbild
Die imposante Kuppel ragt in der Mitte des Parlamentsgebäudes empor. Die Fassade ist purer neogotischer Stil, doch der Grundriss folgt barocken Vorgaben.

★ Kuppelsaal
Die massiven Pfeiler, die die zentrale Kuppel des Parlamentsgebäudes stützen, zieren Figuren ungarischer Herrscher.

★ Sitzungssaal
Hier tritt heute die Nationalversammlung zusammen. Zwei Gemälde von Zsigmond Vajada hängen zu beiden Seiten des Rednerpults.

Giebel
Nahezu sämtliche Winkel des Parlamentsgebäudes schmücken Giebel mit Fialen, die auf neogotischen Skulpturen ruhen.

Lobbys
Auf den Korridoren gibt es Lobbys mit Buntglasfenstern – für politische Diskussionen.

Kuppel
Die Decke der 96 Meter hohen Kuppel ist ein neogotisches Kunstwerk par excellence; sie zeigt Wappendekor mit Vergoldungen.

INFOBOX

Kossuth Lajos tér. **Stadtplan** 2 D3 (9 C1). *441 49 04. 2, 2A. Kossuth tér. 70, 78. nur für Führungen. für EU-Bürger frei.*

Gobelinsaal
Der Saal ist mit Gobelins dekoriert, die Árpád mit sieben unter seinem Kommando stehenden Magyarenführern beim Friedensvertrag und Blutschwur zeigt.

Nordflügel

Kongresssaal
Der riesige Saal ist nahezu ein Spiegelbild des Sitzungssaals. Beide Säle sind hufeisenförmig und von Galerien umgeben.

Die königlichen Insignien, mit Ausnahme des Krönungsmantels *(siehe S. 132)*, sind im Kuppelsaal ausgestellt.

Haupteingang am Kossuth Lajos tér

★ Haupttreppe
Die besten zeitgenössischen Künstler wirkten bei der Gestaltung des Interieurs mit. Die prachtvolle Haupttreppe schmücken Deckenfresken von Károly Lotz und Skulpturen von György Kiss.

NICHT VERSÄUMEN

- ★ Kuppelsaal
- ★ Sitzungssaal
- ★ Haupttreppe

Die imposante Halle des Ethnografischen Museums

Parlamentsgebäude ❶

ORSZÁGHÁZ

Siehe S. 108f.

Ethnografisches Museum ❷

NÉPRAJZI MÚZEUM

Kossuth Lajos tér 12. **Stadtplan** 2 D3 (9 C1). *473 24 00.* Ⓜ *Kossuth Lajos tér.* *tägl. 10–18 Uhr.*

DAS VON Alajos Hauszmann entworfene und 1893–96 erbaute Gebäude diente zuerst als Justizpalast; seit 1945 ist es das Oberste Gericht.

Der Baustil des Gebäudes verbindet Renaissance-, Barock- und klassizistische Elemente. Ein breiter Portikus, den zwei Türme flankieren, beherrscht die Fassade. Den Giebel krönt Károly Senyeis Figur der römischen Göttin Justitia in einem von drei Pferden gezogenen Wagen. Die große Halle hinter dem Haupteingang wartet mit einer herrlichen Treppe und Fresken von Károly Lotz auf.

Das Gebäude wird seit 1957 als Museum genutzt und beherbergte die Ungarische Nationalgalerie *(siehe S. 74ff)*, die später in den Königspalast umzog. Seit 1973 ist es das Ethnografische Museum.

Die Sammlung wurde 1872 als Ethnografische Abteilung des Ungarischen Nationalmuseums *(siehe S. 130ff)* gegründet. Heute besteht sie aus rund 170 000 Exponaten, von denen immer nur ein kleiner Teil zu sehen ist.

Zur Sammlung gehören Artefakte der bäuerlichen Kultur Ungarns von prähistorischer Zeit bis ins 20. Jahrhundert. Eine Karte (1909) zeigt die Siedlungen der Volksgruppen, die sich in Ungarn niederließen. Zu sehen sind Objekte dieser Völker sowie Exponate der Ureinwohner Nord- und Südamerikas, Afrikas, Asiens und Australiens.

Das Museum zeigt zudem zwei interessante Ausstellungen: »Tradition und Kultur der ungarischen Nation« (erster Stock) und »Von den Urzeitvölkern zur Zivilisation« (zweiter Stock).

Landwirtschaftsministerium ❸

FÖLDMŰVELÉSÜGYI MINISZTÉRIUM

Kossuth Lajos tér 11. **Stadtplan** 2 D3 (9 C1). Ⓜ *Kossuth Lajos tér.*

AN DER SÜDOSTSEITE des Kossuth-Lajos-Platzes ragt das hohe Gebäude auf, das an allen vier Seiten von Straßen umgeben ist. Gyula Bukovics erbaute den Komplex Ende des 19. Jahrhunderts für das Landwirtschaftsministerium. Die Fassade ist typisch für den Späthistorismus; hier dominieren klassizistische Motive. Die Säulen der Kolonnade wiederholen sich in der Fensteranordnung über den Giebelfenstern.

An der Mauer zur Rechten des Bauwerks sind zwei Gedenktafeln angebracht. Die erste ist dem befehlshabenden Offizier der polnischen Legion gewidmet, der sich im Aufstand von 1848/49 heldenhaft hervortat *(siehe S. 30f)*. Den tapferen Brigadier M. Woroniecki erschossen die Österreicher 1849 an dieser Stelle. Die zweite Tafel gedenkt Endre Ságváris, eines Helden der Widerstandsbewegung, der 1944 im Kampf gegen die Faschisten fiel. Die Skulpturen vor dem Gebäude schuf Árpád Somogyi: *Der junge Schnitter* (1956) und *Die Agronomin* (1954).

Freiheitsplatz ❹

SZABADSÁG TÉR

Stadtplan 2 E4 (10 D1). Ⓜ *Kossuth Lajos tér, Arany János utca.*

NACH DEM ABRISS der riesigen Neugebäude-Kaserne 1886 wurde hier der Freiheitsplatz angelegt. Die für die österreichische Armee erbaute Kaserne beherrschte einst den Südteil von Lipótváros (Leopoldstadt). Hier wurde auch der erste unabhängige Ministerpräsident Ungarns, Graf Lajos Batthyány, am 6. Oktober 1849 exekutiert. Seit 1926 brennt eine ewige Flamme *(siehe S. 31)* an der Ecke Aulich utca, Hold utca und Báthory utca – zum Gedenken an alle Bürger, die damals hingerichtet wurden.

Besonders beeindruckend sind die beiden Gebäude von Ignác Alpár, die sich hier gegenüberstehen. Die frühere Börse von 1905, in die später das ungarische Fernsehen (Magyar Televízió Székháza) einzog, ist deutlich vom Sezessionsstil geprägt. Die Ungarische Nationalbank (Magyar Nemzeti Bank) wurde ebenfalls 1905 erbaut und verbindet Sezessionsstil und Historismus.

Flachreliefs an der früheren Börse

Prachtvolles Sezessionsinterieur in der Postsparkasse

Am Nordende des Platzes ragt ein Obelisk von Károly Antal auf; er ist den Soldaten der Roten Armee gewidmet, die während der Belagerung Budapests 1944/45 fielen. Eine zweite Statue stellt Harry Hill Bandholtz dar. Der US-General verhinderte, dass rumänische Truppen das Nationalmuseum plünderten.

Postsparkasse ❺

POSTATAKARÉK PÉNZTÁR

Hold utca 4. **Stadtplan** 2 E4 (10 D1). Ⓜ *Kossuth Lajos tér.*

DAS MEISTERWERK VON Ödön Lechner wurde 1900/01 erbaut. Lechner, der in erster Linie Sezessionsarchitekt war *(siehe S. 56)*, kombinierte für das Gebäude die verschnörkelten Motive der Sezession mit solchen der ungarischen Volkskunst zu einem unverwechselbaren Stil.

Nähert man sich der Postsparkasse, entdeckt man die Details, die dieses Gebäude zu einer der ausgefallensten Attraktionen Pests machen. Bauart, Innendesign und äußere Verzierung sind höchst bemerkenswert. Lechner gab die verwendeten Fliesen einschließlich der bunten Dachziegel bei der Ziegelei Zsolnay *(siehe S. 56)* in Auftrag. Die Fassaden zieren Blumenranken und stilisierte Naturmotive. Die Bienen, die die Giebelmauern schmücken, symbolisieren das Bankwesen, die Bienenstöcken ähnelnden Fialen die Anhäufung von Spargeldern. Diese Dekorationen sollten der Öffentlichkeit zugänglich sein, die in der Bank ein- und ausging.

Das Gebäude steht heute Besuchern nicht offen; die Schalterhalle kann jedoch während der Geschäftszeiten besichtigt werden.

Mitteleuropäische Universität ❻

KÖZÉP-EURÓPAI EGYETEM

Nádor utca 9. **Stadtplan** 2 E5 (10 D2). ☎ *327 30 00.* Ⓜ *Kossuth Lajos tér.*

DER KLASSIZISTISCHE Bau erhebt sich an der Nádor utca Richtung Roosevelt-Platz. Mihály Pollack erbaute ihn 1826 für den Fürsten Antal Festetics; seit 1993 beherbergt er die Mitteleuropäische Universität.

George Soros, der amerikanische, in Budapest geborene Millionär, gründete die Lehranstalt. Hier studieren Wissbegierige aus Mittel- und Osteuropa sowie aus der früheren Sowjetunion. Die Universität bietet Postgraduierten-Studiengänge in verschiedenen Fächern an, u.a. Jura, Politik, Geschichte und Umweltwissenschaft. In Budapest finanziert die Soros-Stiftung zahlreiche andere Projekte; sie hat Zweigstellen in allen mitteleuropäischen Ländern.

AMERIKANISCHE BOTSCHAFT

Das schöne Gebäude am Freiheitsplatz Nr. 12 entwarfen Aladár Kálmán und Gyula Ullmann; erbaut wurde es 1899–1901. Die Fassade zieren prachtvolle Flachreliefs, die typische Motive des Sezessionsstils aufgreifen.

Gedenktafel für Kardinal Joseph Mindszenty

Am Eingang der Botschaft befindet sich eine Tafel, die den katholischen Primas, Kardinal Joseph Mindszenty, zeigt. Nach dem Zweiten Weltkrieg schloss er sich der ungarischen Widerstandsbewegung gegen den Kommunismus an. 1949 kerkerte ihn das Regime ein; viele Jahre lang wurde er misshandelt. Nach dem Aufstand von 1956 freigelassen, bat er in der Botschaft um Asyl. 15 Jahre lang lebte er hier, bis ihn der Vatikan 1971 überzeugen konnte, Ungarn zu verlassen.

Im Detail: Roosevelt-Platz

FÜR DIE KRÖNUNG VON Franz Joseph wurde 1867 ein Zeremonienhügel mit Erde aus ganz Ungarn aufgeschüttet. Heute ist die historische Erde abgesenkt, und darüber erstreckt sich der Roosevelt-Platz. Jenseits der Kettenbrücke am östlichen Donauufer gelegen, säumen ihn einige der schönsten Pester Gebäude, etwa die Akademie der Wissenschaften im Norden und das Palais Gresham im Osten. Der Platz wurde 1947 nach dem amerikanischen Präsidenten Franklin D. Roosevelt benannt.

★ **Palais Gresham**
Das 1907 errichtete Palais zählt zu den ausdrucksvollsten Sezessionsbauten in Budapest. ❽

Akadémia utca Nr. 1 ist ein klassizistischer Bau (1835) von Mátyás Zitterbarth dem Jüngeren. Eine Tafel erinnert daran, dass im November 1848 General József Bem *(siehe S. 101)* hier logierte, als der Bau ein Hotel war.

★ **Ungarische Akademie der Wissenschaften**
Den Debattiersaal der Ungarischen Akademie der Wissenschaften schmücken Skulpturen von Miklós Izsó und Deckengemälde von Károly Lotz. ❾

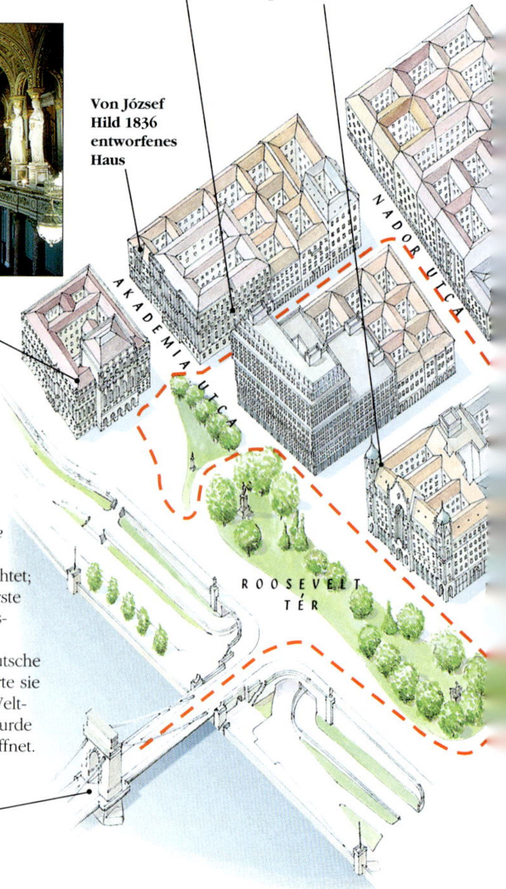

Von József Hild 1836 entworfenes Haus

Die Kettenbrücke *(siehe S. 62)* wurde 1839–49 errichtet; sie war der erste ständige Flussübergang der Stadt. Die deutsche Armee zerstörte sie im Zweiten Weltkrieg. 1949 wurde sie wiedereröffnet.

Das Pichler-Haus ist ein ungewöhnliches Bauwerk. Ferenc Wieser schuf es 1853–57 im Stil eines venezianischen gotischen Palazzos.

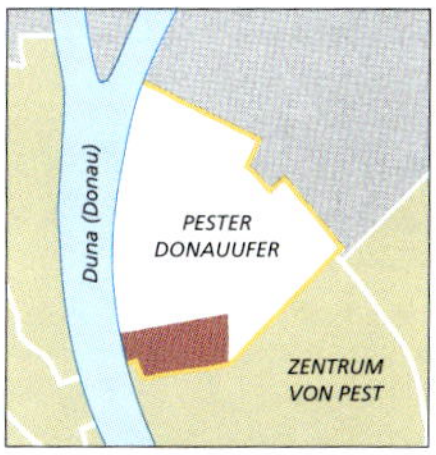

Zur Orientierung

Siehe Stadtplan, Karten 2, 9 & 10

★ St.-Stephans-Basilika

Im Zweiten Weltkrieg trug sie schwere Schäden davon; erst in den 1980er Jahren begann die Restaurierung. ⑩

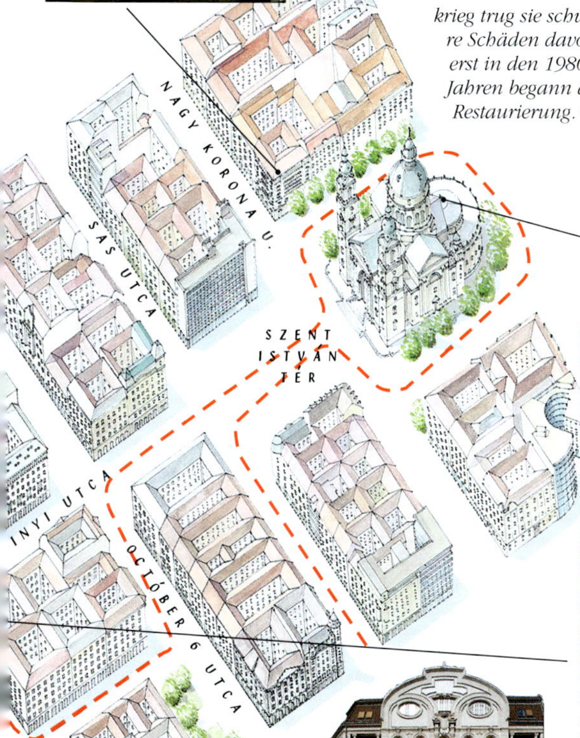

Nádor utca 7 ist ein klassizistisches, 1830 vollendetes Haus. Die schlichte, harmonische Fassade zieren Pfeiler mit dekorativen Kapitellen; die großen Fenster im ersten Stock krönen elegante Bogen.

József Attila utca 8, ein beeindruckendes fünfstöckiges Bürogebäude, erbaute Artúr Meining 1898. Es ist ein gelungenes Beispiel für die Umsetzung des Sezessionsstils *(siehe S. 54ff)*.

0 Meter 100

Legende

– – – Routenempfehlung

Nicht versäumen

- ★ **Palais Gresham**
- ★ **Ungar. Akademie der Wissenschaften**
- ★ **St.-Stephans-Basilika**

Denkmal Ferenc Deáks auf dem Roosevelt-Platz

Roosevelt-Platz ❼

ROOSEVELT TÉR

Stadtplan 2 D5 (9 C3). 🚌 *16.* 🚋 *2.*

FRÜHER WAR der Roosevelt-Platz unter verschiedenen Namen bekannt – darunter Franz-Joseph-Platz und Entladeplatz. Seinen heutigen Namen erhielt er 1947. Er schließt sich in Pest ans Kopfende der Kettenbrücke an, flankiert von prächtigen und wichtigen Gebäuden.

Zu Beginn des 20. Jahrhunderts säumten den Platz verschiedene Hotels, das Dianabad und das von József Hild entworfene Palais Lloyd. Aus dem 19. Jahrhundert ist nur die Ungarische Akademie der Wissenschaften erhalten; alle anderen Gebäude wurden abgerissen. Es entstanden das Palais Gresham und die Bank von Ungarn an der Ecke Attila József utca. Zwei moderne Hotels, das Atrium Hyatt und das Inter-Continental *(siehe S. 183)*, nehmen die Südseite des Platzes ein.

Eine Statue von Baron József Eötvös (1813–1871), eines Reformers des Bildungswesens, thront vor dem Inter-Continental. Auf dem Platz erinnern Denkmäler an zwei Politiker, die zwei ganz unterschiedliche Ideologien vertraten: an Graf István Széchenyi (1791–1860), den führenden sozialpolitischen Reformer seiner Zeit, und an Ferenc Deák (1803–1876), der am Ausgleich von 1867 beteiligt war – was zur Doppelmonarchie *(siehe S. 32)* führte.

Palais Gresham ❽

GRESHAM PALOTA

Roosevelt tér 5–6. **Stadtplan** 2 D5 (9 C3). 🚌 *16.* 🚋 *2.* ☎ *411 90 00.*

DAS PALAIS im Sezessionsstil erhielt seit seiner Errichtung viel Lob und Tadel. Es zählt zu den Wahrzeichen Budapests und wurde von der Gresham Life Assurance Company aus London bei Zsigmond Quittner und den Brüdern József und László Vágó in Auftrag gegeben; 1907 wurde es vollendet.

Das imposante Gebäude breitet sich gegenüber der Kettenbrücke aus. Die Fassade zieren typische Sezessionsmotive *(siehe S. 54ff)*, etwa verschnörkelte Formen und Pflanzen. Die kunstvoll gemeißelten Fensterumrandungen wirken, als würden sie an den Mauern hervorspringen, und verschmelzen doch nahtlos mit der Architektur. Die Fassade krönt eine Büste von Ede Telcs. Sie stellt Sir Thomas Gresham dar, den Gründer der Londoner Börse und Urheber des Gresham-Gesetzes: »Schlechtes Geld vertreibt gutes.« Auf den Simsen des Baus thronen Steinskulpturen; Türmchen und Alkoven vervollständigen die verblasste Eleganz der Fassade.

Im Erdgeschoss des Palais öffnet sich eine T-förmige, mit buntem Glas überdachte Arkade mit Geschäften und einem Restaurant. Den Eingang zur Arkade weist ein herrliches schmiedeeisernes Tor, das Pfauenmotive zieren. Es ist in seinem ursprünglichen Zustand erhalten. Zwei Gedenktafeln am Eingang sind den Direktoren der Firmensitze in London und Ungarn gewidmet. Im Inneren des Baus findet man im zweiten Stock über der Kossuth-Treppe ein leuchtendes Buntglasfenster von Miksa Róth mit einem Porträt von Lajos Kossuth *(siehe S. 106)*.

Büste von Sir Thomas Gresham am Palais Gresham

Skulpturen von Miklós Izsó, Ungar. Akademie der Wissenschaften

Ungarische Akademie der Wissenschaften ❾

MAGYAR TUDOMÁNYOS AKADÉMIA

Roosevelt tér 9. **Stadtplan** 2 D5 (9 C2). ☎ *411 61 00.* 🚌 *16.*

DIE AKADEMIE, 1862–64 im Stil der Renaissance erbaut, entwarf der Architekt Friedrich August Stüler.

Die Statuen an der Fassade stellen die sechs Wissensdisziplinen Recht, Geschichte, Mathematik, Naturwissenschaften, Philosophie und Linguistik dar; sie stammen von Emil Wolf und Miklós Izsó. Die der Donau zugewandte Seite schmücken Allegorien der Poesie, Astronomie und Archäologie, die Ecken des Gebäudes hingegen Statuen von Denkern wie Isaac Newton, René Descartes und Miklós Révay. Die Bibliothek im Erdgeschoss besitzt wertvolle akademische Werke aus mehreren Jahrhunderten.

Die Neorenaissance-Fassade des Palais Drechsler

St.-Stephans-Basilika ❿

SZENT ISTVÁN BAZILIKA

Siehe S. 116f.

Staatsoper ⓫

MAGYAR ÁLLAMI OPERAHÁZ

Siehe S. 118f.

Palais Drechsler ⓬

DRECHSLER PALOTA

Andrássy út 25. **Stadtplan** 2 F4 (10 E2). M *Opera.*

DAS PALAIS DRECHSLER wurde 1883 ursprünglich als Neorenaissance-Mietshaus für den ungarischen Eisenbahn-Rentenfonds erbaut. Später beherbergte es das Staatliche Ballettinstitut, heute ist es ein Fünf-Sterne-Hotel. Gyula Pártos und Ödön Lechner konzipierten das Palais dergestalt, dass es mit der Fassade der Staatsoper *(siehe S. 118f)* gegenüber harmoniert.

Seinen Namen verdankt das Palais dem Café Drechsler, das sich Ende des 19. und Anfang des 20. Jahrhunderts im Erdgeschoss befand.

Hotel Radisson Béke ⓭

BÉKE RADISSON HOTEL

Teréz körút 43. **Stadtplan** 2 F3. *301 16 00.* M *Oktogon.*

DIES IST EINES DER elegantesten Hotels in Budapest. Erbaut wurde es 1896 als Wohnhaus. 1912 gestaltete es Béla Malmai zum Hotel Britannia um. Damals wurde auch ein Mosaik von György Szondi in die Fassade eingefügt.

1978 übernahm die Radisson-Gruppe das Hotel und restaurierte das üppig dekorierte Innere. Bemerkenswert sind die Buntglasfenster im Restaurant Szondi von Jenő Haranghy mit Szenen aus den Werken Richard Wagners. Der Konferenzraum »Romeo und Julia« und das Restaurant Shakespeare sind nach den Wandgemälden benannt, die man dort bewundern kann. Im Café Zsolnay genießt man Kaffee und Kuchen von Porzellan aus Pécs *(siehe S. 56)*.

Budapester Operettentheater ⓮

BUDAPESTI OPERETT SZÍNHÁZ

Nagymező utca 17. **Stadtplan** 2 F4 (10 F1). *472 20 30.* *4, 5, 6.*

BUDAPEST GENIESST einen guten Ruf, was musikalische Unterhaltung angeht. Die Operettenszene *(siehe S. 208)* ist über 100 Jahre alt. Operetten wurden zuerst im Orfeum-Theater aufgeführt, das die Wiener Architekten Fellner und Helmer 1898 im neobarocken Stil erbauten. Das Projekt finanzierte der Impresario Károly Singer-Somossy.

1922 sanierte der amerikanische Unternehmer Ben Blumenthal das Gebäude und eröffnete das Hauptstädtische Operettentheater, das sich auf dieses Genre spezialisierte. Nach 1936 war dies das einzige Theater Budapests, an dem Operetten aufgeführt wurden.

Das Repertoire umfasst Werke aller bekannten Operettenkomponisten, darunter Franz Lehár, Paul Abraham und Emmerich Kálmán, der die *Csárdásfürstin* schrieb.

Eingang zum Budapester Operettentheater in der Nagymező utca

St.-Stephans-Basilika ⑩

Krönung des hl. Stephan

Die dem heiligen Stephan (István), dem ersten christlichen König Ungarns *(siehe S. 22)*, gewidmete Kirche entwarf József Hild im klassizistischen Stil; den Grundriss bildet ein griechisches Kreuz. 1851 begann man mit den Bauarbeiten, ab 1867 übernahm sie Miklós Ybl *(siehe S. 119)*. Er fügte die Neorenaissance-Kuppel hinzu, nachdem die ursprüngliche Kuppel 1868 eingestürzt war. József Kauser vollendete die Kirche 1905. 1938, zum 900. Todestag Stephans, erhielt sie den Titel »Kleine Basilika«.

Kuppel
Die 96 Meter hohe Kuppel ist in ganz Budapest zu sehen.

Matthäus-Statue
Matthäus, einer der vier Evangelisten, thront in einer der Außennischen der Kuppel. Die Skulpturen stammen alle von dem Bildhauer Leó Feszler.

Aussichtspunkt

Turm
Hier schlägt eine 9144 Kilogramm schwere Glocke. Deutsche Katholiken stifteten sie als Ersatz für die ursprüngliche Glocke, die die Nationalsozialisten 1944 erbeuteten.

Hauptportal
Die massive Tür zieren Schnitzereien von den Häuptern der zwölf Apostel.

Mosaiken
Die Kuppel der Basilika schmücken Mosaiken von Károly Lotz.

INFOBOX

Szent István tér. **Stadtplan** 2 E4 (10 D2). *317 28 59.* *Deák Ferenc tér.* **Schatzkammer** *tägl. 9–17 Uhr (Winter 10–16 Uhr).* *tägl.*

★ Hauptaltar
Inmitten des Altars prangt eine Marmorstatue des heiligen Stephan von Alajos Stróbl. Szenen aus dem Leben des Königs sind hinter dem Altar zu bewundern.

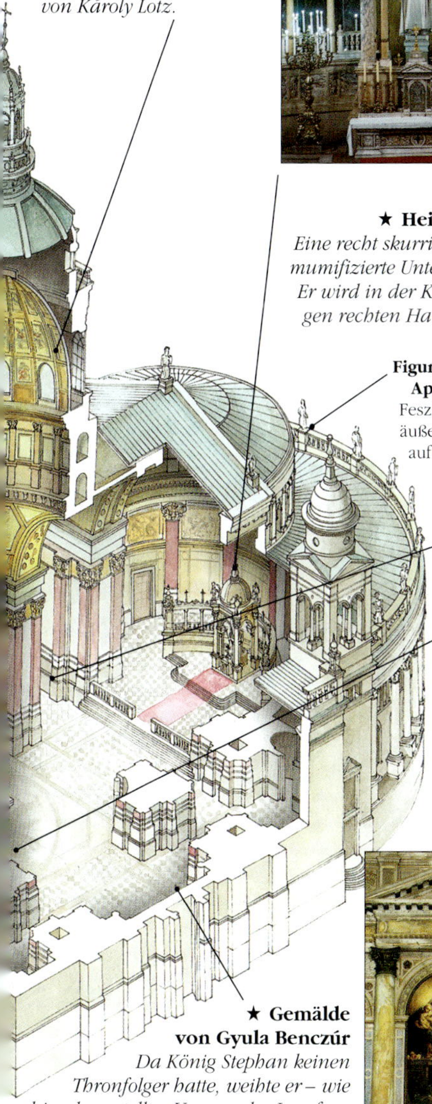

★ Heilige rechte Hand
Eine recht skurrile Reliquie ist der mumifizierte Unterarm Stephans. Er wird in der Kapelle der heiligen rechten Hand aufbewahrt.

Figuren der zwölf Apostel von Leó Feszler krönen die äußere Kolonnade auf der Rückseite der Kirche.

Gellért und Emeryka
Die Skulpturen des heiligen Gellért und seines Schülers, des heiligen Emeryka, schuf Alajos Stróbl.

★ Gemälde von Gyula Benczúr
Da König Stephan keinen Thronfolger hatte, weihte er – wie hier dargestellt – Ungarn der Jungfrau Maria. Sie wurde Patrona Hungariae, *die Schutzpatronin des Landes.*

NICHT VERSÄUMEN

★ Hauptaltar

★ Heilige rechte Hand

★ Gemälde von Gyula Benczúr

Staatsoper ⓫

Laterne mit Putten

September 1884 wurde das Opernhaus als Budapester Pendant zu den Bühnen von Paris, Wien und Dresden eröffnet. Seine herrliche Architektur und die prachtvolle Innenausstattung waren das Lebenswerk des großen ungarischen Architekten Miklós Ybl. Man findet auch Ornamentik von ungarischen Künstlern wie Alajos Stróbl und Károly Lotz. Hier wirkten einige einflussreiche Dirigenten als musikalische Leiter, darunter Ferenc Erkel, der Komponist der ungarischen Oper *Bánk Bán*, Gustav Mahler und Otto Klemperer.

Fassade
Der Figurenschmuck der symmetrischen Fassade orientiert sich an der Musik. In den Nischen rechts und links des Haupteingangs stehen die ungarischen Komponisten Ferenc Erkel und Franz (Ferenc) Liszt (siehe S. 144). *Die Skulpturen stammen von Alajos Stróbl.*

Wandgemälde
Das Deckengewölbe im Foyer schmücken Fresken von Bertalan Székely und Mór Than. Sie stellen die neun Musen dar.

★ Foyer
Das Foyer mit seinen Marmorsäulen, den vergoldeten Deckengewölben und Kronleuchtern verleiht dem Opernhaus einen überaus prunkvollen Anstrich.

Haupteingang
Schmiedeeiserne Laternen bestrahlen die breite Steintreppe und den Haupteingang.

★ Haupttreppe
Ein Opernbesuch war im 19. Jahrhundert ein gesellschaftliches Ereignis. Die ausladende Treppe war ein wichtiger Teil davon, führten doch hier die Damen ihre neuen Roben vor.

Kronleuchter
Über der Haupthalle schwebt ein bronzener Lüster mit einem Gewicht von drei Tonnen. Er bestrahlt ein herrliches Fresko von Károly Lotz mit den Göttern des Olymps.

INFOBOX

Andrássy út 22. **Stadtplan** 2 F4 (10 F2). ☎ *353 01 70.* Ⓜ *Opera.* *obligatorisch.* W www.opera.hu

Bühne
Die Bühne mit Vorbühne verfügt über modernste Technik, etwa eine Drehbühne und eine Hydraulikmaschine.

Der Seiteneingang besitzt eine Loggia, die den Entwurf des Hauptportals widerspiegelt.

★ Königsloge
Die Königsloge nimmt einen zentralen Platz ein. Sie ist dekoriert mit Skulpturen, die die vier Stimmlagen symbolisieren: Sopran, Alt, Tenor und Bass.

MIKLÓS YBL (1814–1891)

Miklós Ybl war in der zweiten Hälfte des 19. Jahrhunderts der berühmteste Architekt Ungarns und hatte großen Anteil an der Entwicklung Budapests. Er war ein Anhänger des Historismus und verwendete gern Renaissance-Formen. Die Staatsoper und die Kuppel der St.-Stephans-Basilika sind Musterbeispiele seines Werkes. Ybl erbaute auch Wohnblocks und Adelspalais in diesem Stil. Eine Statue des Architekten steht am Westufer der Donau auf dem Ybl-Miklós-Platz *(siehe S. 95)*.

Büste von Miklós Ybl

NICHT VERSÄUMEN

- ★ **Foyer**
- ★ **Haupttreppe**
- ★ **Königsloge**

ZENTRUM VON PEST

ENDE DES 17. Jahrhunderts lag Pest großteils in Ruinen. In den folgenden Jahrzehnten entstanden neue Wohnviertel, die sich heute um das Zentrum ausbreiten. Im 19. Jahrhundert gab es Stadtsanierungspläne; Villen und Mietshäuser wurden erbaut, einige Blocks auch mit Läden und Cafés.

Flachrelief an der Fassade der Stadtratskammer

Zudem entstanden zahlreiche öffentliche Gebäude. Der bekannteste Bau der Epoche ist das Ungarische Nationalmuseum. Damals überflügelte Pest Buda als Zentrum für Handel und Industrie. Teils war dies auch der jüdischen Gemeinde zu verdanken, welche die Stadtentwicklung nachhaltig unterstützte.

SEHENSWÜRDIGKEITEN AUF EINEN BLICK

Kirchen

Evangelische Kirche 11
Franziskanerkirche 31
Große Synagoge 17
Innerstädtische Pfarrkirche S. 124f 1
Kalvinistenkirche 22
Rochuskapelle 18
Serbische Kirche 26
Servitenkirche 10
Universitätskirche 28

Straßen und Plätze

József-Nádor-Platz 3
Jüdisches Viertel 16
Pollack-Mihály-Platz 19
Váci-Straße 5
Vigadó-Platz 2
Vörösmarty-Mihály-Platz 4

Museen

Museum für Kunsthandwerk S. 136f 23
Ungarisches Nationalmuseum S. 130ff 20

Historische Gebäude und Monumente

Bezirksratsgebäude 7
Donaubrunnen 12
Ervin-Szabó-Bibliothek 21
Franz-Liszt-Musikakademie 14
Klothildenpalais 6
Lóránd-Eötvös-Universität 27
Neues Theater 13
Palais Károlyi 29
Palais New York 15
Rathaus 8
Stadtratskammer 25
Türkische Bank 9
Universitätsbibliothek 30
Wirtschaftsuniversität 24

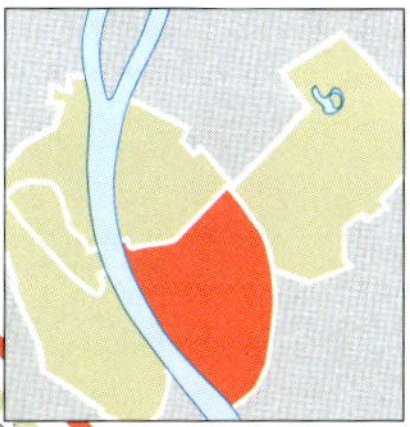

LEGENDE

Detailkarte *Siehe S. 122f*
U-Bahn-Station
Parken
Information
Post

0 Meter 400

◁ **Danaidenbrunnen am Szomory Dezső tér**

Im Detail: Váci-Straße

Der nördliche Teil der Váci-Straße (Váci utca) ist seit dem frühen 19. Jahrhundert eine schicke Gegend zum Flanieren, in der Cafés und elegante Boutiquen locken. Auf der reizvollen Promenade, die stilvoll erleuchtet ist, lässt sich ein vergnüglicher Abend verbringen.

Servitenkirche
Heiligenfiguren zieren die Fassade der Kirche (19. Jh.). ❿

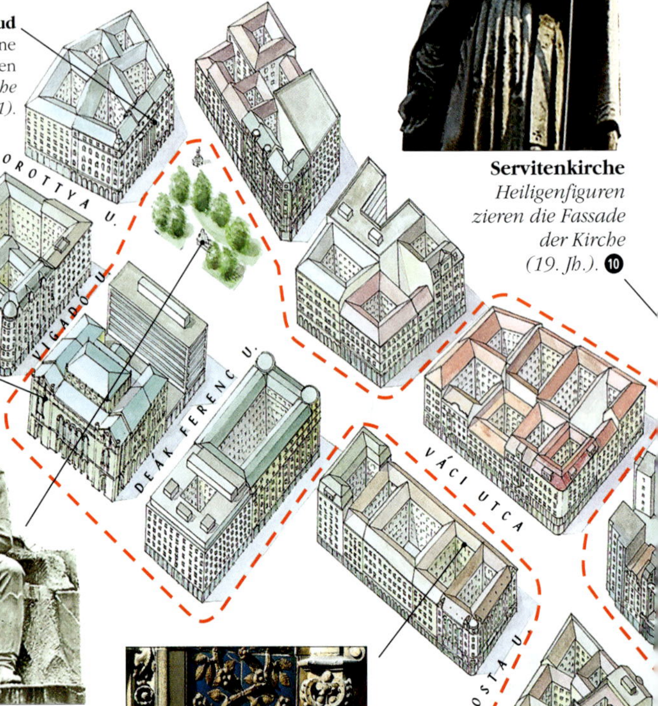

Die Gerbeaud Cukrászda ist eine der besten Patisserien der Stadt *(siehe S. 201).*

Vigadó-Konzertsaal

Ruinen von Contra Aquincum ***(siehe S. 21)***

Vörösmarty-Mihály-Platz
Der Dichter Mihály Vörösmarty thront inmitten des Platzes. Die Statue stammt von Ede Telcs und beschreibt die Einheit der ungarischen Nation in des Dichters Worten: »Diene unerschütterlich deiner Heimat Ungarn.« ❹

Das Thonet-Haus erbauten Ödön Lechner *(siehe S. 56)* und Gyula Pártos 1888–90. Heute präsentiert es sich im Originalzustand mit Zsolnay-Keramik aus Pécs.

Das Palais Péterffy, das heutige Százéves Étterem *(siehe S. 197)*, ist das einzige Pester Barockhaus. András Meyerhoffer baute es 1755 für den Richter János Péterffy. Über dem Torbogen wölbt sich ein schöner Balkon, den Atlanten stützen.

★ Váci-Straße
Die eleganteste Flanier- und Shopping-Meile Budapests säumen Boutiquen, Cafés, Brunnen und Statuen. Abseits der Straße findet man alte Innenhöfe und Einkaufspassagen. ❺

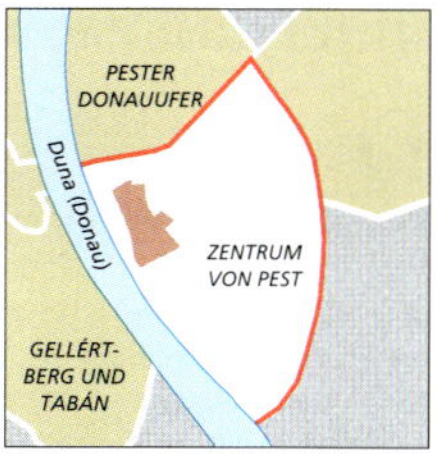

ZUR ORIENTIERUNG
Stadtplan, Karten 2, 7, 8 & 10

Die Párizsi Udvar
(siehe S. 205) beginnt an der Ecke Kígyó utca und Petőfi Sándor utca. Blickfang der Passage mit ihren Läden, Buchhandlungen und einem Café sind die schmiedeeisernen Verzierungen.

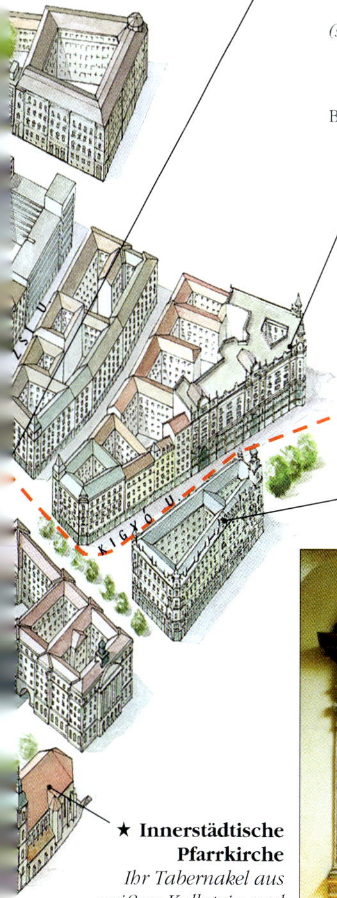

★ Klothildenpalais
Der üppig verzierte Häuserblock ist eines von zwei Bauwerken, die majestätisch die Auffahrt zur Elisabethbrücke flankieren. ❻

LEGENDE

- - - Routenempfehlung

★ Innerstädtische Pfarrkirche
Ihr Tabernakel aus weißem Kalkstein und rotem Marmor stammt aus dem frühen 16. Jahrhundert. ❶

NICHT VERSÄUMEN

- ★ Innerstädtische Pfarrkirche
- ★ Váci-Straße
- ★ Klothildenpalais

Innerstädtische Pfarrkirche ❶

Die Kirche ist das älteste Pester Bauwerk. Sie entstand ursprünglich unter König István I. *(siehe S. 22f)* an der Stelle, an der der Märtyrer Gellért begraben lag. Im 14. Jahrhundert wurde eine gotische Kirche errichtet, die unter den Türken als Moschee diente. Bei der Feuersbrunst von 1723 wurde sie beschädigt. György Pauer baute sie 1725–39 im Barockstil wieder auf. Im Inneren kann man neben klassizistischen Elementen von János Hild auch Werke aus dem 20. Jahrhundert entdecken.

In den Südturm wurde eine Mauer der einstigen romanischen Kirche integriert.

★ Kanzel
Die neogotische Kanzel zieren schöne Holzschnitzereien; Fülöp Ungradt schuf sie 1808.

Hauptportal
Das spätbarocke Portal krönt eine goldverzierte Skulptur der Dreifaltigkeit.

Ein Mauerfragment der romanischen Kirche ist im unteren Teil der Fassade zu bewundern.

Kirchenschiff
Das Kircheninnere ist im Stil der damaligen Epoche gotisch und barock gehalten. Das westliche Kirchenschiff ist reiner Barock.

Nicht versäumen

- ★ **Kanzel**
- ★ **Fresko**
- ★ **Gotische Kapelle**

★ Fresko
Das Freskenfragment im italienischen Stil (15. Jh.) stellt die Kreuzigung Christi dar. Es wurde vom Kreuzgang zu seinem jetzigen Platz im Chor gebracht.

INFOBOX

Március 15 tér 2. **Stadtplan** 4 E1 (10 D5). ☎ *318 31 08.* Ⓜ *Ferenciek tere.* ◯ *zur Messe.* ✝ *tägl.*

Hauptaltar
Der Originalaltar wurde im Zweiten Weltkrieg zerstört; der jetzige von Károly Antal und Pál C. Molnár stammt von 1948.

Türkische Gebetsnische
Eines der wenigen Relikte aus der türkischen Besatzungszeit (siehe S. 26f) *ist dieser Mihrab, der gen Mekka zeigt.*

★ Gotische Kapelle
Die gewölbte Kapelle betritt man durch einen bemalten Bogengang. Nachgebildete Maßwerkfenster zieren sie.

Pester Wappen
Das Pester Wappen schmückt den Sockel eines Renaissance-Tabernakels, das der Pester Stadtrat 1507 in Auftrag gab. Ein italienischer Künstler führte die Arbeit aus.

HISTORISCHER GRUNDRISS DER KIRCHE

Vom Originalbau ist nichts erhalten: Die ältesten Rudimente stammen vom romanischen Bau (12. Jh.).

LEGENDE

- Romanische Kirche
- Gotische Kirche
- Barocke Kirche

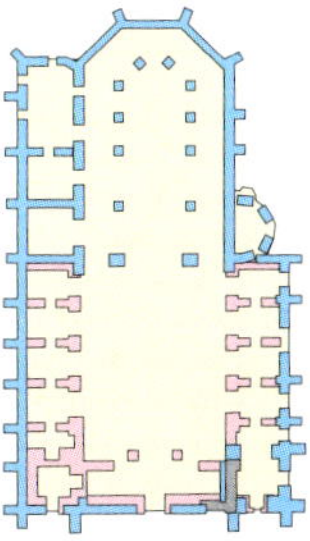

Die prächtige Fassade des Vigadó-Konzertsaals schmücken Figuren und Büsten von Herrschern, Staatsmännern und berühmten Ungarn

Innerstädtische Pfarrkirche ❶

BELVÁROSI PLÉBÁNIA TEMPLOM

Siehe S. 124f.

Vigadó-Platz ❷

VIGADÓ TÉR

Stadtplan 4 D1 (10 D4). 2. **Vigadó-Konzertsaal** *wg. Renovierung bis 2006/07.* *327 43 22 (Kartenbüro).* www.tabulas.hu/vigado

EINE MISCHUNG von Stilformen prägt den Platz, Cafés, Restaurants und Souvenirstände säumen ihn. Beherrscht wird er von einem Konzertsaal, den Frigyes Feszl entwarf und der unter dem Namen Vigadó (Redoute) 1865 eröffnet wurde. Die Fassade zieren volkstümliche Motive sowie Büsten ungarischer Persönlichkeiten. In der Mitte prangt ein altes ungarisches Wappen.

Das Hotel Marriott *(siehe S. 183)* gestaltete József Finta 1969. Es war eines der ersten modernen Hotels der Stadt. An der Uferpromenade fällt eine auf dem Geländer sitzende kindähnliche Figur ins Auge, *Die kleine Prinzessin (siehe S. 65)*. László Marton schuf die Statue 1989.

József-Nádor-Platz ❸

JÓZSEF NÁDOR TÉR

Stadtplan 2 E5 (10 D3). *Vörösmarty tér.*

ERZHERZOG JOSEPH, nach dem der Platz benannt ist, wurde 1796 mit nur 20 Jahren zum kaiserlich-ungarischen Pfalzgrafen ernannt. 51 Jahre lang regierte er das Land bis zu seinem Tod 1847. Als einer der wenigen Habsburger, die den Ungarn wohlgesonnen waren, förderte er die Entwicklung Budapests und setzte 1808 die Verschönerungskommission *(siehe S. 30f)* ein.

Eine Statue des Erzherzogs Joseph von Johann Halbig ragt seit 1869 inmitten des Platzes auf. Einige Häuser rund um den Platz verdienen besondere Erwähnung. Das klassizistische Palais Gross (Nr. 1; *siehe S. 48)* erbaute József Hild 1824. In das einstige Café zog inzwischen eine Bank ein. Das Gebäude Nr. 55–56 am Südzipfel des Platzes wurde 1859 von Hugó Máltás erbaut. Den Laden in Nr. 11 führt die Firma Herend *(siehe S. 205)*, deren Fabrik in Südwest-Ungarn seit nahezu 200 Jahren weltweit bekanntes Porzellan herstellt.

Skulptur am Vigadó-Platz

Vörösmarty-Mihály-Platz ❹

VÖRÖSMARTY MIHÁLY TÉR

Stadtplan 2 E5 (10 D3). *Vörösmarty tér.*

IN DER MITTE des Platzes erhebt sich das Denkmal des Dichters Mihály Vörösmarty (1800–1855). Die 1908 enthüllte Skulptur schuf Ede Telcs.

Hinter dem Denkmal, auf der Ostseite, liegt das Kaufhaus Luxus *(siehe S. 205)* in einem Eckgebäude von 1911, das Kálmán Giergl und Flóris Korb gestalteten.

Auf der Nordseite lockt eine renommierte Patisserie, die Henrik Kugler 1858 eröffnete. Der Schweizer Zuckerbäcker Emil Gerbeaud übernahm sie; von ihm stammt auch das üppige Dekor, das man noch heute

Terrasse der Patisserie Gerbeaud am Vörösmarty-Mihály-Platz

bewundern kann. Hier erwartet Sie eine verführerische Auswahl an Gebäck und Desserts. Im Sommer kann man auf der Terrasse sitzen.

Am Thonet-Haus, Váci-Straße Nr. 11, leuchten Zsolnay-Kacheln

Váci-Straße ❺

VÁCI UTCA

Stadtplan 4 E1–F2 (10 E5).
Ⓜ *Ferenciek tere.*

EINST GAB ES hier zwei Straßen. Anfang des 18. Jahrhunderts wurden sie zu einer vereint. In den letzten Jahren wurden zunächst der nördliche, später auch der südliche Abschnitt in eine Fußgängerzone und eine beliebte Shopping-Meile umgewandelt. Die meisten Gebäude, die die Straße säumen, stammen aus dem 19. und dem frühen 20. Jahrhundert. Heute findet man Kaufhäuser, Banken und moderne Einkaufspassagen zwischen den altehrwürdigen Häusern.

Philanthia, der 1905 eröffnete Blumenladen im Sezessionsstil, nimmt heute einen Teil des klassizistischen Gebäudes Nr. 9 ein, das József Hild 1840 erbaute. Nr. 9 beherbergt auch das Pester Theater. Einst vergnügte man sich hier im großen Ballsaal eines Gasthauses; Franz Liszt gab dort im zarten Alter von zwölf Jahren ein Konzert.

Am Thonet-Haus (Nr. 11) sind die Zsolnay-Kacheln *(siehe S. 56)* aus Pécs zu bestaunen, die die Fassade schmücken.

Nr. 13 ist das älteste Gebäude in der Váci utca; erbaut wurde es 1805. Kontraste setzt Nr. 16, das 1984 erbaute Kaufhaus Fontana *(siehe S. 205)*. Vor dem Warenhaus erhebt sich ein bronzener Brunnen, der von einer Hermesfigur (Mitte 19. Jh.) geziert wird.

Wahrzeichen des ehemaligen Hotels Nádor (Nr. 20) war die Statue des Erzherzogs Joseph vor dem Eingang. Es wurde abgelöst vom 1987 eröffneten Hotel Taverna *(siehe S. 182)*, das József Finta erbaute.

In der Régiposta utca, einer Seitenstraße der Váci utca, kommt man zu einem modernistischen Gebäude in einem vom Bauhaus inspirierten Stil (Nr. 13). Lajos Kozma erbaute es 1937.

Klothildenpalais ❻

KLOTILD PALOTÁK

Szabadsajtó utca. **Stadtplan** 4 E1 (10 E5). Ⓜ *Ferenciek tere.*

DIE SZABADSAJTÓ UTCA an der Zufahrt zur Elisabethbrücke flankieren zwei 1902 erbaute Apartmentblöcke. Erzherzogin Klothilde, die Schwiegertochter des Pfalzgrafen József, ließ die nach ihr benannten Gebäude errichten. Flóris Korb und Kálmán Giergl entwarfen sie im Stil des Historismus, aufgelockert durch Rokoko-Elemente. Einst waren hier Mietwohnungen; heute sind nur die oberen Etagen bewohnt. Im Erdgeschoss findet man Läden, ein Café und die Galerie Budapest.

Klothildenpalais – eines der beiden Gebäude (1902) an der Zufahrt zur Elisabethbrücke *(siehe S. 63)*

Bezirksratsgebäude ❼

PEST MEGYEI ÖNKORMÁNYZAT

Városház utca 7. **Stadtplan** 4 F1 (10 E4). ☎ *318 01 11.* Ⓜ *Ferenciek tere.* ◯ *Mi 8–16 Uhr.*

IN VERSCHIEDENEN Bauphasen entstand hier eines der schönsten öffentlichen Gebäude in monumentalem Klassizismus. Errichtet wurde es im 19. Jahrhundert im Rahmen des Planes, den die Verschönerungskommission für die Stadt ausgearbeitet hatte.

Der Pester Bezirksrat hatte seit Ende des 17. Jahrhunderts hier seinen Sitz. 1811 gehörten zwei Konferenzsäle sowie ein Gefängnis mit Kapelle zum Gebäude. 1829–32 wurde an der Semmelweis utca ein von József Hofrichter entworfener Flügel angebaut, in dem Angestellte des Bezirksrats untergebracht wurden.

1838 startete ein weiteres Stadtsanierungsprogramm, diesmal nach den Plänen von Mátyás Zitterbarth dem Jüngeren, einem Exponenten klassizistischer Architektur. Das 1842 vollendete Bauwerk mit seiner eindrucksvollen Fassade blickt über die Városház utca hinweg. Den Portikus zieren sechs korinthische Säulen, die das Tympanon tragen.

Im Krieg wurde das Bezirksratsgebäude zerstört, beim Wiederaufbau danach vergrößert. Man fügte drei Innenhöfe an; der erste besitzt einen reizvollen Kreuzgang. Dank der guten Akustik finden dort im Sommer häufig Konzerte statt.

Auf dem Kamermayer Károly tér zwischen dem Pester Bezirksratsgebäude und dem Rathaus *(siehe S. 128)* erinnert ein Denkmal (1942) von Béla Szabados an den ersten Bürgermeister Budapests, Károly Kamermayer (1829–1897). Er übernahm das Amt 1873 – nach der Vereinigung von Óbuda, Buda und Pest.

Rathaus ❽

Fővárosi Önkormányzat

Városház utca 9–11. **Stadtplan** 4 E1/F1 (10 E4). *327 10 00.* *Ferenciek tere.*

Das Rathaus ist das größte Barockgebäude in Budapest. Vollendet wurde es 1735 nach Entwürfen von Anton Erhard Martinelli. Ursprünglich, gegen Ende des 17. Jahrhunderts, diente der Bau als Hospital für die Veteranen des Krieges zwischen Christen und Türken *(siehe S. 26f)*.

1894 erwarb die Stadtverwaltung das Gebäude, um hier den Stadtrat unterzubringen. Ármin Hegedűs erhielt den Auftrag, das neue Rathaus zu verschönern und einen Südflügel anzubauen.

Bemerkenswert sind die Flachreliefs, welche die Tore zieren, die auf die Városház utca gehen. Sie stellen Szenen aus dem Krieg gegen die Türken *(siehe S. 71)* darm man sieht den siegreichen Karl III. *(siehe S. 19)* und Prinz Eugen von Savoyen. Die Reliefs sollen das Werk des Wiener Bildhauers Johann Christoph Mader sein.

Türkische Bank ❾

Török Bankház

Szervita tér 3. **Stadtplan** 4 E1 (10 D4). *Deák Ferenc tér.*

Das 1906 nach den Plänen Henrik Böhms und Ármin Hegedűs' entstandene Gebäude der einstigen Türkischen Bank ist ein Musterbeispiel des Sezessionsstils.

Außen wurde in moderner Bauweise eine Glasfassade geschaffen, die in Stahlbeton eingebettet ist. Im Giebel über der Fensterzeile prangt ein herrliches farbenfrohes Mosaik von Miksa Róth mit dem Titel *Ungarns Glorie*. Es stellt Ungarn bei der Verehrung Mariä – der *Patrona Hungariae (siehe S. 117)* – dar. Engel und Schäfer flankieren die Heilige Jungfrau zusammen mit politischen Helden wie Fürst Ferenc II. Rákóczi *(siehe S. 28)*, István Széchenyi *(siehe S. 30f)* und Lajos Kossuth *(siehe S. 106)*.

***Ungarns Glorie*, Mosaik an der Fassade der Türkischen Bank**

Servitenkirche ❿

Szervita templom

Szervita tér 7. **Stadtplan** 4 E1 (10 D4). *Deák Ferenc tér.*

Die Barockkirche wurde 1725–32 nach den Plänen von János Hölbling und György Pauer erbaut. 1871 wurde die Fassade erneuert und der Turm mit einem neuen, von József Diescher entworfenen Dach versehen. Über dem Türbogen wachen Heilige: Peregrin und Anna, darüber sitzen Philipp und Augustinus. Rechter Hand des Eingangs prangt ein Flachrelief (1930) von János Istók. Es ist den Soldaten des Siebten Husarenregiments gewidmet, die im Ersten Weltkrieg fielen.

Evangelische Kirche ⓫

Evangélikus templom

Deák tér 4. **Stadtplan** 2 E5 (10 E3). *317 34 13.* *Deák Ferenc tér.* **Nationalmuseum der Evangelischen Kirche** *235 02 07.* *Di–So 10–18 Uhr.* *nach Vereinbarung.*

Mihály Pollack entwarf die klassizistische Kirche, die 1799–1808 erbaut wurde. Den Portikus mit dem von dorischen Säulen getragenen Tympanon fügte József Hild 1856 hinzu. Charakteristisch ist die Schlichtheit der Kirche, die für protestantischen Kirchen üblich ist. Über dem Hauptaltar hängt eine Kopie von Raffaels *Verklärung Jesu* von Franz Sales Lochbihler (1811). Aufgrund der guten Akustik finden hier Orgelkonzerte statt.

Neben der Kirche erhebt sich ein weiteres klassizistisches Gebäude von Mihály Pollack. Die einstige Evangelische Schule beherbergt heute das Nationalmuseum der evangelischen Kirche. Es führt durch die Geschichte der ungarischen Reformation; das interessanteste Exponat ist eine Kopie des Testaments von Martin Luther. Das Originaldokument von 1542 wird im Archiv verwahrt.

Klassizistischer Hauptaltar in der Evangelischen Kirche

Der Donaubrunnen (1880–83) von Miklós Ybl

Donaubrunnen ⓬

Danubius kút

Erzsébet tér. **Stadtplan** 2 E5 (10 D3). Ⓜ *Deák Ferenc tér.*

Den Brunnen, der einst auf dem Kálvin tér stand, entwarf und erbaute Miklós Ybl *(siehe S. 119)* 1880–83. Seine Flanken zieren Dezső Győris Kopien der Originalskulpturen von Béla Brestyánszky und Leó Feszler, die im Zweiten Weltkrieg beschädigt wurden. Auf dem Brunnen thront Danubius, der die Donau symbolisiert. Die drei weiblichen Figuren darunter verkörpern drei wichtige Nebenflüsse der Donau: Theiß, Drau und Save.

Neues Theater ⓭

Új Színház

Paulay Ede utca 35. **Stadtplan** 2 F4 (10 E2). ☎ *269 60 21.* Ⓜ *Opera.*

Das ursprünglich 1909 vollendete Gebäude erfuhr viele Veränderungen. Béla Lajta gestaltete es im Sezessionsstil; als Domizil der Pariser Cabaret-Truppe Mulató wurde es zu einem Hort der Frivolität. László Vágó baute es im Jahr 1921 zum Bühnentheater um. Nach dem Zweiten Weltkrieg erhielt es eine Fassade aus Glas und Stahl und beherbergte ein Kindertheater.

Von 1988 bis 1990 erhielt der Bau seine ursprüngliche Form nach den Plänen Lajtas zurück. Vergoldungen, Buntglas und Marmor zieren nun wieder das ungewöhnliche Gebäude, in dem heute das Neue Theater zu Hause ist.

Franz-Liszt-Musikakademie ⓮

Liszt Ferenc Zeneakadémia

Liszt Ferenc tér 8. **Stadtplan** 7 A1 (10 F2). ☎ *462 46 00.* Tram *4, 6 zur Király utca.*

Sitz der Akademie ist ein Palais des Späthistorismus, das 1904–07 Kálmán Giergl und Flóris Korb erbauten. Über dem Haupteingang thront eine Statue Franz Liszts von Alajos Stróbl. Die sechs Flachreliefs von Ede Telcs sind der Geschichte der Musik gewidmet.

Das Sezessionsinterieur blieb intakt. Das Fresko *Jungbrunnen* im Foyer des ersten Stocks stammt von Aladár Stocks Körösfői-Kriesch, einem Mitglied der Schule von Gödöllő. Die Akademie hat zwei Auditorien, das erste mit 1200 Plätzen ist mit allegorischen Darstellungen der Musik verziert. Das zweite wird für Kammermusik genutzt und bietet 400 Menschen Platz.

Palais New York ⓯

New York palota

Erzsébet körút 9–11. **Stadtplan** 7 B2. ☎ *322 38 49.* Ⓜ *Blaha Lujza tér.* **Café** ● *wegen Renovierung; Wiedereröffnung voraussichtl. Ende 2006/2007.*

Das 1891–95 nach den Plänen von Alajos Hauszmann errichtete Palais beherbergte anfangs eine amerikanische Versicherung.

Das fünfstöckige Gebäude wartet mit einer Mischung aus Barock- und Sezessionsmotiven auf. Die Skulpturen der Fassade stammen von Károly Senyei.

Im Erdgeschoss befindet sich das elegante New York Kávéház *(siehe S. 200)*. Gemälde von Gusztáv Mannheimer und Károly Lotz schmücken die Wände. Das reich vergoldete Interieur im barocken Stil mit prächtigen Lüstern und Marmorsäulen soll nach einer längeren Renovierung wieder im alten Glanz erstrahlen.

Die Statue von Franz Liszt über dem Eingang der Musikakademie

Ungarisches Nationalmuseum ⓴

Siegel aus Esztergom

Das Ungarische Nationalmuseum birgt die kostbarsten Sammlungen an Kunst und Artefakten aus der turbulenten Geschichte Ungarns. Es wurde 1802 dank einer Initiative des Grafen Ferenc Széchenyi gegründet, der hierfür seine Münz-, Bücher- und Dokumentensammlung stiftete. Den Rahmen für die ausgestellten Exponate bietet das imposante klassizistische Gebäude von Mihály Pollack.

Grundsteinlegung *(1864)*
Das Gemälde von Miklós Barabás verewigt die Zeremonie, mit der die Errichtung der Kettenbrücke (siehe S. 62) *1842 begann.*

Kriegstruhe
Die barocke Kriegstruhe zieren Schnitzereien und das Wappen Ungarns. Sie stammt aus dem Aufstand unter Ferenc II. Rákóczi (siehe S. 28).

★ Lehnsessel
Bunte Früchte und Blumenornamente schmücken den Lehnstuhl aus dem frühen 18. Jahrhundert. Er stammt von Ferenc II. Rákóczi, der im türkischen Exil das Tischlerhandwerk erlernte.

★ Krönungsmantel
Dieses Meisterstück aus byzantinischer Seide schenkte der hl. Stephan der Kirche in Székesfehérvár im Jahr 1031. Im 12. Jahrhundert diente es als Krönungsmantel.

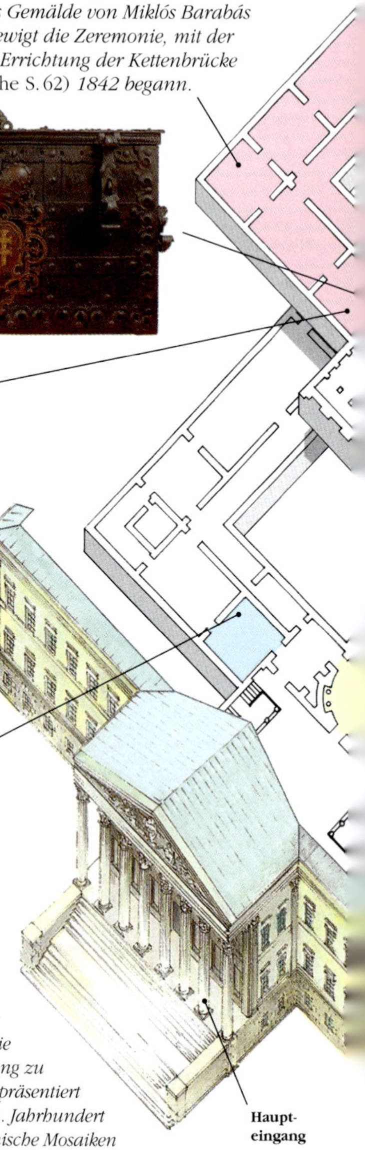

Legende

- Krönungsmantel
- Römische Mosaiken
- Archäologische Sammlung
- 11.–17. Jahrhundert
- 18./19. Jahrhundert
- 20. Jahrhundert

Kurzführer
Im ersten Stock sind der Krönungsmantel und die archäologische Sammlung zu sehen. Der zweite Stock präsentiert Kunsthandwerk vom 11. Jahrhundert bis zur Gegenwart. Römische Mosaiken werden im Untergeschoss gezeigt.

★ Grabeskrone
Die herrliche Goldkrone (13. Jh.) wurde in den Ruinen der Dominikanerkirche mit Konvent auf der Margareteninsel gefunden (siehe S. 172f).

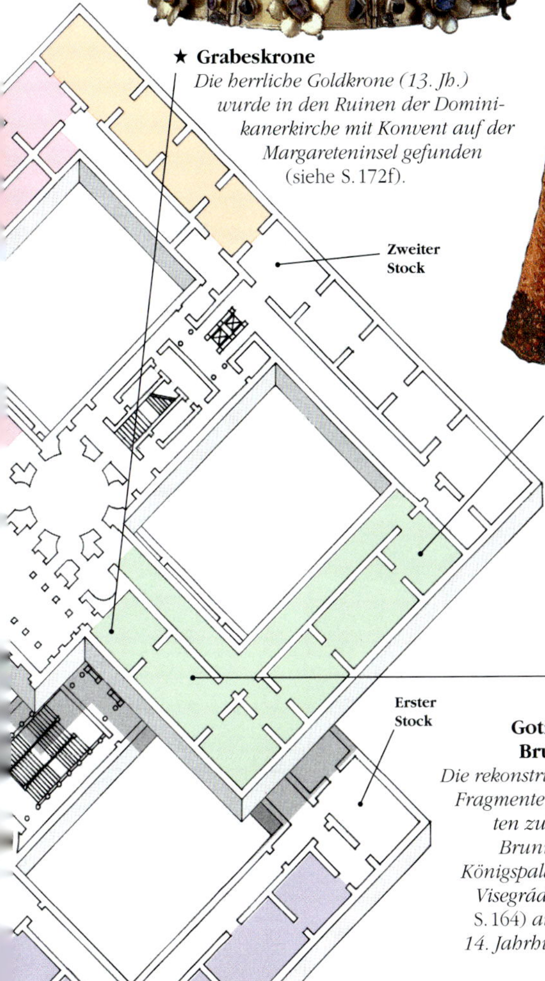

INFOBOX

Múzeum körút 14–16. **Stadtplan** 7 A4 (10 F5). *338 21 22 (327 77 73 für Führungen).* *47, 49.* *9, 15.* *Kálvin tér, Astória.* *Di–So 10–18 Uhr.* www.hnm.hu

Pelzgewand
Der kurze Mantel ist typisch für die ungarische Volkstracht. Er gehörte Gábor Bethlen, einem transsylvanischen Fürsten, und stammt von etwa 1620.

Gotischer Brunnen
Die rekonstruierten Fragmente gehörten zu einem Brunnen im Königspalast von Visegrád (siehe S. 164) *aus dem 14. Jahrhundert.*

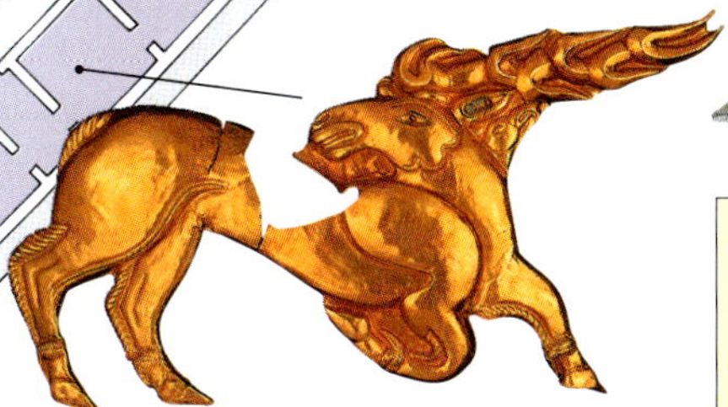

Goldener Hirsch
Die goldene Figur stammt aus der Eisenzeit (6. Jh. v. Chr). Sie war ursprünglich Teil eines skythischen Schildes.

NICHT VERSÄUMEN

- ★ Lehnsessel
- ★ Krönungsmantel
- ★ Grabeskrone

Überblick: Die Sammlungen

Siegel (13. Jh.)

Die Treppen des Ungarischen Nationalmuseums bildeten die Kulisse für ein wichtiges Ereignis in der Stadtgeschichte: Hier verlas 1848 der Dichter Sándor Petőfi zum ersten Mal sein *Nationallied*, das den Aufstand gegen die Habsburger entfachte *(siehe S. 30f)*. Am 15. März jeden Jahres wird dieses historische Ereignis gefeiert: Dann putzt sich das Museum in den Nationalfarben heraus, und ein Historienspiel wird aufgeführt. Exponate der Sammlung, etwa historische Dokumente und Fotos, lassen Ereignisse aus der Geschichte Ungarns lebendig werden.

Denkmal des Dichters János Arany vor dem klassizistischen Museumsbau

Museumsgebäude

Das 1837–47 nach einem Entwurf von Mihály Pollack erbaute klassizistische Gebäude ist eines der gelungensten jener Epoche.

Der Fassade ist ein monumentaler Portikus vorgelagert, den ein Tympanon von Raffael Ponti krönt. Die Komposition zeigt die Gestalt von Pannonia *(siehe S. 20)* nebst Allegorien der Künste und Wissenschaften.

Den Park um das Museum zieren Statuen berühmter Persönlichkeiten aus der Welt der Literatur, Wissenschaft und Kunst. Ein Denkmal des Dichters János Arany, des Autors der *Toldi*-Trilogie, weist den Weg zum Haupteingang. Die Bronze-Kalkstein-Skulptur schuf Alajos Stróbl 1893. Im Inneren sind die herrlichen Gemälde von Mór Than und Károly Lotz im Hauptsaal zu bestaunen. Ein römisches Mosaik (3. Jh.) ist in den Boden des Kuppelsaals eingelassen.

Krönungsinsignien

Einer der bedeutendsten Schätze Ungarns, der Krönungsmantel der Árpáden *(siehe S. 22f)*, kommt in einem separaten Saal zur Geltung. Das prächtige Gewand aus byzantinischer Seide wurde der Kirche einst vom hl. Stephan geschenkt. Im 13. Jahrhundert wurde es umgestaltet. Obwohl es heute stark ausgebleicht ist, besticht es durch die kunstvollen Stickereien mit feinen Goldfäden und Perlen.

Erstaunlicherweise haben die Krönungsinsignien durch alle Wirren der ungarischen Geschichte hindurch überdauert. US-Truppen entdeckten sie im Zweiten Weltkrieg und brachten sie ins amerikanische Fort Knox; 1978 kehrten sie nach Ungarn zurück.

2000 wurden die Insignien bis auf den Mantel in den Kuppelsaal des Parlamentsgebäudes verlegt, wo sie heute zu bewundern sind.

Archäologische Sammlung

Die archäologische Sammlung wurde 2002 anlässlich des 200-jährigen Jubiläums des Museums eröffnet. Die Schau führt den Besucher durch eine frühe Epoche der ungarischen Geschichte – von 400 v. Chr. bis 840 n. Chr., von den ersten Siedlern bei Vértesszőlős bis zum Ende des Frühmittelalters, das in die ungarischen Eroberungen mündete.

Zu sehen sind einige der jüngsten und wichtigsten archäologischen Funde des Landes, die die Vergangenheit lebendig werden lassen.

11.–17. Jahrhundert

Die ältesten Exponate stammen aus der Zeit der Árpáden. In diesem Museumsbereich befindet sich eines der wertvollsten Stücke: die Krone von Konstantin IX. Monomachus. Ebenfalls zu sehen: die Grabbeigaben von Béla III., Gefäße aus romani-

Verzierungen am Fuß eines Kelchs aus dem 15. Jahrhundert

scher Zeit, Waffen und eine Münzsammlung.

Die Ära der Anjou-Herrscher *(siehe S. 18)* fiel zusammen mit dem Aufkommen der Gotik, die hier mit wundervollen Goldschmiedearbeiten vertreten ist. In den beiden nächsten Sälen entdecken Sie das Reich Sigismunds von Luxemburg *(siehe S. 24)* und die Errungenschaften János Hunyadis *(siehe S. 24)*. Hier findet man zudem die Kopien von Albrecht Dürers Porträt des Königs Sigismund und den Zeremonialsattel. Auch Platin- und Goldstücke, Handschriften und Dokumente sind ausgestellt. Das Leben der Bauern in jener Epoche wird ebenso lebendig wie die Geschichte des Königshofs.

Die Herrschaft von Mátyás Corvinus *(siehe S. 24f)* und die Jagiellonen-Dynastie *(siehe S. 18)* markieren den Niedergang der Gotik und die Geburt der Renaissance. Aus dieser Epoche stammen ein Glaskelch (15. Jh.) von König Mátyás, spätgotische Kirchenbänke aus Bártfa, Rüstungen und Waffen sowie ein Gewand von Königin Maria (16. Jh.).

Es folgen herrliche Skulpturen, Kunstwerke und Artefakte aus dem 16. und 17. Jahrhundert. Interessant sind die Exponate aus der Zeit der Türkenherrschaft *(siehe S. 26f)*, v.a. die Alltagsgegenstände und Waffen.

Ein eigener Saal ist dem Herzogtum Transsylvanien gewidmet, das historisch eine wichtige Rolle spielte. Zu sehen sind kunstvoll aus Gold gefertigter Schmuck und Gefäße, Trachten aus dem 17. Jahrhundert und Keramik der Habaner, die hier im frühen 17. Jahrhundert siedelten. Der letzte Bereich der Abteilung endet mit dem Jahr 1686, der Befreiung Budas von den Türken durch die christliche Armee. Dieser Teil des Museums präsentiert auch Porträts einflussreicher Ungarn jener Epoche sowie eine faszinierende Schmucksammlung aus dem 17. Jahrhundert.

Druckerpresse, auf der 1848 nationalistische Flugblätter gedruckt wurden

18.–19. Jahrhundert

Die Abteilung präsentiert die Epoche der Habsburger – eine Zeit ständiger Volksunruhen. Mit dem Aufstand Rákóczis 1703–11 *(siehe S. 28f)* beginnt der Rundgang: Zu sehen sind Waffen und Möbel aus dem Palais Ferenc II. Rákóczis. Ein Blickfang ist der Lehnstuhl, den Rákóczi selbst tischlerte. Der nächste Saal ist ungarischer Kunst und Kultur des 18. Jahrhunderts gewidmet.

Brosche aus dem 18. Jahrhundert

Die folgenden Räume dokumentieren die Geschichte Ungarns in der ersten Hälfte des 19. Jahrhunderts. Kunstwerke, darunter herrliche Porträts und historische Gemälde, etwa die *Grundsteinlegung der Kettenbrücke*, sind neben wichtigen Dokumenten und Memoiren aus jener Zeit zu bestaunen.

Der Zentralbereich ist dem Aufstand von 1848/49 *(siehe S. 30f)* gewidmet. Die gezeigte Druckerpresse druckte die Flugblätter mit den zwölf Forderungen, die die Ungarn in ihrem Freiheitskampf gegen Österreich stellten.

Aus der zweiten Hälfte des 19. Jahrhunderts stammen die Exponate der Freimaurer: Orden, Münzen und historische Manuskripte. Auch Memorabilien anlässlich der Krönung Franz Josephs 1867 und der Millenniumsfeier 1896 sind zu bewundern.

Gildetruhe aus dem 20. Jahrhundert

20. Jahrhundert

Die technischen Errungenschaften des 20. Jahrhunderts und die jüngste ungarische Geschichte werden hier anhand von Fotografien und Dokumenten lebendig. Neben Exponaten aus dem Ersten Weltkrieg und der Revolutionszeit zwischen den beiden Kriegen sind auch erschütternde Dokumente aus dem Zweiten Weltkrieg zu sehen. Die Nachkriegsgeschichte wird hauptsächlich aus politischer Sicht gezeigt; hervorgehoben sind beispielsweise der Aufstand von 1956 und die Ereignisse von 1989, die das Ende des Kommunismus in Osteuropa einläuteten *(siehe S. 35)*.

Jüdisches Viertel ⑯

Zsidó Negyed

Király utca, Rumbach Sebestyén utca, Dohány utca und Akácfa utca. **Stadtplan** 2 F5 u. 7 A2 (10 F3). M *Deák Ferenc tér.*

Die ersten Juden kamen im 13. Jahrhundert nach Ungarn und siedelten sich in Buda und Óbuda an. Im 19. Jahrhundert bildete sich eine größere jüdische Gemeinde in Erzsébetváros, außerhalb der Stadtgrenzen von Pest.

Fenster der Großen Synagoge

Holocaust-Denkmal

Die Skulptur einer Trauerweide von Imre Varga wurde 1991 enthüllt; sie gedenkt der 600 000 ungarischen Juden, die unter dem Nationalsozialismus ermordet wurden. Der Schauspieler Tony Curtis finanzierte das Denkmal mit.

1251 gewährte König Béla IV. den Juden von Buda Religionsfreiheit. Die jüdische Gemeinde integrierte sich in die ungarische Gesellschaft, bis 1941 die Rassengesetze der Nationalsozialisten erlassen und die Juden gezwungen wurden, den Davidstern zu tragen. 1944 entstand das Pester Ghetto, Tausende von Juden wurden deportiert. Nach schweren Schlachten zwischen der Wehrmacht und der Roten Armee befreiten die Russen das jüdische Ghetto am 18. Januar 1945. Insgesamt wurden 600 000 ungarische Juden Opfer des Holocaust. Daran erinnert eine Gedenktafel an der orthodoxen Synagoge in der Rumbach utca.

Gegen Ende des 19. Jahrhunderts waren drei Synagogen sowie jüdische Läden und Werkstätten gebaut worden. Koschere Einrichtungen wie das Hanna Ortodoxkóser Étterem *(siehe S. 196)* im Hof der orthodoxen Synagoge und der Metzger in der Kazinczy utca Nr. 41 gehörten zum Stadtbild. Die Läden werden heute wiederaufgebaut.

Große Synagoge ⑰

Zsinagóga

Dohány utca 2. **Stadtplan** 4 F1 (10 F4). ☎ *342 89 49.* M *Astoria.* **Jüdisches Museum** ◯ *Mai–Okt Mo–Do 10–17 Uhr, Fr, So 10–14 Uhr; Nov–Apr Mo–Do 10–15 Uhr, Fr, So 10–14 Uhr.*

Die Synagoge ist die größte in Europa. Der Wiener Architekt Ludwig Förster erbaute sie 1854–59 im byzantinisch-maurischen Stil.

Die dreischiffige Synagoge hat, ganz nach orthodoxer Tradition, separate Emporen für die Frauen. Der untere Bereich und die Galerien fassen bis zu 3000 Gläubige. Einige Details, etwa die Position der Bima, entsprechen der Reformsynagoge. Das Innere wurde von Aron Hakodesz und Frigyes Feszl kostbar ausgestattet. Seit 1931 gehört zur Synagoge ein Museum, das eine umfangreiche Sammlung historischer Reliquien und judaischer religiöser Gegenstände vom alten Rom bis in unsere Zeit zusammentrug. Teil der Sammlung sind die Bücher von Chevra Kadisha (1792), aber auch Dokumente der Judenverfolgung. 1991 wurde das Holocaust-Denkmal enthüllt.

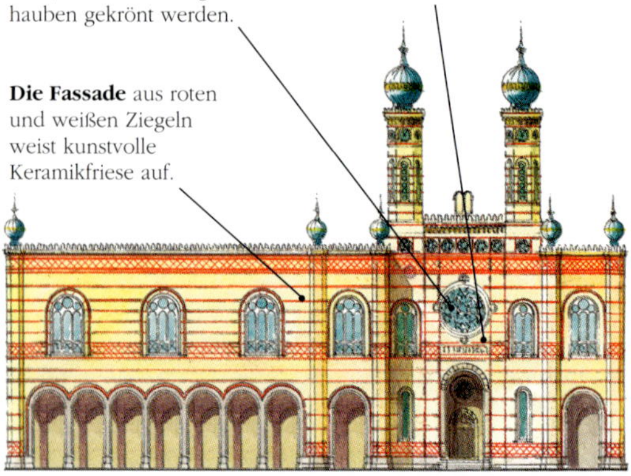

Rochuskapelle ⓲

Szent Rókus kápolna

Gyulai Pál utca 2. **Stadtplan** 7 A3. *338 35 15.* *Astoria, Blaha Lujza tér.*

Der Pester Stadtrat ließ die Kapelle an einer damals unbewohnten Stelle erbauen. Sie wurde Rochus und Rozali geweiht, die – wie man glaubte – die Pestepidemie des Jahres 1711 abgewendet hatten.

1740 wurde die Kapelle erweitert, 1797 der Turm angebaut. Die Fassade zieren Kopien barocker Heiligenfiguren, die 1908 anstelle der Originale platziert wurden. Im Inneren prangt rechts an der Wand des Kirchenschiffs ein Bildnis der Jungfrau Maria von 1740. Ein Gemälde von Jakab Warsch, das die Überschwemmung von 1838 zeigt, schmückt das Oratorium.

Pollack-Mihály-Platz ⓳

Pollack Mihály tér

Stadtplan 7 A4 (10 F5). *Kálvin tér.* **Palais Festetics** *266 52 22.* *nach Vereinbarung.*

Der Platz hinter dem Ungarischen Nationalmuseum *(siehe S. 130ff)* ist nach Mihály Pollack benannt, dem Architekten vieler klassizistischer Gebäude wie dem Museum und dem Palais Sándor *(siehe S. 73)*.

Ende des 19. Jahrhunderts entstanden nebeneinander drei Palais für die aristokratische Elite Ungarns: für die Fürsten Festetics und Esterházy sowie für Graf Károlyi. Ihre herrlichen Fassaden machen den Platz zu einem reizvollen Ort.

Miklós Ybl *(siehe S. 119)* erbaute 1863–65 das Palais Nr. 6 für Lajos Károlyi im französischen Renaissance-Stil. Die Fassade zieren Skulpturen von Károly Schaffer. Daneben (Nr. 8) erhebt sich das kleine Palais, das Alajos Baumgarten 1865 für die Familie Esterházy errichtete. Das Palais Nr. 10 entwarf Miklós Ybl 1862 für die Familie Festetics; vor allem die neobarocke Treppe ist atemberaubend.

Imposanter Treppenaufgang im Palais Festetics am Pollack-Mihály-Platz

Ungarisches Nationalmuseum ⓴

Nemzeti Múzeum

Siehe S. 130ff.

Ervin-Szabó-Bibliothek ㉑

Szabó Ervin Könyvtàr

Szabó Ervin tér 1. **Stadtplan** 7 A4 (10 F5). *411 50 00.* *Kálvin tér.* *Mo–Fr 10–20 Uhr, Sa 10–16 Uhr.*

Im Jahr 1887 beauftragte die wohlhabende Industriellenfamilie Wenckheim den Architekten Artúr Meining, ein Palais im Stil von Barock und Rokoko zu erbauen. Das Ergebnis war das Palais Wenckheim, das zu seiner Zeit als eines der schönsten in Budapest galt. Seine schmiedeeisernen Tore (1897) stammen von Gyula Jungfer. Überaus sehenswert sind die mit reichen Vergoldungen verzierten Salons im ersten Stock sowie die Kuppel über den ovalen Relieftafeln.

Wendeltreppe in einem Raum der Ervin-Szabó-Bibliothek

1926 erwarb der Stadtrat das Gebäude und wandelte es in eine öffentliche Bibliothek um. Thematische Schwerpunkte sind die Stadt selbst und die Sozialwissenschaften.

Namensgeber der Bibliothek und gleichzeitig ihr erster Direktor war der Politiker und Sozialreformer Ervin Szabó (1877–1918). Die über 100 Filialen der Bibliothek mit drei Millionen Büchern verteilen sich auf ganz Budapest.

Kalvinistenkirche ㉒

Református templom

Kálvin tér 7. **Stadtplan** 4 F2. *217 67 69.* *Kálvin tér.*

Die einschiffige Kirche wurde nach den Plänen József Hofrichters 1816–30 erbaut. 1848 entwarf József Hild die Fassade mit vier Pfeilern und Tympanon; 1859 wurde der Turm angebaut.

Sehenswert im Inneren sind die Kanzel und die Chorempore, die Hild 1831 beziehungsweise 1854 erbaute. Die Buntglasfenster stammen von Miksa Róth. Der Kirchenschatz umfasst sakrale Objekte aus dem 17. und 18. Jahrhundert.

Museum für Kunsthandwerk ㉓

Anhänger von Lalique

Kaiser Franz Joseph eröffnete das Museum für Kunsthandwerk 1896 anlässlich der Millenniumsfeierlichkeiten. Es ist in einem einzigartigen Sezessionsbau von Gyula Pártos und Ödön Lechner *(siehe S. 56)* untergebracht. Die Außenfassade weist orientalische Elemente und Zsolnay-Keramik auf – beides charakteristisch für die Arbeiten von Lechner. Das 1945 und erneut 1956 beschädigte Gebäude erstrahlt erst seit kurzem wieder in vollem Glanz. Die Sammlung der schönen Stücke wurde 1872 gegründet.

Renaissance-Kachel
Die um 1530 entstandene Kachel zeigt Königin Anna, die Gemahlin Ferdinands I.

Silberteller
Der herrliche barocke Teller bildet die Schlacht von Vezekény ab. Philipp Jakob Drentwett fertigte ihn 1654 in Augsburg.

Innenhof
Den von einem Glasdach überspannten Innenhof umgibt ein Kreuzgang mit Arkaden im indisch-orientalischen Stil.

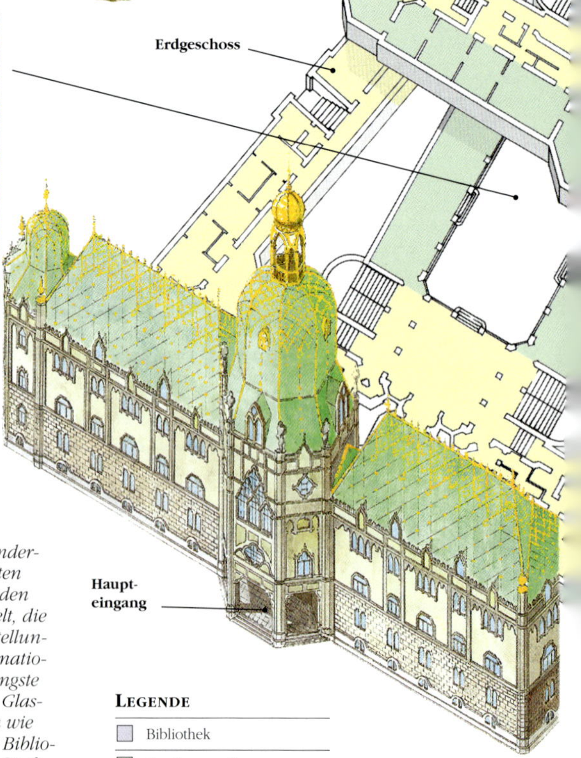

Legende
- Bibliothek
- Sonderausstellungen
- Kein Ausstellungsbereich

Kurzführer

Das Museum zeigt häufig Sonderausstellungen. Die ausgestellten Exponate aus den Festbeständen werden jährlich ausgewechselt, die Exponate der kleineren Ausstellungen zu nationalen und internationalen Themen monatlich. Jüngste Sonderausstellungen zeigten Glasarbeiten oder hatten Themen wie Uhren und Zeitmessung. Die Bibliothek des Hauses ist im ersten Stock untergebracht und umfasst ca. 50 000 Bände.

Anhänger mit Amphitrite und Triton
Die kunstvolle Goldschmiedearbeit ist mit Email, Perlen und kostbaren Steinen dekoriert. Gefertigt wurde sie um 1600.

INFOBOX

Üllői út 33–37. **Stadtplan** 7 B5.
456 51 00. M Ferenc körút.
Di–Sa 10–18 Uhr.
www.imm.hu

Tiffany-Glas
Die zarten Gläser und Vasen aus buntem und opaleszierendem Glas stammen aus der amerikanischen Werkstatt von Tiffany.

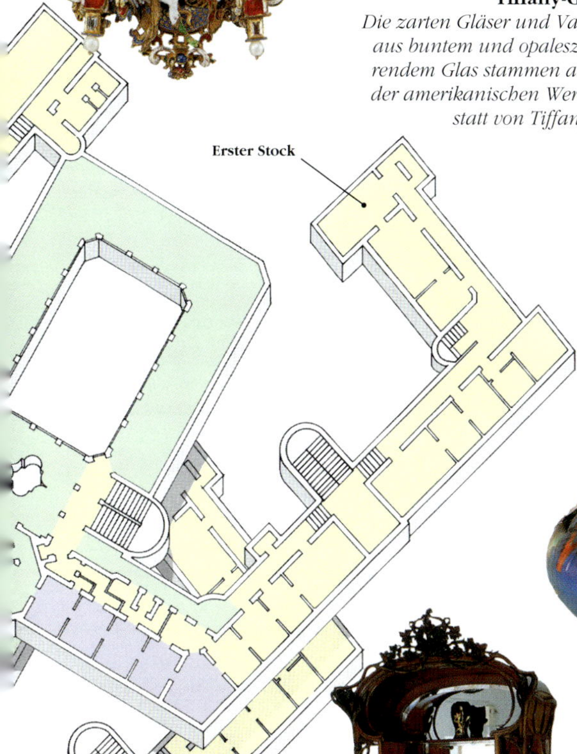

Sezessionsvase
Auf der entzückenden Vase aus Zsolnay-Keramik tummeln sich bunte Schmetterlinge. Naturmotive waren ein beliebtes Thema der in diesem Bereich tätigen Künstler.

Frisierkommode
Ein ausgefallenes Beispiel für ungarisches Sezessionshandwerk (siehe S. 54ff)*: Das Ebenholzmöbel entstand 1900 in der Werkstatt von Endré Thék.*

Kleid aus dem 17. Jahrhundert
Bunte Trachtenteile, wie dieses bestickte Kleid, können häufig in Sonderausstellungen bewundert werden.

Wirtschaftsuniversität 24

KÖZGAZDASÁGTUDOMÁNYI EGYETEM

Fővám tér 8. **Stadtplan** 4 F3. *216 18 50.* *47, 49.*

DER DONAU ZUGEKEHRT ist das Renaissance-Gebäude, das Miklós Ybl *(siehe S. 119)* 1871–74 als Hauptzollamt erbaute. Die 170 Meter lange Fassade ziert eine Kolonnade, die den Balkon stützt. Die Balustrade schmücken zehn allegorische Figuren von August Sommer.

1951 eröffnete hier die Wirtschaftsuniversität ihre Pforten. Im Atrium gibt es eine Statue von Karl Marx, nach dem das Institut einstmals auch benannt war.

Die Fassade der Wirtschaftsuniversität von Miklós Ybl

Dekoratives Detail an der Fassade der Stadtratskammer

Stadtratskammer 25

ÚJ VÁROSHÁZA

Váci utca 62–64. **Stadtplan** 4 F2 (10 E5). M *Deák tér.* *318 68 46.*

DAS DREISTÖCKIGE Gebäude entstand 1870–75; hier wurden die Amtsstuben der gerade geeinten Stadt Budapest *(siehe S. 32)* eingerichtet. Der Architekt Imre Steindl war auch verantwortlich für den Bau des Parlamentsgebäudes *(siehe S. 108f)*. Die Stadtratskammer ist ein Stilmix: Außen ist sie ganz Renaissance in Ziegelbauweise mit grotesken Figuren zwischen den Fenstern, im Inneren gibt es gotische Motive aus Gusseisen. Den Großen Debattiersaal zieren Mosaiken von Károly Lotz.

Viele Antiquariate und Galerien haben sich ringsum angesiedelt. Schicke Bars, Restaurants und Cafés sowie die neue Fußgängerzone tragen zum Flair bei.

Serbische Kirche 26

SZERB TEMPLOM

Szerb utca 2–4. **Stadtplan** 4 F2 (10 E5). M *Kálvin tér.*

SERBEN SIEDELTEN bereits im 16. Jahrhundert in dem heutigen Wohngebiet rund um die Kirche. Ende des 17. Jahrhunderts kam eine weitere Welle serbischer Einwanderer ins Land, Anfang des 19. Jahrhunderts war fast ein Viertel der Pester Hausbesitzer serbischer Herkunft.

1698 erbaute die serbische Gemeinde hier eine Barockkirche. Ihre endgültige Gestalt erhielt sie bei einem Wiederaufbauprojekt, das bis Mitte des 18. Jahrhunderts andauerte; vermutlich führte es András Meyerhoffer durch.

Im Inneren ist der Bau nach griechisch-orthodoxem Vorbild ausgestattet. Ein Bereich des Kirchenschiffs, den man vom Vestibül aus betritt, ist Frauen vorbehalten. Eine Trennwand teilt diesen Bereich von dem der Männer ab; die Abgrenzung setzt sich auf dem Fußboden fort, der hier um 30 Zentimeter abgesenkt wurde. Den Chor umschließt eine Ikonostase (um 1850) und trennt ihn so vom Altarraum. Die Skulpturen stammen von dem serbischen Bildhauer Miahai Janich, die Gemälde im Renaissance-Stil sind das Werk des griechischen Künstlers Károly Sterio.

Keramikkacheln in der Serbischen Kirche

Lóránd-Eötvös-Universität 27

EÖTVÖS LÓRÁND TUDOMÁNY EGYETEM KÖZPONTJA

Egyetem tér 1–3. **Stadtplan** 4 F2 (10 E5). M *Ferenciek tere, Kálvin tér.*

IM JAHR 1635 GRÜNDETE Kardinal Péter Pázmány, der die Gegenreformation leitete, in Nagyszombat (heute Tyrnau in der Slowakei) eine Universität. 1777, fast 100 Jahre nach der türkischen Besatzung *(siehe S. 26f)* und unter der Regentschaft Maria Theresias, zog sie nach Buda um. Kaiser Joseph II. verlegte die Universität später nach Pest, in die Nähe der Paulinerkirche (die heutige Universitätskirche).

Erst 1889 erhielt die Universität ein ständiges Domizil. Das barocke Gebäude der heutigen juristischen

Fakultät entwarfen Sándor Baumgarten und Fülöp Herzog. Später fügte Antal Weber einen weiteren Flügel hinzu.

Namenspatron der Hochschule ist der Physiker Lóránd Eötvös (1848–1919).

Universitätskirche ㉘

EGYETEMI TEMPLOM

Papnövelde utca 9. **Stadtplan** 4 F2 (10 E5). *318 05 55.* *Kálvin tér.*

Die einschiffige Kirche mit der reich dekorierten Fassade gilt als eine der eindrucksvollsten Barockkirchen der Stadt. Erbaut wurde sie 1725–42 für den Paulinerorden, wahrscheinlich von András Meyerhoffer. Der Turm kam erst 1771 hinzu. Der Paulinerorden, den der Kanoniker Eusebius 1263 gründete, ist der einzige in Ungarn gegründete Orden.

Das Äußere zieren ein Tympanon und eine Säulenreihe, die die Fassade strukturieren. Figuren der Heiligen Paulus und Antonius flankieren das Emblem des Paulinerordens, das die Fassade krönt. Die Schnitzereien im Hauptvestibül sind sehenswert.

Im Inneren der Kirche erstreckt sich hinter Marmorpfeilern eine Flucht von Seitenkapellen. 1776 malte Johann Bergl das Deckengewölbe mit Fresken aus, die Szenen aus dem Leben Mariens darstellen. Leider sind sie in schlechtem Zustand.

Der Hauptaltar stammt von 1746; die Statuen dahinter schuf der Bildhauer József Hebenstreit. Darüber prangt eine Kopie des Gemäldes *Die Schwarze Madonna von Tschenstochau*, das vermutlich 1720 entstand. Zahlreiche Details des barocken Interieurs fertigten die Paulinermönche – etwa die Balustrade der Orgelempore, die Beichtstühle und die kunstvolle Kanzel zur Rechten.

Tympanon an der Fassade der Universitätsbibliothek

Palais Károlyi ㉙

KÁROLYI PALOTA

Károlyi Mihály utca 16. **Stadtplan** 4 F2 (10 E5). *317 31 43.* *Ferenciek tere, Kálvin tér.* **Petőfi-Ausstellung** *Di–So 10–18 Uhr.* *317 36 11.*

Im Jahr 1696 stand an dieser Stelle ein kleines Barockpalais, das András Meyerhoffer 1759–68 erweiterte. 1832–41 bekam es von Anton Riegl ein klassizistisches Gesicht. Seinen Namen verdankt das Palais Mihály Károlyi, der 1918/19 die ungarische Republik *(siehe S. 34)* führte und 1875 hier geboren wurde. Heute beherbergt der Bau das Ungarische Literaturmuseum und eine Ausstellung, die dem Dichter Sándor Petőfi *(siehe S. 31)* gewidmet ist. Auch andere Dichter sind hier präsent, darunter Attila József, Endre Ady und Mór Jókai.

Skulpturen an der Kanzel der Universitätskirche

Universitätsbibliothek ㉚

EGYETEMI KÖNYVTÁR

Ferenciek tere 6. **Stadtplan** 4 F1 (10 E5). *266 58 66.* *Ferenciek tere, Kálvin tér.* *Mo–Fr 9–15.30 Uhr.*

Das Gebäude im Stil der Neorenaissance erbauten Antal Szkalniczyky und Henrik Koch 1873–76. Charakteristisch ist die Kuppel auf dem Eckturm. Die Bibliothek umfasst zwei Millionen Bände, darunter elf *Corviniani (siehe S. 72)* sowie 160 mittelalterliche Manuskripte und Miniaturen. Den Leseraum zieren Sgraffiti von Mór Than und Fresken von Károly Lotz.

Franziskanerkirche ㉛

BELVÁROSI FERENCES TEMPLOM

Ferenciek tere 9. **Stadtplan** 4 F1 (10 E4). *317 33 22.* *Ferenciek tere.*

Seit dem 13. Jahrhundert stand an der Stelle jenseits der alten Stadtmauern eine Franziskanerkirche mit Kloster. 1541 wurde sie unter den Türken zur Moschee. Nach der Befreiung *(siehe S. 26f)* übernahmen Mönche die Gebäude. 1727–43 erneuerten sie die Kirche im Barockstil.

Das Hauptportal ziert das Emblem der Franziskaner. Darüber thront eine von Engeln umgebene Maria. Figuren heilig gesprochener Franziskaner schmücken die Fassade. Das Kircheninnere besitzt Fresken, die Károly Lotz 1894/95 schuf; die Bilder daneben malte Victor Tardo Kremer 1925/26. Prunkstück ist der barocke Hauptaltar, dessen Skulpturen zwischen 1741 und 1851 entstanden. Seitenaltäre und Kanzel kamen 1851/52 hinzu.

UM DEN VÁROSLIGET

DER VÁROSLIGET, das Stadtwäldchen, war einst Sumpfgebiet, das als königlicher Jagdgrund diente. Leopold I. überließ das Gelände der Stadt Pest, ab Mitte des 18. Jahrhunderts wurde es unter Maria Theresia trockengelegt und bepflanzt. Den heutigen Park legte man gegen Ende des 19. Jahrhunderts im damals sehr beliebten englischen Stil an.

Statue des János Hunyadi

Der Városliget profitierte 1896 von den Millenniumsfeierlichkeiten *(siehe S. 142)* zu Ehren der tausendjährigen Landnahme des Karpatenbeckens durch die Magyaren. Hierzu wurde ein ehrgeiziges Bauprogramm realisiert: So entstanden das Museum der schönen Künste, die Burg Vajdahunyad und das imposante Monument auf dem Heldenplatz.

SEHENSWÜRDIGKEITEN AUF EINEN BLICK

Museen und Sammlungen

Ferenc-Hopp-Museum für fernöstliche Kunst 6
Franz-Liszt-Museum 2
Kunsthalle 8
Museum der schönen Künste S. 146ff 9
Zoltán-Kodály-Museum 4

Vergnügungsparks und Zoos

Rummelplatz 12
Zoo 11

Straßen und Denkmäler

Andrássy-Straße 1
Herminastraße 14
Millenniumsdenkmal 7
Városliget-Boulevard 5

Historische Gebäude

Akademie der schönen Künste 3
Burg Vajdahunyad 10
Erkel-Theater 15
Széchenyi-Bad 13

LEGENDE

Detailkarte *Siehe S. 142f*
Parken
U-Bahn-Station
Polizei
Post
Tramhaltestelle
Bahnhof

ANFAHRT

Die U-Bahn-Linie M1 bringt Sie unter der Andrássy út vom Oktogon zum Hősök tere, Bus 4 fährt die gleiche Strecke oberirdisch. Straßenbahnen, Busse und U-Bahn verkehren südlich um die Thököly út.

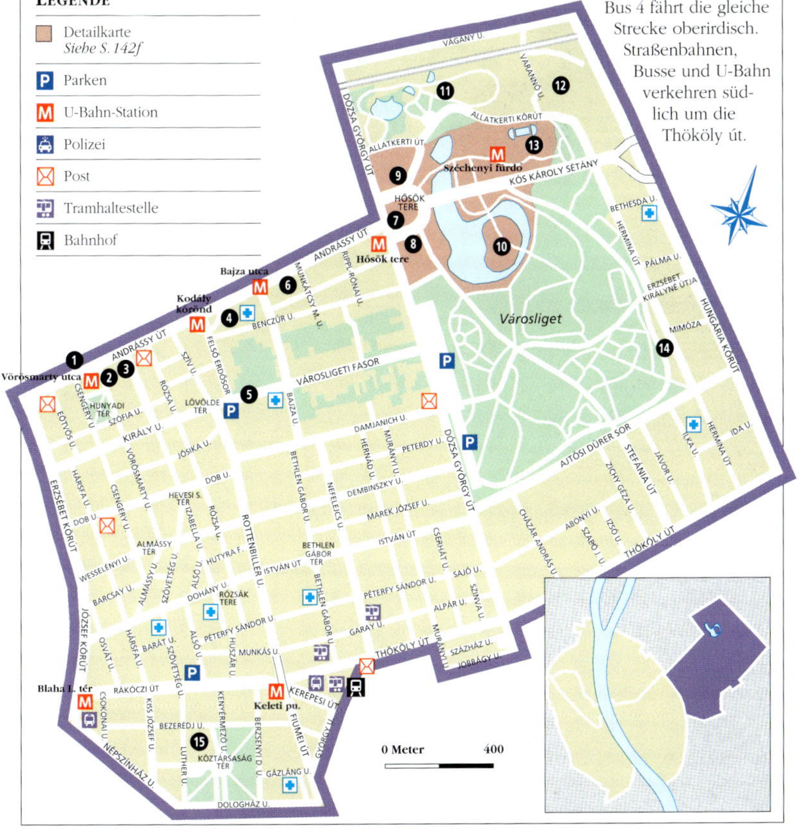

◁ **Malerische Fassade des Renaissance-Flügels der Burg Vajdahunyad im Városliget**

Im Detail: Heldenplatz

Árpád, der Führer der Magyaren

DER HELDENPLATZ ist das Vermächtnis einer glorreichen Zeit. Hier wurden 1896 die Millenniumsfeierlichkeiten eröffnet. Ein spektakuläres Zeugnis ungarischen Nationalstolzes ist das Millenniumsdenkmal. Seine Kolonnaden zieren Statuen berühmter ungarischer Führer und Politiker; die große Säule im Mittelpunkt krönt der Erzengel Gabriel. An den Városliget angrenzend wurde die Burg Vajdahunyad erbaut. Sie ist wohl das Prächtigste, was die Feiern hervorbrachten; an ihr erkennt man die schönsten architektonischen Elemente aus ganz Ungarn.

★ Museum der schönen Künste
Der Museumsbau hat einen achtsäuligen Portikus, der ein Tympanon trägt. 9

Millenniumsdenkmal
Das Denkmal überragt den Heldenplatz. Hier abgebildet ist Rydwan, der Kriegsgott, von György Zala.

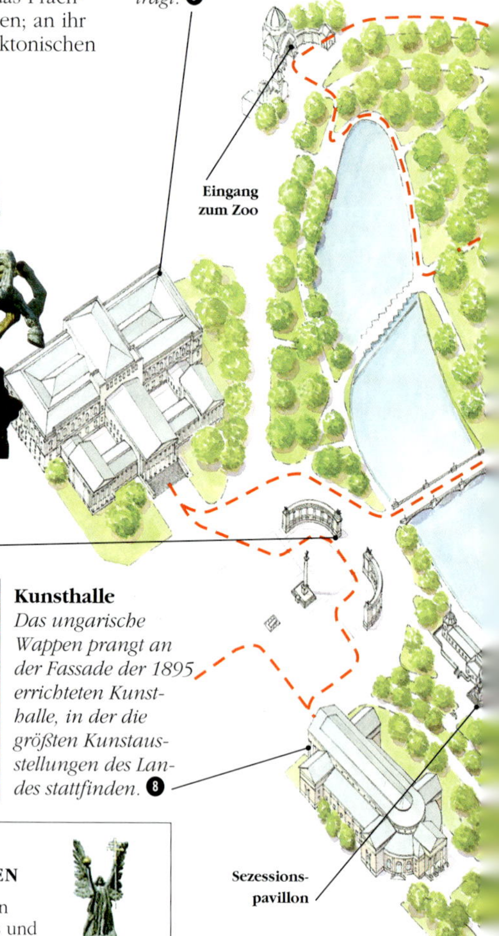

Kunsthalle
Das ungarische Wappen prangt an der Fassade der 1895 errichteten Kunsthalle, in der die größten Kunstausstellungen des Landes stattfinden. 8

DIE UNGARISCHEN MILLENNIUMSFEIERLICHKEITEN

Die Millenniumsfeier von 1896 war ein Höhepunkt der Geschichte Budapests und der österreichisch-ungarischen Monarchie. Die Stadt wurde mit einer Rasanz modernisiert, die in Europa damals beispiellos war. Hunderte von Häusern, Palais und öffentlichen Bauten entstanden. Gasleitungen wurden gelegt und das erste unterirdische Transportsystem Mitteleuropas eröffnet.

Erzengel Gabriel

LEGENDE

– – – Routenempfehlung

★ Széchenyi-Bad
Die heißen Quellen der größten Kurbadanlage Europas sollen beträchtliche Heilkraft besitzen. Sie wurden 1876 entdeckt und sprudeln aus 970 Meter Tiefe empor. ⓭

Zur Orientierung
Siehe Stadtplan, Karten 5 & 6

Városliget

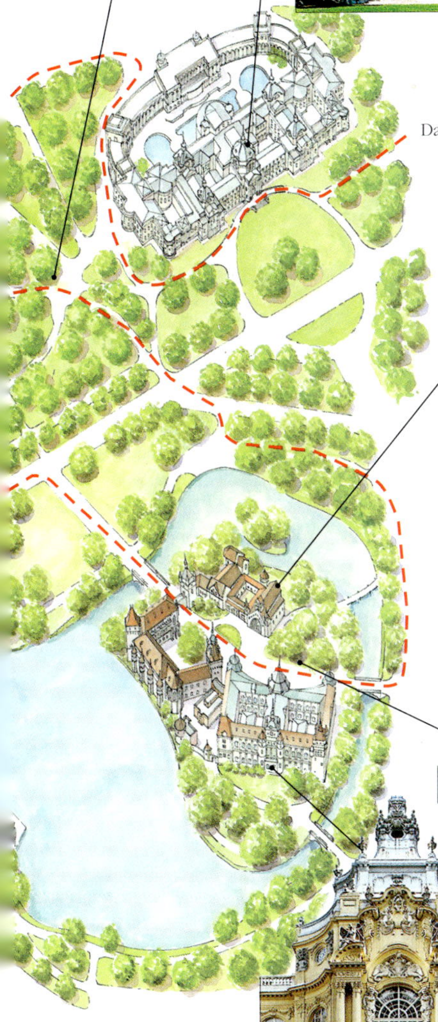

Kapelle von Ják
Das Portal der Kapelle ist detailgetreu dem der Benediktinerkapelle von Ják, nahe der österreichischen Grenze, aus dem Jahr 1214 nachgebildet. Das Bauwerk gehört zur Burg Vajdahunyad.

Anonymusstatue
Miklós Ligeti vollendete 1903 eines der berühmtesten Denkmäler Budapests.

★ Burg Vajdahunyad
Der barocke Teil der Burg beherbergt das Landwirtschaftsmuseum. ❿

Nicht versäumen

- ★ **Museum der schönen Künste**
- ★ **Széchenyi-Bad**
- ★ **Burg Vajdahunyad**

Andrássy út 60: einst Hauptquartier der ÁVO, nun Terror-Museum

Andrássy-Straße ❶

ANDRÁSSY ÚT

Stadtplan 2 F4/F5 (10 E2).
M *Hősök tere.*

AM OKTOGON TÉR schneidet die Andrássy út die Straßen Erzsébet und Teréz körút. Von da an säumen Konsulate und Botschaften die Straße; der zum Heldenplatz führende Teil verliert seinen kommerziellen Charakter. Nr. 60 war das Hauptquartier der Geheimpolizei ÁVO, heute ist hier das Museum Terror Háza (»Terror-Haus«) untergebracht.

Franz-Liszt-Museum ❷

LISZT FERENC EMLÉKMÚZEUM

Vörösmarty út 35. **Stadtplan** 5 A5.
322 98 04. M *Vörösmarty utca.*
Mo– Fr 10–18 Uhr, Sa 9 –17 Uhr.
nach Vereinbarung.

DAS ECKHAUS IM Renaissance-Stil entwarf Adolf Lang 1877. Über den Fenstern im zweiten Stock ziehen sich Flachreliefs mit berühmten Komponisten, darunter Johann Sebastian Bach, Wolfgang Amadeus Mozart, Joseph Haydn, Ferenc Erkel, Ludwig van Beethoven und Franz Liszt. Liszt bewohnte nicht nur das Haus, sondern gründete auch eine Musikakademie *(siehe S. 129)* in der Stadt. 1986, 100 Jahre nach seinem Tod, wurde im Haus ein Museum eingerichtet. Zu sehen sind verschiedene Exponate, darunter Dokumente, Möbel und zwei Klaviere, auf denen er komponierte und übte.

Akademie der schönen Künste ❸

KÉPZŐMŰVÉSZETI FŐISKOLA

Andrássy út 69–71. **Stadtplan** 5 A5.
342 17 38. M *Vörösmarty utca.*
Galerie Barcsay *Mo–Fr 10–18 Uhr, Sa 10–13 Uhr.*

DIE AKADEMIE der schönen Künste war einst eine Zeichenschule, später stieg sie zur Kunsthochschule auf. 1876 zog sie in die Gebäude in der Andrássy út um.

Das Renaissance-Gebäude (Nr. 71) erbaute Lajos Rauscher 1875. Sgraffiti von Robert Scholtz zieren die Fassade. Das angrenzende Gebäude (Nr. 69) im Stil der italienischen Renaissance (1875–77) stammt von Adolf Lang. Der Bau weist korinthische Säulen und einen durchgehenden Balkon auf. Eingangshalle und Korridor im ersten Stock besitzen Fresken von Károly Lotz. Besuchern steht nur die Galerie Barcsay offen; von dort aus sieht man ins Innere.

Sgraffito von Robert Scholtz

Zoltán-Kodály-Museum ❹

KODÁLY ZOLTÁN EMLÉKMÚZEUM

Kodály Körönd 1. **Stadtplan** 5 B5.
342 84 48. M *Kodály Körönd.*
Do–Sa 10–18 Uhr, So 10–14 Uhr, Mi 10–16 Uhr.

ZOLTÁN KODÁLY (1881–1967) war einer der größten ungarischen Komponisten des 20. Jahrhunderts. In seinen Kompositionen verwendete er die Formen, Harmonien, Melodien und Rhythmen ungarischer Volksmusik, die er sammelte und systematisch erforschte.

Das Museum wurde 1990 in dem Haus eröffnet, in dem er von 1924 bis zu seinem Tod lebte und arbeitete. In eine der Wände ist eine Gedenktafel eingelassen, die daran erinnert. Das Museum besteht aus drei Räumen, die sich noch im Originalzustand befinden; ein vierter Raum wird für Ausstellungen genutzt. Auch ein Kodály-Archiv wurde angelegt, in dem die kostbaren Autografen seiner Kompositionen und seine Korrespondenz aufbewahrt werden.

Sehenswert sind das Klavier des Komponisten im Salon und die Folklorekeramik, die Kodály im Rahmen seiner ethnografischen Studien sammelte. Daneben sind Porträts und Büsten Kodálys von Lajos Petri zu sehen.

Originalmöbel im Salon des Franz-Liszt-Museums

Városliget-Boulevard ❺

VÁROSLIGETI FASOR

Stadtplan 5 C5. M *Hősök tere.*

DIE MALERISCHE, platanengesäumte Allee führt vom Lövölde tér zum Városliget.

An ihrem Anfang erhebt sich eine 1912/13 von Aladár Árkay erbaute Kalvinistenkirche. Das schlichte Gebäude hat wenig architektonische Reize zu bieten; gleichwohl weisen die Ornamente stilisierte, geometrische Folkloremotive auf.

Chinesisches Tor im György-Ráth-Museum am Városliget-Boulevard

Sie harmonieren mit dem Sezessionsdekor im Inneren.

Vor der Kirche liegt das György-Ráth-Museum, das zum Ferenc-Hopp-Museum für fernöstliche Kunst gehört. Es zeigt Artefakte aus Japan und China.

Weiter die Straße entlang kommt man zu einer evangelischen Kirche. Sie wurde 1903–05 im neogotischen Stil von Samu Pecz erbaut, der auch das Interieur entwarf. Sehenswert ist das Gemälde von Gyula Benczúr auf dem Hochaltar: *Die Anbetung der Heiligen Drei Könige*.

Ferenc-Hopp-Museum für fernöstliche Kunst ❻

Hopp Ferenc Kelet-Ázsiai Művészeti Múzeum

Andrássy út 103. **Stadtplan** 5 B4. *322 84 76.* M *Bajza utca.* *Di–So 10–18 Uhr.* *456 51 00.* **György-Ráth-Museum** *342 39 16.* *Di–So 10–18 Uhr.*

Ferenc Hopp (1833–1919), ein reicher Kaufmann und Besitzer eines Optikergeschäfts, war der erste große Reisende Ungarns. Er sammelte über 20 000 Objekte aus Indien, China, Vietnam und anderen Ländern. Das Museum wurde in Hopps großer Villa eingerichtet. Im Inneren des Hauses sind kleinere Kunstwerke und Kunstgewerbe zu bewundern, im Garten thronen große Steinskulpturen und architektonische Fragmente.

Die Sammlung chinesischer und japanischer Artefakte zog inzwischen ins György-Ráth-Museum am Városliget-Boulevard Nr. 12 ein.

Millenniumsdenkmal ❼

Milleniumi emlékmű

Stadtplan 5 C4. M *Hősök tere.*

Das Denkmal von György Zala und Albert Schickedanz entstand anlässlich der Millenniumsfeier 1896; vollendet wurde es 1929.

Den Mittelpunkt des Denkmals bildet eine 36 Meter hohe korinthische Säule; obenauf thront der Erzengel Gabriel, der die Krone des heiligen Stephan und das apostolische Kreuz hält. Beides symbolisiert die Christianisierung Ungarns unter König István *(siehe S. 22)*. Am Säulensockel tummeln sich Reiterstatuen von Árpád und sechs seiner siegreichen Magyarenkrieger. Eine Steinkachel vor der Säule bezeichnet das Grab des Unbekannten Soldaten. Die Säule umrahmen zwei halbkreisförmige Kolonnaden mit allegorischen Figuren an beiden Enden. Krieg und Frieden sind der Säule am nächsten verkörpert, Wissen und Glorie krönen das ferne Ende der rechten Kolonnade, Arbeit und Wohlstand hingegen das ferne Ende zur Linken. Statuen von großen Ungarn, Staatsmännern und Monarchen stehen zwischen den Säulen der Kolonnaden.

Rechte Kolonnade des 1929 vollendeten Millenniumsdenkmals am Heldenplatz

Museum der schönen Künste ❾

Grimani-Krug

Der Grundstock zur Sammlung des Szépművészeti Múzeum wurde 1870 gelegt. Damals erwarb der Staat die herrliche Gemäldekollektion von der Familie Esterházy. Durch Schenkungen und Zukäufe erweiterte sich die Sammlung; 1906 zog sie in die jetzigen Räume ein. Das Gebäude von Fülöp Herzog und Albert Schickedanz ist klassizistisch, mit Reminiszenzen an die italienische Renaissance. Acht korinthische Säulen tragen das Tympanon, das den Portikus krönt. Es zeigt den Kampf der Zentauren und Lapithen und ist dem Zeustempel im griechischen Olympia nachempfunden.

Die Wasserträgerin *(um 1810)*
Das Bild demonstriert Francisco de Goyas künstlerisches Talent aufs Vortrefflichste.

Stillleben mit Truthahn
Das Gemälde wird Jean-Baptiste Siméon Chardin zugeschrieben, der der niederländischen Genremalerei des 17. Jahrhunderts nacheiferte.

★ Esterházy-Madonna *(um 1508)*
Raffaels unvollendetes Gemälde ist so benannt, weil es Anfang des 19. Jahrhunderts in den Besitz der Familie Esterházy überging.

Der heilige Jakob besiegt die Mauren *(1750)*
Giambattista Tiepolo malte das wundersame Erscheinen des Heiligen in der Schlacht von Clavijo 844.

Legende

- Ägyptische Artefakte
- Klassische Artefakte
- Skulpturen
- Deutsche Malerei
- Holländische und flämische Malerei
- Italienische Malerei
- Spanische Malerei
- Französische und englische Malerei
- Zeichnungen und Grafiken
- 19. und 20. Jahrhundert

Ansicht von Amsterdam *(um 1656)*
Der holländische Meister Jacob van Ruisdael hatte großen Einfluss auf die europäische Landschaftsmalerei des 19. Jahrhunderts.

INFOBOX

Dózsa György út 41. **Stadtplan** 5 C3. *469 71 00.* M *Hősök tere.* *75, 79.* *4, 20, 30, 105.* *Di–So 10–17.30 Uhr.*

W www.szepmuveszeti.hu

Mutter und Kind *(1905)*
Die große Wirkung des äußerst intimen Gemäldes von Pablo Picasso ist Aquarellfarben zu verdanken.

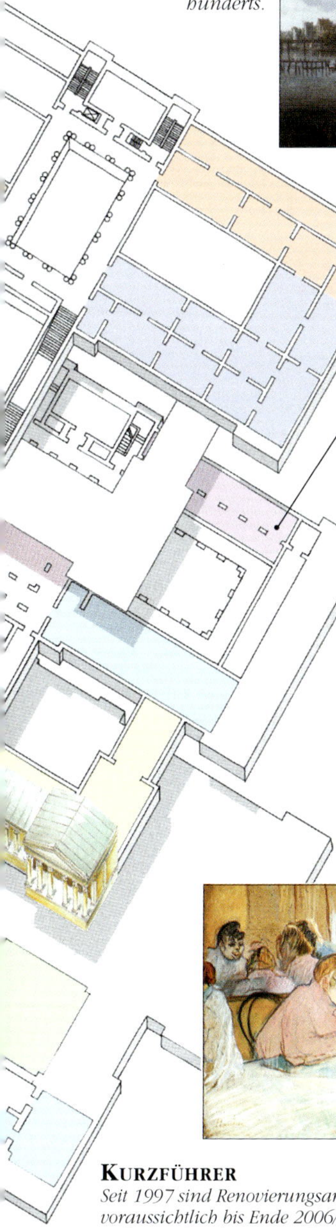

★ **Predigt Johannes des Täufers** *(1566)*
Pieter Brueghel der Ältere, bekannt als scharfer Beobachter des Alltagslebens, stellt hier einen Prediger vor einer Gruppe flandrischer Bauern dar.

Frauen im Refektorium *(1894)*
Die Pastellskizze von Henri de Toulouse-Lautrec, der in der Pariser Halbwelt verkehrte und sie porträtierte, zeigt Prostituierte in einer Bar.

KURZFÜHRER

Seit 1997 sind Renovierungsarbeiten im Gange, die voraussichtlich bis Ende 2006/Anfang 2007 dauern. Daher sind nicht immer alle Räume für Besucher zugänglich, die Exponate werden teilweise umgruppiert.

NICHT VERSÄUMEN

★ **Esterházy-Madonna**

★ **Predigt Johannes des Täufers**

Überblick: Museum der schönen Künste

Ägyptischer Männerkopf (ca. 1200 v. Chr.)

Das Museum wartet mit einer Sammlung internationaler Kunst auf, die von der Antike bis ins 20. Jahrhundert reicht: von ägyptischen, griechischen und römischen Artefakten bis hin zu moderner Kunst. Neben einer interessanten Skulpturensammlung sind kostbare Zeichnungen und grafische Werke zu bewundern. Seit 1997 und bis voraussichtlich Ende 2006 wird das Szépművészeti Múzeum umfassend renoviert. Während der Umbauarbeiten sind die Exponate für Besucher zugänglich, einzelne Abteilungen können allerdings geschlossen oder in andere Räumlichkeiten verlegt werden.

Ägyptische Artefakte

Objekte aus dem alten Ägypten sind seit 1939 im Museum ausgestellt. Meist stammen sie von Ausgrabungen, an denen ungarische Archäologen beteiligt waren.

Die reiche Sammlung umfasst Steinskulpturen aus allen historischen Epochen, vom Alten Reich bis zu den Ptolemäern. Besonders schön ist ein Männerkopf aus der Zeit des Neuen Reichs, das Fragment einer größeren Statue.

Ebenso sehenswert sind die kleinen Bronzefiguren, die ebenfalls hauptsächlich dem Neuen Reich zuzurechnen sind, sowie Gegenstände aus dem Alltagsleben.

Klassische Artefakte

Die Sammlung präsentiert sich äußerst vielseitig. Sie umfasst griechische, etruskische und römische Arbeiten.

Detail mit Jagdszene auf einem griechischen Sarkophag (3. Jh. v. Chr.)

Die Kollektion griechischer Vasen gilt als eine der besten ihrer Art in Europa. Eine Kylix aus der Werkstatt des Malers Andokides und eine schwarze Amphore von Exekias sind Musterbeispiele hierfür.

Zu den Prunkstücken zählen Bronzearbeiten aus verschiedenen Epochen, etwa der berühmte Grimani-Krug (5. Jh. v. Chr.), Goldschmuck sowie Marmor- und Terrakottaskulpturen.

Skulpturen

Das kostbarste Stück der gesamten Sammlung ist zweifellos eine kleine Bronzeskulptur von Leonardo da Vinci (1452–1519). Ungewöhnlich temperamentvoll stellt sie König Franz I. von Frankreich auf seinem Pferd dar. Daneben sind herrliche Skulpturen italienischer Meister wie Andrea Pisano aus der Familie Ronni zu bewundern.

Leonardo da Vincis Plastik von Franz I.

Deutsche Malerei

Zu den kostbarsten Werken der Abteilung gehören das *Bildnis eines jungen Mannes* von Albrecht Dürer und das liebevoll komponierte Bildnis der *Maria* von Hans Holbein. Die Werke von Meistern wie Hans Baldung und Lucas Cranach sind ebenso sehenswert wie die Barockgemälde aus Deutschland und Österreich, unter die sich auch die Werke Franz Anton Maulbertschs reihen.

Albrecht Dürers faszinierendes *Bildnis eines jungen Mannes*

Holländische und flämische Malerei

Die Abteilung wartet mit einigen der größten holländischen und flämischen Meister auf, darunter Landschaftsmaler wie Jacob van Ruisdael mit der *Ansicht von Amsterdam* *(siehe S. 147)*. Die erlesene *Geburt Christi* von Gerard David und Pieter Brueghels Meisterwerk *Predigt Johannes des Täufers* *(siehe S. 147)* sollten Sie nicht versäumen.

Sehenswert sind zudem das Rembrandt zugeschriebene Gemälde *Der Traum des heiligen Joseph*, die Porträts von Frans Hals und Jan Vermeers *Porträt einer Dame*. Bemerkenswert sind auch die holländischen Arbeiten aus dem 17. Jahrhundert von Adrian van Ostade, Jacob van Ruisdael und Jan Steen.

Höhepunkt der flämischen Sammlung ist das Bild *Mucius Scaevola vor Porsenna* von Peter Paul Rubens und seinem damaligen Assistenten Anthonis van Dyck (17. Jh.). Von Letzterem stammt ein Bild von Johannes dem Täufer. Bedeutsam sind auch die Gemälde *Adam und Eva* sowie der *Satyr mit Bauern* von Jacob Jordaens, ebenfalls ein Rubens-Schüler.

Italienische Malerei

Die kostbare Sammlung italienischer Meister war das Herzstück der Esterházy-Sammlung. Häufig wird sie als größte Attraktion des Museums gepriesen. Sämtliche italienischen Schulen, vom 13. bis zum 18. Jahrhundert, sind hier vertreten; der Schwerpunkt liegt auf der Renaissance.

Spektakulär ist die *Esterházy-Madonna (siehe S. 146)*, ein unvollendetes Gemälde Raffaels. Ein weiteres Meisterwerk des herausragenden Künstlers ist das *Porträt von Pietro Bembo*.

Die Ausstellung wartet mit zahlreichen Gemälden berühmter Venezianer des 16. Jahrhunderts auf: Tizian, Veronese, Antonio Correggio, Tintoretto, Giorgione und Giovanni Boltraffio sind vertreten. Ein Meisterwerk der Barockkunst ist Giambattista Tiepolos Gemälde *Der heilige Jakob besiegt die Mauren (siehe S. 146)* aus dem 18. Jahrhundert.

Giovanni Boltraffios *Madonna mit Kind* (um 1506)

Spanische Malerei

Glanzstücke der spanischen Sammlung sind sieben Gemälde von El Greco, darunter *Mariä Verkündigung*, *Christus im Garten von Gethsemane* und *Die büßende Maria Magdalena*, ein ausdrucksstarkes Werk.

Sehenswert sind ebenso das dramatische *Martyrium des heiligen Andreas* von Jusepe de Ribera und die Werke von

El Grecos *Die büßende Maria Magdalena* (um 1576)

Diego Velázquez, Murillo und Francisco de Zurbarán. Daneben porträtierte Francisco de Goya das Alltagsleben in Bildern wie *Die Wasserträgerin (siehe S. 146)*, die Sie nicht versäumen sollten.

Französische und englische Malerei

Französische und englische Kunst ist nicht so zahlreich vertreten wie die italienische, vermittelt jedoch ein Bild der Stilformen dieser Länder.

Aus Frankreich stammen die brillant komponierte *Rast auf der Reise nach Ägypten* von Nicolas Poussin, *Landvilla bei Rom* von Claude Lorrain und das *Stillleben mit Truthahn*, das Jean-Baptiste-Siméon Chardin *(siehe S. 146)* zugeschrieben wird. Die englische Gemäldekollektion enthält Porträts von Joshua Reynolds, William Hogarth und Thomas Gainsborough.

Zeichnungen und Grafik

Die Sammlung vereint Werke alter Meister mit solchen von Künstlern des 19. und 20. Jahrhunderts. Mit herausragenden Zeichnungen von Leonardo da Vinci, Raffael, Dürer und Rembrandt gehört sie zu den besten ihrer Art in Europa.

19. und 20. Jahrhundert

Französische Maler dominieren in der Kunst des 19. und 20. Jahrhunderts. Zu bestaunen sind Gemälde wie Pablo Picassos *Mutter und Kind (siehe S. 147)*, Henri de Toulouse-Lautrecs *Frauen im Refektorium (siehe S. 147)*, Gustave Courbets *Ringkämpfer*, Edouard Manets *Dame mit Fächer* und Camille Pissarros *Pont-Neuf*. Auch Paul Gauguins *Schwarze Schweine*, eines der ersten in Tahiti entstandenen Bilder, hängt hier. Eugène Delacroix, Claude Monet, Pierre Bonnard, Auguste Renoir und Paul Cézanne sind gleichfalls vertreten.

Die österreichische und deutsche Kunst dieser Zeit überzeugt u.a. mit Werken von Friedrich von Amerling, G.F. Waldmüller, Wilhelm Leibl, Adolf von Menzel, Arnold Böcklin, Oskar Kokoschka, Max Slevogt und Günther Uecker.

Paul Cézannes Stillleben *Credenza* entstand 1874–77

Die Fassade der Kunsthalle ziert ein sechssäuliger Portikus

Kunsthalle ❽

Műcsarnok

Hősök tere. **Stadtplan** 5 C4. *363 26 71.* *Hősök tere.* *Di–So 10–18 Uhr.*

Auf der Südseite des Heldenplatzes, gegenüber vom Museum der schönen Künste *(siehe S. 146ff)*, gelangt man zur Kunsthalle. Das klassizistische Bauwerk von 1895 entwarfen Albert Schickedanz und Fülöp Herzog. Die größte Ausstellungsfläche Ungarns zeigt wechselnde Werkschauen, meist mit moderner Malerei und Plastiken.

Den Eingang bildet ein Portikus mit sechs Säulen. Ein Mosaik, das den heiligen Stephan als Schutzpatron der Kunst darstellt, wurde 1938–41 ins Tympanon eingefügt. Das Fresko von Lajos Deák Ébner hinter dem Tympanon stellt die Anfänge der Bildhauerei, die Quelle der Künste und den Ursprung der Malerei dar.

Museum der schönen Künste ❾

Szépművészeti Múzeum

Siehe S. 146ff.

Burg Vajdahunyad ❿

Vajdahunyad Vára

Városliget. **Stadtplan** 6 D4. *363 19 73.* **Landwirtschaftsmuseum** *343 05 73.* *März–Okt Mo–Fr, So 10–17 Uhr, Sa 10–18 Uhr; Nov–Feb Mo–Fr 10–16 Uhr, Sa, So 10–17 Uhr.*

Märchenhaft und unwirklich ragt das Bauwerk zwischen den Bäumen auf, die den See des Stadtwäldchens umgeben. Es ist keine echte Burg, sondern ein Gebäudekomplex, der verschiedene architektonische Stilformen verschmilzt. Ignác Alpár entwarf es für die Millenniumsfeier von 1896 *(siehe S. 142)*.

Alpárs Werk ist ein Querschnitt durch die Geschichte der Architektur. Die ursprünglich für Sonderausstellungen vorgesehenen Räume begeisterten das Publikum derart, dass sie 1904–06 in Ziegelbauweise errichtet wurden.

Die Pavillons sind chronologisch nach Stilen gruppiert: Auf Romanik folgt Gotik, dann kommen Renaissance, Barock etc. Die einzelnen Stilformen wurden so kombiniert, dass der Eindruck eines einzigen, homogenen Stils entsteht. Jeden Pavillon zieren Details, die den bedeutendsten Bauten Ungarns nachempfunden sind; oder es handelt sich um freie Stilinterpretationen, die sich an Architekten bestimmter Epochen anlehnen.

Im romanischen Flügel stößt man auf eine Kopie des Portals der Kapelle von Ják *(siehe S. 143)* neben einem Klosterkreuzgang und einem Palais. Für die Details am gotischen Pavillon standen die Schlösser in Vajdahunyad und Segesvár Pate. Der Bereich mit Renaissance- und Barockelementen lehnt sich an Fischer von Erlach an. Die Fassade trägt Züge der Bakócz-Kapelle in der Kathedrale von Esztergom *(siehe S. 164)*.

Das Landwirtschaftsmuseum nimmt den Barockflügel ein. Es veranstaltet Ausstellungen über Viehzucht, Weinerzeugung, Jagen und Fischen.

Die Anlage vereint Elemente von über 20 berühmten ungarischen Bauwerken. Das Mittelalter, die glorreichste Epoche der Nation, nimmt breiten Raum ein, während die Ära der Habsburger im Hintergrund steht.

Zoo ⓫

Fővárosi Állat-és Növénykert

Állatkerti körút 6–12. **Stadtplan** 5 C3. *363 37 97.* *Széchenyi fürdő.* *Mai–Aug Mo–Do 9–18 Uhr, Fr–So 9–19 Uhr; März, Apr, Sep, Okt Mo–So 9–17 Uhr.*

Der Budapester Tierpark ist eine Hauptattraktion der Stadt. Gegründet 1866 von der Akademie der Wissenschaften *(siehe S. 114)*, erwarb ihn der Staat im Jahr 1907

Blick über den See auf den gotischen (links) und den Renaissance-Flügel (rechts) der Burg Vajdahunyad

und ließ ihn 1909–11 von Károly Kós und Dezső Zrumeczky anlässlich der Milleniumsfeierlichkeiten von 1896 zum damals modernsten Zoo Europas umbauen.

Die Tiere streifen durch Gehege, die ihren natürlichen Lebensraum möglichst naturgetreu nachahmen. Das Elefantenhaus von Kórnel Neuschloß-Knüsli ist ein prachtvolles Beispiel für den Sezessionsstil. Im Folklorestil gestaltete Károly Kós die Voliere für eine bunte Vogelschar.

Rummelplatz ⓬

VIDÁMPARK

Állatkerti körút 14–16. **Stadtplan** 6 D2. *362 26 60.* *Széchenyi fürdő.* *Apr–Okt Mo–Fr 11–19 Uhr, Sa, So 10–20 Uhr; Nov–März Mo–Fr 12–18 Uhr, Sa, So 10–18 Uhr.*

Im Jahr 1878 drehte sich hier bereits ein Karussell; daneben gab es Spiele und Theatershows. Heute erwartet Sie ein reizvoller Vergnügungspark mit entzückend altmodischen Karussells und einer Mini-Kirmes für die Kleinsten.

Kioske, Bars und Restaurants laden dazu ein, sich einen ganzen Tag lang zu vergnügen. Auch einen Zirkus gibt es in der Nähe *(siehe S. 211)*.

Széchenyi-Bad ⓭

SZÉCHENYI STRANDFÜRDŐ

Állatkerti körút 11. **Stadtplan** 6 D3. *363 32 10.* *Széchenyi fürdő.* *Mo–Fr 6–19 Uhr, Sa, So 6–17 Uhr.*

Die Statue am Haupteingang zum Széchenyi-Bad stellt den Geologen Vilmos Zsigmond dar. Er entdeckte 1879 eine heiße Quelle.

Das Széchenyi-Bad wartet mit dem tiefsten und heißesten Becken Budapests auf: Das emporsprudelnde Wasser hat eine Temperatur von etwa 75 °C. Den mineralienreichen Quellen werden wundersame Heilkräfte zugeschrieben. Sie empfehlen sich für die Behandlung von Rheumatismus und bei Erkrankungen von Nervensystem, Gelenken und Muskeln.

Ein Außenbecken im reizvollen Széchenyi-Bad

Für das Kurbad errichteten Győző Cziegler und Ede Dvorzsák 1909–13 eine Anlage im Barockstil.

1926 kamen drei Schwimmbecken hinzu. In den Freibecken tummeln sich dank der hohen Wassertemperatur das ganze Jahr über Badegäste.

Herminastraße ⓮

HERMINA ÚT

Stadtplan 6 E3/E4/F4. *70.* **Transportmuseum** *273 38 40.* *Apr–Okt Di–Fr 10–17 Uhr, Sa, So 10–18 Uhr; Nov–März Di–Fr 10–16 Uhr, Sa, So 10–17 Uhr.* *nach Vereinbarung.*

Beim Flanieren durch die malerische Straße taucht man in die romantische Atmosphäre der eleganten historischen Villen dieses Viertels ein. Ein Blickfang ist das skurrile Sezessionsgebäude von Nr. 47, die Villa von Sipeky Balázs *(siehe S. 55)*, erbaut 1905/06 von den Architekten Ödön Lechner, Marcell Komor und Dezső Jakab. Ihre asymmetrische Fassade zieren Elemente wie der überkuppelte gläserne Wintergarten, der eiserne Vorbau und ein Seitenturm. Das Dekor orientiert sich an ungarischer Volkskunst.

Dampflokomotive im Transportmuseum hinter der Herminastraße

Die Herminakapelle (Nr. 23) erbaute József Hild 1842–46 zum Gedenken an die Tochter des Pfalzgrafen Joseph, Hermina Amália, die 1842 verstarb.

Angrenzend an die Herminastraße, in der Városligeti körút Nr. 11, liegt das Transportmuseum mit Exponaten zu Luft- und Schifffahrt, zum Schienen- und Autoverkehr. Neben Zügen, Helikoptern und Flugzeugen sind Autos aus der Zeit vor dem Zweiten Weltkrieg zu sehen: Damals herrschte noch Linksverkehr.

Plakat für eine Ballettaufführung im Erkel-Theater

Erkel-Theater ⓯

ERKEL SZÍNHÁZ

Köztarsaság ter 30. **Stadtplan** 7 C3. *333 01 08.* *Keleti pályaudvar.*

Mit 2500 Plätzen ist das Erkel-Theater das größte Haus seiner Art in Ungarn. Marcell Komor, Dezső Jakab und Géza Márkus entwarfen es 1911; sein heutiges Aussehen erhielt es in den 1950er Jahren. Hier finden Opern- und Ballettvorstellungen statt.

AUSSERHALB DES ZENTRUMS

Römische Urne aus Aquincum

BUDAPEST DEHNT SICH weit aus; deshalb hat auch der Stadtrand einige Attraktionen zu bieten. Nördlich von Buda schlummern die Ruinen von Aquincum, einer um 100 n. Chr. gegründeten Römerstadt. Im Westen ist die Stadt von bewaldeten Hügeln umgeben mit herrlichen Naturschutzgebieten und interessanten Höhlen. Östlich von Pest, auf dem Kerepeser Friedhof, liegen viele berühmte Ungarn begraben. Im Süden lockt Schloss Nagytétény, eines der bekanntesten Barockschlösser Ungarns. Ganz in der Nähe wurden im Statuenpark Skulpturen aus der Zeit des Sozialismus aufgestellt. Alle Sehenswürdigkeiten sind mit öffentlichen Verkehrsmitteln leicht zu erreichen.

SEHENSWÜRDIGKEITEN AUF EINEN BLICK

Museen

Aquincum S. 162f 25
Gizi-Bajor-Theatermuseum 19
Palast der Künste 26

Historische Bauten und Denkmäler

Geologisches Institut 4
Ludovika-Akademie 9
Raoul-Wallenberg-Denkmal 1
Schloss Nagytétény 23
Statuenpark 21
Technische Universität 16
Törley-Mausoleum 22
Wekerle-Siedlung 15

Parks und Naherholungsgebiete

Berge von Buda 24
Botanischer Garten der Universität 8
Höhlen von Szemlő-hegy und Pál-völgy 2
Kongresszentrum 18
Messezentrum Budapest 11
Naturschutzgebiet Adlerberg 20
Volkspark 10
Volksstadion 5

Friedhöfe

Jüdischer Friedhof 14
Kerepeser Friedhof 6
Städtischer Friedhof S. 158f 13

Kirchen

Pfarrkirche von Józsefváros 7
Pfarrkirche von Kőbánya 12
Pfarrkirche von Újlak 3
Zisterzienserkirche St. Emmerich 17

LEGENDE

Stadtzentrum
Großraum Budapest
Flughafen
Bahnhof
Autobahn
Hauptstraße
Eisenbahn

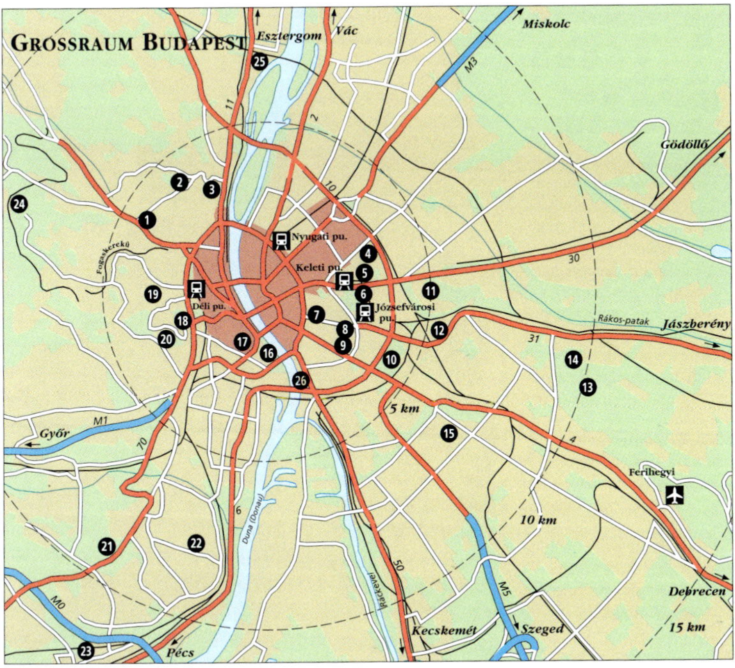

◁ Blick auf die Ruinen der um 100 n. Chr. gegründeten Römerstadt Aquincum

Raoul-Wallenberg-Denkmal ❶

RAOUL WALLENBERG SZOBOR

Szilágyi Erzsébet fasor. 🚋 *56.*

VERSTECKT AN DER Kreuzung von Szilágyi Erzsébet fasor und Nagyajtai utca liegt das Denkmal eines wenig bekannten Helden des Zweiten Weltkriegs. Raoul Wallenberg war schwedischer Diplomat; er rettete über 20 000 ungarische Juden vor den Vernichtungslagern, indem er ihnen Verstecke in der Stadt verschaffte und ihnen falsche schwedische Ausweise gab.

Nach der Befreiung Budapests durch die Rote Armee verschwand Wallenberg. Man nimmt an, dass der KGB ihn verhaftete und in ein Gefangenenlager steckte, in dem er starb. Das Denkmal von Imre Varga wurde 1987 enthüllt.

Höhlen von Szemlő-hegy und Pál-völgy ❷

SZEMLŐ-HEGYI-BARLANG ÉS PÁL-VÖLGYI-CSEPPKŐBARLANG

Höhle von Szemlő-hegy Pusztaszeri út 35. ☎ *325 60 01.* 🚌 *29.* 🕐 *Mi–Mo 10–16 Uhr.*
Höhle von Pál-völgy Szépvölgyi út 162. ☎ *325 95 05.* 🚌 *65.* 🕐 *Di–So 10–16 Uhr.*

NÖRDLICH VON Budapest erstreckt sich die Pilis-Bergkette, die aus Kalkstein und Dolomit besteht. Natürliche geologische Prozesse haben in diesen Bergen malerische Höhlen geschaffen; zwei davon sind spektakuläre Attraktionen.

In der Höhle von Szemlőhegy entstanden die bizarren Formationen namens »Höhlenperlen« durch heiße Quellen, die den Kalkstein durchbrachen. In der Höhle von Pál-völgy ragen Felsformationen empor, die an Tiere erinnern.

Für den Besuch der Höhlen empfiehlt sich warme Kleidung, da sie kalt und feucht sind. Einige behaupten, das Höhlenklima habe einen therapeutischen Effekt auf die Atemwege.

Das Barockinterieur der Pfarrkirche von Újlak (1756)

Pfarrkirche von Újlak ❸

ÚJLAKI PLÉBÁNIATEMPLOM

Bécsi út 32. 🚋 *17.*

BAYERISCHE SIEDLER waren die ersten, die im frühen 18. Jahrhundert hier eine kleine Kirche bauten. Die heutige Kirche von Kristóf Hamon und Mátyás Nepauer wurde 1756 vollendet, der Turm einige Jahre später angebaut.

Im barocken Inneren prangt ein Bildnis der Muttergottes, das die Einwohner Passaus der Kirche stifteten. Den Hauptaltar von 1798 schmückt ein Gemälde mit dem Titel *Mariä Heimsuchung*, ein Werk von Francis Falkoner.

Nicht weit entfernt, am Zsigmond tér, ragt die Dreifaltigkeitssäule auf, die 1691 zum Gedenken an die erste Pestepidemie der Stadt errichtet wurde. Das barocke Denkmal schufen zwei italienische Bildhauer, Venerio Cresola und Bernard Feretti. 1712 wurde es vom Zentrum Budas nach Újlak gebracht.

Geologisches Institut ❹

FÖLDTANI INTÉZET

Stefánia út 14. **Stadtplan** 8 F1. ☎ *251 09 99.* 🚋 *75, 77.* **Museum** 🕐 *Do, Sa, So 10–16 Uhr.*

DAS UNGEWÖHNLICHE Gebäude, in dem das Geologische Institut residiert, entwarf Ödön Lechner *(siehe S. 56)*; erbaut wurde es 1898/99.

Lechners Interpretation des Sezessionsstils, auch als ungarischer Nationalstil bekannt, ist hier neben Motiven der ungarischen Renaissance-Architektur zu bewundern.

An der Fassade und den Giebeln des Gebäudes bilden gelbe, verputzte Mauern einen leuchtenden Kontrast zu den Backsteinen am Rand und den Fensterrahmen. Ornamente aus blauer Zsolnay-Keramik überziehen die Mauern und harmonieren mit den blauen Dachziegeln. Das mittlere

Das Geologische Institut mit den dekorativen blauen Dachziegeln

Schrägdach krönen drei unter dem Gewicht eines Globus gebeugte menschliche Figuren.

Im Inneren wartet ein kleines Museum mit Fels- und Mineralienproben. Lechners Sezessionsinterieur wurde liebevoll im Originalzustand erhalten. Den prächtigen Hauptsaal können Sie bei einem Museumsbesuch oder auch – mit Erlaubnis des Hausmeisters – separat besichtigen.

Volksstadion ❺

NÉPSTADION

Kerepesi út. **Stadtplan** 8 F1. *471 41 00.* *23, 24, 36.*

DAS GRÖSSTE Sportstadion des Landes entstand 1948–53 nach den Entwürfen von Károly Dávid. Das dachlose Stadion fasst 78 000 Menschen; es füllt sich allerdings nur zur Gänze, wenn bekannte Popgruppen auftreten.

Der Zugang liegt am Ende der Ifjúság útja (Jugendstraße), einem Boulevard, den Statuen aus der stalinistischen Ära säumen. Sie verkörpern diverse sportliche Disziplinen und stammen von bekannten ungarischen Bildhauern wie Imre Varga und István Tar.

Kerepeser Friedhof ❻

KEREPESI TEMETŐ

Fiumei út 16–20. **Stadtplan** 8 E3. *23, 24, 36.*

SEIT ÜBER 150 Jahren dient der 1847 eingerichtete Kerepeser Friedhof vielen berühmten Bürgern Budapests als letzte Ruhestätte. Schöne Grabsteine wachen über einige Gräber; zudem gibt es monumentale Mausoleen.

Das Mausoleum von Lajos Kossuth *(siehe S. 106)*, dem Führer des Aufstands von 1848/49, schuf Alajos Stróbl, das von Lajos Batthyány, dem ersten Ministerpräsidenten Ungarns *(siehe S. 31)*, hingegen Albert Schickedanz. Ferenc Deák, der Architekt des Ausgleichs mit Österreich *(siehe S. 32)*, ruht neben einigen weiteren Staatsmännern.

Ihre letzte Ruhe fanden hier auch die Dichter Endre Ady und Attila József *(siehe S. 106)*, die Autoren Kálmán Mikszáth und Zsigmond Móricz sowie Schauspieler wie Lujza Blaha, deren Grabstätte besonders prächtig ist. Bildhauer, Maler und Komponisten sind neben großen Architekten wie Alajos Stróbl, Ödön Lechner und Alajos Hauszmann begraben.

Ungarische Kommunisten wie László Rajk *(siehe S. 34)*, die in den Schauprozessen von 1949 zum Tode verurteilt wurden, liegen in einem separaten Bereich begraben. Ihre Beisetzung entflammte den Geist der Revolution, der einige Jahre später im Aufstand von 1956 *(siehe S. 34)* gipfelte.

Pfarrkirche von Józsefváros ❼

JÓZSEFVÁROS PLÉBÁNIATEMPLOM

Horváth Mihály tér 7. **Stadtplan** 7 C4. *313 61 26.* *83.* *9, 17.*

DIE BAUARBEITEN AN der Barockkirche begannen 1797, doch erst Fidél Kasselik vollendete sie 1814. Gegen Ende des 19. Jahrhunderts wurden weitere bauliche Ergänzungen vorgenommen.

Der Hauptaltar stammt von József Hild; die bemerkenswerte architektonische Komposition ruht auf einem Triumphbogen. Er umrahmt ein herrliches Bildnis: *Die Apotheose des heiligen Joseph* des österreichischen Malers Leopold Kupelwieser. Die Kirche besitzt noch zwei spätbarocke Seitenaltäre.

Spätbarocke Fassade der Pfarrkirche von Józsefváros

Grab der Schauspielerin Lujza Blaha auf dem Kerepeser Friedhof

Botanischer Garten der Universität ❽

EGYETEMI BOTANIKUS KERT

Illés utca 25. **Stadtplan** 8 D5. *314 05 35.* *Klinikák.* *Sa–Di 9–16 Uhr, Fr 9–12 Uhr.*

DEN PARK AUF dem drei Hektar großen Gelände ließ die Familie Festetics anlegen. Ihre schlichte Villa im Stil des frühen Klassizismus beherbergt heute die Verwaltung des Botanischen Gartens. Erbaut wurde sie 1802/03 – wahrscheinlich von Mihály Pollack. Im Raucherzimmer der Villa findet man eine riesige Sammlung tropischer Pflanzen, darunter die spektakuläre *Victoria regia*, die einmal jährlich blüht.

Der ungarische Autor Ferenc Molnár (1878–1952) nahm den Park als Rahmen für seinen Roman *Die Jungen aus der Paulstraße*; der im Buch erwähnte See existiert nicht mehr. Einen Steinwurf entfernt liegen Pál utca (Paulstraße) und Mária utca, in denen die Jungen sich bekriegen. Im Roman wird die Mária utca vor dem Bau der Mietskasernen beschrieben.

Ludovika-Akademie ⑨

LUDOVIKA AKADÉMIA

Üllői út 82 (nahe Ludovika tér). *Klinikák.* *267 70 07.* *Mi–Mo 10–17 Uhr.* **Museum für Naturgeschichte** *Mi–Mo 10–18 Uhr.*

DIE RIESIGE Ludovika-Akademie liegt im IX. Bezirk östlich des Stadtzentrums. Mihály Pollack, der Architekt des Ungarischen Nationalmuseums *(siehe S. 130ff)*, entwarf sie in den 1830er Jahren. Der eindrucksvolle Bau im klassizistischen Stil diente bis 1945 als Kaserne. Bei der Restaurierung 1880 blieb ein Großteil der Substanz erhalten, etwa die Eingangshalle und das Innere der Kapelle. Nach der weiteren Sanierung beherbergt die Akademie nun das Museum für Naturgeschichte.

Einer der Kinderspielplätze im Volkspark

Volkspark ⑩

NÉPLIGET

Népliget. **Planetarium** *265 07 25.* *Vorführungen: Di–So 9.30, 11, 13, 14.30, 16 Uhr.*

ANGELEGT WURDE der Park in den 1860er Jahren rund fünf Kilometer südöstlich von Pest; er ist der größte Park der Stadt. Auf 112 Hektar breiten sich Wiesen und Haine aus, gesprenkelt von Blumenbeeten und Kinderspielplätzen.

An eine Ecke des Parks grenzt das Planetarium. Auf die 23 Meter hohe Kuppel werden die Planetenbahnen projiziert, wie sie von der Erde aus zu sehen sind. Abends gibt es Lasershows.

Messezentrum ⑪

BUDAPESTI NEMZETKÖZI VÁSÁRKÖZPONT

Albertirsai út 10. *263 61 01.* *Expo-Bus ab Örs Vezér tér.*

BUDAPEST HAT eine große Tradition im Messe- und Ausstellungswesen, die mit der grandiosen Millenniumsausstellung von 1896 begann. Das Messezentrum von Budapest, auch als HungExpo bekannt, wurde 1980 erbaut. Man findet es nördlich von Kőbánya im Osten der Stadt. Hier werden verschiedene Messen veranstaltet, beispielsweise die Computermesse IFABO *(siehe S. 58)*.

Ein Publikumserfolg ist insbesondere die internationale Messe BNV. Jedes Jahr im September findet das Massenspektakel mit ungarischen und europäischen Konsumgütern statt. Die Messe zieht Fachleute ebenso an wie normale Besucher.

Pfarrkirche von Kőbánya ⑫

KŐBÁNYAI PLÉBÁNIATEMPLOM

Szent László tér. *13, 28.* *17, 32, 62, 185.*

INDUSTRIE DOMINIERT in den Budapester Stadtvierteln östlich von Pest, doch Kőbánya birgt ein Kleinod: die herrliche Pfarrkirche. Das von Ödön Lechner *(siehe S. 56)* nach 1890 erbaute Gotteshaus stellt das Lieblingsmaterial des Künstlers zur Schau: die Dachziegel, die in der berühmten Ziegelei Zsolnay in Pécs entwickelt und hergestellt wurden. Wie viele Bauten Lechners, einschließlich des Museums für Kunsthandwerk *(siehe S. 136f)*, vereint die Kirche Motive und Farben der ungarischen Volkskunst mit gotischen Elementen. Im Inneren bilden Altar und Kanzel Glanzstücke der Schnitzerei des frühen 20. Jahrhunderts. Auch einige originale Buntglasfenster von Miksa Róth sind noch vorhanden; sie trotzten den Bomben des Zweiten Weltkriegs.

Keramikziegel schimmern auf dem Dach der Pfarrkirche von Kőbánya

Städtischer Friedhof ⑬

RÁKOSKERESZTÚR

Siehe S. 158f.

Jüdischer Friedhof ⑭

ZSIDÓ TEMETŐ

Kozma utca. *37.*

GLEICH NEBEN dem Städtischen Friedhof liegt im XVII. Bezirk der 1893 angelegte Jüdische Friedhof. Seine Gräber erinnern an den Reichtum und die Bedeutung der jüdischen Vorkriegsgemeinde.

Ende des 19. Jahrhunderts stellten die Juden fast ein Viertel der Stadtbevölkerung. Ein Rundgang führt Sie vorbei am Familiengrab der Wellisch, das Arthur Wellisch 1903 erbauen ließ, und der Ruhestätte Konrád

Familiengrab der Schmidls auf dem Jüdischen Friedhof

Polnays, die Gyul Fodor fünf Jahre später erbaute. Das auffallendste Grabmal gehört der Familie Schmidl. Die prächtige Grabstatt, die 1903 von den Architekten Ödön Lechner und Béla Lajta entworfen wurde, bedecken Keramikziegel in Türkis. Das Mosaik aus grün-goldenen Fliesen stellt den Lebensbaum dar.

Blick von der Donau auf die Technische Universität

Wekerle-Siedlung ⓯

WEKERLE TELEP

Kós Károly tér. M *Határ út, dann* 🚌 *194.*

Im XIX. Bezirk entstand zwischen 1909 und 1926 die Wekerle-Siedlung: ein kühnes, aber erfolgreiches Experiment des sozialen Wohnungsbaus im 20. Jahrhundert. Die nach dem Ministerpräsidenten Sándor Wekerle benannte Arbeitersiedlung sollte ihren Bewohnern bessere Unterkünfte bieten.

Nach den Plänen einer jungen Architektengruppe, Schülern von Ödön Lechner, entstanden Bauten im ungarischen Stil. Zur Inspiration besuchten die Architekten mittelalterliche Bauernhäuser auf dem Land und sammelten architektonische Anregungen auf die gleiche Weise, wie Béla Bartók und Zoltán Kodály *(siehe S. 144)* Volkslieder zusammentrugen. Auch Reminiszenzen an die englische Arts-and-Craft-Bewegung und an englische Gartenstädte, etwa die Londoner Vorstadt Hampstead Garden, sind festzustellen.

Die als unabhängiges Dorf geplante Wekerle-Siedlung verfügt über viele Einrichtungen, darunter eine katholische Kirche, Schulen, ein Kino und ein Polizeirevier. Rund um den Kós Károly tér breiten sich 16 Typen von Einfamilienhäusern und Mietshäusern aus. Hölzerne Giebel und Balkone sowie mit bunten Ziegeln gedeckte Giebeldächer tragen zum Charme der Siedlung bei.

Die Mieten in der Siedlung sind angestiegen; dennoch atmet das Viertel noch den Geist der Arbeiterklasse.

Technische Universität ⓰

BUDAPESTI MŰSZAKI EGYETEM

Műegyetem rakpart 3. **Stadtplan** 4 F4. ☎ *463 11 11.* 🚋 *4, 6, 18, 19, 47, 49.* 🚌 *7, 86.*

Die 1857 gegründete Technische Universität bezog 1904 ihr jetziges Gebäude. Auf trockengelegtem Marschland blickt der imposante Bau über die Donau südlich vom Gellértberg *(siehe S. 88f)*. Die Universität wurde nach dem Zweiten Weltkrieg erweitert und ist die größte Ungarns. Hier studierten Imre Steindl, der Architekt des Parlamentsgebäudes *(siehe S. 108f)*, und Ernő Rubik, der Erfinder des in den 1980er Jahren so beliebten »Zauberwürfels«.

Polizeirevier in der Wekerle-Siedlung

Zisterzienserkirche St. Emmerich ⓱

CISZTERCITA SZENT IMRE PLÉBÁNIATEMPLOM

Villányi út 25. **Stadtplan** 3 C4. 🚋 *61.* 🚌 *27, 40.* ♿

Nahe der Technischen Universität liegt die Zisterzienserkirche St. Emmerich. Der neobarocke Bau mit den Zwillingstürmen stammt von 1938 und ist typisch für die prächtig-düstere Architektur, die in Budapest zwischen den beiden Kriegen vorherrschte. Im Kircheninneren ruhen Relikte des heiligen Emmerich, der Ende des 11. Jahrhunderts heilig gesprochen wurde. Weitere Schutzpatrone des Ordens wachen über dem Haupteingang der Kirche.

Städtischer Friedhof ⓭

Der Städtische Friedhof erlangte nach dem Aufstand von 1956 *(siehe S. 34)* eine neue historische Bedeutung. Hier, im Südosten Budapests, wurden Führer und Opfer der blutigen Revolution gegen das stalinistische Regime heimlich in Massengräbern verscharrt. In den 1970er Jahren begann die demokratische Opposition, Blumen auf den Gräbern im hinteren Teil des Friedhofs niederzulegen. 1990, nach dem Ende des Kommunismus, wurden die Helden der Revolution in einer feierlichen Zeremonie umgebettet. Ehrendenkmäler erinnern an sie.

Blick auf Parzelle 300
Bis 1989 bewachte die Staatsmiliz den Zugang zu dem Dickicht, das die Gemeinschaftsgräber der Helden des Aufstands von 1956 umschloss.

Glockenturm
Auf alten ungarischen Friedhöfen ragen häufig hölzerne Glockentürme auf. Dieser hier steht vor Wandtafeln mit Namenslisten der über 400 Opfer des Aufstands von 1956.

Plan des Friedhofs

1886 legte die Stadtverwaltung den großen neuen Städtischen Friedhof in Rákoskeresztúr am Rand der Stadt an. Der größte Friedhof Budapests erstreckt sich über eine Fläche von 30 Quadratkilometern.

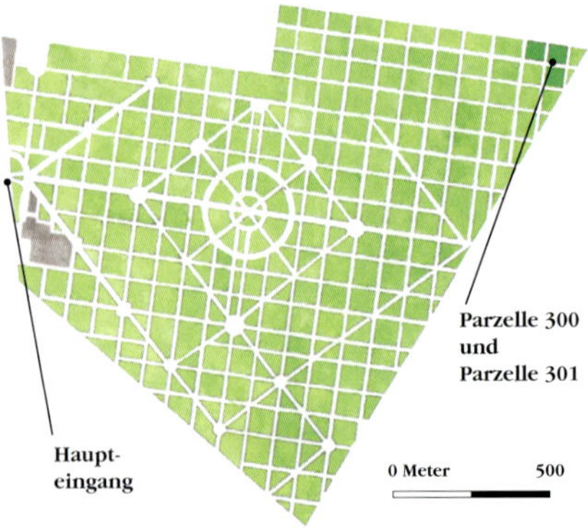

★ Transsylvanisches Tor
Der Verband der Aufständischen von 1956 errichtete das Transsylvanische Tor am Anfang eines der Wege, die zur Parzelle 300 führen. Es trägt die Inschrift »Nur eine ungarische Seele soll dieses Tor durchschreiten«.

★ Grabmal von Imre Nagy
Eine Marmortafel trägt die bescheidene Inschrift »Imre Nagy, ungarischer Ministerpräsident, 1956«. Nach dem Aufstand wurde Nagy verhaftet, interniert und am 16. Juni 1956 in Budapest nach einem Schauprozess erschossen.

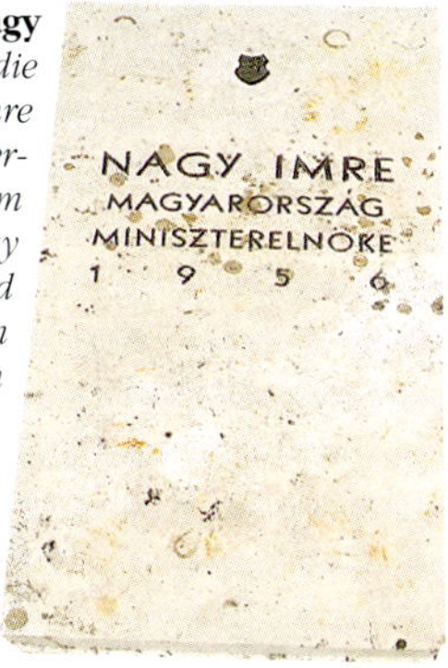

INFOBOX

Kozma utca 8–10, Kőbánya.
210 15 00. 95 ab Zalka Máté tér. **Parzellen 300 u. 301** *30-minütiger Spaziergang vom Haupteingang. Gebühr für Autos.*

Trauernder Christus
Die Figur des trauernden Christus ist traditionell in Parzellen mit protestantischen Gräbern zu finden.

★ Heldendenkmal
Das schlichte Denkmal symbolisiert die Durchquerung des Fegefeuers. Es stammt von György Jovánovics, dem führenden modernen Bildhauer Ungarns.

Protestantengräber
Ungarische Protestanten kennzeichnen ihre Gräber meist nur mit einem schlichten Holzpfosten.

NICHT VERSÄUMEN

- ★ **Transsylvanisches Tor**
- ★ **Grabmal von Imre Nagy**
- ★ **Heldendenkmal**

Haupteingang des Kongresssaals im Kongresszentrum

Kongresszentrum ⓲

Kongresszusi Központ

Jagelló út 1–3. *372 54 00.*
61. *für Veranstaltungen.*

Der grosse, 1975 eröffnete Komplex besteht aus Konzertsaal, Kino, Konferenzräumen und einigen Restaurants. Hier finden nationale und internationale Kongresse und Veranstaltungen statt.

Das Kongresszentrum wurde, ebenso wie das Novotel Budapest Congress *(siehe S. 185)*, vom ungarischen Architekten József Finta gestaltet. Den *Lebensbaum*, der sich über die Hauptwand des Kongresssaals rankt, schuf der Künstler József Király.

Gizi-Bajor-Theatermuseum ⓳

Bajor Gizi Színészmúzeum

Stromfeld Aurél út 16.
356 42 94. *105.* *Sep–Juni Di 12–16 Uhr, Do 14–18 Uhr, Sa u. So 10–18 Uhr.*

Das Museum öffnete 1952 seine Pforten in der ehemaligen Gartenvilla von Gizi Bajor, einer einst berühmten Schauspielerin. Zu bewundern sind Möbel, Porträts, Theaterrequisiten, Fächer und Samthandschuhe, die den Besucher in die Theaterwelt des 19. Jahrhunderts entführen.

1990, zum 200-jährigen Jubiläum des ungarischen Theaters, wurde die Sammlung erweitert und mit Memorabilien bekannter zeitgenössischer Schauspieler aus Ungarn ergänzt; einige Räume des Museums sind nach ihnen benannt.

Im Garten prangen Büsten von Schriftstellern und anderen Persönlichkeiten aus der ungarischen Kulturgeschichte.

Naturschutzgebiet Adlerberg ⓴

Sashegy Természetvéldemi Terület

Tájék utca 26. *319 67 89.*
8, 8A. *Mitte März–Mitte Juni, Sep–Mitte Okt Sa, So 10–16 Uhr.*
obligatorisch.

Ein Naturschutzgebiet fast inmitten einer Großstadt mit zwei Millionen Einwohnern findet man nicht alle Tage.

Der Zugang zum Gipfel des steilen, 266 Meter hohen Hügels im Westen des Gellértbergs *(siehe S. 88f)* ist eingeschränkt, um die seltene Flora und Fauna zu schützen, die hier gedeiht. Das Wohnviertel, das sich an den Fuß des Adlerbergs schmiegt, erstreckt sich fast bis an den Zaun der 30 Hektar großen Felsenwildnis.

Im Frühjahr oder Frühherbst ist ein geführter Rundgang lohnend, denn nur dann erblüht *Centaurea sadleriana*, eine seltene Blume, die einer sehr groß geratenen Kornblume ähnelt. Heimisch sind hier überdies zahlreiche farbenprächtige Schmetterlingsarten, eine Spinnenart, die es nirgendwo sonst auf der Welt gibt, und auch *Ablebharus kitaibeli*, eine seltene Eidechsenart.

Statuenpark ㉑

Szobor Park

Balatoni út und Szabadkai utca.
424 75 00. *50.* *tägl. 10 Uhr–Sonnenuntergang.*

Im Jahr 1991 beschloss der Stadtrat, 41 Skulpturen aus kommunistischer Zeit, die bis dahin Schlüsselpositionen in der Stadt eingenommen hatten, an einer Stelle gesammelt aufzustellen. Der Park, in dem sie eine neue Heimat fanden, ist eine beliebte Adresse für Besucher, die die jüngere Vergangenheit Budapests kennen lernen möchten.

Die Ausschreibung für die Parkanlage gewann der Architekt Ákos Eleöd. 1993 wurde sie für die Öffentlichkeit zugänglich. Hinter einer Ziegelmauer stehen sechs Skulpturengruppen Spalier. Karl Marx, Friedrich Engels, Lenin und ungarische Kommunisten stehen Seite an Seite, geleitet von Béla Kun, dem Führer der ungarischen Revolution von 1919 *(siehe S. 34)*. Die vom Freiheitsdenkmal *(siehe S. 92)* entfernte Statue des russischen Soldaten kam hier ebenfalls unter.

Der Laden des Statuenparks führt Bücher, Poster und Memorabilien aus der kommunistischen Ära.

Kubistische Statuen von Marx und Engels im Statuenpark

Das marmorne Törley-Mausoleum

Törley-Mausoleum ㉒

Törley mauzoleum

Sarló utca 6. 3.

Bis 1880 gab es in Budafok Weinberge, doch dann zerstörte eine Phylloxeraplage sämtliche Reben. Damals beschloss József Törley, der in Reims Önologie studiert hatte, in Budafok Schaumwein nach der französischen Methode *(siehe S. 192)* herzustellen. Seine Weine verkauften sich im Ausland gut, und seine Firma wuchs rasch. Die Weine lagerten in den örtlichen Weinkellern. József Törley starb 1900; er fand in diesem monumentalen Mausoleum von Rezső Vilmos Ray seine letzte Ruhe. Das Bauwerk aus weißem Marmor zieren östliche Motive und Basreliefs von József Damkó.

Schloss Nagytétény ㉓

Nagytétényi kastély

Kastélypark utca 9–11. *226 55 47.* *41.* **Schlossmuseum Nagytétény** *207 54 62.*
März–Okt Di–So 10–18 Uhr, Nov–Feb Di–So 10–16 Uhr.

Eines der bekanntesten Barockschlösser Ungarns ist Schloss Nagytétény; es wurde Mitte des 18. Jahrhunderts unter Einbeziehung von Überresten eines gotischen Baus (15. Jh.) errichtet. György Száraz nahm die Arbeiten in Angriff, sein Schwiegersohn József Rudnyánszky vollendete sie bis 1766. In typisch barocker Anordnung entfalten sich das Hauptgebäude und die Seitenflügel. Die Mauerkrone zieren die Wappen der Familien Száraz und Rudnyánszky.

Das Schloss wurde 1949 restauriert und in ein Museum für Innenausstattung umgewandelt. Heute gehört es zum Museum für Kunsthandwerk *(siehe S. 136f)*. Zu sehen sind Möbelstücke aus Ungarn und anderen Ländern (15.–18. Jh.).

In der Nähe erhebt sich eine Barockkirche (18. Jh.) auf den Ruinen einer mittelalterlichen Kirche.

Berge von Buda ㉔

Budai-hegység

M *Moszkva tér, dann Zahnradbahn oder Sessellift.*

Westlich vom Stadtzentrum laden die Berge von Buda zum Wandern ein. Die erste Station der 1874 erbauten Zahnradbahn liegt am Szilágyi Erzsébet fasor. Sie führt auf den Sváb-Berg – nach den Schwaben benannt, die sich hier unter den Habsburgern ansiedelten *(siehe S. 28)* – und dann auf den Széchenyi-Berg.

Vom Széchenyi-Berg aus rattert eine Schmalspurbahn die zwölf Kilometer ins Hűvös-Tal hinab. Seit den Tagen der Jungpioniere besteht das Personal ausschließlich aus Jugendlichen, mit Ausnahme der Zugführer. Auf dem Gipfel des Jánosbergs ragt der Erzsébet-Aussichtsturm auf, den Frigyes Schulek 1910 erbaute. Der Sessellift, der den Gipfel des Jánosbergs mit der Zugligeti út verbindet, befördert Sie zurück ins Tal.

Aquincum ㉕

Aquincum

Siehe S. 162f.

Palast der Künste ㉖

Művészetek Palotája

Komor Marcell utca 1. **Stadtplan** *südöstl. von 4 F4.* *555 3000.* *54, 79, 103.* *1, 2.*
W www.muveszetekpaltaja.hu

Neben dem Ludwig-Museum *(siehe S. 73)* beherbergt das 2004 eröffnete Zentrum den Nationalen Konzertsaal (Sitz der Nationalphilharmonie, *siehe S. 208*) und einen Saal für Theater und Tanz.

Erzsébet-Aussichtsturm auf dem Gipfel des Jánosbergs

Aquincum ㉕

Römische Säule

Die Überreste der Römerstadt Aquincum *(siehe S. 20f)* wurden Ende des 19. Jahrhunderts ausgegraben. Besucher können die antiken Straßen durchwandern und die Grundrisse von Tempeln, Läden, Bädern und Häusern im einstigen Stadtzentrum erkunden. Die Stadt wurde zu Beginn des 2. Jahrhunderts gegründet, einige Jahrzehnte nachdem eine Militärfestung *(S. 170f)* südlich davon entstanden war. Inmitten der Ruinen steht das klassizistische Museum, das die kostbarsten archäologischen Funde ausstellt. Eine Straße trennt es vom Amphitheater, in dem die Bürger von Aquincum sich einst an Spektakeln ergötzten.

Blick aufs Museum
Besuchern ist nur ein kleiner Teil der deutlich größeren Stadt zugänglich.

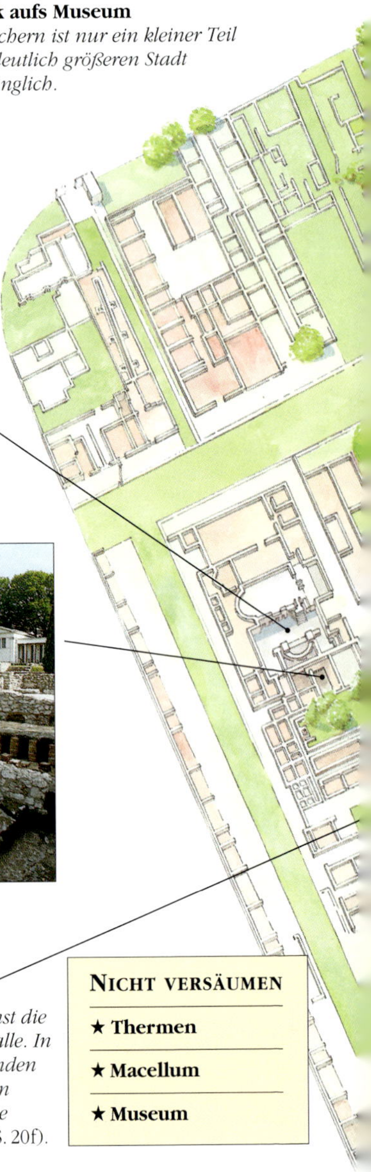

★ Thermen
Die Mauern des Badehauses blieben unversehrt erhalten. Für die Römer war der Thermenbesuch ein gesellschaftliches Ereignis.

Zentralheizung
Archäologen brachten hier eine Art Zentralheizungssystem ans Tageslicht: Unter den mosaikgeschmückten Fußböden zirkulierte warme Luft.

★ Macellum
Hier befand sich einst die überdachte Markthalle. In den Läden und Ständen rund um den kühlen Innenhof blieben die Waren stets frisch (S. 20f).

Nicht versäumen

- ★ Thermen
- ★ Macellum
- ★ Museum

★ Museum
Das klassizistische Lapidarium gehört zum Museum. Ausgestellt sind Fundstücke aus Aquincum und anderen römischen Ruinen, darunter auch Waffen und Steindenkmäler mit Inschriften.

INFOBOX

Szentendrei út 139. ☎ 430 15 63. Aquincum. Di–So 9–17 Uhr. **Museum** Di–So 10–17 Uhr. www.aquincum.hu

Durchgangsstraße
Das Straßenpflaster des rechtwinklig angelegten Straßennetzes ist immer noch zu sehen.

Doppelbad
Das einst reich dekorierte Doppelbad wurde hauptsächlich aus Stein erbaut. Reste von Wandgemälden und Mosaiken sind teilweise noch sichtbar.

Kanalisationsdeckel
Wasserleitungen versorgten Aquincum. Akkurat in die Straßenplatten geschnittene Kanalisationsdeckel (wie der abgebildete) sorgten für den nötigen Abfluss.

Peristyl
Eine Kolonnade umläuft den Innenhof, der einst das Herz dieses großen Stadthauses bildete.

Umgebung von Budapest

BUDAPEST IST ZEHNMAL GRÖSSER als jede andere ungarische Stadt. Verträumte Städtchen und Dörfer locken zu Tagesausflügen mit und ohne Übernachtung. Busse *(siehe S. 226)* und Züge *(siehe S. 231)* sind günstig und zuverlässig. Nach Esztergom, Visegrád und Szentendre nördlich der Stadt fahren Schiffe *(siehe S. 227)*, die den Sommer über entlang dem schönen Donauabschnitt verkehren. Abseits der Touristenpfade bieten die Orte im Süden Einblick ins traditionelle Alltagsleben.

SEHENSWÜRDIGKEITEN AUF EINEN BLICK

- Esztergom ❶
- Fót ❺
- Gödöllő ❻
- Kecskemét ❼
- Kiskunfélegyháza ❽
- Martonvásár ❿
- Ráckeve ❾
- Szentendre ❸
- Vác ❹
- Visegrád ❷

LEGENDE

- Zentrum von Budapest
- Großraum Budapest
- Autobahn
- Hauptstraße

Esztergom ❶

46 km nordwestl. von Budapest. *30 000.* *ab Árpád híd.* *ab Nyugati pályaudvar.* *ab Vigadó tér (nur Sommer).* *Lőrinc utca.* **Kathedrale** Szent István tér 1. *(0633) 41 18 95.* *März–Okt tägl. 6–18 Uhr, Nov–Apr tägl. 6–16 Uhr.* **Schatzkammer** *März–Okt tägl. 9–16.30 Uhr, Nov–Dez Di–So 11–14.30 Uhr.* **Königspalast** Szent István tér 1. *(0633) 41 59 86.* *Apr–Okt Di–So 9–16.30, Nov–März Di–So 10–15.30 Uhr.*

ISTVÁN, DER ERSTE christliche König Ungarns, ließ sich in Esztergom taufen und am Weihnachtstag 1000 krönen. 250 Jahre später wurde die Stadt beim Mongolensturm nahezu völlig zerstört und im 18./19. Jahrhundert allmählich wiederaufgebaut.

Esztergom ist noch heute die heilige Stadt Ungarns und Sitz des ungarischen Erzbischofs. Das Stadtbild beherrscht der katholische **Dom** aus dem frühen 19. Jahrhundert. Am Südeingang liegt die Bakócz-Grabkapelle; Florentiner Handwerker erbauten sie im 16. Jahrhundert aus rotem Marmor. Die **Schatzkammer** im Norden birgt eine Sammlung sakraler Kunst aus den Ruinen einer Kirche, die sich im 12. Jahrhundert an dieser Stelle erhob.

Unterhalb des Doms schlummern die Reste des mehrmals erneuerten **Königspalasts** aus dem 10. Jahrhundert. Besonders sehenswert ist die Kapelle (12. Jh.). Auch ein Streifzug durch die Altstadt lohnt sich. Den Hauptplatz im Zentrum säumen etliche Cafés.

Visegrád ❷

40 km nördl. von Budapest. *1800.* *ab Árpád híd.* *ab Vigadó tér (nur Sommer).* *Rév utca 15.* *(0626) 39 81 60.* **Burg** *(0626) 39 81 01.* *Apr–Okt Di–So 8.30–18 Uhr, Nov–März Di–So 10–15 Uhr.* **Mátyás-Museum u. Königspalast** *(0626) 39 80 26.* *Di–So 9–17 Uhr.* *nach Vereinb.*

AN DER SCHMALSTEN Donauschlinge liegt das Dorf Visegrád. Aufgrund der spektakulären Ruinen der **Burg** ist es ein beliebtes Ausflugsziel. Zu Fuß erreichen Sie die Burg von Visegrád in 25 Minuten; Sie können auch den Bus oder ein Taxi nehmen. Erbaut im 13. Jahrhundert von König Béla IV., war dies eine der schönsten Königsburgen, die je in Ungarn entstanden. Die massiven Außenmauern blieben intakt und bieten einen wunderbaren Blick über die Landschaft ringsum.

Auf halbem Weg den Berg hinab steht der Salomonturm mit dem **Mátyás-Museum**, einer Sammlung von Ausgrabungen aus den Ruinen des **Königspalasts** unten im Dorf. Burg und Palast entstanden gleichzeitig. 200 Jahre später ließ König Mátyás Corvinus *(siehe S. 24f)* den Palast im Renaissance-Stil restaurieren. Der Bau wurde nach der

Der große Dom von Esztergom erhebt sich über der Donau

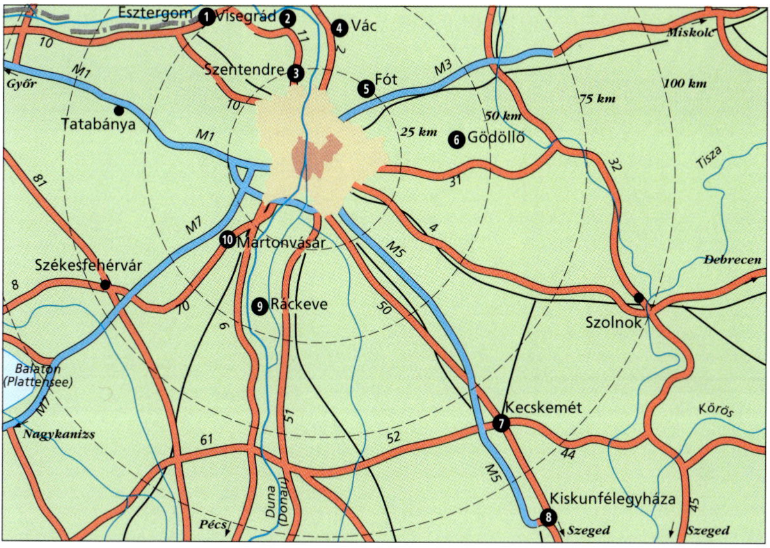

Türkeninvasion im 16. Jahrhundert zerstört, später von einem Erdrutsch begraben, und erst im Jahr 1934 wiederentdeckt.

Blagovestenska-Kirche am Fő tér, dem Hauptplatz von Szentendre

Szentendre ❸

25 km nördl. von Budapest. *20 000.* *ab Batthyány tér.* *ab Árpád híd.* *ab Vigadó tér (nur Sommer).* *Dumtsa Jenő utca 22.* *(0626) 31 79 66.* **Belgrader Kathedrale** Pátriárka utca 5. *(0626) 31 23 99.* **Museum für serbische Kunst** Pátriárka utca 5. *(0626) 31 23 99.* *Mai–Sep Di–So 10–18 Uhr, Okt–Apr Di–So 10–16 Uhr (Jan–Feb Fr–So).* **Margit-Kovács-Museum** Vastaggyőrgy utca 1. *(0626) 31 07 90.* *Nov–Feb Di–So 9–17 Uhr, März–Okt Di–So 10–18 Uhr.* *nach Vereinb.* **Ungarisches Freilichtmuseum** Sztaravodai u. Pf 63. *(0626) 50 25 11.* *Apr–Nov Di–So 9–17 Uhr.*

Nur 25 Kilometer außerhalb von Budapest liegt Szentendre. Serbische Flüchtlinge erbauten und bewohnten einst die Stadt. Die meisten älteren Gebäude stammen aus dieser Zeit.

Die orthodoxe Tradition prägt noch heute das Stadtzentrum, auf das sich zahlreiche orthodoxe Kirchen verteilen. Hinter westeuropäischen Fassaden erfüllen Weihrauch, Ikonen und Kerzenschimmer das slawische Interieur. Die **Blagovestenska-Kirche** am Fő tér, dem Hauptplatz, ist beispielhaft dafür; eine Ikonostase trennt den Altarraum vom Kirchenschiff. Ein Erlebnis ist die Sonntagsmesse in der **Belgrader Kathedrale**. Das **Museum für serbische Kunst** nebenan zeigt Ikonen und andere sakrale Objekte.

Seit den 1920er Jahren erfreut sich Szentendre großer Beliebtheit bei Künstlern. Viele Galerien zeigen die Werke lokaler Künstler. Das **Margit-Kovács-Museum** hinter dem Fő tér widmet sich den Arbeiten der berühmtesten Keramikkünstlerin Ungarns. Margit Kovács (1902–1977) ließ sich von der ungarischen Mythologie inspirieren.

Das **Ungarische Freilichtmuseum** westlich der Stadt stellt die ungarischen Regionen und deren Architektur und Kultur vor.

Vác ❹

40 km nördl. von Budapest. *36 000.* *ab Nyugati pályaudvar.* *ab Árpád híd.* *Dr. Csányi László körút 45.* *(0627) 31 61 60.*

Vác wurde um 1000 am Ostufer der Donau gegründet. Ende des 17. Jahrhunderts wurde die Stadt im Krieg zerstört,. Das heutige Zentrum entstand Anfang des 18. Jahrhunderts um vier Plätze. Das Herz der Stadt schlägt am Marcius 15 tér, an dem das **Rathaus** und die **Fehérek-Kirche** aufragen. Am Nordrand der Altstadt, in der Köztársaság út, erhebt sich der einzige **Triumphbogen** Ungarns. Erbaut wurde er 1764 nach einem Besuch der Kaiserin Maria Theresia.

Der Triumphbogen in Vác, erbaut zu Ehren der Kaiserin Maria Theresia

Das Innere der Kirche der Unbefleckten Empfängnis in Fót

Fót 5

25 km nordöstl. von Budapest. *16 000.* *ab Nyugati pályaudvar.* *ab Árpád híd.* *Vörösmarty tér 3.* *(0627) 53 82 60.* **Palais Károlyi u. Park** Vörösmarty tér 2. *nach Vereinbarung.* *(0627) 35 80 22.* *nur Erdgeschoss.* *obligatorisch.* **Kirche der Unbefleckten Empfängnis** Vörösmarty út 2.

GLEICH AUSSERHALB von Budapest liegt die Kleinstadt Fót. Hauptattraktion ist das **Palais Károlyi**, das Geburtshaus von Mihály Károlyi, dem ersten ungarischen Präsidenten *(siehe S. 34)*. Das Palais entstand um 1835; ein Jahrzehnt später wurde an jeder Seite ein Pavillon angebaut. Sehenswert ist auch die **Kirche der Unbefleckten Empfängnis** (19. Jh.) mit ihrem säulenumstandenen Kirchenschiff.

Gödöllő 6

35 km nordöstl. von Budapest. *Nyugati pu.* **Schloss Grassalkovich** *Apr–Okt tägl. 9.30–18 Uhr, Nov–März tägl. 10–17 Uhr.* *(0628) 41 01 24.*

GÖDÖLLŐ IST bekannt für das barocke **Schloss Grassalkovich** von 1741. Kaiserin Elisabeth lebte hier bevorzugt, wenn sie in Ungarn war. Zu sehen sind der Festsaal und die rekonstruierten kaiserlichen Gemächer. Der Besucher erhält Einblicke in das Leben der österreichisch-ungarischen Monarchen.

Kecskemét 7

86 km südöstl. von Budapest. *110 000.* *ab Nyugati pályaudvar.* *ab Népstadion.* *Kossuth tér 1.* *(0676) 48 10 65.* **Rathaus** Kossuth tér 1. *(0676) 48 36 83.* *Mo–Do 7.30–16 Uhr, Fr 7.30–13 Uhr.* *nach Vereinbarung.* **Palais Cifra** Rákóczi utca 1. *(0676) 48 07 76.* *Di–Sa 10–16.30 Uhr.*

IN WEITEM BOGEN breitet sich um Budapest die Ungarische Tiefebene aus, die fast die Hälfte des heutigen Ungarn umfasst. Jahrhundertelang war Kecskemét die größte Handelsstadt des mittleren und südlichen Teils. Kecskemét wurde durch den Vertrieb und die Verarbeitung der Produkte von den fruchtbaren Feldern ringsum gegen Ende des 19. Jahrhunderts recht wohlhabend, die Stadt wartet heute mit reizvollen Plätzen und prächtigen Gebäuden aus dem 19. und frühen 20. Jahrhundert auf.

Am berühmtesten ist Ödön Lechners mächtiges **Rathaus**. Das in den Jahren 1893 bis 1896 errichtete Gebäude vereint Renaissance-Elemente mit arabischen Details. Das prächtige **Palais Cifra**, das 1902 als Kasino erbaut wurde, ist ein Kleinod des ungarischen Sezessionsstils *(siehe S. 54ff)*.

Das von Ödön Lechner entworfene Rathaus in Kecskemét

Kiskunfélegyháza 8

110 km südöstl. von Budapest. *40 000.* *Kossuth utca 1.* *(0676) 46 32 20.* *ab Nyugati pályaudvar.* *ab Népstadion.* **Nationalpark Kiskunsági (Büro)** Liszt Ferenc utca 19. *(0676) 48 26 11.* *Mo–Do 8–15 Uhr, Fr 8–13 Uhr (Park durchgehend geöffnet).* **Kiskun-Museum** Dr. Holló Lajos utca 9. *(0676) 46 14 68.* *Ende März–Okt Mi–So 9–17 Uhr.*

IN DER UNGARISCHEN Tiefebene, einst voller Marschen und Grasland, gedeihen heute großteils Mais und Wein. Teile der Ebene wurden zu Nationalparks erklärt. Etwa zehn Kilometer östlich von Kiskunfélegyháza liegt der **Nationalpark Kiskunsági**. Hier tum-

Detail der verzierten Fassade des Rathauses von Kiskunfélegyháza

meln sich viele seltene Tiere und Vögel; und die Hirten der Ebene führen weiterhin ihr traditionelles Leben.

Der Dichter und Nationalheld Sándor Petőfi kam in Kiskunfélegyháza zur Welt; das Haus, in dem er aufwuchs, gehört heute zum **Kiskun-Museum**. Ein Meisterwerk ist das **Rathaus** von 1912, das Elemente des Sezessionsstils *(siehe S. 54ff)* mit Motiven der ungarischen Volkskunst verbindet.

Ráckeve ❾

43 km südwestl. von Budapest.
8500. *ab Soroksári út.*
ab Népstadion.

DAS DORF RÁCKEVE liegt auf der Insel Csepel, die sich mit 54 Kilometer Länge südlich des Budapester Zentrums in der Donaumitte erstreckt. Gegründet wurde Ráckeve im 15. Jahrhundert von Serben aus Keve, die nach der Türkeninvasion *(siehe S. 26f)* aus Serbien geflohen waren.

Das älteste Gebäude des Ortes ist die **orthodoxe Kirche**, die die ersten serbischen Flüchtlinge erbauten. Sie geht auf das Jahr 1487 zurück und ist die älteste orthodoxe Kirche Ungarns. Die Wände zieren gut erhaltene Fresken: Das erste Fresko erzählt von Christi Geburt, das letzte zeigt die Wiederauferstehung. Eine herrliche Ikonostase trennt Altarraum und Kirchenschiff.

Dank seiner friedlich-beschaulichen Lage erwählte einer der größten Militärstrategen Ráckeve zu seinem Landsitz: Prinz Eugen von Savoyen *(siehe S. 26)*. Nach der erfolgreichen Vertreibung der Türken aus Ungarn gegen Ende des 17. Jahrhunderts erbaute sich Prinz Eugen eine **Villa** in der heutigen Kossuth Lajos utca. Das Innere des heutigen Hotels wurde modernisiert, doch die elegante Fassade blieb erhalten; sie ist ein wahres Kleinod. Vom Fluss aus kann man einen Blick in die Parkanlagen werfen.

Gut erhaltene Fresken in der orthodoxen Kirche von Ráckeve

Martonvásár ❿

30 km südwestl. von Budapest.
4900. *Buda út 13.* *(0622) 46 00 16.* *ab Déli pályaudvar.*
ab Erzsébet tér. **Schloss Brunswick** Brunswick utca 2.
tägl. 8 Uhr – Sonnenuntergang (nur Park). **Beethoven-Museum**
Di–So 10–12, 14–18 Uhr.

DAS DORF MARTONVÁSÁR besteht seit dem Mittelalter. Hauptanziehungspunkt für Besucher ist das **Schloss Brunswick**. Gegen Ende des 18. Jahrhunderts erwarb die deutsche Familie Brunswick das Dorf, und Anton Brunswick ließ das Schloss im prunkvollen Barockstil umbauen. 100 Jahre später, 1875, wurde das Schloss von Grund auf im neogotischen Stil erneuert.

Heute erinnert zwischen prachtvollen Türmchen und Fialen nur noch wenig an das ursprüngliche Schloss. Eine Augenweide sind die öffentlich zugänglichen Parkanlagen, in denen sich fast nichts verändert hat. Auch die 1775 erbaute Kirche des Dorfes blieb im Wesentlichen unverändert. Im Inneren ziehen sich gut erhaltene Fresken die Wände entlang.

Ludwig van Beethoven besuchte das Schloss regelmäßig. Er erteilte den Töchtern des Hauses, Therese und Josephine, Musikunterricht – und soll sich dabei in sie verliebt haben. Einige Räume des Schlosses wurden in ein kleines **Beethoven-Museum** umgewandelt. In den Sommermonaten finden im Park gelegentlich Konzerte statt.

Das neogotische Schloss Brunswick in Martonvásár

ZWEI SPAZIERGÄNGE

Anker am Restaurant Vasmacska

BUDAPEST ERKUNDET man am besten zu Fuß. Von türkischen Bädern bis zu Barockpalais – auf Schritt und Tritt begegnet man Zeugen der facettenreichen Geschichte. Bei den folgenden Touren lernen Sie zwei interessante Viertel kennen: Óbuda, nördlich des Stadtzentrums, einst ein römisches Garnisonslager und heute ein Wohnviertel, und die Margareteninsel, die grüne Lunge der Stadt. In Óbuda wurden archäologische Schätze zutage gefördert. Der erste Spaziergang führt Sie von den Ruinen eines römischen Militärlagers und eines Amphitheaters zu den modernen Attraktionen des Viertels. Der Spaziergang auf der autofreien Margareteninsel schließt einen Japanischen Garten und die Überreste historischer Kirchen ein.

SPAZIERGÄNGE AUF EINEN BLICK

Dreistündiger Spaziergang durch Óbuda
Seiten 170–171

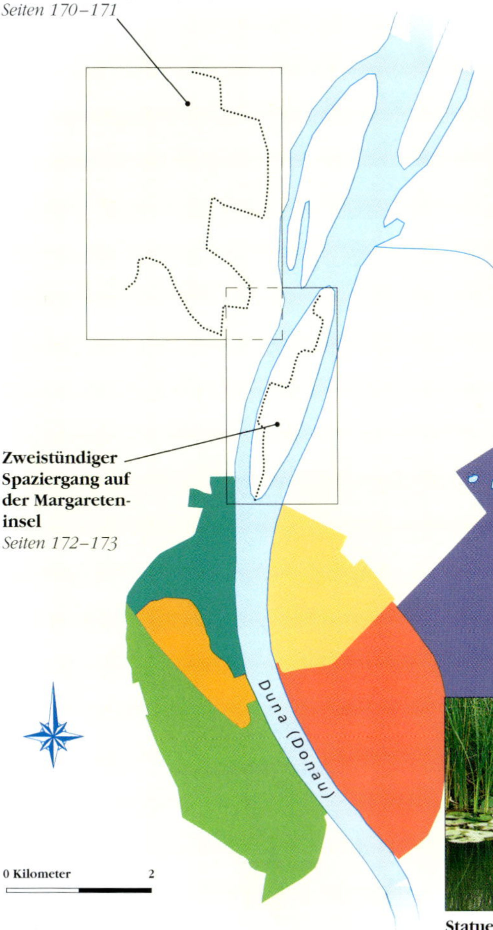

Zweistündiger Spaziergang auf der Margareteninsel
Seiten 172–173

Ein Hochzeitsauto vor dem Palais Fő tér *(siehe S. 171)*

Statue eines Mädchens im Japanischen Garten auf der Margareteninsel *(siehe S. 173)*

LEGENDE

.... Routenempfehlung

◁ **Innenhof des exklusiven Danubius Grand Hotel auf der Margareteninsel** ***(siehe S. 173)***

Dreistündiger Spaziergang durch Óbuda

Auf den ersten Blick wirkt das heutige Óbuda wie eine Betonwüste, doch hinter der grauen Fassade entdeckt man viel Lokalkolorit und zahlreiche Spuren der ungarischen Geschichte. 89 n. Chr. errichteten die Römer hier eine Garnison; wenig später gründeten sie die Stadt Aquincum *(siehe S. 162f)* im Norden. Nachdem sie sich im 5. Jahrhundert zurückgezogen hatten, erlebte Ungarn einige Invasionen, etwa die der Magyaren *(siehe S. 22f)*, die auch in Óbuda (»Alt-Buda«) ihre Spuren hinterließen. Gegen Ende des 16. Jahrhunderts war Óbuda eine blühende Handelsstadt; im Jahr 1873 wurde sie schließlich ein Teil von Budapest.

Teilansicht des römischen Amphitheaters in Óbuda ①

Das elegante neobarocke Palais Fő tér mit Wachhäuschen ⑪

Vom römischen Amphitheater zum Römerlager-Museum

Der Spaziergang beginnt an der Ecke Bécsi utca und Pacsirtamező út, an der die Reste des römischen Amphitheaters zu sehen sind ①. Die Römer kamen kurz nach Christi Geburt in diese Region; sie erbauten das Amphitheater Mitte des 2. Jahrhunderts. Zu jener Zeit war Aquincum die blühende Hauptstadt der Provinz Pannonia Inferior *(siehe S. 20f)*, die Soldaten aus der nahen Garnison besuchten die Stadt; als im 9. Jahrhundert die Magyaren einfielen, wurde Aquincum zur Feste. Von den einst hohen Wällen blieb nicht viel erhalten; doch das riesige Amphitheater, das 14 000 Zuschauer fasste, ist noch immer atemberaubend. Vom Amphitheater folgen Sie der Pacsirtamező út bis zur Nr. 63, dem Römerlager-Museum ②. In den 1950er Jahren entdeckte man, dass das auf einem römischen Militärlager erbaute Wohnviertel eine wahre Schatzkammer römischer Artefakte war. Das Museum (sonntags und feiertags geöffnet) zeigt Keramik, Glas und Haushaltsgegenstände.

Von der Synagoge Óbudas zum Flórián tér

Nun ein paar Schritte zurück und links die Perc utca hinab, die Mókus utca hinauf, dann die Jós utca entlang und links ab in die Lajos utca. Nr. 63 war einst die Synagoge von Óbuda ③, heute ist hier ein Fernsehstudio. Um 1820 wurde das klassizistische Gebäude mit dem sechssäuligen Portikus für die wachsende jüdische Gemeinde erbaut. An der Lajos utca 168 erhebt sich die Pfarrkirche von Óbuda ④. Die 1744–49 auf den Ruinen des römischen Militärlagers erbaute Kirche blieb weitgehend original erhalten. Im Inneren prangt eine Kanzel, die den Guten Hirten und Maria Magdalena zeigt. Links die Óbudai utca hinauf, geht es an dem Haus vorbei, in dem der beliebte Romancier und Bonvivant Gyula Krúdy einst

Das einstige Heim des Romanciers Gyula Krúdy ⑤

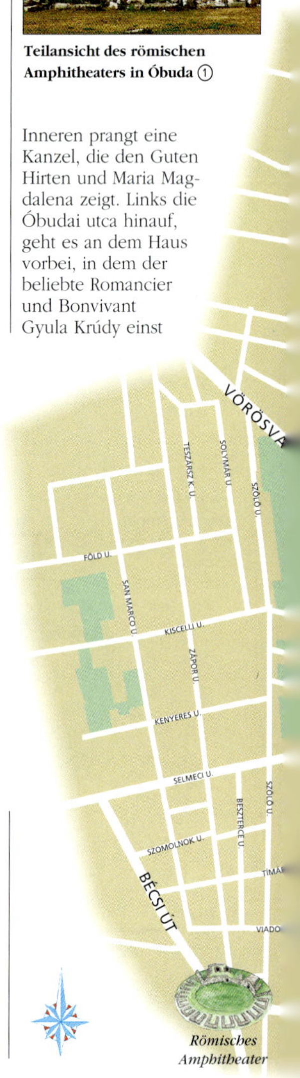

lebte ⑤. Anfang des 20. Jahrhunderts entstanden seine Werke, die häufig ein idealisiertes ländliches Ungarn schildern. Von hier biegen Sie rechts ab in die Tanuló utca und kommen an der Ruine des Klarissinnenklosters (14. Jh.) ⑥ vorbei.

Legende

• • • Routenempfehlung

HÉV-Bahnhof

0 Meter 400

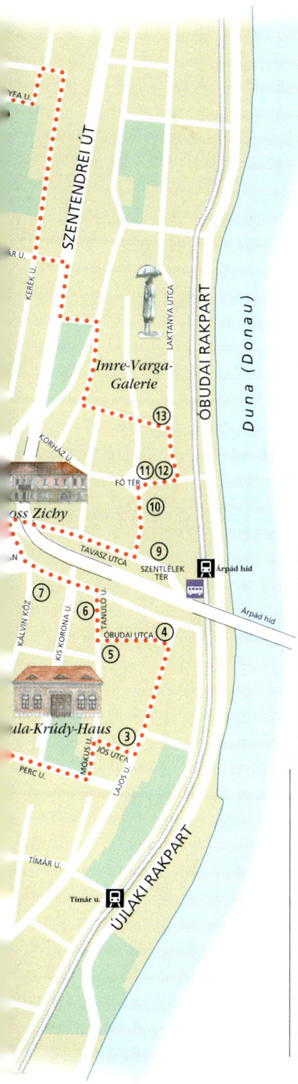

Aristokratischer Wohnsitz: Schloss Zichy aus dem 18. Jahrhundert ⑩

Es geht nun linker Hand zum Flórián tér. Nr. 2 an der Ecke Kálvin köz ist die Kalvinistenkirche (18. Jh.) von Óbuda ⑦; daneben steht das Presbyterium; erbaut wurde es 1909 nach einem Entwurf von Károly Kós. Nr. 4 beherbergt eine kunsthandwerkliche Sammlung. Zurück geht's zum quirligen Flórián tér, wo 1778 römische Thermalbäder entdeckt wurden. Versteckt in der Unterführung unter dem Platz liegen das Römerbad-Museum und das Museum der Römersiedlung ⑧.

Szentlélek tér und Fő tér

Die Tavasz utca, rechts nördlich des Flórián tér, führt zum Szentlélek tér. Im Südflügel des Schlosses Zichy am Szentlélek tér ist das 1987 eröffnete Vasarély-Museum ⑨. Der Künstler Victor Vasarély begründete im 20. Jahrhundert die Op-Art-Bewegung. Seine Werke leben von leuchtenden Farben, geometrischen Figuren und optischen Illusionen. Schloss Zichy ⑩ wurde 1757 für die Familie Zichy erbaut. Richtung Norden erreichen Sie den Fő tér in einem Teil Óbudas, in dem noch heute Gebäude aus dem 18. und 19. Jahrhundert stehen. An einer Ecke des Platzes ist das Palais Fő tér ⑪, dessen Eingang ein Wachhäuschen (18. Jh.) flankiert.

Eine der ***Frauen mit Schirm*** **von Imre Varga ⑫**

Von der Imre-Varga-Galerie zur Herkulesvilla

Vom Palais Fő tér gehen Sie die Laktanya utca hinauf; zur Rechten thront eine Gruppe von Skulpturen, die *Frauen mit Schirm* ⑫ des zeitgenössischen Bildhauers Imre Varga. In der Laktanya utca 7 können Sie in der Imre-Varga-Galerie ⑬ weitere Werke des Künstlers bewundern. Weiter geht es zur Szentendrei út und durch die Unterführung auf die andere Straßenseite. Biegen Sie rechts in die Kerék út ein, dann links in die Herkules utca. Der Spaziergang endet an der Meggyfa utca 21, bei der Ruine der Herkulesvilla ⑭. Das Römerhaus verdankt seinen Namen den schönen Mosaiken *(siehe S. 21)*. Nahe der Villa befinden sich die Reste der *cella trichora,* einer frühchristlichen Kapelle (5. Jh.).

Routeninfos

Start: *Pacsirtamező út.*
Anfahrt: *Bus 60 oder Straßenbahn 17.*
Länge: *3 km.*
Rasten: *Kéhli Vendéglő* (siehe S. 199) *an der Mókus utca oder Régi Sipos Halászkert, Lajos utca.*

Zweistündiger Spaziergang auf der Margareteninsel

Unzugänglich lag die Margareteninsel einst inmitten der Donau; seit dem 11. Jahrhundert diente sie als religiöses Refugium. Von der Vergangenheit der Insel künden die Reste zweier Klosterkirchen und die Ruine des Konvents, in das sich Prinzessin Margit, Tochter König Bélas IV., zurückzog; nach ihr ist die Insel auch benannt. 1869 wurde die Insel für die Öffentlichkeit zugänglich; heute ist sie das schönste Naherholungsgebiet der Stadt: eine autofreie grüne Lunge und ideal für einen beschaulichen Spaziergang. Am Westufer speisen die mineralienreichen heißen Quellen der Insel das Palatinus-Strandbad.

Der Wasserturm

Relief mit Erzengel Michael in der Michaelskirche ⑧

Vom Vereinigungsdenkmal zum Palatinus-Strandbad

Der Spaziergang beginnt am beschaulich-grünen Südzipfel der Margareteninsel. Richtung Norden geht es dann zum ersten Wahrzeichen der Insel, dem Vereinigungsdenkmal ① *(siehe S. 62)*, das vor einem stattlichen Brunnen thront. István Kiss schuf es 1973 zum Gedenken an den 100. Jahrestag der Vereinigung der Städte Buda, Óbuda und Pest *(siehe S. 32)*. Nachts wird der Brunnen hübsch beleuchtet. Hier werden Vier-Rad-Familienräder *(Bringóhintó)* vermietet. Hält man sich links, ist es nur ein Katzensprung bis zum Hajós-Olympiabad ② *(siehe S. 53)*. Die 1930 erbaute Badeanlage entwarf das Multitalent Alfréd Hajós. Er gewann bei den Olympischen Spielen von 1896 Goldmedaillen im Schwimmen und gehörte dem ungarischen Fußballteam an. Weiter nach Norden liegt rechts der Rosengarten, bevor die Ruine der Franziskanerkirche aus dem 14. Jahrhundert ③ in Sichtweite kommt. Erbaut im gotischen Stil jener Epoche, war die Kirche Teil eines Klosters. Erkennbar sind in der Westmauer das Portal, das einst zur Orgelempore führte, sowie eine Wendeltreppe und schöne Bogenfenster. Nahebei liegt das quirlige Palatinus-Strandbad ④ *(siehe S. 53)*. Den Zugang zu den Freibecken weist eine Statue des französischen Bildhauers Emile Guilleaume.

Ruine der Franziskanerkirche aus dem 14. Jahrhundert ③

Vom Wasserturm zur Michaelskirche

Ein Blickfang nordöstlich des Palatinus-Strandbads ist der 57 Meter hohe Wasserturm ⑤. 1911 erbaut und heute UNESCO-Weltkulturerbe, dient der grazile Turm als Ausstellungsraum für moderne Kunst und für Kunsthandwerk, von Puppen bis hin zu Porträts. Am Fuß des Wasserturms liegt das Sommertheater. Das große, moderne Amphitheater bietet Platz für 3500 Menschen, die hier im Sommer Opernaufführungen erleben können.

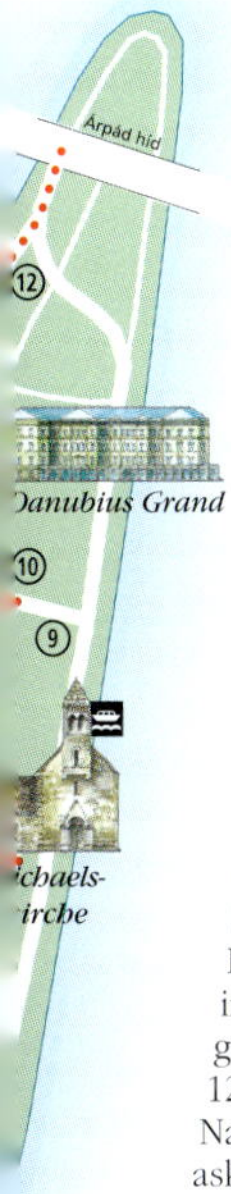

Südöstlich vom Wasserturm erheben sich die Ruinen einer Dominikanerkirche mit Konvent ⑥. In dem Kloster lebte Prinzessin Margit, die der Insel ihren Namen gab. König Béla IV. *(siehe S. 23)* hatte geschworen, seine Tochter Gott zu weihen, falls es ihm gelänge, den Mongolensturm von 1241 abzuwehren. Er hielt seinen Schwur und erbaute Kirche und Konvent, in das die neunjährige Prinzessin Margit 1251 geschickt wurde. Nach einem frommen, asketischen Leben verschied sie mit 29 Jahren. Fast 300 Jahre später, 1541, flohen die Nonnen des Konvents nach Pozsony (heute Bratislava) vor der türkischen Invasion *(siehe S. 26f)* und überließen die Kirche der Zerstörung. Bei der Überschwemmung von 1838 entdeckte man die Überreste der Kirche und die unterirdischen Gewölbe. Das Grab der heilig gesprochenen Margit wurde später ebenfalls freigelegt.

Gleich nördlich der Dominikanerkirche und des Konvents, nahe am Wasserturm, beginnt der Künstlerboulevard ⑦. Gruppen von Büsten ungarischer Autoren, Maler und Musiker säumen die Promenade, die zum alten Grandhotel hinaufführt. Kurz vor dem Hotel erhebt sich die Michaelskirche ⑧, im 12. Jahrhundert von den Mönchen des Prämonstratenserordens erbaut und damit das älteste Gebäude auf der Insel. Im Inneren grub man die Fundamente einer Kapelle aus dem 11. Jahrhundert aus. Bei der Invasion der Türken 1541 wurde die Kirche zerstört und nach 1930 mit Baumaterial aus dem Originalgebäude wiederaufgebaut. Wundersamerweise überstand die Kirchenglocke aus dem frühen 15. Jahrhundert den Einfall der Türken: Wahrscheinlich von Mönchen vergraben, kam sie erst 1914 wieder ans Tageslicht, als ein Sturm den Walnussbaum entwurzelte, der sie verbarg.

LEGENDE

······ Routenempfehlung

0 Meter 500

Wege und Stufen führen durch den Japanischen Garten ⑪

Büste von Zsigmond Móricz auf dem Künstlerboulevard ⑦

Vom Grandhotel Margitsziget zur Arpádbrücke

1872 entwarf Miklós Ybl *(siehe S. 119)* das Grandhotel Margitsziget ⑨ *(siehe S. 185)*. Viele Jahre lang war dies das vornehmste Hotel Budapests; man nannte es schlicht »das Grand«. Nach dem Zweiten Weltkrieg wurde es modernisiert und in Danubius Grand Hotel umgetauft; in den 1970er Jahren entstand nahebei das Thermalhotel Margitsziget ⑩. Die beiden Hotels verbindet ein unterirdischer Gang; sie warten mit Thermalbecken und diversen Kurbehandlungen *(siehe S. 52f)* auf. Weiter westlich vom Thermalhotel führt der letzte Abschnitt des Spaziergangs vorbei am Japanischen Garten ⑪. Exotische Pflanzen, ein Felsengarten, Wasserfälle und von Brücken überspannte Bäche tragen zur angenehmen Atmosphäre bei. Am Ende des Spaziergangs liegt eine Wasserorgel, der Bodor-Brunnen ⑫. Den Originalbrunnen schuf der Transsylvanier Péter Bodor 1820 in Marosvásárhely (Tirgu Mures in Rumänien), das damals zu Österreich-Ungarn gehörte. 1936 entstand diese Kopie auf der Margareteninsel. Hinter dem Brunnen geht es weiter zum Nordzipfel der Insel und schließlich zur Árpádbrücke, über die man wieder zum Stadtzentrum zurückgelangt.

Der Bodor-Brunnen ⑫

ROUTENINFOS

Start: *Südende der Margareteninsel von der Margaretenbrücke (Margit híd) aus.*
Anfahrt: *Bus 26.*
Länge: *3,3 km.*
Rasten: *Zahlreiche Kioske und etliche Cafés auf der Margareteninsel bieten im Sommer Getränke, Snacks und Eis an. Auch im Danubius Grand und im Thermalhotel Margitsziget sorgen Restaurants und Cafés für das leibliche Wohl.*

Zu Gast in Budapest

ÜBERNACHTEN

BUDAPEST HAT Unterkünfte für jeden Geschmack und Geldbeutel: Luxushotels und Privatzimmer, Campingplätze und Jugendherbergen. Größere Hotels gehören häufig zu bekannten Ketten und entsprechen internationalem Standard, sind jedoch teuer. Günstiger wohnt man in Pensionen oder außerhalb des Stadtzentrums. Reisebüros, die Büros des Ungarischen Tourismusamts *(siehe S. 179)* und das Internet informieren über die Angebote. Aus 200 von uns begutachteten Hotels und Pensionen haben wir die – unserer Meinung nach – 52 besten Häuser in verschiedenen Preiskategorien ausgewählt. Sie sind mit einer informativen Kurzbeschreibung auf den Seiten 180–185 aufgelistet.

Fassade des Hotels Kempinski Corvinus *(siehe S. 183)*

LAGE DER UNTERKUNFT

ENTSCHEIDEN SIE sich bei der Auswahl Ihrer Unterkunft zunächst für die Lage: Buda oder Pest – oder vielleicht ein malerischer Vorort? In Pest sind viele Hotels meist nur einen Katzensprung von den bedeutenden Sehenswürdigkeiten entfernt; im hügeligen Buda hingegen genießt man frische, kühle Luft und die ruhige Umgebung.

Ein günstiges Preis-Leistungs-Verhältnis bieten die kleinen Pensionen oder Hotels in und um Budapest. Für exklusivere Hotels muss man recht tief in die Tasche greifen – die Übernachtung kostet hier ab etwa 40 000 Forint.

Die meisten Luxushotels, etwa das Hyatt Regency Budapest *(siehe S. 181)*, säumen das östliche Donauufer. Andere hingegen, z. B. das Marriott *(siehe S. 183)* oder das Kempinski Corvinus *(siehe S. 183)*, liegen näher am Zentrum von Pest, nicht weit entfernt von den Theatern und Läden. Die Hotels etwas weiter außerhalb sind meist vom Stadtzentrum aus leicht erreichbar; oft liegen Hotels in der Nähe einer U-Bahn-Station.

Die Büros des **Budapester Tourismusamts** *(siehe S. 179)* bzw. des **Ungarischen Tourismusamts** *(siehe S. 214f)* versorgen Besucher mit Informationen zu Unterkünften und Restaurants, touristischen und kulturellen Veranstaltungen. Hier erfahren Sie Näheres über Unterkünfte – von Hotels bis hin zum Campingplatz. Die Büros sind das ganze Jahr über täglich geöffnet; Broschüren und Faltblätter sind frei erhältlich, Stadtpläne werden verkauft.

Am einfachsten sehen Sie sich im Internet um: Websites wie **www.budapestinfo.hu** informieren umfassend, auf **www.booking.hu** oder **www.hotelnet.hu** oder **www.travelport.hu** können Sie auch direkt ein Zimmer ihrer Wahl buchen.

Im Hyatt Regency *(siehe S. 181)* schwebt ein Modellflugzeug

Die Rezeption des Hotels Hilton *(siehe S. 180)* im Burgviertel

HOTEL- UND PENSIONSKATEGORIEN

HOTELS SIND IN FÜNF Kategorien von ein bis fünf Sternen unterteilt, Pensionen in zwei Kategorien.

In der Luxusklasse – also in den Fünf- und Vier-Sterne-Hotels – verfügen alle Zimmer über Bad, Telefon, TV, Radio und Minibar, viele auch über Klimaanlage. Die meisten dieser Hotels bieten Konferenzräume und Fitness-Center an. Drei-Sterne-Hotels warten zumindest mit einem Restaurant und einer Bar auf; das Personal spricht gewöhnlich wenigstens eine Fremdsprache. Zwei Drittel der Zimmer in Zwei-Sterne-Hotels haben ein eigenes Bad. In Hotels mit einem Stern gibt es nur Waschbecken mit fließend warmem und kaltem Wasser.

Zimmer in Pensionen haben eine Standard-Mindestgröße und stets Dusche oder Badewanne. Die Unterkünfte sind sauber und schlicht; freundliches Personal ist für Auskünfte und Dienste verfügbar.

Am Hotel Radisson Béke *(siehe S. 181)* ist ein Mosaik von György Szondi

Preise

Die Zimmerpreise entsprechen der Hotelkategorie, doch es ist ratsam, sich den Preis bei der Reservierung bestätigen zu lassen. Unterkünfte in zentral gelegenen Hotels höherer Kategorien kosten sehr viel mehr als Zimmer einer niedrigeren Klasse außerhalb der Stadt. Preiswert wohnt man in Pensionen und Jugendherbergen. In den Hotels ist das Frühstück fast immer inklusive. In Pensionen gibt es preiswerte Mahlzeiten.

Viele Luxushotels wie das Corinthia Aquincum *(siehe S. 185)* bieten in der Nebensaison (Mitte September bis Mitte März) beträchtliche Preisnachlässe an. In dieser Zeit können drei Übernachtungen soviel kosten wie eine einzige Nacht in der Hauptsaison.

In Kurhotels wie dem Gellért *(siehe S. 180)*, das über ein Hydrotherapiezentrum verfügt, ist die Benutzung der Becken und der Sauna im Zimmerpreis eingeschlossen. Für Behandlungen wie Massagen hingegen wird eine Gebühr fällig. Klären Sie diese Details am besten vorab.

Hotels und Pensionen in Budapest geben ihre Zimmerpreise oft in Euro an.

Zusätzliche Kosten

Mehrwertsteuer und Kurtaxe sind im Zimmerpreis enthalten (die Kurtaxe wird erhoben, weil Budapest als Kurort eingestuft wird); häufig jedoch kommen weitere Kosten hinzu, die den Gesamtpreis sehr verteuern können. Viele Hotels haben beispielsweise Geldwechselschalter; der Kurs ist hier jedoch schlecht. Tauschen Sie Ihr Geld lieber in einer Bank oder einer Wechselstube; dort sind die Kurse um einiges günstiger.

Telefonverbindungen, insbesondere ins Ausland, sind vom Hotelzimmer aus mindestens doppelt so teuer wie von öffentlichen Telefonen. Davon gibt es viele in Budapest; empfehlenswert ist eine Telefonkarte *(siehe S. 222)*.

Die meisten Hotels bieten eigene Parkmöglichkeiten. Einige, etwa das Inter-Continental *(siehe S. 183)*, das Hyatt Regency *(siehe S. 181)* oder das Victoria *(siehe S. 181)*, haben Parkplätze oder Garagen, für die eine geringe Gebühr erhoben wird.

Reservierung

Die Hauptsaison beginnt in Budapest Mitte Juni und dauert bis Anfang September. In diesem Zeitraum sowie um Neujahr und am Wochenende des ungarischen Grand Prix *(siehe S. 210)* sind die Hotels sehr schnell ausgebucht.

Daher ist es ratsam, mindestens zwei Wochen im Voraus zu buchen. Die meisten Hotels akzeptieren Reservierungen per Fax oder E-Mail und antworten auf dem gleichen Weg. Bestätigen Sie Ihre Reservierung telefonisch einige Tage vor Ihrer Ankunft.

Auch ohne Reservierung lässt sich eine Unterkunft finden; in der bevorzugten Lage oder Preisklasse kann es – besonders in der Hauptsaison – aber schwierig werden. Reservierungen sind auch am Flughafen Ferihegy 2 *(siehe S. 224f)* und am Nyugati pályaudvar, dem Westbahnhof *(siehe S. 226f)*, möglich.

Buntglasfenster im Hotel Gellért *(siehe S. 180)*

Danubius Grand (*siehe S. 185*, früher Ramada Grand), Margareteninsel

Service

Service und Ausstattung variieren von Hotel zu Hotel, je nach Zimmerpreis. Zimmer werden regelmäßig geputzt; die meisten guten Hotels bieten einen 24-Stunden-Service einschließlich Zimmerservice. Hierfür wird oft eine Gebühr fällig, auch Trinkgeld ist stets willkommen.

Das Personal an der Rezeption beherrscht meist Fremdsprachen, normalerweise Englisch und Deutsch. In der Regel ist das Personal hilfsbereit und gibt auch gern Anregungen für Besichtigungen.

Kinder

In den meisten Hotels sind Kinder willkommen; bis zum Alter von vier Jahren wohnen sie in Begleitung ihrer Eltern kostenlos. Gegen eine geringe Gebühr werden häufig für größere Kinder im Zimmer ihrer Eltern Zusatzbetten bereitgestellt. Viele Hotels bieten auch Kinderbetreuung an.

Behinderte Reisende

Budapest versucht die Versäumnisse der Vergangenheit aufzuholen; bislang war es für behinderte Reisende nicht einfach in der Stadt. Spezielle Einrichtungen werden nach und nach eingeführt. Beipielsweise wurden die neueren Hotels behindertengerecht gebaut. Diese Hotels halten für behinderte Gäste Informationen zu ihren Einrichtungen bereit. Nähere Auskünfte erteilen die Büros der ungarischen Tourismusämter und die Reisebüros.

Apartments

Einige Hotels in Budapest, vor allem diejenigen im Botschaftsviertel, etwa das Radio Inn *(siehe S. 183)*, bieten Unterkünfte in Suiten mit Kochnische an. Diese Art der Unterbringung ist vor allem für Familien geeignet; sie haben so die Möglichkeit, wie zu Hause zu speisen, statt zum Essen ständig ins Restaurant zu gehen. Ein weiterer Vorteil ist natürlich der zusätzliche Raum; häufig sind diese Hotelsuiten so groß wie eine Wohnung.

Einige Häuser bestehen überdies ausschließlich aus Ferienwohnungen. Das **Apartmenthaus Charles** ist beispielhaft für diese Art der Unterkunft; die Wohnungen sind geräumig und verhältnismäßig gut ausgestattet.

Hostels

In Budapest gibt es einige ganzjährig geöffnete Hostels. Sie offerieren für wenig Geld gute, wenn auch schlichte Unterkunft. Hostels wie **Universitás** oder das **Citadella** *(siehe S. 180)* in der Zitadelle *(siehe S. 92f)* auf dem Gellértberg sind nur zwei von mehreren Hostels. In Jugendherbergen hat man häufig die Wahl zwischen Schlafsälen und Einzel- bzw. Doppelzimmern.

Saisonale Hostels

Am nächsten kommen den Jugendherbergen die Budapester Studentenwohnheime, die nur während der Sommermonate, im Juli und August, zur Verfügung stehen. Viele Studentenwohnheime werden dann in Hostels verwandelt und stellen fast 4000 zusätzliche Betten zur Verfügung. Besucher finden hier eine zweckmäßige, preisgünstige Unterkunft.

Es ist ratsam, die Zimmer vorab zu reservieren. Dies geschieht am besten über die Tourismusämter oder über ein Reisebüro statt direkt bei den Herbergen zu buchen. Mit dem internationalen Jugendherbergsausweis bekommt man die Zimmer zum ermäßigten Preis.

Interieur des Hotels Astoria (*siehe S. 182*)

Privatzimmer und Ferienwohnungen

Einige Besucher entscheiden sich für Privatzimmer. Diese Unterkünfte bestehen meist aus einem separaten Schlafzimmer; Küchen- und Badezimmerbenutzung ist inbegriffen. Der Preis richtet sich nach Ausstattung und Lage und bewegt sich zwischen 1000 und 5000 Forint pro Tag für ein Doppel- und ab 500 Forint aufwärts pro Tag für ein Einzelzimmer. **Skála Metro** ist eine Agentur, über die diese Art von Unterkunft gebucht werden kann.

Eine Ferienwohnung ist die preiswerteste Option für einen längeren Aufenthalt. Privatwohnungen werden über Agenturen vermittelt; ebenso lohnend sind die Anzeigen unter *albérlet* (Vermietungen) in *Expressz* oder *Hirdetés*.

Campingplätze

Campen ist nur auf ausgewiesenen Campingplätzen gestattet. Sie liegen verteilt in den Außenbezirken von Budapest. Der größte und malerischste ist **Római Camping** an der Landstraße, die von Óbuda nach Szentendre führt. Die Campingplätze sind in der Regel von Mai bis Ende Oktober geöffnet. Einige Anlagen, z.B. EXPO, öffnen nur vom 1. Juli bis zum 31. August; andere können das ganze Jahr über aufgesucht werden.

Restaurant des Hotels Erzsébet *(siehe S. 182)* im Stadtzentrum

Auf einen Blick

Informationen

Budapester Tourismusamt (BTH Budapesti Turisztikai Szolgáltató) und Ungarisches Tourismusamt

Kostenloses Infotelefon nach Ungarn
Tel. *00800 36 00 00 00.*
W www.budapestinfo.hu
W www.ungarn-tourismus.de

Gebührenpflichtiges Infotelefon in Deutschland
Tel. *0900 186 42 76.*
in Österreich
Tel. *0900 22 00 13.*

Infotelefon in Budapest
Tel. *488 04 75 oder 322 40 98.*

Büros des Tourismusamts in Berlin, Frankfurt am Main, Wien und Zürich *Siehe S. 215.*

Zentrale des Budapester Tourismusamts
(Postanschrift)
1056 Budapest, Március 15, tér 7. **Stadtplan** 4 E1 (10 D5).
Tel. *266 04 79.*

Informations-Büros in Budapest

Liszt Ferenc tér 11. **Stadtplan** 7 A1.

Nyugati pályaudvar (Westbahnhof), linker Flügel. **Stadtplan** 2 F2.

Sütő Utca 2 (am Deák tér). **Stadtplan** 2 E5 (10 D3).

Am Königspalast. **Stadtplan** 3 C1 (9 B4).

Am Flughafen Ferihegy 2.

Hotelreservierungszentrale
Tel. *(0036) 20 266 54 64*
In Budapest: Tel. *453 31 01.*
FAX *453 31 10.*

Hotelbuchung im Internet
W www.booking.hu
W www.hotelnet.hu
W www.travelport.hu

Agenturen

Expressz Központi Iroda
1052 Budapest, Semmelweis utca 4. **Stadtplan** 4 F1 (10 E4). Tel. *317 66 34.*

Ungarischer Jugendherbergsverband
1077 Budapest, Almássy tér 6. **Stadtplan** 7 B2.
Tel. *343 51 67.*
FAX *478 04 58.*

IBUSZ
1053 Budapest, Ferenciek tere 10. **Stadtplan** 4 F1 (10 E4). Tel. *485 27 00.*
FAX *338 49 87.*

Apartments

Apartmenthaus Charles
1016 Budapest, Hegyalja út 23. **Stadtplan** 3 B2 (9 A5). Tel. *212 91 69.*
FAX *202 29 84.*

Hostels

Citadella
1118 Budapest, Citadella sétany. **Stadtplan** 4 D3.
Tel. *466 57 94.*
FAX *386 05 05.*

Diák Sport Hostel
1134 Budapest, Dózsa György út 152. **Stadtplan** 5 C4 (8 E1). Tel. *413 20 65.* FAX *320 84 25.*

Martos Hotel
1111 Budapest, Stoczek utca 5–7. Tel. *463 36 51.*
FAX *463 42 59.*

Saisonale Hostels

ELTE Kollégium
1118 Budapest, Dayka Gábor utca 4. Tel. *319 25 50.* FAX *319 33 38.*

Rózsa Kollégium
1117 Budapest, Bercsényi utca 28. **Stadtplan** 4 E5.
Tel. *463 42 50.*
FAX *275 70 46.*

Schönherz Kollégium
1117 Budapest, Irinyi József utca 42. **Stadtplan** 4 E5.
Tel. *340 85 85.*
FAX *320 84 25.*

Universitás
1111 Budapest, Irinyi József utca 9–11. **Stadtplan** 4 F5. Tel. *340 85 85.*
FAX *320 84 25.*

Privatzimmer und Ferienwohnungen

Skála Metro
1068 Budapest, Bajcsy-Zsilinszky út 17. **Stadtplan** 2 E4 (10 D2). Tel. *312 36 21.* FAX *312 71 26.*

Campingplätze

Csillebérc Autós Camping
1121 Budapest, Konkoly Thege út 21. Tel. *395 65 27.* FAX *395 73 27.*

Haller Camping
1096 Budapest, Haller utca 27. Tel. *215 47 75.*
FAX *218 79 09.*

Metro Tennis Camping
1162 Budapest, Csömöri út 158. Tel. *406 55 84.*
FAX *405 10 50.*

Római Camping
1031 Budapest, Szentendrei út 189.
Tel. *368 62 60.*
FAX *250 04 26.*

Hotelauswahl

DIESE AUFSTELLUNG bietet einen Überblick über Hotels, Pensionen und Hostels in und um Budapest. Die Unterkünfte reichen von einfach bis luxuriös; jede für sich hat aber einen hohen Standard. Hotels innerhalb derselben Preiskategorie sind alphabetisch geordnet. Die Verweise beziehen sich auf den Stadtplan *(siehe S. 234–248)*.

BURGVIERTEL

CARLTON HOTEL BUDAPEST HUF HUF HUF
1011 Budapest, Apor Péter utca 3. **Stadtplan** 1 C5. *224 09 99.*
www.carltonhotel.hu
Hotel nahe am Clark Ádám tér *(siehe S. 100)*. Die gut geschnittenen, eher schlichten Einzel-, Doppel- und Dreibettzimmer haben ein großes, helles Bad. Herzhaftes Frühstücksbüfett.

HILTON HUF HUF HUF HUF HUF
1014 Budapest, Hess András tér 1–3. **Stadtplan** 1 B4. *488 66 00.*
www.budapest.hilton.com
Das Hilton *(siehe S. 81)*, eines der luxuriösesten Hotels der Stadt, ist ein Neubau, in den Teile einer gotischen Kirche und eines Jesuitenklosters integriert wurden. Im Herzen des Burgviertels verwöhnt es in drei Restaurants mit ungarischer und internationaler Küche.

Hotel	Kreditkarten	Anzahl der Zimmer	Hotelrestaurant	Klimaanlage	Swimmingpool
Carlton Hotel Budapest	AE DC MC V	95		●	
Hilton	AE DC MC V	322	■	●	

GELLÉRTBERG UND TABÁN

CITADELLA HUF
1118 Budapest, Citadella sétány. **Stadtplan** 4 D3. *466 57 94.* www.citadella.hu
Das Hotel im Herbergsstil nimmt die Flügel der Zitadelle *(siehe S. 92f)* ein. Es hat preiswerte, saubere Doppel- und Mehrbettzimmer. Nahebei locken ein beliebtes Weinlokal, ein Restaurant und ein Nachtklub.

ORION HUF HUF
1013 Budapest, Döbrentei utca 13. **Stadtplan** 4 D1. *356 85 83.* FAX *375 54 18.*
In einem abgeschiedenen Winkel wartet das nette Hotel mit freundlichen, schlichten Zimmern auf. Alle haben Bad, Klimaanlage und Farb-TV. Ein kleines Restaurant tischt eine gute Auswahl ungarischer und internationaler Speisen zu mäßigen Preisen auf.

FLAMENCO PARKHOTEL HUF HUF HUF
1113 Budapest, Tas vezér utca 7. **Stadtplan** 3 C5. *372 20 00.*
www.danubiusgroup.com/flamenco
Das Hotel liegt günstig nahe den Attraktionen Budas. Das in den 1960er Jahren erbaute Haus hat ein spanisch inspiriertes Interieur. Das Restaurant und die Bar bieten spanische Spezialitäten.

GELLÉRT HUF HUF HUF HUF HUF
1111 Budapest, Szent Gellért tér 1. **Stadtplan** 4 D2. *385 22 00.*
www.danubiusgroup.com/gellert
Das berühmte Kurhotel *(siehe S. 90f)* bietet seinen Gästen Innen- und Außenpools zur Entspannung. Auch Behandlungen wie Massagen sind möglich. Es gibt ein Restaurant, eine Bar und eine Bierstube, einen Nachtklub und Bankettsäle.

Hotel	Kreditkarten	Anzahl der Zimmer	Hotelrestaurant	Klimaanlage	Swimmingpool
Citadella		15			
Orion	AE DC MC V	30	■	●	
Flamenco Parkhotel	AE DC V	358	■	●	■
Gellért	AE DC MC V	233	■		■

NÖRDLICH DER BURG

DUNAPART HUF HUF HUF
1011 Budapest, Szilágyi Dezső tér. **Stadtplan** 1 C4 (9 B2). *387 93 61.*
punkosd@alexero.hu
Skurriles Hotel auf einem Boot nahe der Kalvinistenkirche *(siehe S. 100)*. Im Dunapart erwarten Sie Kabinen mit Klimaanlage; einige blicken auf das Parlamentsgebäude *(siehe S. 108f)*. Mit Bordrestaurant, beim Dinieren sieht man auf die Ketten- und die Elisabethbrücke *(S. 62f)*.

MERCURE BUDAPEST BUDA HUF HUF HUF
1013 Budapest, Krisztina körút 41–3. **Stadtplan** 1 A4. *488 81 00.*
www.mercure-buda.hu
Das Hotel nahe am Vérmező-Park stammt aus den 1960er Jahren. Einige Zimmer gehen aufs Burgviertel. Swimmingpool, vegetarisches Restaurant, Bar und Bierstube. Parkplatz. Hunde sind erlaubt.

Hotel	Kreditkarten	Anzahl der Zimmer	Hotelrestaurant	Klimaanlage	Swimmingpool
Dunapart	AE DC MC V	32	■	●	
Mercure Budapest Buda	AE DC V	399	■	●	■

Preis für ein Doppelzimmer mit Bad, inklusive Frühstück und Service:
- HUF unter 10 000 HUF
- HUF HUF 10 000–20 000 HUF
- HUF HUF HUF 20 000–30 000 HUF
- HUF HUF HUF HUF 30 000–40 000 HUF
- HUF HUF HUF HUF HUF über 40 000 HUF

Kreditkarten
Die Abkürzungen bedeuten: AE American Express; DC Diners Club; MC MasterCard; V Visa.

Hotelrestaurant
Hotelrestaurants stehen in der Regel auch Nicht-Hotelgästen offen, sofern nicht explizit erwähnt.

Klimaanlage
Alle Zimmer verfügen über eine Klimaanlage.

Swimmingpool
Das Hotel verfügt über eine Schwimmhalle oder ein Schwimmbad im Freien.

Victoria
HUF HUF HUF

1011 Budapest, Bem rakpart 11. **Stadtplan** 1 C4 (9 B2). *457 80 80.*
W www.victoria.hu
Das Victoria liegt am Westufer der Donau unweit der Attraktionen Budas. Große, komfortable Zimmer mit Klimaanlage, viele mit Blick auf Kettenbrücke, Elisabethbrücke und Pest. Das Hotel hat kein Restaurant, daher frühstückt man in der Bar. Sauna und Arzt.

Pester Donauufer

City Panzió Ring
HUF HUF

1137 Budapest, Szent István körút 22. **Stadtplan** 7 A1 (10 F1). *340 54 50.*
W www.taverna.hu
Das Haus liegt einen Katzensprung vom Parlamentsgebäude *(siehe S. 108f)* entfernt. Alle Zimmer sind blitzsauber und in neutralen Tönen gehalten. Ausstattung und Service sind begrenzt, was sich in günstigen Preisen niederschlägt. Ein Frühstücksraum ist vorhanden.

Medosz
HUF HUF

1061 Budapest, Jókai tér 9. **Stadtplan** 7 A1. *374 30 01.* FAX *332 43 16.*
Das einstige Gewerkschaftshotel wurde erfolgreich in ein preiswertes, schlichtes Hotel umgewandelt. Die bescheidenen Zimmer werden mehr als wettgemacht durch die exzellente Lage nahe dem Liszt Ferenc tér und dem Oktogon tér.

K + K Opera
HUF HUF HUF HUF

1065 Budapest, Révay utca 24. **Stadtplan** 2 F4 (10 E2). *269 02 22.*
W www.kkhotels.com
Das Hotel liegt nahe der Staatsoper *(siehe S. 118f)*. Die Zimmer sind komfortabel, modern, sauber und geräumig. Café, Pub und Bar. Sichere Parkplätze sind vorhanden.

Radisson SAS Béke
HUF HUF HUF HUF

1067 Budapest, Teréz körút 43. **Stadtplan** 2 F3. *301 16 00.*
W www.danubiusgroup.com/beke
Das altehrwürdige Hotel *(siehe S. 115)* nahe dem Nyugati pályaudvar hat eine schöne Mosaikfassade. Nach der Restaurierung ist es nun modernst ausgestattet. Die Restaurants servieren Köstliches, das Café Zsolnay Tee und Kaffee in Zsolnay-Porzellan *(siehe S. 56)*.

Andrássy Hotel
HUF HUF HUF HUF HUF

1063 Budapest, Andrássy út 111. **Stadtplan** 2 F4 (10 E2). *462 21 09.*
W www.andrassyhotel.com
Das Hotel Andrássy in der Andrássy út vereint Eleganz und Charme. Teure Geschäfte, Szene-Cafés und Sehenswürdigkeiten liegen nah. Die schönen Zimmer sind im mediterranen Stil gehalten.

Hyatt Regency Budapest
HUF HUF HUF HUF HUF

1051 Budapest, Roosevelt tér 2. **Stadtplan** 2 D5 (9 C3). *266 12 34.*
W www.budapest.hyatt.com
Nahe der Donau gelegen, überblickt das Atrium Hyatt das Burgviertel und das Pester Zentrum. Hier locken schicke Restaurants mit internationaler und ungarischer Küche, Terrassencafés und eine Cocktailbar. Souvenirboutiquen und Kasino Las Vegas *(siehe S. 206)*.

Zentrum von Pest

City Panzió Mátyás
HUF HUF

1056 Budapest, Március 15 tér 8. **Stadtplan** 4 E1. *338 47 11.* W www.taverna.hu
Die adrette Pension bietet schlichte Zimmer mit Dusche zu zivilen Preisen. Es wird nur ein Frühstück serviert. Das City Panzió Mátyás liegt günstig, und viele der Attraktionen Budapests sind zu Fuß oder bequem mit öffentlichen Verkehrsmitteln erreichbar.

Hotel	Kreditkarten	Anzahl der Zimmer	Hotelrestaurant	Klimaanlage	Swimmingpool
Victoria	AE DC MC V	30		●	
City Panzió Ring	AE DC MC V	39			
Medosz		67			
K + K Opera	AE DC MC V	205	■	●	
Radisson SAS Béke	AE DC MC V	247	■	●	■
Andrássy Hotel	AE DC MC V	70	■	●	
Hyatt Regency Budapest	AE DC MC V	344	■	●	■
City Panzió Mátyás	AE DC V	55			

Zeichenerklärung siehe hintere Umschlagklappe

Preis für ein Doppelzimmer mit Bad, inklusive Frühstück und Service:
(HUF) unter 10 000 HUF
(HUF)(HUF) 10 000–20 000 HUF
(HUF)(HUF)(HUF) 20 000–30 000 HUF
(HUF)(HUF)(HUF)(HUF) 30 000–40 000 HUF
(HUF)(HUF)(HUF)(HUF)(HUF) über 40 000 HUF

Kreditkarten
Die Abkürzungen bedeuten: AE American Express; DC Diners Club; MC MasterCard; V Visa.

Hotelrestaurant
Hotelrestaurants stehen in der Regel auch Nicht-Hotelgästen offen, sofern nicht explizit erwähnt.

Klimaanlage
Alle Zimmer verfügen über eine Klimaanlage.

Swimmingpool
Das Hotel verfügt über eine Schwimmhalle oder ein Schwimmbad im Freien.

Emke
(HUF)(HUF)

1072 Budapest, Akácfa utca 1–3. **Stadtplan** 7 B3. *478 30 50.*
www.pannonia-emke.hu
In einer ruhigen Seitenstraße nahe am Blaha Lujza tér, erwarten Sie im Emke hübsche Zimmer, auch für Nichtraucher.

King's Hotel Kosher
(HUF)(HUF)

1072 Budapest, Nagy Diófa utca 25–27. **Stadtplan** 7 A2 (10 F3). *352 76 75.*
kingshotel@alexero.hu
Im Herzen des jüdischen Viertels *(siehe S. 134)* eröffnete 1995 dieses Hotel in einem schön restaurierten Gebäude. Viele der modern-schlichten Zimmer haben einen kleinen Balkon auf die ruhige Wohnstraße hinaus. Im Restaurant gibt es schmackhafte, strikt koschere Speisen.

Ibis Centrum
(HUF)(HUF)(HUF)

1092 Budapest, Ráday utca 6. **Stadtplan** 7 A5. *215 85 85.* www.ibis-centrum.hu
Das Hotel liegt in der Nähe des Ungarischen Nationalmuseums *(siehe S. 130ff)*, des Kálvin tér und einiger Restaurants. Komfortable Zimmer und netter Service sorgen für einen erholsamen Aufenthalt.

Mercure Budapest Metropol
(HUF)(HUF)(HUF)

1074 Budapest, Rákóczi út 58. **Stadtplan** 7 A3. *462 81 00.*
www.mercure-metropol.hu
Das Hotel ist in einem renovierten Haus aus dem 19. Jahrhundert untergebracht und liegt in zentraler Lage. Die modernen Zimmer sind schallisoliert und haben PC-Anschluss.

Nemzeti
(HUF)(HUF)(HUF)

1088 Budapest, József körút 4. **Stadtplan** 7 B3. *477 20 00.*
www.mercure-nemzeti.hu
Das Ende des 19. Jahrhunderts erbaute Hotel ziert eine prachtvolle Treppe. Hauptattraktion ist das Restaurant im Sezessionsstil, in dem man gut speist. Die Zimmer sind komfortabel.

Astoria
(HUF)(HUF)(HUF)(HUF)

1053 Budapest, Kossuth Lajos utca. 19–21. **Stadtplan** 4 F1 (10 E4). *484 32 00.*
www.danubiusgroup.com/astoria
Das altehrwürdige Hotel im Sezessionsstil *(siehe S. 54ff)* mit dem neobarocken Frühstücksraum wurde neu möbliert. Auch wenn Sie nicht im Hotel absteigen, ist das schöne Café *(siehe S. 201)* einen Abstecher wert. Die vorderen Zimmer sind etwas laut.

Erzsébet
(HUF)(HUF)(HUF)(HUF)

1364 Budapest, Károlyi Mihály utca 11–15. **Stadtplan** 4 F1 (10 E5). *328 57 00.*
www.danubiusgroup.com/erzsebet
Das moderne Hotel liegt nahe der Ladenmeile in der Váci utca *(siehe S. 127)* und verfügt über Restaurant, Café und Bar mit freundlicher Atmosphäre und hochwertiger Küche.

Mercure Budapest Korona
(HUF)(HUF)(HUF)(HUF)

1053 Budapest, Kecskeméti utca 14. **Stadtplan** 4 F2. *317 41 11.*
www.mercure-korona.hu
Das Mercure Korona liegt in einer Seitenstraße des Kálvin tér, nahe bei Cafés und Restaurants. Es bietet Swimmingpool, Fitness-Center, Sauna und Solarium.

Taverna
(HUF)(HUF)(HUF)(HUF)

1052 Budapest, Váci utca 20. **Stadtplan** 4 E1 (10 D4). *485 31 00.*
www.taverna.hu
In der Váci utca *(siehe S. 127)* bietet das Taverna alle Annehmlichkeiten eines Vier-Sterne-Hotels. Die Zimmer sind wahre Oasen mitten im Trubel des Geschäftsviertels.

Hotel	Kreditkarten	Anzahl der Zimmer	Hotelrestaurant	Klimaanlage	Swimmingpool
Emke	AE DC V	74			
King's Hotel Kosher	AE	100	■		
Ibis Centrum	AE DC MC V	126		●	
Mercure Budapest Metropol	AE DC V	130	■	●	
Nemzeti	AE DC MC V	76	■	●	
Astoria	AE DC MC V	130	■		
Erzsébet	DC MC	123	■	●	
Mercure Budapest Korona	AE DC MC V	433	■		■
Taverna	AE DC MC V	230	■	●	

Stadtplan siehe Seiten 234–248

Hotel	Kreditkarten	Zimmer			
INTER-CONTINENTAL (HUF)(HUF)(HUF)(HUF)(HUF) 1052 Budapest, Apáczai Csere János utca 12–14. **Stadtplan** 2 D5 (9 C3). *327 63 33.* www.budapest.intercontinental.com Das Luxushotel nahe der Pester Uferpromenade bietet einen großartigen Blick über die Donau hinweg bis hin zum Burgviertel. Es wartet mit einer Cocktailbar und einem Büfett-Restaurant auf. Im ersten Stock liegt ein reizvoll eingerichtetes Café.	AE DC V	398	■	●	■
KEMPINSKI CORVINUS (HUF)(HUF)(HUF)(HUF)(HUF) 1051 Budapest, Erzsébet tér 7–8. **Stadtplan** 2 E5 (10 D5). *429 37 77.* www.kempinski-budapest.com Staatsoberhäupter und andere illustre Persönlichkeiten logieren häufig in diesem Hotel. In den großen, luxuriös möblierten Räumen lässt es sich vorzüglich entspannen. Es gibt ein Fitness-Center, zwei Restaurants, Bars und einen Pub.	AE DC MC V	369	■	●	■
MARRIOTT (HUF)(HUF)(HUF)(HUF)(HUF) 1052 Budapest, Apáczai Csere János utca 4. **Stadtplan** 4 E1. *266 70 00.* www.marriott.com Das Marriott bietet eine exzellente Ausstattung (Bankettsäle, drei Restaurants, Business-Center, Sauna und Fitnessraum). Die Zimmer haben einen hohen Standard. Hier fiel 1991 die Entscheidung, Warschauer Pakt und COMECON aufzulösen *(siehe S. 35).*	AE DC MC V	362	■	●	

UM DEN VÁROSLIGET

Hotel	Kreditkarten	Zimmer			
GOLDEN PARK (HUF)(HUF) 1087 Budapest, Baross tér 10. **Stadtplan** 7 C2 (10 F5). *477 47 77.* www.goldenparkhotel.hu Das Hotel liegt mitten im Geschäftszentrum Budapests und hat eine gute Verkehrsanbindung. Nach seiner Komplettrenovierung bietet es ein üppiges Frühstücksbüfett und komfortable Zimmer sowohl für Alleinreisende wie für Gruppen.	MC V	170	■		
LIGET (HUF)(HUF) 1068 Budapest, Dózsa György út 106. **Stadtplan** 5 C3. *269 53 00.* www.liget.hu Am Rand des Hősök tere *(siehe S. 142f)*, nahe beim Museum der schönen Künste *(siehe S. 146ff)*, wartet das Liget mit hübschen Zimmern auf. Es verfügt über Sauna, Solarium und einen Fahrradverleih. Ein Restaurant ist nicht vorhanden, Frühstück jedoch möglich.	AE DC MC V	139	■		
RADIO INN (HUF)(HUF) 1068 Budapest, Benczúr utca 19. **Stadtplan** 5 C4. *342 83 47.* www.radioinn.hu Das Hotel im Pensionsstil ist das offizielle Gästehaus des staatlichen ungarischen Radiosenders und beherbergt viele Persönlichkeiten. Für andere Besucher hält das Radio Inn geräumige Suiten mit gut ausgestatteten Küchen bereit. Trotz der relativ schlichten Ausstattung ist das Radio Inn ideal für Familien, denn es liegt im friedlichen Botschaftsviertel und hat einen Garten.	MC V	31			
BENCZÚR (HUF)(HUF)(HUF) 1068 Budapest, Benczúr utca 35. **Stadtplan** 5 C4. *479 56 50.* www.hotelbenczur.hu In einer ruhigen Straße nahe dem Városliget *(siehe S. 142)* erwarten Sie hier kleine, aber komfortable Zimmer. Gutes Restaurant. Terrasse und Garten. Den Gästen steht zudem ein hoteleigener Zahnarzt zur Verfügung. Die Preise sind in der Nebensaison teilweise spürbar reduziert – fragen Sie nach!	MC V	93	■		
IBIS BUDAPEST VOLGA (HUF)(HUF)(HUF) 1134 Budapest, Dózsa György út 65. **Stadtplan** 5 A1. *329 02 00.* www.ibis-volga.hu Großer Hotelkomplex für Reisegruppen und Einzelgäste. Funktionale Zimmer und sichere Parkplätze. Restaurant, Café, Bar und Nachtklub. Auch ärztliche Versorgung ist möglich.	AE DC MC V	315	■		
GRANDHOTEL HUNGARIA (HUF)(HUF)(HUF)(HUF) 1074 Budapest, Rákóczi út 90. **Stadtplan** 7 C2. *478 11 00.* www.danubiusgroup.com/grandhotel-hungaria Budapests größtes Hotel, das Grand Hungaria, hat Einzel- und Doppelzimmer. Alle Zimmer sind sauber und funktional; da sie jedoch in der Größe stark variieren, lohnt es sich, den Raum erst einmal anzuschauen. Im Hotel gibt es ein Café, ein Restaurant und einige Bars. Zudem wird Kinderbetreuung angeboten.	AE DC MC V	499	■	●	

Zeichenerklärung siehe hintere Umschlagklappe

Preis für ein Doppelzimmer mit Bad, inklusive Frühstück und Service:
- (HUF) unter 10 000 HUF
- (HUF)(HUF) 10 000–20 000 HUF
- (HUF)(HUF)(HUF) 20 000–30 000 HUF
- (HUF)(HUF)(HUF)(HUF) 30 000–40 000 HUF
- (HUF)(HUF)(HUF)(HUF)(HUF) über 40 000 HUF

Kreditkarten
Die Abkürzungen bedeuten: AE American Express; DC Diners Club; MC MasterCard; V Visa.

Hotelrestaurant
Hotelrestaurants stehen in der Regel auch Nicht-Hotelgästen offen, sofern nicht explizit erwähnt.

Klimaanlage
Alle Zimmer verfügen über eine Klimaanlage.

Swimmingpool
Das Hotel verfügt über eine Schwimmhalle oder ein Schwimmbad im Freien.

Ausserhalb des Zentrums

Agro (HUF)(HUF)
1121 Budapest, Normafa út 54. 375 40 11. www.hotelagropanorama.hu
Manches in diesem Hotel außerhalb der Stadt auf dem Sváb-Berg *(siehe S. 161)* erinnert noch an die kommunistische Vergangenheit. Die schöne Umgebung und die gute Küche passen jedoch zu der exzellenten Ausstattung. Dazu zählen der Swimmingpool, die Bowlingbahn, Tennisplätze, ein Fitnessraum und die Sauna. Die Aussicht ist herrlich, und die Berge von Buda *(siehe S. 161)* laden zum Wandern ein.

Griff (HUF)(HUF)
1113 Budapest, Bartók Béla út 152. 204 26 66. www.hunguesthotels.hu
Das Zwei-Sterne-Hotel ist angemessen ausgestattet, mit Fernsehern in allen Zimmern. Kinderbetreuung wird angeboten. Im Restaurant spielt regelmäßig eine ungarische Live-Band.

Ibis Budapest Aero (HUF)(HUF)
1091 Budapest, Ferde utca 1–3. 347 97 00. www.ibis-aero.hu
Seine Nähe zum Flughafen Ferihegy macht das Hotel für Reisende mit kurzem Zwischenstopp in der Stadt attraktiv. Die Zimmer sind geschmackvoll eingerichtet; es gibt Familiensuiten und Zimmer für Nichtraucher. Alle Zimmer haben Balkon.

Mohácsi Panzió (HUF)(HUF)
1022 Budapest, Bimbó út 25a. 326 77 41. FAX 326 77 84.
Die kleine, hübsche und preisgünstige Pension liegt gleich hinter der Margit körút in Rózsadomb. Sie bietet saubere Zimmer mit Dusche oder Badewanne; alle Räume haben Fernseher.

Molnár Panzió (HUF)(HUF)
1124 Budapest, Fodor utca 143. 395 18 73. www.hotel-molnar.hu
Die Mittelklasse-Pension liegt in einem Wohnviertel an den Hängen der Buda-Berge *(siehe S. 161)*. Das Grün ringsum sorgt für friedliche Beschaulichkeit. Zimmer für Familien sind vorhanden, ebenso eine Bar, ein Fitnessraum und Parkplätze.

Normafa (HUF)(HUF)
1121 Budapest, Eötvös út 52–54. 395 65 05. www.normafahotel.com
Im Normafa kann der Gast ganz der Entspannung frönen oder die malerische Umgebung zu Fuß erkunden. Alle Zimmer haben eine Terrasse; daneben locken Swimmingpool, Sauna, Tennisplätze, Restaurant, Café und Bierstube.

Olympia (HUF)(HUF)
1121 Budapest, Eötvös utca 40. 395 64 52. FAX 395 64 43.
Das in herrlicher Umgebung an den Hängen des Sváb-Bergs *(siehe S. 161)* erbaute Hotel gehörte ursprünglich zum Olympischen Dorf. Die Luft ist sauber. Unter der Woche ist es sehr beschaulich. An Wochenenden bevölkern Tagesausflügler das Gebiet.

Panda (HUF)(HUF)
1026 Budapest, Pasaréti út 133. 394 19 32. www.budapesthotelpanda.com
Kleines Hotel in Pasarét, einem ruhigen Wohnviertel. Familiäre Atmosphäre und ein üppiges, schmackhaftes Frühstück. Bus 5 befördert Sie rasch ins Stadtzentrum.

Platánus (HUF)(HUF)
1087 Budapest, Könyves Kálmán körút 44. 333 65 05. www.hunguesthotels.hu
Das komfortable, preiswerte Hotel liegt am Rand des Volksparks *(siehe S. 156)* nahe der U-Bahn-Station Népliget. Es verfügt über saubere, funktionale Zimmer und ein gutes Restaurant. Zur Ausstattung gehören eine Sauna und ein Solarium. Hoteleigener Arzt.

Hotel	Kreditkarten	Anzahl der Zimmer	Hotelrestaurant	Klimaanlage	Swimmingpool
Agro	AE DC MC V	149	■		■
Griff	AE MC	108	■		
Ibis Budapest Aero	AE DC MC V	139	■	●	
Mohácsi Panzió		9	■		
Molnár Panzió	AE MC V	23	■		
Normafa	AE MC V	70	■		■
Olympia	AE DC	166	■		■
Panda	AE DC MC V	28	■		
Platánus	AE DC MC V	128	■		

REGE (HUF)(HUF)

1021 Budapest, Pálos utca 2. ☎ *391 23 00.* @ rege@hotel.datanet.hu

Das Hotel in den Bergen von Buda *(siehe S. 161)* ist bei Schauspielern beliebt. Hier findet man Ruhe und Frieden, schöne Ausblicke und erholsamen Komfort. 1 24 TV P

AE DC MC V · 164 · ■ · · ■

VILLA KORDA (HUF)(HUF)

1025 Budapest, Szikla utca 9. ☎ *325 91 23.* FAX *325 91 27.* @ korda@axelero.hu

Das exklusive Hotel im Pensionsstil ließ der beliebte ungarische Sänger György Korda in einem schicken Wohnviertel an den Hängen des Mátyás-Bergs errichten. Es bietet erstklassigen Service und Exklusivität. Wegen seiner Lage und der steilen Zufahrtsstraße empfiehlt sich die Anreise im Auto. 1 TV P

AE DC MC V · 21 · ■ · ● ·

VADVIRÁG PANZIÓ (HUF)(HUF)

1025 Budapest, Nagybányai út 18. ☎ *275 02 00.* FAX *394 42 92.*

Die angenehme Pension in Familienbesitz liegt in einem ruhigen, grünen Teil der Buda-Berge *(siehe S. 161)*. Den Gast erwarten komfortable Zimmer mit Balkon, ein Speisesaal, eine Terrasse und eine Sauna. In der Nähe liegt das einstige Heim des Komponisten Béla Bartók. 1 TV P

DC MC V · 18 · · ·

BUDAPEST (HUF)(HUF)(HUF)

1026 Budapest, Szilágyi Erzsébet fasor 47. ☎ *488 98 00.*

W www.danubiusgroup.com/budapest

Das Gebäude entstand in den späten 1960er Jahren und war viele Jahre lang der Stolz des lokalen Hotelgewerbes. Seine Lage inmitten der Berge von Buda *(siehe S. 161)* und der großartige Ausblick von der Dachterrasse suchen ihresgleichen. Fürs leibliche Wohl sorgen zwei Restaurants und der Weinkeller. 1 24 TV P

AE DC MC V · 289 · ■ · ● ·

NOVOTEL BUDAPEST CONGRESS (HUF)(HUF)(HUF)

1444 Budapest, Alkotás utca 63–67. **Stadtplan** 3 A2. ☎ *372 57 00.* FAX *466 56 36.*

W www.novotel-bud-congress.hu

In unmittelbarer Nähe des Kongresszentrums *(siehe S. 160)* wartet das Hotel mit modernen Zimmern auf. Ausgestattet ist es mit Swimmingpool, einer Sauna, einer Bowlingbahn und einer Cocktailbar. Zudem verfügt es über einen großen Parkplatz. Die Empfangsräume und Bankettsäle bieten Platz für nahezu 1000 Gäste. 1 TV P

AE DC MC V · 321 · ■ · ● · ■

RUBIN HOTEL & BUSINESS CENTER (HUF)(HUF)(HUF)

1118 Budapest, Dayka Gábor utca 3. ☎ *319 32 31.* W www.hotelrubin.com

Das moderne Hotel – in ruhiger Lage nahe den Autobahnen M1 und M7 – bietet verschiedene Erholungs- und Sportmöglichkeiten wie Sauna, Swimmingpool, Tennisplätze und Bowlingbahn. Es stehen auch einige Suiten mit Kochgelegenheit und Apartments für Familien mit Kindern zur Verfügung. 1 TV P

AE DC MC V · 85 · ■ · ● · ■

DANUBIUS GRAND HOTEL MARGITSZIGET (HUF)(HUF)(HUF)(HUF)

1138 Budapest, Margitsziget. ☎ *452 62 00.* W www.danubiusgroup.com/grandhotel

Das Hotel auf der Margareteninsel *(siehe S. 172f)* ist mit dem Thermalhotel Margitsziget verbunden, dessen Bäder von den Gästen benutzt werden können. Weitere Attraktionen sind das Terrassencafé und die Restaurants sowie die zahlreichen beschaulichen Spazierwege auf der Insel. Zudem gibt es Tennisplätze, einen Swimmingpool und einen Fahrradverleih. 1 TV P

AE DC V · 164 · ■ · ● ·

THERMAL- & KONGRESSHOTEL HELIA (HUF)(HUF)(HUF)(HUF)

1133 Budapest, Kárpát utca 62–64. ☎ *452 58 00.* W www.danubiusgroup.com/helia

Das helle, geräumige Hotel blickt vom Donauufer auf die Margareteninsel *(S. 172f)*. Von den flussseitigen Zimmern aus kann man die auf der Donau kreuzenden Schiffe beobachten. Das Thermal Helia ist das modernste Kurhotel Budapests und hat zahlreiche Gesundheits- und Schönheitseinrichtungen, etwa Massageangebote und Thermalbäder. Ein Arzt betreut die Gäste während ihres Aufenthalts. 1 TV P

AE DC MC V · 262 · ■ · ● · ■

CORINTHIA AQUINCUM (HUF)(HUF)(HUF)(HUF)(HUF)

1036 Budapest, Árpád fejedelem útja 94. ☎ *436 41 00.* W www.corinthiahotels.com

Das Hotel bietet seinen Gästen alles zu deren Erholung. Es lockt mit einem fantastischen Schwimmbecken, Heiß- und Warmwasserthermen, Whirlpool, Sauna, Massagen und Fitness-Center. Ein hoteleigener Arzt betreut Gäste; ebenso gibt es Personal, das sich speziell um behinderte Gäste kümmert, die sich hier behandeln lassen. Einige Zimmer bieten einen herrlichen Blick über die Donau. 1 24 TV P

DC MC V · 312 · ■ · ● · ■

Zeichenerklärung siehe hintere Umschlagklappe

Restaurants, Cafés und Bars

Nach einem Besuch in Budapest meinte der lateinamerikanische Autor und Nobelpreisträger Miguel Ángel Asturias, die exquisite ungarische Küche sei eine Sprache, die alle verstünden. In den vielen Budapester Restaurants, Cafés und Bars hat der Besucher reichlich Gelegenheit, die unverwechselbaren Genüsse des Landes zu kosten. Typische Gerichte der traditionellen Küche stellen wir auf Seite 190f vor, landesübliche Getränke auf Seite 192f. Eine Auflistung von 60 der besten Restaurants der Stadt, quer durch alle Preiskategorien, finden Sie auf Seite 194ff. Hier finden Sie auch Infos über spezielle Angebote des jeweiligen Hauses. Cafés, Weinlokale und Bars werden auf Seite 200f vorgestellt.

Lage

Zahllose Gaststätten sorgen in Budapest und in den Vororten fürs leibliche Wohl. Traditionelle ungarische Küche aller Preisklassen findet man in vielen Restaurants und Gasthäusern, doch in den letzten Jahren hielt auch die internationale Küche Einzug in Budapest. Wer mag, kann zwischen italienischen, griechischen, chinesischen und thailändischen Restaurants wählen. Fastfood-Ketten breiten sich ebenfalls aus und werden immer beliebter.

Die Touristenviertel sind mit Lokalen gut bestückt; Kost und Preise lassen jedoch oft zu wünschen übrig. Häufig lohnt sich ein Abstecher in Seitenstraßen, um Lokale zu entdecken, in denen Einheimische verkehren. Die Restaurants, Cafés und Bars auf der Váci utca *(siehe S. 127)* sind bekannt für überzogene Preise, vor allem nachts.

Eingang zur Ruszwurm Cukrászda *(siehe S. 201)* im Burgviertel

Restaurant-, Café- und Barkategorien

In Budapest gibt es eine Vielfalt an Lokalen mit Preisen für jedes Budget. Die Unterschiede zwischen einzelnen Lokalen können gering sein, doch folgende Kategorien unterscheiden sie. *Étterem* bedeutet Restaurant; es gibt dort die verschiedensten Speiseangebote. Eine *csárda* ist etwas anderes. Meist handelt es sich um volkstümliche Restaurants mit lokalen Spezialitäten. Eine Fischer-*csárda* wird *halász-csárda* genannt und serviert meist Fischgerichte und -suppen. Gasthäuser unterteilen sich in *vendéglő*, in denen es leger zugeht, und *kisvendéglő* (wörtlich »kleines Gasthaus«), das einer gemütlichen Kneipe ähnelt. Die Cafés reichen vom *kávéház* (Kaffeehaus) bis zur *cukrászda* (Patisserie), Bars heißen *borozó*, *söröző* oder *eszpresszó (siehe S. 200f)*.

Laterne vor der Gerbeaud Cukrászda

Bestellung

Die Zusammenstellung eines ungarischen Menüs ist nicht ganz einfach. Es gibt Suppen in vielen Variationen; einige davon bilden eine komplette Mahlzeit. *Bogrács*, der oft im Kessel serviert wird, und Bohnensuppe sind am herzhaftesten. Meist folgt darauf eine leichte, heiße Pastete oder ein Pfannkuchen. Eine besondere Spezialität ist die ungarische Fischsuppe; ihre rote Farbe stammt vom Paprika. Danach isst man leckere Nudeln, die Schweinegrieben, Käse und Rahm veredeln. Viele leichte Suppen oder kleine Portionen von den kräftigeren Eintöpfen können als Appetitanreger bestellt werden und lassen Platz für das Hauptgericht.

Der Inbegriff des ungarischen Hauptgerichts ist Gulasch: Den dicken Fleischeintopf gibt es in verschiedenen Versionen. Eine weitere Spezialität ist *pörkölt* (ein dem Gulasch ähnlicher Eintopf). Er besteht aus magerem Fleisch, etwa Kalb und Geflügel, oder aus Fisch; nach dem Kochen wird er mit Sauerrahm verfeinert. Fast immer wird dazu Weißbrot gereicht; es gibt verschiedene Weißbrotsorten.

Ganz anders die Gerichte, die in den Bars oder an Straßenkiosken verkauft werden. Sie ähneln eher Fastfood und werden im Stehen oder unterwegs verzehrt. Würzige Paprika- oder Knoblauchwürste werden gegrillt oder gekocht serviert. Grillhähnchen und Räucherfleisch werden fast überall angeboten. Wer mag, greift alternativ zum köstlichen *lángos*, der auf Märkten verkauft wird. Den pikanten Hefekuchen isst man mit Rahm oder Käse.

Weitere Informationen finden Sie in *Was isst man in Budapest?* auf den Seiten 190f.

Vegetarisches Essen

Spezifisch vegetarische Küche ist in Budapest nicht verbreitet. Vegetarische Restaurants sind eine Rarität; eines davon, das Vegetárium, ist sehr empfehlenswert. Internationale Restaurants bieten eine größere Auswahl.

Man findet allerdings auf den meisten Speisekarten Fleischloses. *Főzelék*, ein vegetarisches Gericht, das meist zu Steak oder Wurst gereicht wird, kann allein oder mit Ei bestellt werden. *Lecsó* *(siehe S. 191)* ist ebenfalls eine beliebte fleischlose Beilage, solo ist es ein deftiges Hauptgericht. Eine weitere Spezialität ist *túrós csusza* (Nudeln mit Hüttenkäse und Sauerrahm). Oder Sie essen eine süße oder pikante *palacsinta* (Pfannkuchen).

Tischreservierung

In Ungarn pflegt man sich an einen Tisch dazuzusetzen, vor allem während der geschäftigen Mittagszeit. Wünschen Sie einen eigenen Tisch, sollten Sie vorher reservieren. Dies gilt gleichermaßen für exklusive Restaurants wie einfache Lokale.

Speisekarte und Preise

Alle ungarischen Restaurants hängen am Eingang die Speisekarte aus; meist auch auf Deutsch und Englisch. Dem Namen des Gerichts folgt eine Kurzbeschreibung. Das Tagesmenü, das aus Suppe, Hauptgang und Dessert besteht, ist ganz oben auf der Karte aufgeführt. Menüs sind preiswerter und bieten sich an, um verschiedene ungarische Spezialitäten zu kosten.

Reizvolles Café im Freien auf der Margareteninsel

Die Preise sollten ebenso aushängen. Ist dies nicht der Fall, sollten Sie woanders hingehen oder sie zumindest – inklusive aller Zuschläge – vor der Bestellung prüfen. Seitdem gedruckte, detaillierte Rechnungen eingeführt wurden, ist es schwieriger, diverse »Extras« auf die Endsumme aufzuschlagen.

In den meisten Restaurants runden die Kellner die Rechnung gern auf – vor allem wenn sie ausländische Gäste bedienen. Diese Praktiken führten 1997 zu einem Skandal: Einige Botschaften erstellten nach zahlreichen Beschwerden eine schwarze Liste unseriöser Restaurants und veröffentlichten sie im Internet. Die Regierung schloss daraufhin die betroffenen Lokale; mittlerweile hat sich die Lage gebessert. Vorsicht ist jedoch nach wie vor ratsam. Bei den auf den Seiten 194ff aufgeführten Restaurants sollte sich dieses Problem nicht stellen.

Eines von vielen Schiffsrestaurants auf der Donau

Trinkgeld

In einigen Restaurants ist der Service in der Endrechnung enthalten, in anderen gibt man mehr Trinkgeld. Der Serviceaufschlag sollte auf der Speisekarte oder der Rechnung angegeben sein und kann bis zu 15 Prozent betragen. Im Zweifelsfall ist es höflich, ein Trinkgeld zu geben, das etwa 10 Prozent der Rechnung betragen sollte.

Kinder

Kinder sind in allen Restaurants willkommen. Sind auf der Karte keine Kinderportionen aufgeführt, bereitet man auf Bestellung passende Gerichte zu. Meist kosten sie die Hälfte. Ausgenommen sind die Desserts, die jedoch oft geteilt werden können. Aber: Ungarische Desserts sind so lecker, dass die meisten Kinder mit Freuden eine ganze Portion löffeln werden!

Zeichenerklärung

Die Symbole verweisen auf die Serviceleistungen der aufgelisteten Restaurants *(siehe S. 194–199)*.

- [Symbol] Tagesmenü
- V Vegetarische Gerichte
- [Symbol] Tische im Freien
- [Symbol] Live-Musik
- ★ Sehr empfehlenswert
- [Symbol] Kreditkarten:
- *AE* American Express
- *DC* Diners Club
- *MC* MasterCard
- *V* Visa

Preiskategorien für ein Drei-Gänge-Menü mit einer halben Flasche Wein, einschließlich Service:

- (HUF) unter 3000 HUF
- (HUF)(HUF) 3000–4000 HUF
- (HUF)(HUF)(HUF) 4000–5000 HUF
- (HUF)(HUF)(HUF)(HUF) 5000–6000 HUF
- (HUF)(HUF)(HUF)(HUF)(HUF) über 6000 HUF

Highlights: Restaurants und Cafés

Budapest ist ganz zu Recht stolz auf seine Restaurants und Kaffeehäuser. Einige stammen aus dem 19. Jahrhundert und gingen in die Stadtannalen ein. Sie tragen zum Flair von Budapest bei. Neben traditioneller ungarischer Küche kann man hier die unterschiedlichsten Spezialitäten probieren. Die folgenden Lokale aus unserer Liste mit über 60 Restaurants *(siehe S. 194–199)* und 35 Cafés und Bars *(siehe S. 200f)* gehören zu den besten der Stadt.

Carlo's
Gute ungarische Gerichte und Weine vor dem Panorama des Parlaments (siehe S. 195).

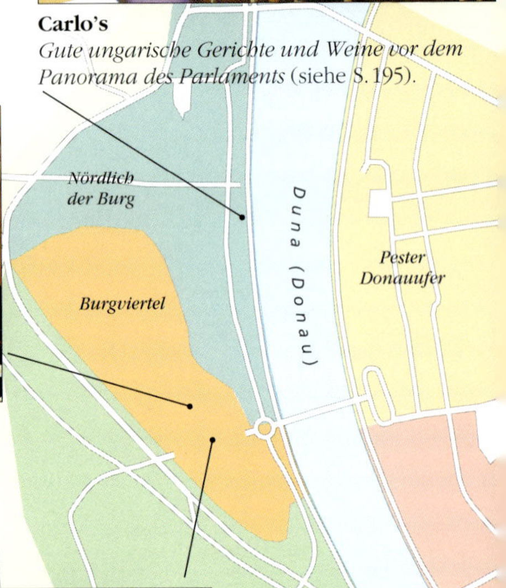

Café & Restaurant Rivalda
Im malerischen Burgviertel bietet das Rivalda hervorragende europäische Küche und Theater-Atmosphäre (siehe S. 194).

Pest Buda Vendéglő
Der schlichte Eingang täuscht: Drinnen gibt es kulinarische Genüsse der ungarischen und internationalen Küche (siehe S. 194).

Centrál Kávéház és Étterem
Von früh bis spät bietet das Café große und kleine Mahlzeiten, Kaffee und Kuchen an – wie schon vor 100 Jahren (siehe S. 197).

Gundel Étterem
Die Spezialität des Hauses, flambierter Pfannkuchen (siehe S. 191), *ist nur eine der vielen Köstlichkeiten, die dem Gundel internationales Prestige verliehen haben* (siehe S. 198).

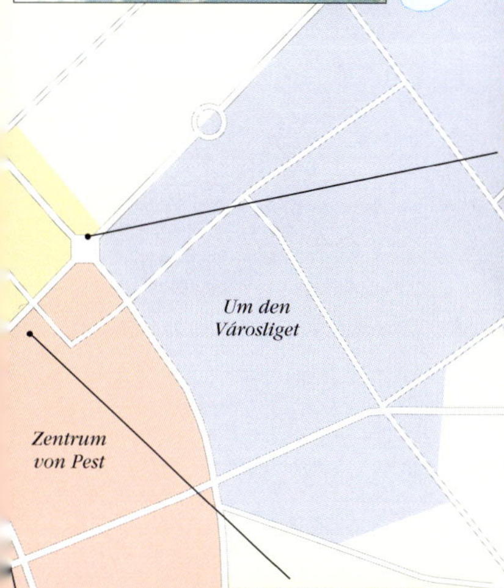

New York Kávéház
Nach seiner Eröffnung 1894 war das Kaffeehaus mit seiner neobarocken Ausstattung ein Treffpunkt der Budapester Café-Gesellschaft. Derzeit wird das New York umfassend restauriert und soll ab 2007 wieder im alten Glanz erstrahlen.

Vörös és Fehér
Der vorzüglichen Küche des Restaurants entspricht die exzellente Auswahl an Weinen, die auch glasweise angeboten werden (siehe S. 197).

Café & Restaurant Vista
In intimer Atmosphäre wählt man aus dem üppigen Angebot an ungarischen und internationalen Gerichten. Abends gibt es oft Live-Jazz (siehe S. 197).

Was isst man in Budapest?

Ungarische Paprika

DIE KÜCHE UNGARNS ähnelt derjenigen ihrer Nachbarn Österreich, Slowakei und Tschechische Republik. Sie enthält jedoch etwas ganz Charakteristisches: Paprika. Die scharfe Schote bereichert viele kräftige Suppen und Saucen und verleiht Fleisch- und Fischgerichten Würze. Fleisch – vor allem Rind und Schwein – bildet die Basis für die meisten Hauptgerichte, die mit Kartoffeln oder Klößen serviert werden. Paprikaschoten, die bis Mitte des 19. Jahrhunderts nur als Arznei gegen Fieber dienten, Zwiebeln und Tomaten sind die beliebtesten Gemüsebeilagen.

Libamáj zsírjában
Gänseleber, in Gänseschmalz gebraten, ist eine ungarische Spezialität und gilt als Delikatesse.

Hortobágyi palacsinta
Als warme Vorspeise isst man diese mit Paprika und Fleisch gefüllten Pfannkuchen auf Rahmsauce.

Jókai bableves
Räucherschinken, Würste und Klößchen schwimmen in der dicken Bohnensuppe.

Halászlé
Karpfenfilets sind die wichtigste Zutat für die würzige Fischsuppe.

***Töltött*-Paprika**
Gefüllt mit Reis und Fleisch werden die Paprikaschoten in Tomatensauce serviert.

Borjúpaprikás galuskával
Kalbfleischstücke in Rahm-Paprika-Sauce, serviert mit kleinen Teigklößen.

Fatányéros
Gegrilltes Rind- und Schweinefleisch mit Paprika und Pommes frites, reich garniert mit eingelegten Gurken, Zwiebeln und Kohl. Nach transsylvanischer Tradition serviert man es auf einem großen Holzteller für zwei Personen. Fatányéros *bereiten fast alle Restaurants zu.*

Bélszínszelet Budapest módra
Lendenfiletsteak vom Rind serviert man in Budapest mit Pfeffersauce und Pilzen.

Marhapörkölt tarhonyával
Zu Rindergulasch in scharfer Paprikasauce gibt es als traditionelle Beilage weiche Nudeln (tarhonyá).

Brassói aprópecsenye
Schweinefleisch, mit viel Knoblauch und Paprika geschmort, wird mit Bratkartoffeln serviert.

Bakonyi sertésborda
Schweinekotelett in einer Sahne-Pilz-Sauce.

Borjúbélszín Gundel módra
Die Rindermedaillons werden mit würziger Pilzsauce serviert.

Lecsó kolbásszal
In Fett geschmorte Paprika mit Zwiebeln und Tomaten nennt man lecsó*; das Ganze bildet die Grundlage vieler ungarischer Gerichte. Hier ergänzt* lecsó *pikante Würste, man kann es auch solo, als vegetarisches Gericht, bestellen.*

Gundel palacsinta
Nuss- und rosinengefüllte flambierte Pfannkuchen mit Schokoladensauce.

Dobos torta
Delikate Schnitten eines Rührkuchens mit Schokofüllung, überzogen mit goldbraunem Zuckerguss.

Rétes
Französisches Gebäck, gefüllt mit einer Apfel-, Rosinen-, Kirsch- oder Käsemischung, mit Puderzucker bestäubt.

Was trinkt man in Budapest?

Barschrank im amerikanischen Stil

Ungarn ist für exzellente Weine bekannt. Das Land ist zwar nicht groß, besitzt aber 13 Weinbaugebiete. Diese Regionen produzieren all die charakteristischen Weine: von *pezsgő* (Schaumwein) über leichte Weißweine aus Mátra beim Plattensee bis hin zu trockenen Roten aus Villány oder Eger – und natürlich Tokajer, den süßen Dessertwein. In Budafok reifen die verschiedenen Weine in einem unterirdischen Kellergewirr. Sie werden in fast allen Restaurants, Weinstuben und Weinläden kredenzt. Obwohl Ungarn als Weinland gilt, wird auch Bier gebraut. Zudem gibt es *pálinka* (ein Destilliergetränk aus verschiedenen Früchten), diverse Schnäpse und einen bitteren Kräuterlikör namens Unicum.

Helle ungarische Biere

Pálinka

Kecskemét ist die größte Region, in der das alkoholische Getränk *pálinka* aus Früchten destilliert wird, die in den Obstplantagen der Ungarischen Tiefebene, etwa 100 Kilometer südöstlich von Budapest, heranreifen. *Pálinka* ist ein ungarischer Branntwein, den man in verschiedenen Geschmacksrichtungen, etwa *barack* (Aprikose) oder *cseresznye* (Kirsche), genießt. Am besten ist jedoch *szilva* (Pflaume) aus der Region Szatmár: Kenner ziehen ihn allen anderen vor.

Pálinka ist nicht der einzige Branntwein ungarischer Herkunft. Kosten Sie einmal Törköly, ein Destillat aus Trester, der ein sehr feines Aroma besitzt, oder Vilmos, einen Schnaps aus Williamsbirnen.

Barack pálinka

Schaumweine

Sekt oder *pezsgő* (ungarisch für »schäumend«) erfreut sich in Ungarn eines guten Rufs. Die klassische Herstellungsmethode für diese Weine führte József Törley 1881 aus Frankreich ein. Törley *(siehe S. 161)* richtete auch die erste Produktionsanlage in Budafok ein, die seit über 100 Jahren unermüdlich Schaumweine herstellt. Heute hat Ungarn auch andere Weinregionen, die *pezsgő* erzeugen. Die meisten konzentrieren sich rund um Budapest und in der Gegend um Balatonboglár. Neben dem vorzüglichen Törley ist die Marke Hungaria eine Kostprobe wert.

Pezsgő **von Törley und Hungaria**

Ungarisches Bier

In den letzten Jahren gingen die Ungarn immer mehr zu Bier über, denn es passt außerordentlich gut zu vielen traditionellen ungarischen Gerichten mit Paprika, etwa zum Gulasch. Heute gibt es noch drei alteingesessene ungarische Brauereien: Arany Ászok, Kőbányai (diese Brauerei ließ sich vor rund 150 Jahren im Budapester Viertel Kőbánya nieder) und Dreher. Zahlreiche andere Brauereien wurden von großen internationalen Unternehmen übernommen, deren Biere jetzt in Budapest erhältlich sind.

Ungarische Weine

Das Angebot an guten Weinen stieg in den letzten Jahren rapide. Dies ist den optimierten Tropfen zu verdanken, die in kleinen Kellereien heranreifen. Die Erzeuger favorisieren Sorten wie trockenen weißen Chardonnay und Riesling, halbtrockenen Zödszilváni,

Ein Weinkeller in Budafok, wo die Weine in Fässern heranreifen

Egri Bikavér, »Erlauer Stierblut«, ein vollmundiger Rotwein

Trockener Weißwein aus den Weinbergen von Bádacsonay

Schorle

Bei Hitze trinken Ungarn gern eine erfrischende Weinschorle. Man unterscheidet nach dem Verhältnis von Wein und Wasser:

	Wein	Wasser
Klein *(Kisfröccs)*	10 cl	10 cl
Groß *(Nagyfröccs)*	20 cl	10 cl
Langer Schritt *(Hosszúlépés)*	10 cl	20 cl
Hausmeister *(Házmester)*	30 cl	20 cl

Hárslevelű und Szürkebarát, süßen Traminer und aromatischen Muskotály, der in Bádacsonay, Balatonboglár, Csopak und Somló erzeugt wird.

Bei den Rotweinen sind die trockenen Sorten Kékfrankos, Burgundi, Oportó, Cabernet und Pinot Noir sowie der halbtrockene Merlot beliebt, der in Skilós, Sopron, Szekszárd, Tihány und Villány gekeltert wird.

Ein weiteres Weinbaugebiet ist Eger. Es ist bekannt für aromatischen roten Egri Leányka und den trockenen roten Egri Bikavér (»Erlauer Stierblut«) aus einer Kombination dreier Rebsorten. Andere ungarische Weine sind nach ihrem Ursprungsort oder den verschiedenen Trauben benannt.

Achtung: Der Preis für offenen Wein wird in Gaststätten oft pro Deziliter (= 0,1 l) angegeben. Man kann sich dabei leicht täuschen.

Tokajer

Der Dessertwein Tokajer *(tokaji)* ist sehr eigen im Geschmack. Sein Bukett verdankt er dem einzigartigen Humus in der Gabelung der Flüsse Bodrog und Theiß und der Vulkanerde, in der die Reben gedeihen.

Tokajer ist süß bis trocken, körperreich und vollmundig. Kosten Sie Aszú: Er wird mit Trauben vermischt, die nach dem ersten Frost geerntet wurden. Das Verhältnis dieser Trauben zum Most, dem sie zugefügt werden, ist entscheidend für Körper und Süße des Weins. Je mehr dieser Trauben verwendet werden, desto süßer der Aszú. Billiger Tokajer erreicht meist nicht die Qualität des Originals.

Unicum-Kräuterlikör

Unicum

Seit über 150 Jahren wird aus 40 ungarischen Kräutern Unicum destilliert. Die Kombination dieser Kräuter, die in drei gesonderten Gebieten gesammelt werden, ergibt den bitteren Likör. Unicum trinkt man als Aperitif vor dem Essen oder auch danach, mit Kaffee, als Digestif. Das Rezept stammt von der Familie Zwack, die es bis heute geheim hält – schon seit der Zeit von König Franz I. *(siehe S. 19)*. Ursprünglich wurde Unicum dem König als Arznei von seinem Leibarzt verordnet, der ebenfalls zur Familie Zwack gehörte.

Süßer Szamorodni-Tokajer

Trockener Szamorodni-Száraz-Tokajer

Aszú-Tokajer, ein guter Dessertwein

Vilmos-Likör mit Birnenaroma

Sisi, ein Aprikosenlikör

Restaurantauswahl

Die hier vorgestellten Restaurants wurden aufgrund der Qualität ihrer Speisen, ihrer Lage und des guten Preis-Leistungs-Verhältnisses ausgewählt; berücksichtigt sind alle Preiskategorien. Die folgende Liste ist nach Stadtteilen sowie innerhalb der Preiskategorien alphabetisch geordnet. Ihre Lage ist dem Stadtplan *(siehe S. 234–248)* zu entnehmen.

Restaurant	Preis	Kreditkarten	Gute Weinkarte	Ungarische Spezialitäten	Reizvolle Lage
Burgviertel					
Önkiszolgáló Étterem	HUF			■	
Café Restaurant Pierrot	HUF HUF HUF	DC MC V		■	●
Pest Buda Vendéglő	HUF HUF HUF HUF		●	■	●
Alabárdos Étterem	HUF HUF HUF HUF HUF	AE DC MC V	●	■	●
Café & Restaurant Rivalda	HUF HUF HUF HUF HUF	AE MC V	●		●
Gellértberg und Tabán					
Tabáni Kakas Vendéglő	HUF	AE DC MC V		■	
Márványmenyasszony Étterem	HUF HUF	AE DC MC V		■	
Szeged Étterem	HUF HUF HUF	V		■	
Citadella Étterem	HUF HUF HUF HUF	AE DC MC V	●	■	●
Búsuló Juhász Étterem	HUF HUF HUF HUF HUF	AE MC V	●	■	●

Burgviertel

Önkiszolgáló Étterem
HUF

Hess András tér 4. **Stadtplan** 1 B4.

Die Atmosphäre dieses Selbstbedienungs-Restaurants erinnert an die 1970er Jahre. Eine Tür in der Fortuna-Passage führt in den ersten Stock, wo preiswerte Speisen angeboten werden. Die Gerichte wechseln täglich. ● *abends, So.* V

Café Restaurant Pierrot
HUF HUF HUF

Fortuna utca 14. **Stadtplan** 1 B4. ☎ *375 69 71.*

In sozialistischen Zeiten wurde das Pierrot als Privatcafé eröffnet. Trotz umfassender Renovierung blieb die elegante Einrichtung erhalten. Abends und am Wochenende ganztägig unterhält ein Pianist die Gäste. V ▣ ♫

Pest Buda Vendéglő
HUF HUF HUF HUF

Fortuna utca 3. **Stadtplan** 1 B4. ☎ *212 58 80.*

Das kleine, elegante Restaurant verbirgt sich hinter einem bescheidenen Äußeren. Der neue Weinkeller wurde in ein altes Höhlensystem integriert. Das Speisenangebot ist klein, aber exzellent. ▣ ♫

Alabárdos Étterem
HUF HUF HUF HUF HUF

Országház utca 2. **Stadtplan** 1 B4. ☎ *356 08 51.*

Die Lage in einem gotischen Gebäude ist außergewöhnlich. Ungarische Spezialitäten aus der Zeit vor Einführung der Paprika. Abends gibt es Gitarrenmusik bei Kerzenschein. ● *So.* V ▣ ♫

Café & Restaurant Rivalda
HUF HUF HUF HUF HUF

Színház utca 5–9. **Stadtplan** 1 C5. ☎ *489 02 36.*

Die Nähe zum Schlosstheater schlägt sich in der Einrichtung nieder. Moderne internationale Küche, deren häufig wechselnde Gerichte sich nach den Jahreszeiten richten. Abends musikalische Untermalung am Klavier. V ▣ ♫

Gellértberg und Tabán

Tabáni Kakas Vendéglő
HUF

Attila út 27. **Stadtplan** 3 C1. ☎ *375 71 65.*

Kleines Restaurant mit familiärer Atmosphäre, spezialisiert auf Geflügel. Gänse- und Entenfleisch finden sich in Suppen und Hauptgerichten, etwa im exzellenten Gänsebraten mit Knödel und Gemüsesauce. ▣ ♫ ★

Márványmenyasszony Étterem
HUF HUF

Márvány utca 6. **Stadtplan** 3 A1. ☎ *487 30 90.*

In dem altmodischen Restaurant mit ungarischer Küche spielt jeden Abend eine gute Zigeunerkapelle auf. Obwohl es etwas abseits liegt, ist es immer voll. Wer keine Musik mag, kann sich in einen der Nebenräume zurückziehen. ♫

Szeged Étterem
HUF HUF HUF

Bartók Béla út 1. **Stadtplan** 4 E3. ☎ *209 16 68.*

Das traditionelle ungarische Restaurant unweit des Hotels Gellért bietet eine gute Auswahl an Spezialitäten. Die *Szegedi halászlé* (Szegediner Fischsuppe) ist sehr schmackhaft. Abends gibt es Zigeunermusik. ♫

Citadella Étterem
HUF HUF HUF HUF

Citadella sétány. **Stadtplan** 4 D3. ☎ *386 48 02.*

Das Restaurant ist in der alten Zitadelle untergebracht und verfügt über mehrere Räume. Eine Zigeunerkapelle spielt jeden Abend. Traditionelle ungarische Gerichte und ein gutes vegetarisches Angebot. V ▣ ♫

Búsuló Juhász Étterem
HUF HUF HUF HUF HUF

Kelenhegyi út 58. **Stadtplan** 3 C3. ☎ *209 16 49.*

Das traditionelle Restaurant bietet eine spektakuläre Aussicht auf den Gellértberg. Alte ungarische Spezialitäten, die etwas verfeinert und bekömmlicher gemacht wurden. Gute Live-Musik. V ▣ ♫ *außer So.* HUF

Stadtplan siehe Seiten 234–248

Preis für ein Drei-Gänge-Menü mit einer halben Flasche Wein, inklusive Service:
- (HUF) unter 3000 HUF
- (HUF)(HUF) 3000–4000 HUF
- (HUF)(HUF)(HUF) 4000–5000 HUF
- (HUF)(HUF)(HUF)(HUF) 5000–6000 HUF
- (HUF)(HUF)(HUF)(HUF)(HUF) über 6000 HUF

KREDITKARTEN
Die Abkürzungen bedeuten: AE American Express; DC Diners Club; MC MasterCard; V Visa.

GUTE WEINKARTE
Das Restaurant bietet ein große Auswahl an guten Weinen an.

UNGARISCHE SPEZIALITÄTEN
Typische Gerichte des Landes werden angeboten.

REIZVOLLE LAGE
Das Restaurant hat eine ungewöhnliche oder historisch interessante Lage oder bietet eine schöne Aussicht.

NÖRDLICH DER BURG

Restaurant	Kreditkarten	Gute Weinkarte	Ungarische Spezialitäten	Reizvolle Lage
À LA CARTE KISÉTTEREM (HUF) Iskola utca 29. **Stadtplan** 1 C3. ☎ *214 00 41.* Kleines Restaurant in günstiger Lage zum Batthyány tér. Außergewöhnlich große Auswahl an Fischgerichten in der ohnehin umfangreichen Karte. Sowohl mittags wie abends sollte man einen Tisch reservieren. V ★			■	
SÖRÖZŐ A KIRÁLYI KORONÁHOZ (HUF) Varsányi Irén utca 33. **Stadtplan** 1 B3. ☎ *212 25 55.* Kleines gemütliches Restaurant mit Hausmannskost und gutem Bierangebot. Auch einige vegetarische Gerichte stehen auf der Karte. Das Lokal ist bei Einheimischen sehr beliebt. V			■	
CSALOGÁNY ÉTTEREM ÉS KÁVÉZÓ (HUF)(HUF) Csalogány utca 26. **Stadtplan** 1 B3. ☎ *487 08 73.* Kürzlich eröffnetes Café-Restaurant im mediterranen Stil. Exzellente Geflügel-, Fisch- und Fleischgerichte, serviert auf einem heißen Stein. Es gibt auch einige vegetarische Gerichte sowie Salate. Kleine, aber gute Weinauswahl. V		●		
PAKSI HALÁSZCSÁRDA (HUF)(HUF) Margit körút 14. **Stadtplan** 1 B2. ☎ *212 55 99.* Das traditionelle Restaurant bei der Margaretenbrücke bietet das Beste aus Ungarns Flüssen, etwa Welseintopf mit Gnocchi. Abends spielt eine Zigeunerkapelle. Fürs Abendessen sollte man einen Tisch reservieren. V ♫ *außer So.*	*MC V*	●	■	
CARLO'S RESTAURANT (HUF)(HUF)(HUF) Bem rakpart 30. **Stadtplan** 1 C3. ☎ *488 01 15.* Gemütliches Restaurant in der Nähe des Parlaments mit internationaler und ungarischer Küche sowie der hervorragenden »Autobahnfahrer«-Suppe. Wöchentlich wechselndes Spezial-Menü mit Gerichten nach Hausmacherart. V (HUF) *mittags.*	*AE MC V*	●	■	●

PESTER DONAUUFER

Restaurant	Kreditkarten	Gute Weinkarte	Ungarische Spezialitäten	Reizvolle Lage
BELVÁROSI LUGAS ÉTTEREM (HUF) Bajcsy-Zsilinszky út 15/a. **Stadtplan** 2 E4. ☎ *302 53 93.* Gute herzhafte Gerichte in schlichtem Ambiente; bei den Einheimischen sehr beliebt. Im Sommer wird der Bürgersteig zur Terrasse, was angesichts des Straßenverkehrs die Konversation nicht unbedingt erleichtert. V			■	
MIRÁKULUM ÉTTEREM ÉS KÁVÉHÁZ (HUF) Hercegprímás utca 19. **Stadtplan** 2 E4. ☎ *269 32 07.* Café-Restaurant mit angenehmer Atmosphäre. Internationale Küche und einige ungarische Gerichte. Zusätzlich zur Karte täglich wechselnde Spezialitäten. ● *So.* V ♫ *einmal pro Woche an unterschiedlichen Tagen.* (HUF) *mittags.*	*AE MC V*		■	
VIA LUNA (HUF) Nagysándor József utca 1. **Stadtplan** 2 E4. ☎ *312 80 58.* Italienische Küche mit umfangreicher Karte. Exzellente Nudelgerichte. Ungarische und italienische Weine. Tischreservierung ist empfehlenswert. V ★	*AE DC MC V*			
CAFÉ KÖR (HUF)(HUF) Sas utca 17. **Stadtplan** 2 E4. ☎ *311 00 53.* Ein beliebtes Bistro mit guten Salaten sowie ungarisch-europäischen und vegetarischen Gerichten. Gepflegte ungarische Weine, die offen ausgeschenkt werden. ● *So.* V ★		●	■	
MARQUIS DE SALADE (HUF)(HUF) Hajós utca 43. **Stadtplan** 2 F4. ☎ *302 40 86.* Die umfangreiche Karte bietet Gerichte aus aller Welt, etwa interessante Lammgerichte aus Aserbaidschan und Georgien, zudem traditionelle ungarische Gerichte wie Gulasch und eine gute Auswahl an vegetarischen Speisen. V		●		

Zeichenerklärung siehe S. 187

Preis für ein Drei-Gänge-Menü mit einer halben Flasche Wein, inklusive Service:
- (HUF) unter 3000 HUF
- (HUF)(HUF) 3000–4000 HUF
- (HUF)(HUF)(HUF) 4000–5000 HUF
- (HUF)(HUF)(HUF)(HUF) 5000–6000 HUF
- (HUF)(HUF)(HUF)(HUF)(HUF) über 6000 HUF

Kreditkarten
Die Abkürzungen bedeuten: AE American Express; DC Diners Club; MC MasterCard; V Visa.

Gute Weinkarte
Das Restaurant bietet ein große Auswahl an guten Weinen an.

Ungarische Spezialitäten
Typische Gerichte des Landes werden angeboten.

Reizvolle Lage
Das Restaurant hat eine ungewöhnliche oder historisch interessante Lage oder bietet eine schöne Aussicht.

Restaurant	Preis	Kreditkarten	Gute Weinkarte	Ungarische Spezialitäten	Reizvolle Lage
Művész Vendéglő Vígszínház utca 5. **Stadtplan** 2 E2. ☎ *339 80 08.* Das gemütliche Restaurant liegt hinter dem Vígszínház-Theater. Die Wände zieren Fotografien von Schauspielern, und die Einrichtung erinnert an ein altmodisches Speisezimmer. Angeboten werden Frühstück und gute Hausmannskost. ● *So.* V ★	(HUF)(HUF)	MC V	●	■	
Sir Lancelot lovagi Étterem Podmaniczky utca 14. **Stadtplan** 2 F3. ☎ *302 44 56.* Die exzellente Küche bietet Gerichte der Renaissance-Zeit, die von entsprechend gekleidetem Personal serviert werden. Zu den mächtigen Portionen werden nur Messer und Löffel gereicht. Abends Renaissance-Musik. Vor allem am Wochenende ist eine Reservierung erforderlich.	(HUF)(HUF)(HUF)	AE DC MC V		■	
Belcanto Dalszínház utca 8. **Stadtplan** 2 F4. ☎ *269 31 01.* Zu internationalen und ungarischen Gerichten geben abends Kellner oder Gäste berühmte Opernarien zum Besten. Regelmäßig spielt auch ein Orchester zum Tanz auf. V *mittags.*	(HUF)(HUF)(HUF)(HUF)(HUF)	AE DC MC V	●	■	
La Fontaine Mérleg utca 10. **Stadtplan** 2 E5. ☎ *317 37 15.* Der französische Besitzer bietet frische Geriche seines Landes von hoher Qualität bei täglich wechselnder Karte. Gute Salate und Fischgerichte. Exzellente ungarische Weine und natürlich edle französische Tropfen. ● *Sa mittags, So.*	(HUF)(HUF)(HUF)(HUF)(HUF)	AE DC MC V	●		
ZENTRUM VON PEST					
Alföldi Étterem Kecskeméti utca 4. **Stadtplan** 4 F2. ☎ *317 44 04.* Beliebtes Restaurant mit schmackhafter ungarischer Küche. *Pogácsa*, ein pikantes Gebäck, steht frisch auf jedem Tisch. Die Karte wurde um einige Salate bereichert. V *mittags.*	(HUF)			■	
Fatál Váci utca 67. **Stadtplan** 4 F2. ☎ *266 26 07.* Im oft überfüllten Kellerlokal werden riesige Portionen ungarischer Standardgerichte mit jeder Menge Rind- und Schweinefleisch serviert.	(HUF)			■	
Greens Dob utca 3. **Stadtplan** 10 E4. ☎ *352 85 15.* Kleines preiswertes Kellerlokal in der Nähe der Großen Synagoge. Spezialität des Hauses ist *főzelék*, die ungarische Art der Gemüsezubereitung; es werden aber auch Fleischgerichte angeboten. V	(HUF)			■	
Quint Ételbár Bárczy István utca 1–3. **Stadtplan** 4 E1. ☎ *266 75 68.* Angenehmes Selbstbedienungs-Restaurant mit großer Auswahl an schmackhaften Gerichten, z.B. *rakott burgonya* (Kartoffelauflauf), *mousaka* und *rizsfelfújt* (Reisnachspeise). ● *wochentags nach 20 Uhr, Sa nach 15 Uhr, So.* V ★	(HUF)			■	
Carmel Étterem Kazinczy utca 31. **Stadtplan** 10 F3. ☎ *342 45 85.* Nicht-koschere ungarisch-jüdische Spezialitäten und einige internationale Gerichte isst man in dem angenehmen Kellerlokal. Sehr gutes *sólet*, ein deftiger Eintopf mit geräucherter Gans. Tischreservierung empfehlenswert. V ★	(HUF)(HUF)	AE DC V	●		
Hanna Ortodoxkóser Étterem Dob utca 35. **Stadtplan** 7 A2. ☎ *342 10 72.* Koscheres Speiselokal im Innenhof der orthodoxen Synagoge in der Kazinczy utca. Serviert werden traditionelle jüdische Gerichte und koscherer Wein. Für ein Essen an Sabbat zahlt man am Tag davor oder danach. V	(HUF)(HUF)				

Stadtplan siehe Seiten 234–248

Kaltenberg Bajor Királyi Söröző (HUF)(HUF)
Kinizsi utca 30–36. **Stadtplan** 7 A5. *215 97 92.*
Die hübsch eingerichtete Bierkneipe beim Museum für Kunsthandwerk bietet ungarische und bayerische Spezialitäten in üppigen Portionen sowie selbst gebrautes Bier und gute Weine. Sonntags einige Gerichte zum halben Preis. V

Két Szerecsen (HUF)(HUF)
Nagymező utca 14. **Stadtplan** 2 F4. *343 19 84.*
Ein nettes Lokal mit angenehmer Atmosphäre am »Broadway« von Pest. Gute Auswahl an Salaten, ungarische und französische Gerichte. Die meisten Weine werden offen ausgeschenkt. Abends Tischreservierung empfehlenswert. V ★

Kispipa Étterem (HUF)(HUF)
Akácfa utca 38. **Stadtplan** 7 A2. *342 25 87.*
So gut wie vor 25 Jahren. Große Auswahl an internationalen und ungarischen Gerichten. Rezső Seres, der Komponist von »Gloomy Sunday«, sitzt nicht mehr am Flügel, doch seine Lieder werden weiterhin gespielt. V
AE DC MC V

Café & Restaurant Vista (HUF)(HUF)
Paulay Ede utca 7. **Stadtplan** 2 F5. *268 08 88.*
Wählen Sie aus einer üppigen Speisekarte zeitgemäße internationale Gerichte sowie exzellente ungarische Spezialitäten und Fischgerichte. Großer Nichtraucherbereich. Live-Jazz an mehreren Abenden. *Jul–Aug So abend.* V ★
AE DC MC V

Centrál Kávéház és Étterem (HUF)(HUF)(HUF)
Károlyi Mihály utca 9. **Stadtplan** 4 F1. *266 21 10.*
Kürzlich wiedereröffnetes Café-Restaurant mit der authentischen, gemütlichen Atmosphäre des alten Europa. Von der Frühstückszeit bis zum späten Abend geöffnet. Gute ungarische und internationale Küche sowie eine exzellente, für ein Restaurant eher ungewöhnliche Auswahl an Kuchen. V ★
AE MC V

Jazz Garden (HUF)(HUF)(HUF)
Veres Pálné utca 44/a. **Stadtplan** 4 F2. *266 73 64.*
Obwohl ein Weinkeller, fühlt man sich wie in einem Garten. Beliebt bei Jazz-Liebhabern, nicht nur wegen der Musik, sondern auch wegen der guten internationalen Küche. Abends Tischreservierung empfehlenswert. V *mittags.*
AE MC V

Károlyi Étterem és Kávéház (HUF)(HUF)(HUF)
Károlyi Mihály utca 16. **Stadtplan** 4 F2. *328 02 40.*
Elegantes Restaurant im stimmungsvollen Innenhof des Palais Károlyi, mit wunderschönem Garten. Versuchen Sie *borjúpaprikás lángosban* (Kalbspaprika in dicken Kartoffelpfannkuchen). Tischreservierung ist empfehlenswert.
V *an manchen Abenden.* *mittags.* ★
AE DC MC V

Café & Restaurant Soul (HUF)(HUF)(HUF)
Ráday utca 11–13. **Stadtplan** 7 A5. *217 69 86.*
Das Restaurant bietet eine angenehme, beschwingte Atmosphäre. Es liegt in der Ráday utca, in der sich in letzter Zeit immer mehr Restaurants, Cafés und Geschäfte ansiedeln. Gute internationale Küche. V *mittags.*
AE MC V

Kárpátia Étterem és Söröző (HUF)(HUF)(HUF)(HUF)
Ferenciek tere 7–8. **Stadtplan** 4 F1. *317 35 96.*
Seit seiner Ersteröffnung 1877 bietet das Lokal beste leichte ungarische Küche in elegantem Ambiente. Die Bierbar serviert die gleichen Gerichte, ist jedoch günstiger. Abends spielt eine Zigeunerkapelle. Tischreservierung ist empfehlenswert. V *So zum Brunch.* ★
AE DC MC V

Vörös és Fehér (HUF)(HUF)(HUF)(HUF)
Andrássy út 41. **Stadtplan** 10 F1. *413 15 45.*
Exzellente internationale und mediterrane Küche sowie ein großes Angebot an Weinen, die offen ausgeschenkt werden – kein Wunder, gehört das Lokal doch der Budapester Weingesellschaft. Reservierung empfehlenswert. V ★
MC V

Múzeum Kávéház és Étterem (HUF)(HUF)(HUF)(HUF)(HUF)
Múzeum körút 12. **Stadtplan** 10 F5. *338 42 21.*
Das ausgezeichnete, elegante Café-Restaurant in der Nähe des Nationalmuseums existiert seit 1855. Serviert werden internationale und ungarische Gerichte. Tischreservierung empfehlenswert. *So.* V *mittags.*
MC V

Százéves Étterem (HUF)(HUF)(HUF)(HUF)(HUF)
Pesti Barnabás utca 2. **Stadtplan** 4 E1. *266 52 40.*
Das älteste Restaurant der Stadt wurde 1831 in dem schönen Barockgebäude eröffnet und ist mit Antiquitäten eingerichtet. Man genießt ungarische und internationale Gerichte bei Zigeunermusik. V *mittags.*
AE DC MC V

Zeichenerklärung siehe S. 187

Preis für ein Drei-Gänge-Menü mit einer halben Flasche Wein, inklusive Service:
- HUF unter 3000 HUF
- HUF HUF 3000–4000 HUF
- HUF HUF HUF 4000–5000 HUF
- HUF HUF HUF HUF 5000–6000 HUF
- HUF HUF HUF HUF HUF über 6000 HUF

Kreditkarten
Die Abkürzungen bedeuten: AE American Express; DC Diners Club; MC MasterCard; V Visa.

Gute Weinkarte
Das Restaurant bietet ein große Auswahl an guten Weinen an.

Ungarische Spezialitäten
Typische Gerichte des Landes werden angeboten.

Reizvolle Lage
Das Restaurant hat eine ungewöhnliche oder historisch interessante Lage oder bietet eine schöne Aussicht.

Um den Városliget

Restaurant	Kreditkarten	Gute Weinkarte	Ungarische Spezialitäten	Reizvolle Lage
Baross Étterem HUF HUF Baross tér 11/A. **Stadtplan** 8 D2. *343 62 38.* Schön restauriertes Restaurant im Bahnhof Keleti pu *(siehe S. 226)* aus dem 19. Jahrhundert. Gutes Preis-Leistungs-Verhältnis. Abends stimmungsvolle Musikuntermalung am Klavier. V	DC MC V		■	
Millennium Restaurant HUF HUF Andrássy út 76. **Stadtplan** 5 B5. *354 05 75.* Gut zubereitete, traditionelle ungarische und einige internationale Gerichte. Preiswerte Mittagsmenüs. Stammgäste schätzen die gemütliche, nostalgische Atmosphäre. V *Do, Fr, Sa.* *mittags.*	MC V		■	
Bagolyvár Étterem HUF HUF HUF Állatkerti út 2. **Stadtplan** 5 C3. *468 31 10.* Der Name des Restaurants bedeutet »Eulenschloss«. Angeboten wird Hausmannskost auf hohem Niveau von einem rein weiblichen Personal. Abends Live-Musik. V	AE DC MC V		■	●
1894 Borvendéglő HUF HUF HUF HUF Állatkerti út 2. **Stadtplan** 5 C3. *468 40 44.* Das Kellerlokal bietet die erstaunliche Auswahl von über 100 ungarischen Weinen. Die Gerichte kommen aus der Küche des Gundel Étterem (sind aber preiswerter als dort): ungarische Spezialitäten mit Qualitätsanspruch. ● *So, Mo, Di–Sa mittag.* V ★	AE DC MC V	●	■	●
Premier Restaurant HUF HUF HUF HUF Andrássy út 101. **Stadtplan** 5 B4. *342 17 68.* Das Restaurant in der Villa des Journalistenverbands bietet internationale Küche sowie ungarische Spezialitäten. Mittags gibt es ein spezielles Tagesgericht. Bei gutem Wetter lockt die schöne Terrasse. V	AE MC V	●	■	●
Restaurant »Mosaic Café« HUF HUF HUF HUF Andrássy út 111. **Stadtplan** 5 C4. *462 21 89.* Die Karte bietet mediterrane Küche neben einer guten Auswahl an ungarischen Gerichten. Das Restaurant ist in einem schönen, kürzlich renovierten Gebäude untergebracht und hat einen hübschen Garten. V *Mo–Fr mittag.*	AE DC MC V	●	■	●
Gundel Étterem HUF HUF HUF HUF HUF Állatkerti út 2. **Stadtplan** 5 C3. *468 40 40.* Ungarns berühmtestes Restaurant ist nicht länger das teuerste des Landes. Kreative ungarische und internationale Küche, z. B. unterschiedlich zubereitete Gänseleber. Abends Zigeunermusik. Das Büfett des Sonntagsbrunchs ist lohnend. Schöner Garten. V *So Brunch, Juli–Aug mittags.* ★	AE DC MC V	●	■	●

Ausserhalb des Zentrums

Restaurant	Kreditkarten	Gute Weinkarte	Ungarische Spezialitäten	Reizvolle Lage
58-as Kisvendéglő HUF Campingplatz »Niche«, Zugligeti út 101. *200 37 73.* Interessant gelegen in einem früheren Straßenbahn-Depot auf dem Areal des Campingplatzes an der Basis des *Libegő* (Sessellift). ● *Okt–Apr.*			■	●
Fenyőgyöngye Vendéglő HUF Szépvölgyi út 155. *325 97 83.* Das beliebte Restaurant in den Bergen von Buda bietet leicht bekömmliche ungarische Gerichte. Großer Garten. Reservierung empfehlenswert. V ★	AE MC V		■	●
Jókai Étterem HUF Hollós út 5. *395 36 58.* Gemütliches Restaurant in einer Villa aus dem 19. Jahrhundert in den Bergen nahe der Svábhegy-Zahnradbahn. Aufmerksame Bedienung und gut zubereitete ungarische Gerichte. Schöne Sommerterrasse. V			■	●

Stadtplan siehe Seiten 234–248

KERÉK VENDÉGLŐ HUF DC MC V
Bécsi út 103. *250 42 61.*
Das authentische Restaurant aus den 1960er Jahren bietet ungarische Gerichte bei musikalischer Untermalung durch einen Akkordeonspieler. Der Garten ist nicht minder nostalgisch. Tischreservierung ist empfehlenswert.

MAKK HETES VENDÉGLŐ HUF
Németvölgyi út 56. *355 73 30.*
Beliebter und freundlicher Familienbetrieb mit gut zubereiteten traditionellen ungarischen Gerichten. Spezialität des Hauses ist *borjúláb rántva* (panierter Kalbsfuß).

SZÉP ILONA VENDÉGLŐ HUF MC V
Budakeszi út 1–3. *275 13 92.*
Alteingesessenes beliebtes Restaurant mit ungarischen und internationalen Spezialitäten. Im Sommer wird im schönen Garten gespeist.

VASAS CSALÁDI VENDÉGLŐ HUF AE MC V
Pasaréti út 11–13. *212 87 77.*
Das beliebte Restaurant bietet in angenehmer, freundlicher Atmosphäre gute Hausmannskost; ein ausgesprochenes Familienlokal mit gutem Angebot für Kinder. Preisgünstiges 3-Gänge-Mittagsmenü. Tischreservierung vor allem mittags empfehlenswert. *mittags.* ★

BAJAI HALÁSZCSÁRDA HUF HUF AE DC MC V
Hollós út 2. *275 52 45.*
Unweit der Svábhegy-Zahnradbahn. Traditionelle ungarische Küche, Spezialität des Hauses ist Süßwasserfisch. Ein Hochgenuss ist die Fischsuppe – mit Karpfenfilets, die zur Suppe serviert werden.

KÜLVÁROSI KÁVÉHÁZ HUF HUF AE DC MC V
István út 26. *379 15 68.*
Ein Juwel im nördlichen Stadtteil Újpest. Internationale Küche und exzellente ungarische Gerichte, etwa das Drei-Gänge-Menü *Betyárleves* (Knochenmark auf Toast, Nudel-Gemüse-Suppe und gekochtes Rindfleisch). Eine Tischreservierung ist notwendig. ★

NÁNCSI NÉNI VENDÉGLŐJE HUF HUF MC V
Ördögárok út 80. *397 27 42.*
Das Restaurant bietet seine individuelle Auslegung der traditionellen ungarischen Küche in großer Auswahl an. Riesige *túrógombóc* (Quarkknödel) werden leicht zur Leibspeise. Tischreservierung ist vor allem im Sommer für den beliebten Garten notwendig. ★

CHINA-RESTAURANT NEFRIT HUF HUF AE MC V
Apor Vilmos tér 4. *213 90 39.*
Ein angenehmes Restaurant in einer alten Villa mit chinesischen Spezialitäten. Sehr gute *dim sum.* *Mo–Fr mittag.*

ÖREGHALÁSZ ÉTTEREM HUF HUF AE DC MC V
Árpád út 20. *390 44 02.*
In gemütlicher Atmosphäre serviert dieses Restaurant seine Fischspezialitäten. Es lohnt sich, eine der vielen Fischsuppen zu probieren. Es gibt auch einige wenige Gerichte ohne Fisch. Tischreservierung empfehlenswert. ★

KISBUDA GYÖNGYE ÉTTEREM HUF HUF HUF HUF AE DC MC V
Kenyeres utca 34. *368 64 02.*
In dem Restaurant mit dem Flair eines altmodischen Salons fühlen sich die Gäste wie zu Hause und genießen bei dezenter Klaviermusik die ausgezeichneten Gerichte der internationalen und ungarischen Küche. Tischreservierung empfehlenswert. *So.* ★

KÉHLI VENDÉGLŐ HUF HUF HUF HUF HUF AE MC V
Mókus utca 22. *250 42 41.*
Exzellente, lang vergessene Rezepte aus dem alten Pest und Buda kommen hier wieder ans Tageslicht und auf den Teller. Bereits vor mehr als einem Jahrhundert pflegte der berühmte Restaurantkritiker Gyula Krúdy im Kéhli zu speisen. Tischreservierung ist empfehlenswert. ★

VADRÓZSA ÉTTEREM HUF HUF HUF HUF HUF AE DC MC V
Pentelei Molnár utca 15. *326 58 17.*
Seit 30 Jahren gibt es das familiengeführte, exklusive und teure Restaurant in der ansehnlichen neobarocken Villa. Dezente Klaviermusik am Abend; im Sommer speist man im schönen Garten. *außer So.*

Zeichenerklärung siehe S. 187

Cafés, Weinlokale und Bierstuben

Möchten Sie das wahre Ungarn erleben? Dann sollten Sie die kleinen Speise- und Trinklokale aufsuchen, die es überall in der Stadt gibt. Selbst hinter dem gewöhnlichsten Gebäude kann sich ein zeitloses Relikt der altehrwürdigen Kultur Ungarns verbergen. Grelles Neonlicht und laute Musik prägen hingegen das Ambiente der Budapester Jugend. Zwischen diesen Extremen kann der Besucher auch dem opulenten 19. Jahrhundert nachspüren: in den alten Kaffeehäusern und Patisserien, in denen einst das Herz der Stadt schlug.

Kaffeehäuser und Cafés

Ungarn hat eine der ältesten Kaffeehaustraditionen. Die Türken führten das Getränk ein *(siehe S. 26f)*, doch die Kaffeekultur blühte erst am Ende der Habsburger Ära *(siehe S. 32f)* richtig auf. Damals gab es fast 600 *kávéházok* in der Stadt.

Im 19. Jahrhundert war das Kaffeehaus ein Treffpunkt der Intellektuellen. Das **New York Kávéház** *(siehe S. 129)*, das 1894 eröffnete, war viele Jahre lang Mittelpunkt der kreativen Szene; die Fresken an den Wänden stammen von den führenden Künstlern jener Epoche. Davor war das Café Pilvax die Keimzelle des Aufstands von 1848/49.

Heute hat sich die Kaffeehausszene verändert. Viele luxuriöse *cukrászdák* und *kávéházok* haben geschlossen und den Weg für eine neue Form der Kaffeebar geebnet. *Eszpresszó*-Bars tauchten erstmals in den 1930er Jahren auf. Ab den 1960ern erlangten sie Beliebtheit: Sie waren viel billiger als ihre Vorgänger, Teenager kosteten hier ein wenig westliche Kultur. Später wurden sowohl Kaffeehäuser als auch *Eszpresszó*-Bars von moderneren Cafés wie dem **Pierrot** verdrängt.

In Budapest genießt man Kaffee in den verschiedensten Formen. *Kávé* ist Espresso mit Milch und Zucker, *dupla* ein doppelter Espresso. Milchkaffee wird *tejeskávé* genannt, Cappuccino wird oft mit Schlagsahne oder auf Wiener Art kredenzt – jedoch ohne Schokolade und Zimt. Wer koffeinfreien Kaffee wünscht, bestellt einen *koffeinmentes*.

Weinlokale

Wein und Weinlokale haben in Ungarn einen ganz anderen Stellenwert als beispielsweise in Deutschland. Gilt in vielen westlichen Ländern Wein als Getränk des Bürgertums, so ist der Weingenuss in Ungarn eher ein Zeitvertreib der Arbeiter. Ungeachtet der Tatsache, dass junge Männer mittlerweile lieber zum Bier greifen, spiegelt sich die alte Tradition des Weintrinkens noch heute in den Budapester *borozók* wider.

Ein *borozó* ist in der Regel ein schlichter preiswerter Weinkeller, in dem der Wein direkt aus dem Fass kommt und nach Dezilitern verkauft wird. Nur wenige Lokale haben Tische und Stühle. Im Stadtzentrum liegt das schicke **Rondella Borbár**: Hier fließt der Wein aus Fässern und wird in kuriosen Krügen mit einem Zapfhahn unten am Glas serviert.

Auf das Burgviertel verteilen sich etliche traditionelle *borozók*. Das Hattyú in der Hattyú utca 1 und das Várfok Borozó in der Várfok utca 9 sind eher einfach. Am anderen Ende des Spektrums findet man Orte wie das **Hotel Hilton** *(siehe S. 180)*, das über eine schicke Weinbar in originalen mittelalterlichen Kellergewölben verfügt. Derartige Lokale servieren eher teure Flaschenweine als Weine vom Fass.

Einige spezialisierte Weinkeller kredenzen auch den Tokajer *(siehe S. 193)*. Einen der besten können Sie im **Tokaji Borozó** in der Andrássy út 20 verkosten; hier trinken die Gäste im Stehen.

Bierstuben

In den letzten Jahren erfreut sich Bier in Ungarn wachsender Beliebtheit. Es schickt sich gar an, dem Wein den Rang abzulaufen. Viele Weinkeller gingen daher mit der Mode und wurden zu Bierstuben oder *sörözők*. Auch Neueröffnungen gab es, die sich an deutschen Bierstuben und englischen Pubs orientierten. So gilt das Biertrinken in Budapest mittlerweile als gesellschaftsfähig. Die Preise sind viel höher als in den *borozók*, vor allem in den Touristenvierteln.

Neben dem ungarischen *világos* (Helles) und *barna* (Dunkles) bekommt man heute alle bekannten internationalen Marken. Bier misst man nach dem *korsó*, dem Äquivalent zur Halben, und dem *pohár*, einem kleineren Glas. *Sörözők* unterscheiden sich von *borozók* durch ihr Angebot an guten, preiswerten Snacks und warmen Gerichten, etwa geräucherter Haxe. In den *sörözők* wird auch Wein kredenzt, während *borozók* niemals Bier ausschenken.

Essen und Etikette

Weinlokale, in die man auf ein Gläschen Wein oder Schorle *(siehe S. 193)* vorbeischaut, bieten meist kein Essen. Gelegentlich bekommt man Kleinigkeiten, etwa ein Schmalzbrot mit rohen Zwiebeln und Paprika oder *pogácsa*, ein Hefebrot mit Schweinegrieben, Käse, Kümmelsamen oder Paprika. Weinlokale mit Tischen servieren Würstchen oder Haxe.

Frauen wagen sich selten in ein Weinlokal – und wenn, dann stets in Begleitung eines Mannes. Diese Sitte sollte man lieber beherzigen, statt unerwünschte Aufmerksamkeit zu erregen. Ein akzeptabler »Damentrunk« ist ein Gläschen Wein oder Schorle.

In Ungarn sollten Sie aufs Anstoßen verzichten. Diesem Brauch frönten nämlich die Österreicher, als sie die ungarischen Generäle nach dem Aufstand von 1848/49 exekutierten; daher ist er verpönt.

Auf einen Blick

Burgviertel

Cafés

Pierrot
Fortuna utca 14.
Stadtplan 1 B4.
375 69 71.
tägl. 11–23 Uhr.

Ruszwurm Cukrászda
Szentháromság tér 7.
Stadtplan 1 B4 (9 A2).
375 52 84.
tägl. 10–19 Uhr.

Weinlokale

Fehér Galamb
Szentháromság utca 9–11.
Stadtplan 1 B4 (9 A2).
212 56 04.
tägl. 12–24 Uhr.

Móri Borozó
Fiáth János utca 16.
Stadtplan 1 A3.
214 92 16.
Mo–Fr 14–23 Uhr, Sa u. So 16–21 Uhr.

Bierstuben

Budavári Fortuna Spaten
Hess András tér 4.
Stadtplan 1 B5.
375 61 75.
tägl. 11–24 Uhr.

Nördlich der Burg

Weinlokale

Bástya Borozó
Székely utca 2–4.
Stadtplan 1 C4 (10 E2).
212 38 19.
tägl. 10–22 Uhr.

Kékfrankos Borozó
Keleti Károly utca 4.
Stadtplan 1 A2.
212 53 86.
tägl. 10–21 Uhr.

Pince Csárda
Török utca 1.
Stadtplan 1 B1.
212 45 08.
Mo–Fr 11–22 Uhr.

Vincellér Borszaküzlet
Erőd utca 10.
Stadtplan 1 B3.
201 15 61.
Di–Fr 10–18 Uhr, Sa u. So 20–24 Uhr.

Bierstuben

Alagút Sörház
Alagút utca 4.
Stadtplan 1 B5 (9 A3).
212 37 64.
tägl. 24 Stunden.

Pester Donauufer

Cafés

Anna Café
Váci utca 7.
Stadtplan 4 E1.
266 90 80.
tägl. 8.30–24 Uhr.

Café Firenze
Szalay utca 5a.
Stadtplan 2 E3.
331 83 99.
tägl. 9–20 Uhr.

Művész Cukrászda
Andrássy út 29.
Stadtplan 2 F4 (10 E2).
352 13 37.
tägl. 9–24 Uhr.

Weinlokale

Tokaji Borozó
Falk Miksa utca 32.
Stadtplan 2 D2.
269 31 43.
Mo–Fr 12–22 Uhr, Sa 16–23 Uhr.

Bierstuben

Tóth Kocsma
Falk Miksa utca 17.
Stadtplan 2 D2.
302 40 20.
tägl. 11–23 Uhr.

Zentrum von Pest

Cafés

Astoria Café Mirror
Kossoth Lajos utca 19.
Stadtplan 4 F1.
317 34 11.
tägl. 7–23 Uhr.

Auguszt Cukrászda
Kossuth Lajos utca 14–16.
Stadtplan 4 F1.
316 89 31.
Di–Fr 10–18 Uhr, Sa 10–14 Uhr.

Café Mozart
Erzsébet körút 36. **Stadtplan** 7 B2. *352 06 64.*
Mo–Fr 9–23 Uhr, Sa u. So 9–22 Uhr.

Gerbeaud Cukrászda
Vörösmarty tér 7.
Stadtplan 2 E5.
429 90 00.
tägl. 9–21 Uhr.

Károlyi »R« Café
Károlyi Mihály utca 19.
Stadtplan 4 F2 (10 E5).
266 02 44.
Sa u. So 9–24 Uhr.

New York Kávéház
Erzsébet körút 9–11.
Stadtplan 7 B2.
wegen Renovierung. Voraussichtl. Wiedereröffnung Ende 2006/2007.

Weinlokale

Grinzingi Borozó
Veres Pálné utca 10.
Stadtplan 4 F2 (10 E5).
317 46 24.
Mo–Sa 9–1 Uhr, So 15–23 Uhr.

Rondella Borbár
Régiposta utca 4.
Stadtplan 4 E1 (10 D1).
483 08 29.
tägl. 12–24 Uhr.

Villányi-Siklósi Borozó
Gerlóczy utca 13.
Stadtplan 4 F1 (10 E4).
267 02 41.
Mo–Fr 6–23 Uhr.

Bierstuben

Aranyászok Sörház
József nádor tér 12.
Stadtplan 2 E5 (10 D4).
267 24 63.
tägl. 11–23 Uhr.

Bécsi Söröző
Papnövelde utca 8.
Stadtplan 4 F2 (10 E5).
267 02 25.
Mo–Fr 10–22 Uhr, Sa u. So 10–16 Uhr.

Beckett's Irish Pub
Bajcsy Zsilinszky út 72.
Stadtplan 2 E3 (10 E1).
311 10 33.
Mo–Fr 12–1 Uhr, Sa u. So 12–3 Uhr.

Fregatt Söröző
Molnár utca 26. **Stadtplan** 4 E2 (10 D5).
318 99 97.
tägl .11–23 Uhr.

Gösser Söröző
Régiposta utca 4. **Stadtplan** 4 E1 (10 D4). *318 26 08.* *tägl. 10–24 Uhr.*

Söröző a Szent Jupáthoz
Retek utca 16.
Stadtplan 1 A3.
212 29 23.
tägl. 12–18 Uhr.

Um den Városliget

Cafés

Lukács Café
Andrássy út 70. **Stadtplan** 5 A5. *302 87 47.*
Mo–Fr 9–20 Uhr, Sa u. So 10–20 Uhr.

Bierstuben

Bajor Sörsátor
Kós Károly sétány. **Stadtplan** 6 D3. *363 19 04.*
tägl. 10–23 Uhr.

Ausserhalb des Zentrums

Weinlokale

Badacsonyi Borozó
Károlyi István utca 24.
Stadtplan 4 F2.
269 32 07.
Mo–Fr 9–24 Uhr, Sa 12–24 Uhr.

John Bull Pub
Apáczai Csere János utca 17. **Stadtplan** 2 D5.
338 21 68.
Mo–Sa 12–23 Uhr, So 17–23 Uhr.

Vidocq Borozó
Lajos utca 98. *388 83 14.*
Mo–Fr 12–23 Uhr, Sa u. So 12–24 Uhr.

Läden und Märkte

Einkaufen in Budapest hat sich seit den spartanischen Zeiten des Kommunismus sehr verändert. Heute lockt eine riesige Auswahl an Gütern aus heimischer Produktion und dem Ausland. Die beliebtesten Shopping-Meilen sind die elegante Fußgängerzone Váci utca *(siehe S. 127)*, in der Volkskunst und Zsolnay-Porzellan angeboten werden, und die weniger schicke, aber preiswerte Nagykőrösi út, in der die Einheimischen einkaufen. Wer es eher traditionell mag, sollte einen Budapester Markt besuchen: Es gibt viele Lebensmittelmärkte, etwa den in der Großen Markthalle (Nagy Vásárcsarnok) aus dem 19. Jahrhundert, und auch Flohmärkte wie den riesigen, quirligen Flohmarkt Écseri, auf dem Nippes, Möbel und Antiquitäten angeboten werden.

Strang aus Paprikaschoten

Öffnungszeiten

Die meisten Läden in Budapest öffnen Montag bis Freitag von 9 bis 17.30 oder 18 Uhr, Samstag von 9 bis 13 Uhr. Warenhäuser öffnen um 10, Obst- und Gemüsehändler, Bäckereien und Supermärkte von 7 bis 20 Uhr. Am langen Donnerstag haben viele Läden auch bis 20 oder 21 Uhr geöffnet. Sonntags sind Hallenmärkte und Warenhäuser offen, und die meisten Cafés verkaufen morgens Brot und Milch. Mit dem Aufblühen des privaten Sektors nach 1989 schossen kleine Läden wie Pilze aus dem Boden, die 24 Stunden am Tag Lebensmittel, Zigaretten und Alkohol verkaufen.

Das Einkaufszentrum Duna Plaza an der Váci út

Bezahlen

Gängige Keditkarten werden außer in Hotels und Restaurants inzwischen auch in vielen Läden akzeptiert. Es kann vorkommen, dass sie nicht angenommen werden, obwohl an den Eingangstüren die Kreditkarten-Logos abgebildet sind. Erkundigen Sie sich vorher. In kleineren Läden müssen Sie noch mit Bargeld bezahlen.

Mehrwertsteuer

Auf viele Waren wird eine Mehrwertsteuer (ÁFA) von 25 Prozent aufgeschlagen. Seit Ungarn in der EU ist, können sich nur noch Nicht-EU-Bürger für Waren im Wert von über 50 000 Ft innerhalb von 90 Tagen die Mehrwertsteuer zurückerstatten lassen. Der Antrag auf Rückerstattung wird an der Grenze oder am Flughafen gestellt.

Kaufhäuser und Einkaufszentren

In der Budapester Innenstadt gibt es etliche Kaufhäuser, viele davon in alten Prachtbauten. Das im Sezessionsstil erbaute **Luxus** am Vörösmarty tér bietet auf drei Etagen schicke Damen- und Herrenbekleidung, Accessoires und Parfüms. In der Váci utca findet man im **Fontana** eine weniger exklusive Version des Luxus.

Traditionelles Kunsthandwerk wird um die Váci utca verkauft

Exzellent ist das Dachcafé. Eher ein Einkaufszentrum als ein Kaufhaus ist das **Duna Plaza** an der Váci út: schick, aber überteuert. Hier vergnügt man sich auf der Eislaufbahn, in der Video-Arkade und auf der Bowlingbahn. Das renovierte **Corvin** am Blaha Lujzha tér ist eine wahre Fundgrube für Kitsch aus der kommunistischen Ära. Nach dem altmodischen Zahlungssystem nimmt man die Rechnung, zahlt an einem Stand und erhält erst dann die Ware. Einen kleinen Abstecher lohnt das geschäftige **Skála Metro** am Nyugati tér, gegenüber vom Bahnhof, und am Flórián tér in Óbuda.

Das attraktivste Einkaufszentrum ist das **Westend City Center**, das größte in Mitteleuropa. Dort gibt es über 350 Läden, darunter Armani und Benetton, sowie ein Kino und Restaurants.

Wurstangebot in der zentralen Markthalle

Feine Spitze gehört zur traditionellen Volkskunst Ungarns

Märkte

Märkte aller Art sind aus Budapest nicht wegzudenken und sorgen für ein reizvolles Einkaufserlebnis. Wohl am spektakulärsten sind die fünf Markthallen, die sich über die Stadt verteilen. Alle wurden sie im 19. Jahrhundert erbaut; in einigen herrscht noch Markttreiben. Die Große Markthalle (Nagy Vásárcsarnok) am Fővám tér heißt offiziell **Zentrale Markthalle** (Központi Vásárcsarnok). Über 180 Stände bieten eine riesige Auswahl an Gemüse, Früchten, Fleisch und Käse unter dem Dach aus bunten Zsolnay-Kacheln an. Der Markt ist Montag bis Freitag von 7 bis 18 Uhr und Samstag von 7 bis 13 Uhr geöffnet.

Neben den überdachten Märkten findet man in Budapest an jeder Ecke Lebensmittelmärkte im Freien. Auf vielen davon bieten Bäuerinnen in traditioneller Tracht neben Obst und Gemüse auch Käse, Honig und Würste an. Zu den besten Märkten zählen die Märkte am Lehel tér (Bezirk XIII), Bosnyák tér (XIV) und in der Fehérvári út (IX). Dort gibt es traditionell delikate Würste mit Senf und frischem Brot für den kleinen Hunger.

Bei der Nagykőrösi út 156 im Bezirk XIX beginnt der **Ecseri-Flohmarkt**. Draußen liegen auf einem Gewirr von Holztischen kommunistische Relikte, Secondhand-Kleider und allerlei Ramsch aus. Im Inneren des Markts verkaufen seriöse Antiquitätenhändler Porzellan, Ikonen, Silberwaren, Schmuck und manches mehr. Um Antiquitäten außer Landes bringen zu können, benötigen Sie vorab eine Genehmigung des Museums für Kunsthandwerk *(siehe S. 136f)*. Der Flohmarkt ist Montag bis Samstag von 7 bis 14 Uhr geöffnet.

Einen Abstecher wert ist auch der turbulente **József-város-Markt** nahe dem Józsefvárosi pályaudvar an der Kőbányai út; er öffnet täglich von 7 bis 18 Uhr. Viele der Händler sind Chinesen oder Russen. Seit 1992 bereichern sie den Markt mit Unmengen neuer Waren aus China, Russland und Osteuropa, die sie in der Regel zu Dumpingpreisen verkaufen. Hier kann man alle möglichen amüsanten Dinge und imitierte Modeartikel aus Südostasien finden, aber auch Elektronik, chinesische Seide, russischen Kaviar und Wodka sowie stalinistische Memorabilien. Mittags kann man sich an chinesischen, vietnamesischen und türkischen Snackbuden stärken.

Marks & Spencer kleidet mittlerweile auch Budapest ein

Was kauft man in Budapest?

Zwar steigen die Preise seit der Wiedereinführung der Marktwirtschaft kontinuierlich an, doch viele Waren sind noch immer sehr günstig. Bestickte Bauernblusen und Holzschnitzereien sind schöne Souvenirs, ebenso das einmalige Porzellan aus den weltberühmten Manufakturen Zsolnay und Herend. Günstige CDs guter Qualität gibt es überall, in Antiquariaten findet man auch deutschsprachige Bücher. Maßgeschneiderte Kleidung und handgefertigte Schuhe gehören zu den luxuriösesten Schnäppchen aus Budapest. Die Märkte quellen über vor Wein, Salami und anderen Genüssen.

Volkskunst

Ungarische Volkskunst ist auf dem Land noch heute lebendig. Auf Flohmärkten *(siehe S. 203)* entdeckt man Textilien, Keramik und Holzarbeiten, ebenso bei Straßenverkäufern rund um den Moszkva tér und das Parlament *(siehe S. 108f)*. Läden für Volkskunst wie das **Folkart Centrum** verkaufen Maschinengefertigtes; transsylvanische Textilien bekommt man im **Judit Folklór**. Die preiswertesten Trachten gibt's in der **Zentralen Markthalle** (Központi Vásárcsarnok).

Antiquitäten

Antikes im österreichischen Stil des 18./19. Jahrhunderts dominiert den Markt. Antiquitätenhändler gibt es vor allem im Burgviertel, in der Falk Miksa utca und der Váci utca *(siehe S. 127)*. **Moró Antik**, ein winziger Laden, führt Waffen aus dem 18. Jahrhundert, die **Nagyházi-Galerie** hat einfach alles – von Schmuck bis hin zu Möbeln. Auch der **Ecseri-Flohmarkt** *(siehe S. 203)* ist eine ergiebige Fundgrube.

Porzellan

Ungarn hat zwei große Porzellanmanufakturen: **Herend** und **Zsolnay**. Herend ist berühmt als Hersteller des feinsten Porzellans im ganzen Land; die leuchtend glasierten Zsolnay-Kacheln zieren viele bekannte Gebäude in Budapest. Secondhand-Porzellan findet man in Antiquitätenläden und auf Antikmärkten. Beide Firmen vertreiben in eigenen Läden neue Ware.

Kleidung und Schuhe

Maßgefertigte Kleider und Schuhe sowie Designerkleidung von der Stange gehören zu den besten Mitbringseln von einem Besuch in Budapest. Luxuriöser Samt, Seide und Wolle stapeln sich im **Merino**, einem Fabrikladen mit Werkstatt. Hier wählen Sie einen Stoff aus und lassen ihn entweder vor Ort verarbeiten oder bei einem hiesigen Schneider; die meisten verlangen wenig Geld.

Klassischere Stücke näht das renommierte **Greti**, das älteste Maßatelier der Stadt: Hier entstehen schöne, elegante Kostüme für Damen. Budapester Schuhmacher stellen hauptsächlich Herrenschuhe her. **Vass** passt Ihnen in einem Monat ein einmaliges Paar Abendschuhe an; sie kosten etwa 50 000 Forint.

Feinkost und Weine

Feinkost und Weine sind in Ungarn sehr günstig und empfehlen sich als Mitbringsel. Wurstwaren sind die Leidenschaft der Ungarn; man erhält sie überall in Läden und auf den Märkten. Zu den beliebtesten gehören die pikanten Debreziner, geräucherte Würste aus Gyulai und natürlich Salami.

Ein lohnendes Souvenir sind auch getrocknete Pilze, *pâté de foie gras*, ein Strang aus Paprika oder frischer Schafskäse. All diese Köstlichkeiten kauft man auf den Märkten oder in großen Supermärkten wie **Pick**.

Das Nationalgetränk der Ungarn ist nach wie vor Wein *(siehe S. 192f)*, und als Mitbringsel bieten sich einige Spitzenerzeugnisse an. Zum Mitnehmen eignen sich feiner Tokajer, Muskateller aus Kiskunhalas und Chardonnay aus Mátraalja. Beliebt sind auch der Kräuterlikör Unicum und der starke, feurige *pálinka* aus Pflaumen, Kirschen oder Aprikosen. Weine und Spirituosen führen alle Supermärkte und Fachgeschäfte wie **Wine City** und **Borház** sowie das **Haus der ungarischen Weine.**

Musik

Die Tradition der ungarischen Volksmusik und klassischen Musik ist auf CDs, Kassetten und Platten zu hören. Stöbern Sie im altmodischen **Rózsavölgyi Zeneműbolt** nach ungarischer Volksmusik, von traditioneller Zigeunermusik bis zu ländlicher Volksmusik. In der nahen Dob utca verkauft **Concerto Records** zahlreiche Platten und CDs, neu und gebraucht; der auf klassische Musik und Oper spezialisierte Laden hat auch eine Jazz-Abteilung. Die Plattenfirma **Hungaroton** betreibt einen Laden in der Rottenbiller utca, wo neben klassischer Musik auch Pop angeboten wird.

Bücher

Illustrierte Bücher und deutschsprachige Nachschlagewerke finden Sie im **Litea**; hier können Sie bei Kaffee und Kuchen an den Tischen unter den Bücherregalen nach Herzenslust blättern. Das große **Studium Libri** hat viele deutsche Bücher auf Lager. Eine große Auswahl deutscher Zeitungen, Magazine und Romane führt **Bestsellers**. Bei **Írók Boltja** finden Sie Kunstbände und deutsche Bücher, im **Pendragon** hingegen ein Sortiment deutschsprachiger Belletristik. Eine der besten Adressen für Karten und Reiseführer ist **Párizsi Udvar**. **Librotrade-Kodex** führt deutsche, englische und französische Bücher.

Nach antiquarischen Büchern, Kupferstichen und Karten stöbert man am besten im **Központi Antikvárium**.

Auf einen Blick

Kaufhäuser und Einkaufszentren

Corvin
Blaha Lujza tér 1.
Stadtplan 7 B3.
☎ *338 41 60.*

Duna Plaza
Váci út 178.
☎ *465 16 66.*

Fontana
Váci utca 16.
Stadtplan 4 E1 (10 D4).
☎ *266 64 00.*

Luxus
Vörösmarty tér 3.
Stadtplan 2 E5 (10 D3).
☎ *318 35 50.*

Westend City Center
Váci út 1–3.
Stadtplan 2 F2.
☎ *374 65 78.*

Märkte

Zentrale Markthalle (Központi Vásárcsarnok)
Vámház Körút 13 (Fővam tér).
Stadtplan 4 F3.
◯ *Mo 6–17 Uhr, Di–Fr 6–18 Uhr, Sa 6–14 Uhr.*

Flohmarkt Ecseri
Nagykőrösi út 156.
☎ *282 95 63.*

Józsefvárosi-Markt
Kőbányai út.
Stadtplan 8 F4.

Markt in der Fehérvári út
Fehérvári út 20.
Stadtplan 4 D5.

Markt in der Fény utca
Riesiges Einkaufszentrum, in der Nähe von Moszkva tér.
Stadtplan 1 A3.

Markt am Lehel tér
Lehel tér.
Stadtplan 2 F1.

Volkskunst

Folkart Centrum
Váci utca 14.
Stadtplan 4 E1 (10 D3).
☎ *318 58 40.*

Judit Folklór
Váci utca 23.
Stadtplan 4 E1 (10 D3).
☎ *212 76 40.*

Antiquitäten

Galerie Nagyházi
Balaton utca 8.
Stadtplan 2 D2.
☎ *475 60 00.*

Moró Antik
Falk Miksa utca 13.
Stadtplan 2 D2.
☎ *311 08 14.*

Porzellan

Herend-Läden
József Nádor tér 11.
Stadtplan 2 E5 (10 D3).
☎ *317 26 22.*

Szentháromság utca 5.
☎ *255 10 50.*

Kigyó utca 5.
Stadtplan 4 E1 (10 D4).
☎ *318 34 39.*

Zsolnay-Läden
Kígyó utca 2.
Stadtplan 4 E1 (10 D4).
☎ *318 37 12.*

Váci utca 19–21.
Stadtplan 2 F1 (5 A2).
☎ *266 63 05.*

Kleidung und Schuhe

Greti
Bárczy István utca 3.
Stadtplan 2 E5 (10 D3).
☎ *317 85 00.*

Merino
Petőfi Sandór utca 20.
Stadtplan 4 E1.
☎ *318 44 78.*

Vass Cipőlt
Haris köz 2.
Stadtplan 4 E1.
☎ *318 28 75.*

Feinkost und Weine

Borház
Jókai tér 7.
Stadtplan 2 F3 (10 F1).
☎ *353 48 49.*

La Boutique des Vins
József Attila utca 12.
Stadtplan 2 E5 (10 D3).
☎ *317 59 19.*

Coop Rt
Margit körút 6.
Stadtplan 1 A3.
☎ *212 54 07.*

Rákóczi út 50.
Stadtplan 7 B3 (10 F4).
☎ *322 00 69.*

Haus der ungarischen Weine
Szentháromság ter 6.
Stadtplan 9 A2.
☎ *212 10 32.*

Pick
Kossuth Lajos tér 9.
Stadtplan 2 D3 (9 C1).
☎ *331 77 83.*

Wine City
Párizsi utca 1.
Stadtplan 4 E1 (10 D4).
☎ *266 24 46.*

Musik

Concerto Records
Dob utca 33.
Stadtplan 2 F5 (10 F3).
☎ *268 96 31.*

Hungaroton
Rottenbiller utca 47.
Stadtplan 7 C1.
☎ *322 88 39.*

Liszt Ferenc Zeneműboltja
Andrássy út 45.
Stadtplan 2 F5 (10 E2).
☎ *322 40 91.*

Rózsavölgyi Zeneműbolt
Szervita tér 5.
Stadtplan 4 E1 (10 D4).
☎ *318 35 00.*

Bücher

Bestsellers
Október 6 utca 11.
Stadtplan 2 E4 (10 D2).
☎ *312 12 95.*

Írók Boltja
Andrássy út 45.
Stadtplan 2 F4 (10 E2).
☎ *322 16 45.*

Központi Antikvárium
Múzeum Körút 13–15.
Stadtplan 4 F1 (10 E4).
☎ *317 35 14.*

Librotrade-Kodex
Honvéd utca 5.
Stadtplan 7 C3.
☎ *353 08 94.*

Litea – Buchladen und Café
Hess András tér 4.
Stadtplan 1 B4 (9 A2).
☎ *375 69 87.*

Párizsi Udvar
Petőfi Sándor utca 2.
Stadtplan 4 E1 (10 E4).
☎ *235 03 79.*

Pendragon
Pozsonyi út 21–23.
Stadtplan 2 F1.
☎ *340 44 26.*

Studium Libri
Váci utca (Fußgängerzone).
Stadtplan 4 E1 (10 D4).
☎ *318 58 60.*

Unterhaltung

Budapest ist seit dem späten 19. Jahrhundert für seine Unterhaltungsmöglichkeiten berühmt: Damals reisten sogar amüsierfreudige Wiener in die Donaustadt. Die Nachtklubs lockten mit elektrisierender Atmosphäre – und schönen Mädchen, die den feurigen Csárdás und Cancan tanzten. Nirgendwo spielten Geiger so herzzerreißend; in den Spielkasinos konnte man schwindelerregend viel

Geld verlieren. Zwischen den Weltkriegen war die Stadt berühmt für ihre rauschenden Feste und für ihre Freizügigkeit. 50 Jahre Kommunismus trübten den Glanz, doch seit 1990 erblüht die Budapester Szene wieder, und die Theater, Kabaretts, Kinos und Diskotheken erwachen zu neuem (Nacht-)Leben. Auch die berühmten Nachtklubs erhoben sich wieder wie Phönix aus der Asche.

Highlights der Unterhaltung

Budapest hat zwei Opernhäuser, einen Konzertsaal in der **Franz-Liszt-Musikakademie** *(siehe S. 208)*, einige weitere Konzertsäle, ein Operettentheater, zahlreiche Kabaretts und über 50 Theater, die Randbezirke eingeschlossen.

Die meisten Theater konzentrieren sich auf die Nagymező utca im Bezirk V, die liebevoll »Budapester Broadway« getauft wurde. Auf nur 100 Metern findet man hier zwei Theater, das **Operettentheater** *(siehe S. 208)*, das satirische Kabarett **Mikroszkóp Színpad** *(siehe S. 209)*, das als das beste ganz Ungarns gilt, und das **Moulin Rouge**, das Revuetheater zeigt. Cineasten fühlen sich hier wohl, denn in Budapest gibt es zahllose Kinos.

Im und um den Városliget *(siehe S. 141ff)* erwarten Sie zahlreiche Attraktionen, etwa der ständige Zirkus, der Rummelplatz und der Zoo. Im Sommer geht es in Bars und Bierzelten hoch her.

Opernaufführung in der Staatsoper *(siehe S. 208)*

Im Unterhaltungszentrum **Petőfi Csarnok** *(siehe S. 209)* finden Rockkonzerte statt; es verfügt außerdem über die größte Diskothek der Stadt. Die **Budapest Arena** fasst 12 000 Zuschauer; hier finden verschiedenste kulturelle Ereignisse statt.

Kasinos und Stripteaseklubs sind die neuesten Errungenschaften des Nachtlebens. Budapest hat auch einen Rotlichtbezirk, der auf eine lange Tradition zurückblickt.

Informationen zu Veranstaltungen

Zwei Monatshefte informieren Besucher über kulturelle Ereignisse: *Programme in Ungarn* gibt es auf Deutsch und Englisch, es informiert über Kulturveranstaltungen und Unterhaltung in ganz Ungarn. *Budapest Panorama* erscheint fünfsprachig – auch auf Italienisch, Französisch und Russisch – es berichtet ausschließlich über Budapest. Beide Publikationen sind kostenlos und liegen in Hotels und Informationsstellen aus.

Broschüren werden oft zu Festivals und anderen Veranstaltungen herausgegeben. Es lohnt sich auch, auf die zahlreichen Plakatsäulen in der Stadt zu achten.

Alle Zeitungen drucken in ihrer Samstagsausgabe einen Veranstaltungskalender (allerdings nur auf Ungarisch) ab.

Auch das Internet bietet viele Informationen *(siehe S. 215)*. Sehr gut gegliedert ist z.B. der Veranstaltungskalender auf der Website **www.budapestinfo.hu**.

Kasinos

Budapest hat etliche Kasinos. Interessanterweise liegen sie fast alle in der Nähe von guten Hotels. Man kann in allen Spieltempeln sein Glück bei Roulette, Black Jack, Poker und mit dem Glücksrad versuchen. Das **Las Vegas Casino** wird amerikanisch geführt, d.h. dort ist keine Abendkleidung vorgeschrieben.

Eingang eines beliebten Kasinos in der Deák utca Nr. 13

Kasinos

Casino Tropicana
Vigadó utca 2. ☎ *266 30 62.*

Casino Várkert
Ybl Miklós tér 9. ☎ *202 42 44.*

Las Vegas Casino (Hotel Hyatt Regency)
Roosevelt tér 2. ☎ *266 20 81.*

Eintrittskarten

Tickets für alle Theaterproduktionen und Konzerte bekommt man im Vorverkauf entweder an den Vorverkaufsstellen, telefonisch oder im Internet (Adressen *siehe S. 208*). Am schwierigsten sind Karten für Konzerte in der **Franz-Liszt-Musikakademie** zu bekommen; sie sind meist schon lange im Voraus ausverkauft. Auch die Plätze für Opern- und Operettenaufführungen sind rasch vergriffen. Am besten sichern Sie sich einen Platz, vor allem für Sommerveranstaltungen, über die **Zentrale Vorverkaufsstelle** direkt im Stadtzentrum am Vörösmarty tér 1.

Plakatsäule

Wie überall kann man in Budapest auch versuchen, nicht abgeholte oder zurückgegebene Karten an der Abendkasse der Theater zu ergattern. Eine preisgünstige Alternative ist ein Stehplatz.

Nachtleben

Im Zentrum von Pest, vor allem entlang der Váci utca, verteilen zahlreiche Werber Flugblätter an die Passanten, die für die besten Striptease- und »Erotic-Dance«-Lokale werben. Ein Besuch in einem solchen Etablissement kann finanziell sehr unerfreulich sein, denn schon ein Bier und ein paar Erdnüsse können ein Vermögen kosten. Von diesen Lokalen gibt es mittlerweile Hunderte. Billig ist keines, doch einige sind recht schick und nicht allzu teuer. Bei der Auswahl des Lokals sollten Sie diejenigen bevorzugen, die in den offiziellen Informationsbroschüren der Tourismusämter inserieren. Dazu gehören: Caligula, Dolce Vita, Tiamo bár und Aphrodite Nightclub. Im letztgenannten Lokal tanzen spärlich bekleidete Mädchen hinter dem Schaufenster, um vorbeigehende potenzielle Gäste anzulocken.

Zirkus, Rummelplatz und Zoo

Den Budapester **Großen Hauptstadtzirkus** *(siehe S. 211)* im Városliget gibt es seit 1878, doch erst 1971 erhielt er eine feste Heimstatt. Das Zirkusgebäude ist komfortabel und funktional. Die Vorstellungen finden unter der Woche zweimal täglich statt, nachmittags und abends; samstags und sonntags kommt eine Vormittagsvorstellung hinzu. Tickets können am gleichen Tag gekauft werden; eine Vorbestellung ist jedoch anzuraten.

Der **Rummelplatz** *(siehe S. 211)* hat ein riesiges Karussell, eine Achterbahn und jede Menge weiterer Attraktionen. Für jede einzelne Vergnügung muss, zusätzlich zum Eintrittsgeld, extra gezahlt werden; daher kann dieser Ausflug zu einem relativ teuren Spaß werden. Dafür ist man hier stundenlang beschäftigt – vom Besuch im Geisterhaus bis hin zum Spielen mit den einarmigen Banditen.

Pelikane im Zoo

Auf dem Gelände des **Zoos** *(siehe S. 150f und S. 211)* tummeln sich über 500 teils exotische Tierarten. Es gibt ein Palmenhaus, ein Gehege für Elefanten und Nilpferde und einen Streichelzoo.

Jazz

Der Jazz eroberte Ungarn erst sehr spät. Die bekannteste Jazzband Ungarns ist die Benkó Dixieland Band, die während des Frühlingsfestivals *(siehe S. 58)* in diversen Theatern und großen Sälen spielt. Es lohnt sich, in der Stadt nach Ankündigungen ihrer Konzerte Ausschau zu halten. Das **Restaurant Hades** ist ein Lokal mit viel Atmosphäre, in dem an fünf Abenden pro Woche Jazz gespielt wird. Stets überlaufen ist der **Közgáz Jazz Klub** *(siehe S. 208)* in der Wirtschaftsuniversität.

Nachtverkehr

Die Budapester U-Bahn *(siehe S. 230)* verkehrt bis kurz nach 23 Uhr. Danach fahren Busse mit schwarzen Nummern und dem Buchstaben E auf viel befahrenen Strecken. Auf einigen Strecken gibt es auch Nacht-Trams, jedoch nur in großen Intervallen. Nachtbusse besteigt man an der Vordertür und zeigt dem Fahrer den Fahrschein. Nähert er sich der gewünschten Haltestelle, drückt man den Halteknopf über der Tür. Der HÉV-Zug *(siehe S. 231)*, der Budapest mit den Vororten verbindet, verkehrt bis etwa 23.30 Uhr.

Der elegante Konzertsaal der Franz-Liszt-Musikakademie ***(siehe S. 208)***

Klassische Musik, Volksmusik

DANK BEDEUTENDER KOMPONISTEN wie Franz Liszt *(siehe S. 144)*, Béla Bartók und Zoltán Kodály *(siehe S. 144)* und dank des großen Reichtums an Volkstraditionen ist Ungarn in der ganzen Welt für seine Musik berühmt. Die Ungarn waren schon immer eine Nation von Musikfreunden und Sängern. Und so treten in Budapest nicht nur führende ungarische Künstler und Ensembles auf; häufig gastieren auch umjubelte Musiker aus aller Welt in der Donaustadt.

Oper und Operette

DAS NIVEAU der Opern ist in Budapest sehr hoch. Die Vorstellungen genießt man in der **Staatsoper** *(siehe S. 118f)* oder dem **Erkel-Theater** *(siehe S. 151)*. Beide Häuser zeigen ein eher klassisches Repertoire. Ein weiterer Schwerpunkt sind ungarische Werke wie Ferenc Erkels *Bánk Bán* und Béla Bartóks *Wunderbarer Mandarin*.

Das **Operettentheater** *(siehe S. 115)* bringt meist populäre Operetten von Emmerich Kálmán und Franz Lehár auf die Bühne.

Klassische Musik

DIE NATIONALPHILHARMONIE und andere große Orchester spielen im **Nationalen Konzertsaal** des 2004 eröffneten Palasts der Künste. Der große Saal der **Franz-Liszt-Musikakademie** *(siehe S. 129)*, in der jeden Abend Orchester auftreten, ist ebenfalls eine gute Adresse für klassische Musik. Einen großen Musiksaal beherbergt auch das **Kongresszentrum** *(siehe S. 160)*. Gelegentlich werden im Kuppelsaal des Parlaments *(siehe S. 108f)* klassische Werke gespielt.

Sakrale Musik

ORGELKONZERTE finden von März bis Dezember im stimmungsvollen Rahmen in der **Matthiaskirche** *(S. 82f)* statt. Unter den Komponisten, deren Werke hier zum Vortrag kommen, ist Johann Sebastian Bach der beliebteste. Die **St.-Stephans-Basilika** *(siehe S. 116f)* dient sporadisch als Veranstaltungsort für Chormusik. Seit kurzem organisiert die Agentur Musica Sacra Konzerte in der **Großen Synagoge** *(siehe S. 134)*.

Volks- und Zigeunermusik

VOLKS- UND Zigeunermusik sind in der **Duna Palota** und im **Budai Vigadó** zu hören. Achten Sie auf die Vorstellungen des Staatlichen Sing- und-Tanz-Ensembles und der dazugehörigen Zigeunerkapelle, die auch eigene Konzerte veranstaltet. Diese Kapelle besteht aus erstklassigen Musikern.

Im Juli und August treffen sich Volksmusikgruppen aus dem ganzen Land in Budapest. Folklore-Abende veranstaltet das Casino-Valentine Restaurant, Ybl Miklós tér 9–11, auf der Margareteninsel.

Von Oktober bis Mai hört man in den Tanzsälen der Stadt die Klänge von Geigen und Querflöten. Zu den bekanntesten Häusern gehört das **Fonó Budai Zeneház**, in dem Zigeunergruppen aus Transsylvanien auftreten, der Kalamajka-Klub im **Innerstädtischen Kunstzentrum** und der **Gyökér Klub-Vendéglő**.

Auf einen Blick

Kartenverkauf

Zentrale Vorverkaufsstelle
Andrássy út 15. **Stadtplan** 10 E2. ☎ *267 12 67.*

Ticket Express
Andrássy út 18. **Stadtplan** 10 E2. ☎ *312 00 00.*

Matáv Jegyiroda
Nagymező u. 19
☎ *302 38 41.*

Im Internet
W www.kulturinfo.hu
W www.tex.hu
W www.jegymester.hu

Oper, Operette

Erkel-Theater
Köztársaság tér 30. **Stadtplan** 7 C3. ☎ *333 05 40.*

Operettentheater
Nagymező utca 17.
Stadtplan 2 F3.
☎ *472 20 30.*

Staatsoper
Andrássy út 22. **Stadtplan** 2 F4. ☎ *331 25 50.*

Klassische Musik

Kongresszentrum
Jagelló út 1–3.
☎ *372 57 00.*

Franz-Liszt-Musikakademie
Liszt Ferenc tér 8. **Stadtplan** 7 A1. ☎ *462 46 00.*

Nationaler Konzertsaal
Palast der Künste, Komor Marcell utca 1.
☎ *555 3000.*

Sakrale Musik

Große Synagoge
Dohány utca 2–8.
Stadtplan 7 A3.
☎ *342 89 49.*

Matthiaskirche
Szentháromság tér 2.
Stadtplan 1 B4 (9 A2).
☎ *355 56 57.*

St.-Stephans-Basilika
Szent István tér.
Stadtplan 2 E4 (10 D2).
☎ *403 53 70.*

Volks- und Zigeunermusik

Budai Vidagó
Corvin tér 8. **Stadtplan** 1 C4 (9 A2). ☎ *201 50 17.*

Duna Palota
Zrínyi utca 5. **Stadtplan** 2 E5 (10 D2). ☎ *317 27 90.*

Fonó Budai Zeneház
Sztregova utca 3.
Stadtplan 2 E5 (10 D3).
☎ *206 62 96.*

Gyökér Klub-Vendéglő
Eötvös utca 46.
Stadtplan 2 F3 (10 E1).
☎ *302 40 59.*

Innerstädtisches Kunstzentrum
Molnár utca 9.
Stadtplan 4 E2 (10 D5).
☎ *317 59.28.*

Jazz

Közgáz Jazz Klub
Kinizsi utca 2–6. **Stadtplan** 7 A5. ☎ *217 30 33.*

Hades Jazztaurant
Vörösmarty utca 31.
Stadtplan 5 A5.
☎ *352 15 03.*

Theater, Kino und Nachtklubs

Budapest hat zahlreiche Theater, deren Besuch nicht nur wegen ihres eindrucksvollen Repertoires lohnt. Sie befinden sich auch stets in schönen historischen Gebäuden. Über die Kino-Leinwände flimmern die neuesten Filme, meist in synchronisierter Fassung. Nachtschwärmer haben die Auswahl zwischen zahlreichen beliebten Tanzklubs.

Theater

Das erste ungarische Theater, das Stücke in der Landessprache auf die Bühne brachte, war das **Burgtheater** *(siehe S. 73)*. Weitere etablierte Häuser sind das **Madách-Theater**, das **Nemzeti-Theater**, das **Pester Theater** und das **Lézerszínház**. Englischsprachige Stücke zeigt das **Merlin Theatre**.

In Budapest erwarten Sie über 30 Theater und Kabaretts. Eines der renommiertesten ist das **József-Katona-Theater**, das mit seinen Adaptionen von Stücken aus Paris und London berühmt wurde. Auf dem Spielplan stehen Shakespeare und Gogol.

Hochinteressant ist auch das **Vígszínház**, was »Komödientheater« bedeutet; es ist auf Musicals spezialisiert. Im Sommer werden auf der Margareteninsel Rockopern inszeniert. Die Vorstellungen sind bekannt für gute Musik in schöner Kulisse.

Kino

Die meisten Budapester Kinos stammen aus den 1920er und 1930er Jahren und bieten wenig Luxus. Mittlerweile erhalten sie von modernen Großkinos, z. B. Kinos in den Einkaufszentren **Duna Plaza**, **Westend**, **City Center** und dem **Corvin Filmpalast**, Konkurrenz.

Neben Auslandsproduktionen, normalerweise mit ungarischen Untertiteln, flimmern auch ungarische Filme über die Leinwand. Gezeigt werden Neuerscheinungen und Evergreens aus der Glanzzeit des ungarischen Kinos, als die Regisseure Miklós Jancsó und István Szabó internationale Auszeichnungen erhielten. Das **Broadway** setzt regelmäßig unsynchronisierte Meisterwerke vergangener Tage aufs Programm. Alle Kinokarten kann man am gleichen Tag vorab erwerben; einige Kinos verkaufen auch Karten für den nächsten Tag.

Nachtklubs

Das Budapester Nachtleben ist mit dem anderer europäischer Hauptstädte vergleichbar. Es werden täglich neue Klubs eröffnet. Zu den jüngsten zählt **Dokk Jazz Bistro**, ein riesiger High-Tech-Klub in einem umgebauten Dock. Das **Tütü Tango** bietet eine Mischung aus Live-Bands und angesagten DJs. Das **Complex** in Szentendre *(siehe S. 165)* lohnt sich mit seinen erstklassigen DJs, hat aber nur donnerstags bis sonntags geöffnet.

Ältere Klubs sind häufig rund um Studententreffpunkte gelegen. Im **Petőfi Csarnok**, einem 1984 während des Kommunismus erbauten höhlenartigen Unterhaltungszentrum, treten lokale und internationale Rockbands auf. Der **E-Klub** öffnet freitags und samstags seine Pforten und ist ein Treffpunkt der Studenten der Technischen Universität. Der Studentenklub **Közgáz Pince Klub** in der riesigen Halle der Wirtschaftsuniversität *(siehe S. 138)* ist regelmäßig überfüllt.

Budapests Schickeria trifft sich im exklusiven **Made Inn**, dessen attraktiver Innenhof und Garten im Sommer überlaufen sind. Der Klub hat zwei Tanzsäle und einen Konzertsaal für Bands.

Auf einen Blick

Theater

József-Katona-Theater
Petőfi Sándor utca 6.
Stadtplan 4 E1 (10 D4).
☎ *318 65 99.*

Lézerszínház
Népliget, Planetárium.
☎ *263 08 71.*

Madách-Theater
Erzsébet körút 29–33.
Stadtplan 7 A2.
☎ *322 20 15.*

Merlin Theatre
Gerlóczy utca 4.
Stadtplan 4 F1 (10 E4).
☎ *317 93 38.*

Mikroszkóp Színpad
Nagymező utca 22–24.
Stadtplan 2 F3 (10 E1).
☎ *332 53 22.*

Nemzeti-Theater
Bajor Gizi Park 1.
Stadtplan 7 B1.
☎ *476 68 00.*

Pesti-Theater
Váci utca 9.
Stadtplan 4 E1 (10 D4).
☎ *266 52 45.*

Staatliches Tanztheater
Színház 1–3. **Stadtplan** 9 A3. ☎ *356 40 85.*

Vígszínház
Pannónia utca 1. **Stadtplan** 2 E1. ☎ *340 46 50.*

Kinos

Corvin Filmpalota
Corvin köz 1.
☎ *459 50 50.*

Hollywood Multiplex Duna Plaza
Váci út 178. ☎ *467 42 67.*

Palace West End
Váci út 1–3. **Stadtplan** 2 F2. ☎ *238 72 22.*

Nachtklubs

Dokk Jazz Bistro
Hajogyari Sziget 122.
☎ *535 27 47.*

E-Klub
Népliget út 2.
☎ *263 16 14.*

Complex
Rószá utca 8, Szentendre.
☎ *936 77 19.*

Közgáz Pince Klub
Fővám tér 8.
Stadtplan 4 F3.
☎ *215 43 59.*

Made Inn
Andrássy út 112.
Stadtplan 7 A1.
☎ *311 34 37.*

Petőfi Csarnok
Zichy Mihály utca 14.
Stadtplan 6 E4.
☎ *363 37 30.*

Tütü Tango
Hajós utca 2.
Stadtplan 2 F4.
☎ *321 27 15.*

Sport und Aktivurlaub

UNGARN HAT VIELE GUTE Athleten. Dies bezeugen etwa die Leistungen bei den Olympischen Spielen. Die Budapester Sportanlagen haben Weltniveau und sind deshalb häufig Austragungsort internationaler Wettkämpfe, darunter Europa- und Weltmeisterschaften. Auch Besuchern stehen in der Donaustadt viele Sportmöglichkeiten zur Verfügung.

SPORTSTADIEN

DIE MEISTEN sportlichen Wettkämpfe finden entweder im gigantischen **Volksstadion** *(siehe S. 155)* statt, das 80 000 Zuschauern Platz bietet, oder in der modernen, überdachten **Papp László Budapest Sportaréna**.

Fußball ist nach wie vor die beliebteste Sportart, wenngleich ungarische Fans wehmütig den Zeiten nachtrauern, als ihre Nationalelf noch erfolgreich war. 1954 kam die ungarische Mannschaft bis ins Endspiel der Fußballweltmeisterschaft. Ligaspiele ziehen die Massen an. Die Atmosphäre heizt sich vor allem bei Lokalderbys auf.

Zwei der drei großen, regelmäßigen Veranstaltungen in Budapest sind der Willkommensmarathon und der Budapest-Marathon *(siehe S. 58)*, die jeweils am letzten Sonntag im September und April stattfinden. Das dritte große Sport-Event des Jahres ist der Grand Prix von Ungarn *(siehe S. 59)*, der im August über die Mogyoród-Rennbahn dröhnt.

Die Ungarn sind sehr erfolgreich im Boxen, Kanufahren, Schwimmen, Wasserball und Fechten; alle diese Sportarten werden eifrig betrieben.

PFERDERENNEN UND REITEN

ALS EINE NATION einstiger Nomaden haben sich die Ungarn ihre Liebe zu Pferden bewahrt. In Budapest findet diese Leidenschaft ihren Ausdruck in den sehr beliebten Pferderennen. Ein paar Stunden auf der Rennbahn sind eine amüsante Möglichkeit, echt ungarische Atmosphäre zu erleben. Am Keleti pu *(siehe S. 226)* liegt die Trabrennbahn, die **Ügetőpálya**.

Wer lieber selbst reitet, als bei Pferderennen zuzuschauen, kann bei der **Staatlichen Reitschule** anfragen. Reitstunden gibt es auch in der **Petneházy-Schule**, im **Reitstall Kincsem** oder beim **Budapester Reitklub**.

SPORTAKTIVITÄTEN

SPORTLICHE BETÄTIGUNG ist in Budapest beliebt und preiswert. Beim Flanieren durch die Parks, vor allem auf der Margareteninsel, begegnet man Scharen eifriger Jogger – jungen und jung gebliebenen. Die Schwimmbäder sind drinnen wie draußen voller Badegäste, die regelmäßig eine Stunde lang für die Gesundheit ihre Runden drehen.

Besonders beliebt ist das **Hajós-Olympiabad** auf der Margareteninsel, das nach dem ersten ungarischen Olympia-Goldmedaillengewinner und Architekten des Bades benannt ist. Quirlige Freibäder sind das **Komjádi-Bad** und das benachbarte **Lukács-Bad**. Beide bieten auch im Winter Badefreuden dank der heißen Quellen, die die Wasseroberfläche dampfen lassen.

Das wärmste Thermalwasser Budapests kann man im **Széchenyi-Bad** *(siehe S. 151)* genießen, dem größten Badekomplex Europas. Der schönste Badetempel mit einer authentischen Atmosphäre ist zweifellos das türkische **Rudas-Bad** *(siehe S. 93)* aus dem 16. Jahrhundert.

Radfahren erfreut sich wachsender Beliebtheit, vor allem seitdem Radwege *(siehe S. 229)* angelegt wurden.

Es gibt viele Tennisplätze, die jedoch meist von Ungarn in Beschlag genommen sind. Als Besucher kommen Sie nur über einen einheimischen Spieler zum Zug, oder Sie benutzen die Anlagen eines Hotels.

Trotz des nicht besonders extremen Klimas kann man selbst mitten in Budapest Wintersport betreiben. Von Dezember bis März verwandelt sich der See im Városliget *(siehe S. 142f)* in eine Eislaufbahn.

Auf dem Sváb-Berg *(siehe S. 161)* liegt in der Regel ab Dezember bis in den März hinein Schnee; hier gibt es einige Skipisten und Lifte.

AUF EINEN BLICK

SPORTSTADIEN

Papp László Budapest Sportaréna
Rákóczi út 42.
Stadtplan 10 F4.
☎ *273 37 00.*
W www.budapestarena.hu

Volksstadion
Stefánia út 3–5.
Stadtplan 6 F5.
☎ *471 41 00.*

PFERDERENNEN UND REITEN

Budapester Reitklub
Kerepesi út 7.
☎ *313 52 10.*

Petneházy-Schule
Feketefej utca 2–4.
☎ *397 50 48.*

Pferdestall Kincsem
2711 Tápiószentmárton.
☎ *423 056.*

Staatliche Reitschule
Kerepesi út 7.
☎ *210 26 61.*

Ügetőpálya
Kerepesti út 9–11.
☎ *334 29 58.*

SCHWIMMBÄDER

Komjádi Uszudo
Frankel Leó út 55.
Stadtplan 1 B1.
☎ *212 27 50.*

Lukács-Bad
Frankel Leó utca 25–29.
Stadtplan 1 C1.
☎ *326 16 95.*

Hajós-Olympiabad
Margitsziget. ☎ *340 49 46.*

Rudas-Bad
Döbrentei tér 9. **Stadtplan** 4 D2. ☎ *356 13 22.*

Széchenyi-Bad
Allatkerti körút 11. **Stadtplan** 6 D3. ☎ *363 32 10.*

Budapest für Kinder

Budapest hat kleinen Besuchern viel Unterhaltung zu bieten. Sie können zwischen verschiedenen Zielen im Freien wählen, etwa dem Rummelplatz, dem Zoo und einigen Schwimmbädern. Bei schlechtem Wetter lassen sich in historischen Monumenten lehrreiche Stunden verbringen. Zwei Puppentheater bieten auf junges Publikum zugeschnittene Vorstellungen.

Sightseeing mit Kindern

Das turbulente Zentrum von Pest scheint wenig Unterhaltsames für Kinder parat zu haben. Und doch: Das in der glitzernden Pracht einer Villa des 19. Jahrhunderts untergebrachte **Postmuseum** lohnt einen Besuch.

Faszinierend sind der Königspalast *(siehe S. 70f)* und das Burgviertel *(siehe S. 68ff)* Budas; hier können Kinder in Geschichte und Tradition der Stadt hineinschnuppern. Bei einem Besuch der **Ungarischen Nationalgalerie** *(siehe S. 74ff)* entzückt Kinder der Innenhof des Palasts mit seinem *Turúl*, dem Riesenvogel, um den sich dunkle Mythen ranken. Der Matthiasbrunnen *(siehe S. 72f)* ist ebenso sehenswert. Ein Muss ist die Fahrt den Burgberg hinauf und hinab mit der Standseilbahn, der Budavári Sikló *(siehe S. 231)*. Besonders geeignet für Kinder ist das **Labyrinth von Budavár** in der Herrengasse *(siehe S. 85)*, eine unterirdische Ausstellung über die Frühgeschichte der Stadt. Im **Museum für Kriegsgeschichte** sind Rüstungen und Schlachtenmodelle interessant.

Erholung

Das für Kinder geeignetste Schwimmbad ist das **Palatinus-Strandbad** *(siehe S. 172)* auf der Margareteninsel. Hier locken nicht nur Becken mit unterschiedlichen Wassertemperaturen, sondern auch Rutschen, künstliche Wellen, Spiel und Spaß. Nahebei verkaufen zahlreiche Kioske Snacks, Eis und Obst.

Während der Wintersaison empfiehlt sich indes ein Ausflug ins **Hotel Gellért** *(siehe S. 90f)*. Sein großes Schwimmbecken hat künstliche Wellen, und Kleinkinder toben vergnügt im warmen Wasser des Planschbeckens.

Kinder wie Erwachsene lieben den **Zoo** *(siehe S. 150f)*, einen der größten Tierparks Europas. Kinder sind vom großen Meerwasseraquarium, vom Terrarium mit wahren Prachtexemplaren von Schlangen und vom sehenswerten Vogelgehege begeistert.

Der **Große Hauptstadtzirkus** ist ideal, um den Nachwuchs zu unterhalten. In den täglichen Vorstellungen treten oft internationale Künstler auf.

Vergnügliche Stunden erleben die Kleinen auch auf dem **Vidámpark**-Rummelplatz *(siehe S. 151)* im Városliget: Hier gibt es diverse Karussells und Fahrgeschäfte, oder man kann Rutschen hinabsausen. Größere Kinder können an Schießbuden ihr Geschick unter Beweis stellen.

Bei schlechtem Wetter

Budapest hat zwei Puppentheater. Neben ungarischen Klassikern bringen sie Internationales auf die Bühne, z. B. *Dschungelbuch*, *Aschenputtel* und *Schneewittchen*.

Eine tolle Attraktion, nicht nur für Kinder, ist das **Planetárium**, das Sie im Volkspark *(S. 156)* finden. 1977 gegründet, ist es mit optischen Geräten von Zeiss aus Jena ausgerüstet, die eine faszinierende Laserwelt bieten.

Panoramabahnen

Kinder begeistert die Fahrt hinauf in die Berge von Buda *(siehe S. 161)*. Die erste Etappe ist die Zahnradbahn zum Gipfel des Széchenyi. Sie erstreckt sich über 3730 Meter und erklimmt 315 Höhenmeter.

Auf dem Gipfel erwarten Sie ein Kinderspielplatz und die erste Haltestelle der Kinder-Eisenbahn, bei der alle Stellwerkswärter und Schaffner Jugendliche sind. Der Zug folgt dem Höhenzug der Berge und fährt ins Hővös-Tal.

Seit 1970 gibt es den Libegő-Sessellift zum Jánosberg hinauf. Die Talstation liegt in Zugliget; man erreicht den Ort mit dem Bus 158 vom Moszkva tér aus.

Auf einen Blick

Museen

Labyrinth von Budavár
Úri utca 9.
Stadtplan 1 A4 (9 A2).
☎ *212 02 07.*

Museum für Kriegsgeschichte
Tóth Árpád sétány 40.
Stadtplan 1 A4.
☎ *356 95 86.*

Postmuseum
Andrássy út 3. **Stadtplan** 2 F4 (10 E2). ☎ *342 69 97.*

Ungarische Nationalgalerie
Szent György tér 2.
Stadtplan 3 C5.
☎ *375 75 33.*

Erholung

Vidámpark
Állatkerti körút 14–16.
Stadtplan 5 C3.
☎ *363 83 10.*

Hotel Gellért
Kelenhegyi út 4–6.
Stadtplan 3 C3.
☎ *466 61 66.*

Großer Hauptstadtzirkus
Állatkerti körút 7. **Stadtplan** 5 C3. ☎ *343 83 00.*

Palatinus-Strandbad
Margitsziget.
☎ *340 45 05.*

Zoo
Állatkerti körút 6–12.
Stadtplan 5 C3.
☎ *363 37 97.*

Bei schlechtem Wetter

Puppentheater Budapest Bábszínház
Andrássy út 69.
Stadtplan 5 A5 (10 E2).
☎ *321 52 00.*

Jugendtheater Kolibri Színház
Jókai tér 10.
Stadtplan 2 F3 (10 F1).
☎ *311 08 70.*

Planetárium
Népliget. ☎ *263 18 11.*

DONAUPRINZESSIN
DONAUPRINZESSIN
PASSAU D
POLICE

GRUND-INFORMATIONEN

Praktische Hinweise

Schild einer Informationsstelle

Budapest war schon immer für seine Gastfreundschaft berühmt, und in den letzten Jahren haben die Ungarn den Tourismus als wichtigen Wirtschaftszweig ausgebaut. Das einzige Problem könnte die Sprachbarriere sein, die Zugang zu Informationen erschwert. Daher geben sich die Ungarn alle Mühe, Fremdsprachen zu erlernen. In allen Tourismusämtern, in Hotels und in vielen Restaurants spricht man auch Deutsch oder Englisch. Die meisten Informationsbroschüren werden mehrsprachig gedruckt. In Budapest verirrt man sich kaum; die Straßenbeschilderung ist leicht verständlich. Die historischen Denkmäler im Zentrum kann man gut zu Fuß erkunden; weiter entfernte Sehenswürdigkeiten erreicht man mit Bus oder per Bahn *(siehe S. 228ff)*.

Informationen

Vor Ihrer Reise nach Budapest können Sie beim **Ungarischen Tourismusamt** nützliche Informationen über Unterkünfte, Veranstaltungen und vieles mehr bekommen. Die Internet-Seiten des Ungarischen Tourismusamts und des Budapester Tourismusamts bieten ebenfalls eine Menge Informationen, Hinweise und Anregungen. Auf diesem Weg kann man auch Broschüren bestellen.

Bei der Organisation Ihrer Reise nach Budapest können Reisebüros wie **IBUSZ** helfen, die sich auf Gruppen- und Individualreisen nach Ungarn spezialisiert haben.

Die Büros des Budapester Tourismusamts finden Sie an mehreren Stellen in der Stadt – so am **Liszt Ferenc tér**, im **Nyugati pályaudvár** (Westbahnhof, linker Flügel), in der **Sütő utca**, an den Terminals 2a und 2b des Flughafens Ferihegy sowie bei **Budaörs** an der **AGIP-Tankstelle** (Autobahn M1/M7). Die Büros halten Informationen (auch auf Deutsch) sowie Stadtpläne bereit. Hier kann man auch die Budapest-Karte *(siehe S. 216)* kaufen.

Ideal für Besucher: Eines der vielen Budapester Informationsbüros

Tipps für Besucher

Die besten Reisezeiten für Budapest sind von März bis Ende Juni und von Mitte August bis Oktober. Der Juli ist in der Regel recht heiß.

Das ganze Jahr über finden Festivals und kulturelle Ereignisse statt, auch am Jahresende ist einiges geboten: Dann können Besucher den Weihnachtsmarkt erleben und die rauschende Neujahrsparty in den Straßen Budapests mitfeiern.

Nach der Ankunft empfiehlt es sich, die fremdsprachigen Informationsbroschüren zu studieren. *Budapest Panorama*, *Programme in Ungarn*, *Budapest Guide* und *Dining Guide* enthalten einen Kalender mit kulturellen und touristischen Veranstaltungen. Sie liegen kostenlos an Informationsstellen und an Hotelrezeptionen aus. Braune Hinweisschilder an allen wichtigen Punkten der Stadt führen zu den Sehenswürdigkeiten.

Mit der Budapest-Karte *(siehe S. 216)* kann man nicht nur das Nahverkehrsnetz unbeschränkt benutzen, man erhält auch freien oder reduzierten Eintritt in 60 Museen sowie einen Rabatt auf den Eintritt für diverse kulturelle Ereignisse.

Öffnungszeiten

Museen und Sammlungen sind ganzjährig geöffnet. Die einzelnen Öffnungszeiten finden Sie unter dem entsprechenden Eintrag im Hauptteil.

Allgemein gilt, dass Museen im Winter, von November bis

Kutschenpferde

März, kürzere Öffnungszeiten haben. Im Sommer hingegen, von April bis Oktober, bleiben ihre Pforten einige Stunden länger geöffnet, in der Regel von 10 bis 18 Uhr. Montags sind Museen geschlossen; eine Ausnahme ist das Jüdische Museum *(siehe S. 134)*, das samstags schließt. An wichtigen Feiertagen wie Neujahr oder 1. Mai haben fast alle Museen geschlossen.

Die Einkaufszentren der Stadt sind sieben Tage in der Woche offen. Lebensmittelhändler öffnen unter der Woche von 7 bis 19 Uhr, andere Geschäfte von 10 bis 18 Uhr. Samstags schließen die Läden in der Regel um 13 Uhr. Sonntags haben einige Kaufhäuser und Markthallen geöffnet, häufig bis 14 Uhr. Informationen über die Öffnungszeiten einzelner Läden und Märkte finden Sie auf den Seiten 202ff.

In Ungarn isst man früh zu Mittag, oft schon zwischen 12 und 13 Uhr.

Eintrittskarten

Eintrittskarten für Museen und Denkmäler erhält man vor Ort. Die Preise variieren zwischen 400 und 1000 Forint, können jedoch auch bis zu 2000 Forint betragen. Schüler und Studenten erhalten Ermäßigungen. Die Ungarische Nationalgalerie, das Ungarische Nationalmuseum und das Parlament erheben keinen Eintritt. Tickets für Oper, Theater und Konzerte sind bei der Zentralen Vorverkaufsstelle *(siehe S. 208)* erhältlich, aber auch in den Verkaufsstellen der Häuser, an der Abendkasse oder im Vorverkauf. Die Eintrittspreise für subventionierte Theater und Konzerte sind niedrig – oft nur zwischen 1000 und 2000 Forint.

Kleidung

Freizeitkleidung sieht man oft auch im Theater, vor allem im Sommer. Im Vergleich dazu geht es bei klassischen Konzerten und Opern sehr viel gediegener zu – auch Besucher werden sich in Abendkleidung wohler fühlen. Die Ungarn legen traditionell viel Wert auf die passende Kleidung, auch wenn Sie in ein edles Restaurant gehen.

Auf einen Blick

Informationen

Budapester Tourismusamt (BTH Budapesti Turisztikai Szolgáltató) und Ungarisches Tourismusamt (Tourinform)

W www.budapestinfo.hu
W www.ungarn-tourismus.de
W www.tourinform.hu
W www.travelport.hu

Kostenloses Infotelefon nach Ungarn
00800 36 00 00 00.

Gebührenpflichtiges Infotelefon in Deutschland
0900 186 42 76.
in Österreich
0900 22 00 13.
Infotelefon in Budapest
488 04 75 oder 322 40 98.

Zentrale des Budapester Tourismusamts
(Postanschrift)
1056 Budapest, Március 15. tér 7.
Stadtplan 4 E1 (10 D5).
266 04 79.

BTH- und Tourinform-Informations-Büros in Budapest

Liszt Ferenc tér 11.
Stadtplan 7 A1.

Nyugati pályaudvar (Westbahnhof), linker Flügel.
Stadtplan 2 F2.

Sütő Utca 2 (am Deák tér).
Stadtplan 2 E5 (10 D3).

Szentháromság tér.
Stadtplan 9 A2.

Am Königspalast,
Stadtplan 3 C1 (9 B4).

Am Flughafen Ferihegy 2, beide Terminals.

2040 Budaörs, AGIP-Tankstelle.
417 518.

Hotelreservierungszentrale und Hotelbuchung im Internet
siehe S. 179.

IBUSZ
Ferenciek tere 10.
Stadtplan 4 F1 (10 E4).
485 27 00.
FAX *342 25 94.*
W www.ibusz.hu

Vista Travel Center
Andrássy út 1.
Stadtplan 2 F4 (10 E2).
452 36 36.
FAX *429 99 25.*
W www.vista.hu

Filialen des Ungarischen Tourismusamts im Ausland

Deutschland
Wilhelmstr. 61, 10117 Berlin.
FAX *(030) 24 31 46 13.*
@ ungarn.info.berlin@t-online.de

Lyoner Str. 44–48, 60528 Frankfurt am Main.
FAX *(069) 92 88 46 13.*
@ ungarn.info.frankfurt@t-online.de

Österreich
Opernring 5, 1010 Wien.
FAX *(01) 585 20 12 21.*
@ ungarn.info@ungarn-tourismus.at
W www.ungarn-tourismus.at

Schweiz
Hegibachplatz/Minervastr. 149, 8032 Zürich.
W www.ungarn-tourism.ch

Vorwahl Budapest

Aus Deutschland, Österreich und der Schweiz
0036-1-…

Zusätzliche Informationen

Routenplanung am Szentháromság tér

Einreise und Zollbestimmungen

Zur Einreise nach Ungarn benötigen Bürger aus Deutschland, Österreich und der Schweiz einen gültigen Personalausweis oder Reisepass. Man braucht kein Visum. Der Verlust der Papiere muss der Botschaft (oder einem Konsulat) gemeldet werden.

Mit Ungarns Eintritt in die EU wurden die Formalitäten bei den Devisen- und Zollbestimmungen stark reduziert. Für EU-Bürger gibt es bei Waren für den persönlichen Gebrauch keine Einfuhrbeschränkungen; bei der Einfuhr größerer Mengen kann allerdings ein Nachweis verlangt werden, dass Waren für den persönlichen Bedarf bestimmt sind. Besucher aus Nicht-EU-Ländern dürfen 200 Zigaretten (100 Zigarren bzw. 250 Gramm Tabak), 1 Liter Wein und 1 Liter Spirituosen sowie Waren bis zum Wert von 175 Euro zollfrei einführen.

Die braunen Schilder weisen den Weg zu Einrichtungen und Sehenswürdigkeiten

Bei der Rückreise von Ungarn nach Deutschland und Österreich ist die Einfuhrbeschränkung für Zigaretten auf 200 Stück zu beachten.

Budapest-Karte

Die Budapest-Karte (Budapest Kártya) wurde 1997 eingeführt; es gibt sie für zwei oder drei Tage für 5200 bzw. 6500 Forint. Die Karte berechtigt Besucher zur kostenlosen Benutzung aller Transportmittel in der Stadt und zum freien oder reduzierten Eintritt in 60 Museen und einige Sehenswürdigkeiten. Zudem erhält man 50 Prozent Ermäßigung auf alle Stadtführungen, die von Budapest Tourismus durchgeführt werden, 10 bis 20 Prozent Rabatt auf den Eintritt in einige Schwimmbäder und zu kulturellen Veranstaltungen sowie 10 bis 20 Prozent Rabatt in bestimmten Restaurants.

Man erhält die Karte an über 250 Stellen, z.B. in den Büros von Budapest Tourismus, am Flughafen, an Schaltern von größeren U-Bahn-Stationen, an Hotelrezeptionen, in einigen Museen und in Reisebüros. Auch auf der Website www.budapestinfo.hu kann man sie bestellen.

Presse, Rundfunk und Fernsehen

In Budapest sind führende internationale Zeitungen und Magazine an großen Zeitungsständen und in vielen Hotels erhältlich. Die größte Auswahl bieten die Stände in den Unterführungen der Bahnhöfe Nyugati und Keleti. Von ausländischen Tageszeitungen wird die Vortagsausgabe verkauft; sie ist oft vor Mittag vergriffen.

Bequem und relativ preiswert: Die Budapest-Karte

Seit 1999 erscheint jeden Montag die *Budapester Zeitung*. Diese deutschsprachige Wochenzeitung für Politik, Wirtschaft und Kultur wendet sich in erster Linie an deutsche Geschäftsleute und Diplomaten, sie ist auch im Internet zu lesen (www.budapester.hu). Eine Rubrik liefert Veranstaltungshinweise. Die deutschsprachige Wochenzeitung *Pester Lloyd* erscheint jeden Mittwoch, sie ist ebenfalls im Internet vertreten (www.pesterlloyd.net).

Seit 2003 erscheint monatlich das Lifestyle-Magazin *PEP!* in deutscher Sprache. Das Heft ist an Kiosken erhältlich. In den Tourismusbüros liegen die auf Seite 214 genannten Informationsbroschüren aus. Jedes Vierteljahr erscheint das *Ungarische Reisemagazin*.

Nachrichten in deutscher Sprache sendet Radio Petőfi täglich um 12 Uhr, die MRT-Sender senden deutsche Nachrichten von Montag bis Freitag um 12 Uhr.

Neben den staatlichen und privaten Fernsehkanälen Ungarns finden Sie in den meisten größeren Hotels mindestens einen deutschsprachigen und einen englischsprachigen Kanal. Einige der großen Hotels versorgen ihre Gäste mittlerweile auch

In Budapest erscheinende Magazine

mit Satellitenfernsehen, sodass Sie dort mehrere deutschsprachige Sender empfangen können.

Behinderte Reisende

Budapest ist für Behinderte deutlich zugänglicher geworden. Gleichwohl ist es weiterhin ratsam, sich vor einer Besichtigung nach barrierefreien Zugängen zu erkundigen; dies gilt auch für Museen und Denkmäler, obwohl hier allmählich nachgebessert wird. Viele Busse sind mittlerweile mit speziellen Vorrichtungen ausgestattet, und einige U-Bahn-Stationen verfügen über einen Aufzug. Der **Ungarische Behindertenverband** ist eine gute Anlaufstelle für Hilfe und Informationen.

Zeit

In Ungarn gilt, nicht anders als in Deutschland, Österreich und der Schweiz, die Mitteleuropäische Zeit. Reisende aus diesen Ländern müssen sich also nicht auf Zeitverschiebungen einstellen. Ebenso gilt in Ungarn von März bis Ende September die Sommerzeit.

Öffentliche Toiletten

In Budapest gibt es wenige öffentliche Toiletten. Kabinen finden Sie auf manchen Plätzen und in Parks; meist sind sie kostenlos.

Cafés und Restaurants haben Toilettenwärter, die Preise für die Benutzung der Anlagen sind jeweils angeschrieben. In Weinlokalen und Bierstuben ist die Benutzung der Toiletten meist kostenlos, dementsprechend sind sie häufig nicht besonders sauber.

In den U-Bahnhöfen gibt es keine öffentlichen Toiletten, außer am Batthyány tér. Neben den allgemein verständlichen Bildsymbolen für Männer und Frauen sind sie auf Ungarisch beschrieben: *Hölgyek* (Damen) und *Urak* (Herren) oder *Nők* (Frauen) und *Férfiak* (Männer).

Zeichen für Damentoilette

Zeichen für Herrentoilette

Elektrizität und Gas

Die Netzspannung beträgt in Ungarn – wie in allen anderen europäischen Ländern – 230 Volt bei 50 Hz; jeder normale Eurostecker mit zwei Pins passt. Die Fassungen sind meist geerdet, daher werden oft Flachstecker verwendet.

Gasherde sind in der Regel mit einer Bimetallsicherung ausgerüstet. Nach dem Einschalten müssen Sie den Griff so lange niedergedrückt halten, bis sich der Brenner erwärmt hat.

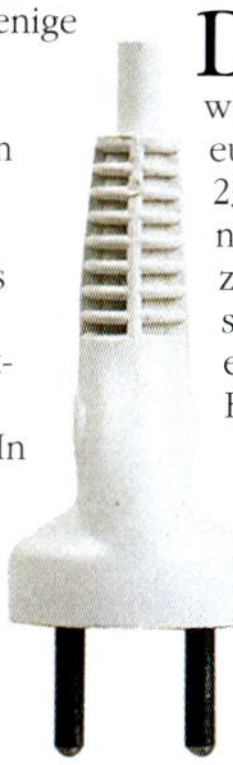

Ungarischer Zweipolstecker

Auf einen Blick

Ausländische Vertretungen in Budapest

Deutschland
Úri utca 64–66,
1014 Budapest.
Stadtplan 1 A4 (9 A2).
☎ *488 35 00.*
FAX *488 35 05.*
W www.deutschebotschaft-budapest.hu

Österreich
Benczúr utca 16,
1068 Budapest.
Stadtplan 5 B4.
☎ *479 70 10.*
FAX *352 87 95.*
W www.austrian-embassy.hu

Schweiz
Stefánia út 107,
1143 Budapest.
Stadtplan 6 F5 (8 F1).
☎ *460 70 40.*
FAX *384 94 92.*
W www.eda.admin.ch/budapest

Ungarische Botschaften

Deutschland
Unter den Linden 74–76,
10117 Berlin.
☎ *(030) 20 31 00.*
FAX *229 13 14.*
W www.ungarische-botschaft.de

Österreich
Bankgasse 4–6,
1010 Wien.
☎ *(01) 537 80 300.*
FAX *(01) 535 99 40.*

Schweiz
Muristrasse 31,
3006 Bern.
☎ *(031) 352 85 72.*
FAX *(031) 351 20 01.*
W www.hungemb.ch

Internationale Zeitschriften

A Világsajtó Háza
Városház utca 3–5.
Stadtplan 10 E4.
☎ *317 13 11.*
◯ *Mo–Fr 7–19 Uhr, Sa 7–18 Uhr, So 8–16 Uhr.*

Bestsellers
Október 6 utca 11.
Stadtplan 10 D2.
☎ *317 12 95.*
◯ *Mo–Fr 9–18.30 Uhr, Sa 10–18 Uhr, So 10–16 Uhr.*

Behinderte Reisende

Ungarischer Behindertenverband
San Marco utca 76.
☎ *250 90 13.*
FAX *454 11 44.*
W www.meosz.hu

BKV – Budapester Verkehrsverbund
Infoseite für Behinderte:
W www.bkv.hu/angol/mozgaskorlatozott/index.html .

Bundesverband Selbsthilfe Körperbehinderter e.V.
Alkrautheimer Str. 17,
74238 Krautheim.
☎ *0 62 94 - 42 81-0.*

Stadtplan siehe Seiten 234–248

Sicherheit und Gesundheit

Schild für Polizei

BUDAPEST ERFREUT nicht nur mit Schönheit, sondern auch mit Effizienz und gut organisierten Dienstleistungen, die zu Sicherheit und Wohlbefinden der Bürger beitragen. Die öffentlichen Telefone funktionieren in der Regel, an Bus- und Straßenbahn-Haltestellen findet man Fahrpläne; öffentliche Verkehrsmittel sind sauber und zuverlässig. Dennoch sieht man, wie in allen übrigen Staaten Europas, in zunehmendem Maß Begleiterscheinungen sozialer Probleme: Die Einheimischen klagen über ansteigende Kriminalitätsraten, Taschen- und Autodiebstahl. Bei Ihrem Besuch in Budapest werden Sie leider auch die wachsende Zahl von Obdachlosen bemerken.

Polizeiwagen

ALLGEMEINE HINWEISE

DOKUMENTE UND Geld sollten Sie sicher in Innentaschen oder speziellen Geldbeuteln verwahren. Da Kreditkarten oft akzeptiert werden, ist es überflüssig, viel Bargeld bei sich zu tragen.

Geld wechseln sollten Sie in einer Bank oder Wechselstube, niemals auf dem Schwarzmarkt. Lassen Sie keine Wertsachen im Auto.

Im Stadtzentrum gibt es drei mehrstöckige Parkgaragen: in der Aranykéz utca Nr. 4–6, Nyár utca Nr. 20 und am Szervita tér. Größere Hotels verfügen oft über eine Garage für Gäste. Falsch geparkte Autos werden auf einen Parkplatz außerhalb des Zentrums abgeschleppt. Müssen Sie Ihren Wagen wiederfinden, rufen Sie die **Abschleppdienst**-Telefonnummer an. Falschparken kostet 2000 Forint und mehr.

Taschendiebe sind meist in der Rushhour in überfüllten U-Bahnhöfen, Bussen und Einkaufszentren unterwegs. Besondere Vorsicht ist an den U-Bahnhöfen Keleti pályaudvar, Moszkva tér, Batthyány tér und Örs vezér tér geboten, die Tag und Nacht beliebte Jagdreviere auf der Suche nach unvorsichtigen Besuchern sind. Fertigen Sie für alle Fälle Fotokopien Ihres Passes und Ihrer Reiseversicherungen an. Geht ein Pass verloren, rufen Sie die **Polizeistation** in der Szalay utca 11–13 unter 317 10 00 an, wo man auch Deutsch spricht. Mit dem Durchschlag der Anzeige melden Sie dann den Verlust umgehend Ihrer Botschaft *(siehe S. 217)*.

Polizeimarke

Polizist auf Motorrad

SICHERHEIT

DIE UNGARISCHE POLIZEI patrouilliert häufig auf dem Motorrad, zu Fuß oder im Auto durch die Straßen. Überdies hat jeder Bezirk eine eigene Polizeistation. Das ungarische Wort für Polizei ist *rendőrség*. Falls Sie etwas verlieren oder es Ihnen gestohlen wird, sollten Sie dies umgehend bei der Polizei anzeigen (bei Verlust von Pass oder Personalausweis *siehe oben*).

Besucher aus Deutschland, Österreich und der Schweiz benötigen bei einem Aufenthalt von bis zu drei Monaten nur einen Personalausweis. Nach einem Monat sollten Sie sich jedoch bei der örtlichen Polizeistation melden und registrieren lassen. Dies betrifft vor allem Besucher, die in Privatunterkünften oder bei Freunden wohnen; Hotels, Herbergen und Pensionen nehmen die Registrierung von ausländischen Gästen automatisch vor. Weitere Informationen erhalten Sie beim ungarischen Außenministerium (www.mfa.gov.hu).

Bei der Anreise mit dem Auto benötigen Sie die grüne Versicherungskarte und den Fahrzeugschein; nehmen Sie einen Leihwagen, genügt der Führerschein. Trampen ist zwar nicht gesetzwidrig, in Ungarn jedoch nicht unbedingt empfehlenswert.

Frauen sollten sich nachts nicht allein in spärlich beleuchtete Gegenden wagen und verlassene Straßen meiden. Rakóczi tér und Mátyás tér im VIII. Bezirk sind seit dem 19. Jahrhundert berüchtigt für ihre Bordelle und haben eine lange Tradition als Flaniermeile für Prostituierte. Prostitution ist in Ungarn offiziell verboten. In den letzten Jahren wurde sie jedoch toleriert, und ihre Legalisierung steht wohl bevor.

Medizinische Versorgung

Vor Ihrer Reise nach Ungarn sollten Sie eine Reisekranken- und Reiseunfallversicherung abschließen.

Ausländische Staatsbürger erhalten in Notfällen kostenlos erste Hilfe – beispielsweise bei Unfällen oder plötzlichen, behandlungsbedürftigen Erkrankungen. Die weitergehende Versorgung, auch stationäre Aufnahme, ist kostenpflichtig. Die Kosten richten sich nach der Art der Krankenversicherung, bei den meisten Versicherungen muss die Behandlung zunächst selbst bezahlt und nach der Heimreise zur Erstattung eingereicht werden. Die jeweiligen Rechnungen und – im Falle eines Unfalls – die Polizeiberichte müssen dem Antrag beigefügt werden. Eine eventuell erforderliche Anzeige bei der Polizei hat spätestens sieben Tage nach dem Unfall zu erfolgen.

Jede Budapester Apotheke (*gyógyszertár* oder *patika*) ist gut ausgestattet; bei leichteren Beschwerden kann Ihnen der Apotheker geeignete Arzneien empfehlen. Einige Medikamente sind verschreibungspflichtig, andere ohne Rezept erhältlich. Ist die nächste Apotheke geschlossen, suchen Sie an der Tür oder im Fenster nach dem Aushang mit den örtlichen Apotheken mit Nacht- bzw. Notdienst.

Apothekenschild

Für Ungarn werden keine speziellen Impfungen benötigt; für manche ländlichen Gebiete wird eine FSME-Impfung (wegen der Gefahr der Übertragung durch Zecken) empfohlen. Wer an Allergien oder Atemproblemen leidet, sollte den sommerlichen Smog bedenken, der insbesondere die überfüllten Straßen Pests in eine Dunstglocke hüllt. Wer empfindlich reagiert, kann im autofreien Burgviertel wohnen; oder er fährt in die Berge von Buda *(siehe S. 161)* oder auf die Margareteninsel *(siehe S. 172f)*.

Eingang einer Apotheke

Die Wasserqualität in Budapest ist recht gut, allgemein ist es sicher, Leitungswasser zu trinken. In den Thermalbädern *(siehe S. 50ff)* kann man wunderbar entspannen.

Krankenwagen

Auf einen Blick

Notdienste

Notarzt/Unfallrettung
☎ 104 oder 112 (vom Handy).

Feuerwehr
☎ 105 (oder 321 62 16).

Polizei
☎ 107 oder 112 (vom Handy).

Stadtpolizei
☎ 443 50 00.

Touristenpolizei
Vigadó utca 6.
Stadtplan 10 D4.
☎ 235 44 79 (24 Std.).

Ärztlicher Notdienst
☎ 317 21 11.

Zahnärztlicher Notdienst
☎ 267 96 02.

Falk – Medizinischer Notdienst
1025 Budapest, Kapy utca 49. ☎ 200 01 00.

Elektrizitäts-Notdienst
☎ 40 383 838.

Gas-Notdienst
☎ 334 40 00 (24 Std.).

Wasser-Notdienst
☎ 80 200 333.

Apotheken

Déli Gyógyszertár
Alkotás utca1/b.
☎ 355 46 91.

Teréz Patika
Teréz körút 41.
Stadtplan 10 F1.
☎ 311 44 39

Hilfreiche Nummern

Abschleppdienst
☎ 383 07 00.

ADAC Budapest
Rómer Floris utca 4/A.
☎ 345 17 17.

BKV-Fundbüro
☎ 267 52 99 (Verlust am gleichen Tag).
☎ 461 65 00 (nach dem Tag des Verlusts).

Internationale Fahrzeugversicherung
☎ 061 209 07 30.

Meldestelle für Ausländer
Városligeti fasor 46/48.
☎ 311 86 68.
◯ Mo–Mi u. Fr 8–12 Uhr, Do 8–18 Uhr.

ÖAMTC Nothilfe
☎ 0043 1 25 120 00.

Pannennotdienst
☎ 088.
Mak-Magyar Autóklub.
☎ 345 17 23 (deutschsprachiger Notdienst).

Útinform (Straßeninformation allgemein)
☎ 322-22 38 (24 Std.).

Verkehrsinformation (für Budapest)
☎ 317-1173 (24 Std.).

Banken und Währung

Schild einer Wechselstube

Das ungarische Geldsystem passt sich rasch dem europäischen Standard an. Budapest hat heute viele moderne Banken, ungarische und ausländische, die in schicken, geräumigen Gebäuden untergebracht sind. Im Stadtzentrum und rund um die Bahnhöfe finden Sie zahlreiche Geldautomaten und Wechselstuben. Die Zahl der Läden und Restaurants, die Kreditkarten akzeptieren, wächst ständig; bei größeren Beträgen ist es nur noch selten erforderlich, Waren oder Dienstleistungen in bar zu bezahlen. Die meisten Banken zahlen Bargeld auf Kreditkarten aus.

Geldautomat

Devisenbestimmungen

Für die Ein- und Ausfuhr der Landeswährung Forint (HUF oder Ft) und anderer Währungen gibt es keine Beschränkungen. Im Rahmen der Geldwäsche-Problematik ist jedoch zu beachten, dass mitgeführte Zahlungsmittel ab 15 000 Euro (je nach Wechselkurs etwa 3 750 000 Forint) deklariert werden müssen.

Devisen können in Banken, Wechselstuben und Hotels leicht in Forint umgetauscht werden. Beim Rücktausch restlicher Forint müssen Sie die Kaufbestätigungen vorlegen. Bewahren Sie daher alle Wechselquittungen bis zum Ende Ihres Aufenthalts auf. Inzwischen hat sich der Wert des Forint stabilisiert, sodass Sie beim Rücktausch nicht allzu viel Verlust haben.

Am bequemsten ist es, mit der EC-/Maestro-Karte (plus PIN) von einem der Geldautomaten Forint abzuheben. Sie werden unter Umständen Schwierigkeiten haben, wenn Sie mit einem 20 000-Forint-Schein bezahlen wollen.

Eingang einer Filiale der Budapest Bank in der Váci utca

Banken und Wechselstuben

Den besten Wechselkurs bekommen Sie in Banken und Wechselstuben, die meist von ungarischen Banken betrieben werden. Vergleichen Sie vor dem Geldwechseln die Kurse; sie sind sehr unterschiedlich. Einige Wechselstuben geben irreführende Wechselkurse an: Sie gelten nur für Summen über 200 000 Forint, was nur winzig klein gedruckt wird. Am ungünstigsten sind die Wechselkurse in Hotels und am Flughafen, die besten offerieren die Wechselstuben rund um die Bahnhöfe und im Stadtzentrum, in der Petőfi Sándor utca. Ungarische Banken tauschen meist zu akzeptablen, durchschnittlichen Kursen um.

Die Filialen der **Budapest Bank** sind Montag bis Freitag von 10.30 bis 14 Uhr geöffnet. Handelsbanken wie die **K & H Bank** haben Montag bis Donnerstag von 8 bis 15 und am Freitag von 8 bis 13 Uhr geöffnet. Die meisten Banken sind samstags und sonntags geschlossen, Wechselstuben und Geldautomaten stehen auch am Wochenende zur Verfügung. Es ist weder erlaubt noch empfehlenswert, Geld schwarz umzutauschen.

Kreditkarten

Die meisten Hotels, Restaurants, Tankstellen, Autovermietungen und größeren Geschäfte akzeptieren Kreditkarten. Zu den gängigen Karten gehören Visa, MasterCard, American Express und Diners Club. Die Logos der akzeptierten Karten sind an der Tür angebracht. Auch mit der EC-/Maestro-Karte können Sie bei den meisten Händlern und Dienstleistungsunternehmen bargeldlos bezahlen.

Reiseschecks (in Euro oder Dollar) werden ebenfalls von vielen Geschäften (und natürlich auch von allen Banken) akzeptiert.

Auf einen Blick

Banken

Budapest Bank
Báthori utca 1. ☎ *269 23 21.*

K&H Bank
Vigadó tér 1. ☎ *328 90 00.*

Deutsche Bank
Vörösmarty tér 4. ☎ *488 88 88.*

Posta Bank
József Nádor tér 5. ☎ *266 85 53.*

Kartenverlust

Allg. Notrufnummer
☎ *0049 116 116.*

American Express
☎ *460 52 33 (in Budapest).*
☎ *0049 69 9797 1000.*

Diners Club
☎ *06 40 CITI 24 (in Ungarn).*
☎ *0049 180 533 66 95.*

MasterCard
☎ *001 636 722 71 11.*

Visa
☎ *001 410 581 38 36.*

EC-/Maestro-Karte
☎ *0049 69 740 987.*

Ungarische Währung

Die ungarische Währungseinheit ist der Forint (HUF oder Ft). Ungarische Banknoten werden in Einheiten zu 200, 500, 1000, 2000, 5000, 10 000 und 20 000 Forint ausgegeben. Einige Noten sind in alter und neuer Version in Umlauf. Ältere 5000-Forint-Noten werden nicht mehr akzeptiert.

200 HUF

500 HUF

1000 HUF

2000 HUF

5000 HUF

10 000 HUF

Münzen

Derzeit sind Münzen zu 1, 2, 5, 10, 20, 50 und 100 Forint in Umlauf. Wie bei den Banknoten werden neue Münzen allmählich eingeführt – die neuen 100-Forint-Münzen mit der Messingscheibe im Nickelring sind bereits die einzig legale Version.

1 HUF

2 HUF

5 HUF

10 HUF

20 HUF

50 HUF

100 HUF

Kommunikation

Telefonsymbol

Das ungarische Telefonsystem wurde in den letzten Jahren enorm verbessert. Das Netz ist nun stabil, jeder Teilnehmer ist zu jeder Zeit erreichbar. Es gibt viele Telefonzellen in der Stadt, Kartentelefone sind weiter verbreitet als Münztelefone. Allerdings liegen in den wenigsten Telefonzellen noch Telefonbücher aus. Über die Nummer 199 erreichen Sie die Auslandsauskunft, für Nummern im Inland wählen Sie die 198. Das Mobilfunknetz ist auf westlichem Niveau.

Telefonate

Telefonkarten sind empfehlenswert; sie werden im Wert von 800, 1800 oder 5000 Forint verkauft und sind in Tabakgeschäften und Postämtern, bei Straßenverkäufern und an einigen Zeitungsständen erhältlich. Münztelefone akzeptieren Münzen zu 10, 20, 50 und 100 Forint. Die Grundgebühr für ein Ortsgespräch beträgt 20 Forint, für ein internationales Gespräch 100 Forint. Wollen Sie ins Ausland telefonieren, wählen Sie zunächst 00. Warten Sie auf das Freizeichen, und wählen Sie dann die Vorwahl des Landes, gefolgt von der restlichen Nummer.

Budapester Telefonnummern bestehen aus sieben Ziffern (in Verbindung mit der Vorwahl werden es acht). Es lohnt sich nicht, die Hotelvermittlung in Anspruch zu nehmen – dies verlängert nur die Anrufdauer und macht das Gespräch sehr viel teurer.

Billigere Sondertarife gelten während der Nacht und an Feiertagen.

Telefonzelle

Kartentelefon

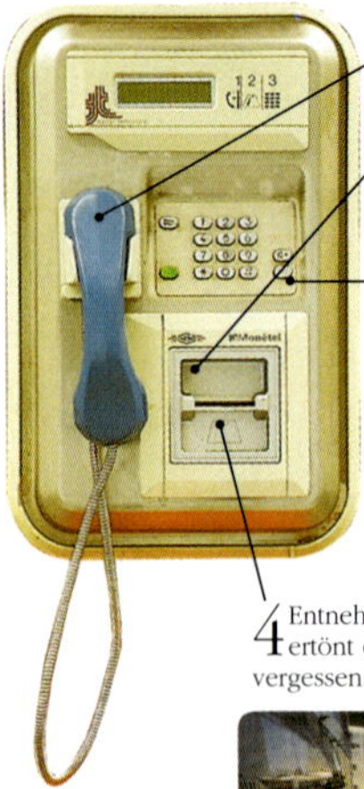

1 Hörer abheben.

2 Karte einführen und Signalton abwarten.

3 Nummer wählen und auf Anschluss warten. Ist Ihre Karte leer, ertönt ein Signal. Drücken Sie die grüne Taste und stecken Sie eine neue Karte ein, um weiterzutelefonieren.

4 Entnehmen Sie die Karte. Es ertönt ein Signal, wenn Sie sie vergessen.

Vorder- und Rückseite einer Telefonkarte zu 800 Forint

Münztelefon

1 Hörer abheben.

2 Münze(n) einwerfen und Signalton abwarten.

3 Nummer wählen und auf Anschluss warten. Ein Signal fordert Sie auf, weitere Münzen nachzuwerfen.

4 Nach Gesprächsende Hörer auflegen. Warten Sie, ob Sie Münzen zurückbekommen.

10 HUF

20 HUF

50 HUF

Budapester Bezirke

Budapest ist in 23 Bezirke unterteilt. In den verschiedenen Bezirken kann es gleichnamige Straßen geben; daher ist es wichtig, bei der Adressierung eines Briefes die vierstellige Postleitzahl anzugeben.

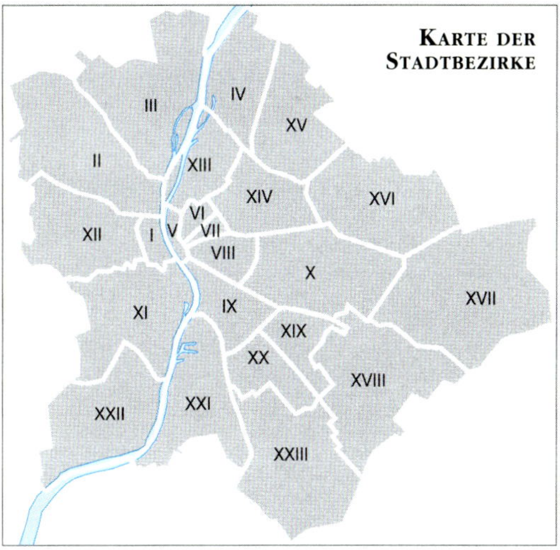

INTERNET-CAFÉS

AUCH IN BUDAPEST gibt es immer mehr Internet-Cafés, in denen man bei einer Tasse Kaffee E-Mails abrufen und im Internet surfen kann.

Internet Galéria & Café
VI, Szondi utca 79. **Stadtplan** 5 A5.
269 00 73. tägl. 8–22 Uhr.

Kávészünet Internet Café
XIII, Tátra utca 12/b. **Stadtplan** 2 E3.
236 08 53. Mo–Fr 9–21 Uhr, Sa, So 10–21.30 Uhr.

Siesta Netcafé
VI, Izabella utca 85. **Stadtplan** 7 B1
312 32 59. Mo–Fr 10–14 Uhr, Sa 12–2 Uhr, So 12–24 Uhr.

POSTDIENSTE

GEHEN SIE in ein Budapester Postamt, sollten Sie ein wenig Zeit mitbringen. Postkarten und Standardbriefe (bis 30 g) ins Inland kosten 90 Forint; in europäische Länder kostet eine (mit Priorität beförderte) Postkarte 140 Forint, ein Standardbrief 190 Forint. Alle Postämter verkaufen sehr schöne Sondermarken.

Wochentags öffnen die meisten Postämter von 8 bis 18 Uhr. Samstags schließen sie um 14 Uhr, sonntags bleiben sie geschlossen. Wenn Sie wissen, welche Briefmarken Sie benötigen, bekommen Sie sie leichter im *trafik* (einem Tabakladen oder Zeitungskiosk) – in Postämtern bilden sich meist Schlangen.

Zeichen der Postämter

Um Postämter kommen Sie nicht herum, wenn Sie Luftpost *(légiposta)* oder Einschreiben verschicken wollen. Auch postlagernde Sendungen müssen hier abgeholt werden. Telegramme kann man telefonisch von Postämtern aufgeben. In den meisten finden Sie auch öffentliche Faxgeräte.

Postleitzahlen sind in Budapest vierstellig. Die erste Ziffer bezeichnet die Stadt Budapest, die zweite und dritte die Bezirksnummer, die vierte Ziffer das Zustellgebiet innerhalb des Bezirks.

Briefkästen werden täglich zu den darauf angegebenen Zeiten geleert.

POSTÄMTER

Bajcsy-Zsilinszky út 16. **Stadtplan** 10 E1.
Mo–Fr 8–20 Uhr, Sa 8–14 Uhr.

Baross tér 11. **Stadtplan** 8 D2.
Mo–Fr 7–21 Uhr.

Krisztina körút. **Stadtplan** 3 C1.
Mo–Fr 8–20 Uhr, Sa 8–14 Uhr.

Teréz körút 51. **Stadtplan** 10 F1.
Mo–Sa 7–21 Uhr, So 8–20 Uhr.

Városház utca 18. **Stadtplan** 10 E4.
Mo–Fr 8–20 Uhr, Sa 8–14 Uhr.

Roter Briefkasten für Inlands- und Auslandspost

NÜTZLICHE TELEFONNUMMERN UND VORWAHLEN

- Vorwahl Ungarn: 0036
- Vorwahl Budapest: 0036-1
- Telegrammaufgabe: 192
- Internationale Vermittlung: 190
- Inlandsvermittlung: 191
- Inlandsauskunft: 198
- Auslandsauskunft: 199
- Weckruf: 193
- Zeitansage: 080
- Vorwahl von Budapest in andere ungarische Städte: 06
- Vorwahl Deutschland: 0049
- Vorwahl Österreich: 0043
- Vorwahl Schweiz: 0041

Reiseinformationen

Ungarn bezeichnen Budapest als Herz Mitteleuropas. Dieser Anspruch ist nicht unberechtigt, denn die Stadt ist ein Knotenpunkt, der Nord mit Süd und West mit Ost verbindet. Die Bahnverbindungen mit ganz Europa sind ausgezeichnet, die beiden größten Bahnhöfe der Stadt, Keleti und Nyugati pályaudvar *(siehe S. 227)*, liegen gut erreichbar im Zentrum. Das Straßennetz wurde in den letzten Jahren stark verbessert.

Ein Flugzeug der ungarischen Linie Malév

Aus allen Himmelsrichtungen führen heute Autobahnen in die Hauptstadt – den Norden ausgenommen. Die Anreise über Polen und die Slowakei ist wegen der Straßenverhältnisse und des Verkehrsaufkommens nicht ratsam. Komfortabel hingegen ist die Benutzung der Luftverbindungen, die Budapest mit den wichtigsten Städten Europas pflegt. Der Flug von Frankfurt nach Budapest etwa dauert nur eineinhalb Stunden.

Mit dem Flugzeug

Fluggesellschaften fliegen Budapest mittlerweile aus rund 40 Städten in 27 Ländern an. Viele große Airlines starten und landen auf dem Flughafen Ferihegy: **Lufthansa**, **Austrian Airlines**, **Swiss**, aber auch **British Airways**, **Air France** und natürlich die staatliche ungarische Fluggesellschaft **Malév**.

Lufthansa und Malév verkehren jeweils mehrmals täglich planmäßig nonstop zwischen dem Frankfurter Flughafen und Budapest. Linienflug-Verbindungen bestehen überdies von Deutschland aus ab Berlin, Düsseldorf, Hamburg, Köln/Bonn, München und Stuttgart. In Österreich gibt es Direktflüge ab Wien, in der Schweiz vom Flughafen Zürich. Nähere Auskünfte erteilen Reisebüros und Fluggesellschaften.

Flugtickets und Nachlässe

Für Ihren Flug nach Budapest werden Sie umso weniger bezahlen müssen, je früher Sie buchen und je flexibler Sie bezüglich des Termins sind. Es lohnt sich durchaus, die Bedingungen verschiedener Airlines zu vergleichen.

Linienflüge können außerhalb der Saison und zu Zeiten, die nicht von Geschäftsleuten genutzt werden, sehr preisgünstig sein. Daneben fliegen auch einige Billigfluglinien Budapest an. Beachten Sie, dass zu den sensationell niedrigen Angeboten oft noch diverse Gebühren kommen.

Für Kinder und Jugendliche von zwei bis 24 Jahren bieten manche Fluggesellschaften zu bestimmten Zeiten reduzierte Tarife nach Budapest an.

Im Herbst und Winter lohnt es sich, nach Sondertarifen Ausschau zu halten: In der Nebensaison gibt es so manches Schnäppchen. Achten Sie auf die sehr günstigen Flug-plus-Hotel-Wochenendangebote, die es meist von September bis März, manchmal auch in anderen Monaten gibt.

Malév-Stewardess

Flughafen Ferihegy

Der internationale Flughafen Ferihegy liegt 16 Kilometer außerhalb des Stadtzentrums. 1985 wurde er erbaut und 1997/98 erweitert, um mehr Flüge abwickeln zu können. 1999 gingen alle Passagierdienste in Betrieb. Seit September 2005 ist – neben den Terminals 2a und 2b – auch Ferihegy 1 wieder für Passagierflüge in Betrieb; die meisten Billigfluglinien starten und landen hier.

Vom Terminal 2a starten und landen die Maschinen der ungarischen Airline Malév, am Terminal 2b werden die ausländische Fluggesellschaften abgefertigt.

Alle drei Terminals bieten ihren Passagieren Komfort und eine gute Ausstattung. Fürs leibliche Wohl sorgen Bars, Cafés und Restaurants;

Check-in-Schalter am modernen Budapester Terminal Ferihegy 2

Ein Malév-Flugzeug vor dem Terminal Ferihegy 2

zahlreiche Boutiquen und Läden laden zum Bummeln ein. Alle großen Autoverleihfirmen *(siehe S. 229)* sind in den Ankunftshallen von Ferihegy 2a und Ferihegy 2b vertreten.

Der Flughafen bietet auch viele Läden mit allen möglichen Waren – nicht nur mit ungarischen Produkten. In den Terminals 2a und 2b können Sie an den Informationsschaltern der Tourismusämter gleich eine Unterkunft buchen. In allen drei Terminals kann Geld gewechselt werden.

Logo einer Mietwagenfirma

Logo der Fluggesellschaft Malév

Fahrt ins Zentrum

Für rund 2100 Forint befördert der **Airport Minibus** Passagiere von jedem der drei Terminals in jeden Teil der Stadt. Die Busse sind rollstuhlgerecht und bieten einen Abholservice für die Rückreise an (24 Std. vorher buchen). Der BKV-Bus 93 fährt von den Terminals 1 und 2 zur U-Bahn-Station Kőbánya-Kispest; von dort bringt Sie die Linie M3 ins Stadtzentrum.

Taxis sind vom Flughafen aus relativ teuer – achten Sie darauf, dass der Fahrer den Taxameter einschaltet. Grundsätzlich sollte man in Budapest den Fahrpreis für ein Taxi vor Fahrtbeginn erfragen.

Auf einen Blick

Flughafen und Fluggesellschaften

Ferihegy 2
296 96 96 (Allg. Auskunft).
296 70 00 (Ankunft und Abflug).
www.bud.hu

Lufthansa
Váci utca 19–21.
Stadtplan 4 E1 (10 D4).
411 99 00.
0180 583 84 267 (Deutschl.).
www.lufthansa.de

Austrian Airlines
Millennium Center, 2. Stock, Pesti Barnabás utca 4.
Stadtplan 4 E1.
999 40 12.
05 17 89 (Österreich).
www.aua.com

Swiss
Kristóf tér 3. **Stadtplan** 4 E1.
328 50 00.
0848 85 2000 (Schweiz).
www.swiss.com

Malév
Roosevelt tér 2.
Stadtplan 2 D5.
235 32 15.
www.malev.hu

Flughafenbus

Airport Minibus
296 85 55.

Innereuropäische Flugverbindungen nach Budapest

Budapest hat Flugverbindungen mit Großstädten in allen europäischen Ländern. Aus jeder hier aufgeführten Stadt erreichen Sie Budapest in weniger als drei Stunden.

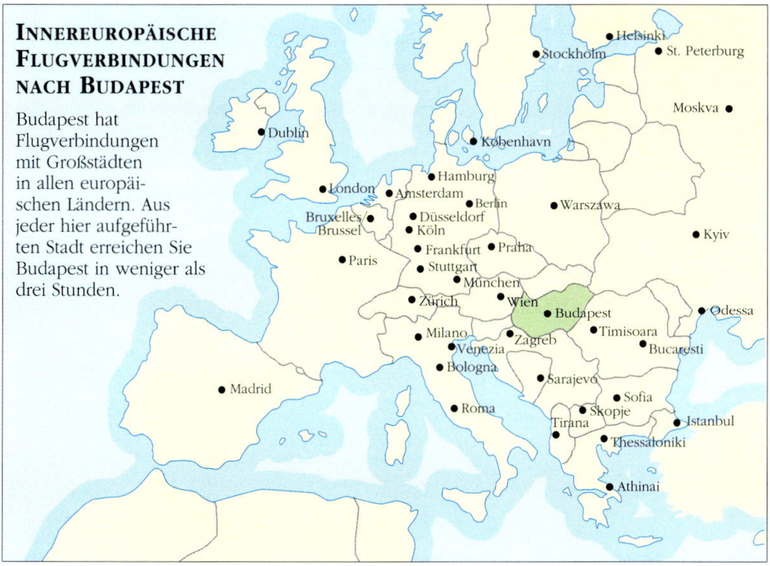

Kartenschalter im Nyugati pályaudvar, dem Budapester Westbahnhof

Mit dem Zug

Budapest hat direkte Zugverbindungen in mehr als 25 Großstädte. Tagtäglich rollen über 50 grenzüberschreitende Züge, viele davon Expresszüge, in die vier Bahnhöfe der Stadt ein und von dort wieder hinaus. Einige Züge enden hier, mit anderen erreichen die Reisenden weiterführende Anschlüsse. Ungarische Züge gelten als sehr zuverlässige Beförderungsmittel, sie sind in der Regel sehr pünktlich.

Züge von Budapest nach Wien, der Hauptverkehrsachse Richtung Westeuropa, verkehren im Drei-Stunden-Takt. Die schnellsten Züge erreichen eine Spitzengeschwindigkeit von 140 bis 160 Stundenkilometern, die Reisezeit beträgt nur 2 Stunden und 50 Minuten. Der *Transbalkan*, der auch Waggons für Autos mitführt, fährt täglich vom Keleti pályaudvar (Ostbahnhof) nach Thessaloniki in Griechenland.

Auskünfte über alle inländischen und internationalen Zugverbindungen von und nach Budapest erhalten Sie am Keleti pályaudvar oder aber in der Kartenverkaufsstelle der MÁV in der Andrássy út 35.

Auf Fahrpreise gibt es verschiedene Ermäßigungen. Ausländische Besucher sollten nach dem Saisonticket fragen: Damit kann man zwischen sieben und zehn Tage unbeschränkt in Ungarn herumreisen. Außerdem gibt es verschiedene Zugpässe, mit denen man günstig durch Europa und Ungarn reisen kann.

Die Vorortzüge sind »langsam« *(személy)* oder »schnell« *(sebes)*; beide Varianten legen häufige Zwischenstopps ein. Ist die Zeit kostbar, empfiehlt sich daher der Expresszug *(gyors)*. Darüber hinaus befördern Intercity-Züge Passagiere nach Pécs, Miskolc, Debrecen, Szeged, Békéscsaba und in alle größeren Städte des Landes; die Fahrzeit beträgt zwischen einer und drei Stunden. In den sauberen, komfortablen Zügen ist Platzreservierung erforderlich; sie kostet einen geringen Aufschlag.

Eisenbahner

Bahnhöfe

Budapest hat drei große Bahnhöfe: Keleti pályaudvar (Ostbahnhof), Nyugati pályaudvar (Westbahnhof) und Déli pályaudvar (Südbahnhof). Im vierten Bahnhof, Józsefvárosi pályaudvar, verkehren ausschließlich Inlandszüge. Viele Auslandszüge fahren vom Keleti pályaudvar ab. Der Expresszug nach Kroatien und die Züge zu den Orten am Plattensee verlassen Déli pályaudvar in der Hochsaison fast stündlich. Die meisten grenzüberschreitenden Expresszüge fahren vom Nyugati pályaudvar ab.

Am leichtesten erreicht man den Keleti pályaudvar mit der U-Bahn-Linie M2. Dieselbe Linie verbindet den Keleti pályaudvar mit dem Déli pályaudvar. Zum Nyugati pályaudvar fahren M3 und die Trams 4 und 6. Ein Minibus verbindet die einzelnen Bahnhöfe untereinander.

Das imposante Äußere des Nyugati pályaudvar

Bahnauskunft

☎ *461 54 04* (international).
☎ *461 59 00* (national).

Mit dem Bus

Budapest hat einen internationalen Busbahnhof: Népliget in der Üllői út 131 ist mit der U-Bahn-Linie M3 erreichbar. Es gibt drei innerungarische Busbahnhöfe: Népliget (westliches Ungarn), Népstadion (Volksstadion, ins östliche Ungarn) und Arpádbrücke (ins nördliche Ungarn). Den Bahnhof Népstadion erreicht man mit der U-Bahn-Linie M2, Arpádbrücke mit der Linie M3.

Auf den internationalen Routen werden Luxusbusse eingesetzt, die mit dem üblichen Komfort aufwarten. Den Inlandsverkehr bedienen Busse des Unternehmens Volánbusz; sie steuern alle größeren Ortschaften innerhalb Ungarns an.

Busauskunft

☎ *317 29 66.*

Luxuriöser, klimatisierter Touristenbus

Mit dem Schiff

Von April bis Oktober verkehren Tragflügelboote auf der Donau zwischen Wien und Budapest.

Tragflügelboote oder Vergnügungsdampfer schippern auch zum Donauknie und in Städte wie Esztergom und Visegrád *(siehe S. 164f)*. Die genauen Fahrpläne hängen an der Abfahrtsstelle am Vigadó tér aus.

Mit dem Auto

Wegen des Parkplatzmangels ist die Anreise mit anderen Verkehrsmitteln dem Auto vorzuziehen. Bis nach Budapest legt man von Wien 250 Kilometer zurück, von Prag 560 Kilometer und von Frankfurt am Main 950 Kilometer. Autobahnen sind mit »M« gekennzeichnet. Die Höchstgeschwindigkeit beträgt dort 130 km/h.

Sieben Landstraßen führen aus Budapest hinaus; eine davon (Nr. 8) beginnt in Székesfehérvár. Die M1 führt von Budapest zum Grenzübergang Hegyeshalom und trifft dort auf das österreichische Autobahnnetz. Auf allen ungarischen Autobahnen (M1, M3, M5 und M7) muss Maut bezahlt werden. Eine Vignette kostet (Stand 2006 für PKW): 4 Tage Sommer (1.5.–30.9.) 1460 HUF, 4 Tage Winter (1.10.–30.4.) 1120 HUF, 9 Tage 2300 HUF, Monatsvignette (1. bis letzter Tag) 3900 HUF. Beachten Sie, dass auch für die Fahrt durch Österreich eine Vignette erforderlich ist.

Die M3 verbindet Budapest mit Polgár; sie wird bis zum slowakischen Autobahnnetz verlängert. Die M5 führt von Budapest aus nach Kecskemét *(siehe S. 166)*, die M7 zu den Ferienorten am Plattensee.

Wichtig: Fahren Sie auch tagsüber außerhalb geschlossener Ortschaften mit Abblendlicht, und schnallen Sie sich auf dem Rücksitz an. Alkohol am Steuer ist strikt verboten. Handys dürfen nur mit Freisprechanlage benutzt werden.

Pannenhilfe
188.

Ein Schild regelt den Verkehr zur Margaretenbrücke und zur M3

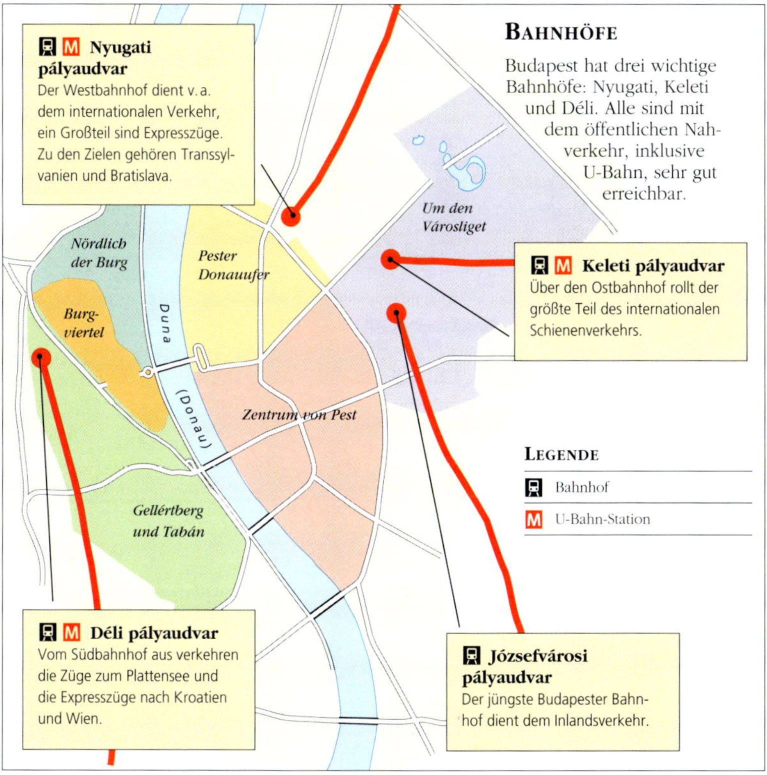

In Budapest unterwegs

Budapest ist eine Stadt mit vielen Vororten. Dennoch liegen die meisten Sehenswürdigkeiten im Zentrum und sind mit dem öffentlichen Nahverkehr – oder auch zu Fuß – leicht erreichbar. Der Besucher hat die freie Auswahl zwischen Schiene, Straße und dem Wasser: So hat er viele Möglichkeiten, durch und um Budapest herum das gewünschte Ziel zu erreichen. Die Infrastruktur ist überwiegend auf die *körútok* (Ringstraßen) zugeschnitten, die vom Stadtzentrum aus sternförmig in die Vororte führen. Die U-Bahn verkehrt vor allem in Pest; die rote Linie M2 jedoch führt am Batthyány tér unter der Donau hindurch und umrundet das Burgviertel im Norden. Der Überlandzug HÉV verbindet die Vororte mit dem Stadtzentrum.

Einer der Budapester Stadtbusse

Autofahren in Budapest

Verwirrend viele Einbahnstraßen machen es dem Besucher schwer, sich in Budapest mit dem Auto zu bewegen. Wegen der vielen Richtungsänderungen verfahren sich Ortsunkundige häufig. Das Wirrwarr des komplizierten Straßenlabyrinths wird noch verschärft durch das Verkehrschaos in den Stoßzeiten. In der Innenstadt gibt es überdies nur wenige Parkplätze. Es ist weitaus besser, die Stadt zu Fuß oder mit öffentlichen Verkehrsmitteln zu erkunden. In Ungarn ist das Autofahren nach Alkoholgenuss absolut verboten. Wird im Blut auch nur eine winzige Spur Alkohol gefunden, droht wegen Trunkenheit am Steuer eine Geldbuße von bis zu 50 000 Forint.

Alle Insassen, auf den Vorder- wie auf den Rücksitzen, müssen Sicherheitsgurte anlegen. Für Kraftradfahrer und Beifahrer besteht Helmpflicht.

In Ortschaften beträgt die Höchstgeschwindigkeit 50 km/h; die meisten Schilder entsprechen europäischen Konventionen. In Städten ist das Hupen nur im Gefahrenfall erlaubt. Dennoch hupen ungarische Autofahrer laut und oft Fußgänger und andere Autofahrer an.

Die Benutzung von Mobiltelefonen ist nur mit Freisprechanlage erlaubt. Das Mitführen oder die Benutzung von Schneeketten kann im Winter angeordnet werden.

Einbahnverkehr in der angegebenen Richtung

Stoppzeichen an der Straßenkreuzung

Ende der Fußgänger- und-Radfahrer-Zone

Budapest zu Fuss

Budapest ist eine Stadt, in der Fußgänger stets Interessantes entdecken können. Besucher, die gern Pfade im Grünen durchstreifen, sollten den Zug oder Bus 21 vom Moszkva tér in die Berge von Buda *(siehe S. 161)* nehmen. Wer lieber durch malerische Straßen und Gassen flaniert, wird vom verkehrsberuhigten Burgviertel in Buda begeistert sein. Die Váci utca *(siehe S. 127)* ist eine Fußgängerzone mit Ruhebänken, auf denen müde Besucher verweilen und das Treiben beobachten können. Einer der schönsten Spazierwege der Stadt ist die Donaupromenade.

Signal für Gehen am Fußgängerübergang

Fußgängerzone

Neues Straßenschild

Altes Straßenschild

Fußgängerübergang

Autoverleih

Leihwagen bekommen Sie am Flughafen *(siehe S. 225)* oder bei einer der Autoverleihfirmen wie **Budget Ungarn**; hier erhält man mit der Budapest-Karte *(siehe S. 216)* einen Rabatt. Verlangt wird eine Kaution zwischen 100 000 und 800 000 Forint per Kreditkarte. Pro Tag fallen je nach Fahrzeugtyp 70 bis 220 Euro Leihgebühr ohne Kilometerbeschränkung an.

Parken

Parkplätze, auf die ein blaues »P« hinweist, reduzieren das Problem des Parkens auf der Straße (und sorgen für weniger Staus). Das Stadtzentrum hat mehrere Parkplätze, etwa in der Nyár utca, Aranykéz utca, Osvát utca und am Szervita tér. Weitere bewachte und unbewachte Parkplätze verteilen sich über das Stadtgebiet. Einige Hotels bieten auch frei gebliebene Stellplätze an. Die Parkgebühren liegen zwischen 120 und 400 Forint pro Stunde.

Parkkarten für die Parkuhren können an Ausgabestellen in der Stadt gekauft werden. Gelbe Markierungen am Fahrbahnrand bedeuten Halteverbot.

An wichtigen Sehenswürdigkeiten, etwa am Hősök tere (Heldenplatz, *siehe S. 142f*) oder an der Zitadelle (*siehe S. 92f*), ist das Parken für die Dauer des Besuchs frei. Diese Parkplätze stehen nur den Besuchern dieser Sehenswürdigkeiten zur Verfügung.

Die Parkdauer muss im Voraus durch Eingabe an der Parkuhr bestimmt werden. Autos ohne gültigen Parkschein werden abgeschleppt oder erhalten eine Parkkralle.

Parken und Halten verboten

Parken von Autos in dieser Zone bis zu zwei Stunden erlaubt

Parkkrallen und Abschleppen

Parkkrallen greifen in Budapest immer mehr um sich. Dann zahlt man neben einer Geldbuße rund 4000 Forint, um den Wagen befreien zu lassen. Etwa 9300 Forint kostet es, wenn das Auto abgeschleppt wurde. Auf Parkuhren steht häufig die Telefonnummer, die Sie in diesem Fall anrufen müssen. Sie können auch einen Parkplatzwächter um Rat fragen.

Wurde Ihr Auto abgeschleppt, dann erfragen Sie den Verbleib und die Abholung unter ☎ 383 07 00 oder 383 07 70.

Parkuhr

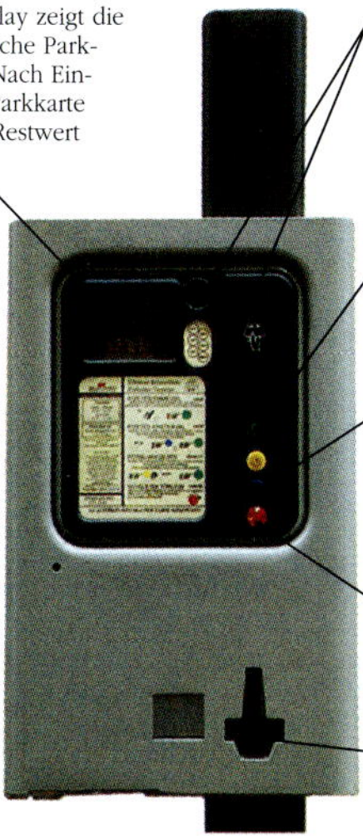

2 Das Display zeigt die erforderliche Parkgebühr an. Nach Einführen der Parkkarte wird deren Restwert angezeigt.

1 Werfen Sie hier den erforderlichen Betrag in Münzen ein, bzw. führen Sie die Parkkarte ein.

3 Drücken Sie den grünen Knopf, wenn im Display die gewünschte Parkdauer angezeigt wird.

4 Bei Benutzung der Parkkarte wird diese mit jedem Druck auf den blauen Knopf um einen Betrag entwertet, der einer Parkdauer von 15 Minuten entspricht.

5 Mit dem roten Knopf lässt sich jeder Vorgang zu jeder Zeit abbrechen.

6 Entnehmen Sie den Parkschein.

Auto mit Parkkralle

Radfahren

Radfahren ist in Budapest schwierig und sogar gefährlich. Radfahrer müssen auf die Straßenbahnschienen und das unebene Kopfsteinpflaster in einigen Straßen achten.

Die Hauptverkehrsstraßen sind für Räder gesperrt, Radwege leider noch spärlich ausgewiesen. Bis vor kurzem war die Szentendrei út die einzige Straße mit Radweg. In jüngster Zeit wurden jedoch weitere Radwege angelegt, die das Radfahren erleichtern.

Am besten entdecken Sie einen Teil Budapests per Rad mit einer kleinen Tour auf der Margareteninsel (*siehe S. 172f*). Auf der Insel gibt es einige Fahrradverleihe; hier bekommen Sie alles Nötige für Ihren Tagesausflug. Auch Kinderfahrräder sind vorhanden, sodass die ganze Familie die Wege und Pfade der ruhigen Insel erkunden kann. Zahlreiche Kioske, die Speisen und Getränke verkaufen, verteilen sich über die Insel; hier können Sie leicht den ganzen Tag verbringen.

Auf einen Blick

Autovermietung

Avis
Szervita tér 8. **Stadtplan** 4 E1.
☎ *318 42 40.* W www.avis.com

Budget
Krisztina körút 41–43. **Stadtplan** 3 C1. ☎ *214 04 20.*
W www.budget.hu

Europcar
Deák tér 3. **Stadtplan** 2 E5.
☎ *328 64 64.*
W www.europcar.com

Hertz
Flughafen Ferihegy, Terminal 2b.
☎ *295 69 88.* W www.hertz.com

Mit der U-Bahn unterwegs

BUDAPEST HAT DREI U-BAHN-LINIEN *(siehe hintere Umschlaginnenseite)*, die sich nur an der Station Deák tér kreuzen. Hier kann man umsteigen (wofür man den Fahrschein erneut abstempeln muss). Die älteste Linie, die gelbe M1, durchläuft die Stadt direkt unter der Oberfläche. Die 1894 erbaute Linie heißt auch Millenniumslinie nach der Feier, die zwei Jahre später in Budapest stattfand *(siehe S. 142)*. Jüngst wurde sie modernisiert und verlängert. Zwei Linien – die rote M2 und die blaue M3 – kamen 1970 hinzu.

Zeichen am Eingang zur U-Bahn-Linie M1 an der Station Oktogon tér

Zeichen der Linien M2 und M3

U-BAHN

ZWEI WÖRTER sollten Sie sich merken, wenn Sie in Budapest U-Bahn fahren: *bejárat* (Eingang) und *kijárat* (Ausgang). Beide sind stets deutlich beschildert.

Orientieren Sie sich vor der Fahrt anhand der Karte auf der hinteren Umschlaginnenseite. In den meisten U-Bahnhöfen hängen Umgebungskarten; Pläne der jeweiligen Linie finden Sie in den Zügen über der Tür. Eine Banddurchsage kündigt an, wenn sich die Türen schließen, und nennt die nächste Station.

Rauchen und Essen sind in den Zügen nicht gestattet; Musik darf nur mit Kopfhörer gehört werden. Hunde dürfen mit in die Züge, wenn sie Maulkorb tragen. Für die Vierbeiner ist eine Fahrkarte zum normalen Tarif abzustempeln. Kinder unter sechs Jahren fahren kostenlos.

Die U-Bahn fährt von 4.30 Uhr bis kurz nach 23 Uhr.

U-Bahn-Museum
Deák tér. *Di–So 10–17 Uhr.*

Station der M1, der modernisierten, ältesten U-Bahn-Linie

FAHRKARTENBENUTZUNG

Fahrkarten müssen vor Antritt der Fahrt am Automaten abgestempelt werden. In der U-Bahn sind die Automaten auf allen Linien außerhalb der Bahnsteige angebracht. Für EU-Bürger über 65 und Kinder unter sechs Jahren ist die Benutzung des Budapester Nahverkehrs kostenlos.

Name des Karteninhabers

Wochenkarte für alle öffentlichen Nahverkehrsmittel

Tageskarte für alle öffentlichen Nahverkehrsmittel

FAHRKARTEN UND ZEITKARTEN

Folgende Karten sind immer erhältlich: Fahrkarten für 1, 3 oder 7 Tage (und für 10 Tage für Jugendliche unter 25 Jahren); Zeitkarten (hierfür wird ein Passbild benötigt) für 7, 14 oder 30 Tage oder für einen Kalendermonat. Die Preise für diese Angebote ändern sich häufig.

EINZELFAHRSCHEINE

Einzelfahrscheine gelten für eine einfache Fahrt ohne Umsteigen mit U-Bahn, Bus, Tram, Trolleybus, Seilbahn oder HÉV oder für kürzere U-Bahnfahrten mit drei bis fünf Haltestellen. U-Bahntickets gibt es auch mit Umsteigemöglichkeit. Beim Wechseln der Metro-Linie muss ein neues Ticket entwertet werden. Die Preise ändern sich häufig.

Einzelfahrschein für alle Nahverkehrsmittel

Mit dem HÉV unterwegs

Logo der HÉV-Bahn

Die Züge des HÉV sind ein wichtiges Verkehrsmittel, das Budapest mit den Vororten verbindet. Einheimische pendeln damit zur Arbeit und Besucher zu Sehenswürdigkeiten, die 20 bis 30 Kilometer vor den Toren der Stadt liegen. Mit den Standardtickets *(siehe S. 230)*, die in den anderen Transportmitteln gelten, kann man auch die HÉV-Haltestellen im Zentrum anfahren; für entferntere Ziele braucht man Zusatzfahrscheine. Die Tickets bekommen Sie vor der Fahrt an der jeweiligen Station oder im Zug vom Schaffner.

Standardwaggon eines HÉV-Zugs

Linien der Schnellbahn

Die von Besuchern meistbenutzte HÉV-Linie führt vom Batthyány tér *(siehe S. 100)* nach Norden Richtung Szentendre *(siehe S. 165)*, vorbei an Sehenswürdigkeiten wie Aquincum *(siehe S. 162f)*. Viele Züge auf dieser Linie enden in Békásmegyer. Achten Sie auf den vorn am Zugkopf angezeigten Zielbahnhof, bevor Sie einsteigen. Eine weitere Linie führt vom Örs vezér tere (der östlichen Endhaltestelle der U-Bahn-Linie M2) nach Gödöllő, vorbei an der Grand-Prix-Rennstrecke Hungaroring *(siehe S. 59)* bei Mogyoród. Gödöllő diente einst den Habsburgern *(siehe S. 28f)* als Sommerresidenz.

Die dritte HÉV-Linie beginnt in Közvágóhíd und endet in Ráckeve *(siehe S. 167)*. Wen die lange Fahrt nicht schreckt, der kann die großartige Villa Prinz Eugens besuchen. Die HÉV-Verbindung zwischen dem Boráros tér und der Insel Csepel ist mit 50 Kilometern die längste.

Weitere Transportmittel

Die alte Standseilbahn Budavári Sikló befördert Passagiere vom Kopfende der Kettenbrücke in Buda auf den Gipfel des Burgbergs hinauf.

Weitere Transportmittel erwarten Sie in den Bergen von Buda *(siehe S. 161)*. Eine Zahnradbahn verbindet den Szilágyi Erszébet fasor mit dem Széchenyi-Berg; von dort aus fährt die »Kinder-Eisenbahn« bis ins Hűvös-Tal. Ein Sessellift *(libegő)* bringt Sie vom Gipfel des János-Bergs hinab zur Zugligeti út.

Taxifahren in Budapest

Taxischild

Es war schon immer leicht, in Budapest ein Taxi zu finden; heute konkurrieren 15 000 Taxis um Fahrgäste. Dennoch: Nicht alle Budapester Taxifahrer lesen das Taxameter korrekt ab. Sie sind bekannt dafür, dass sie ausländische Fahrgäste gern übervorteilen – insbesondere Ortsunkundige, die vom Flughafen oder von einem der Bahnhöfe ins Zentrum wollen. Nehmen Sie am besten ein Taxi, in dem Tarif und Kilometer deutlich angezeigt werden.

Taxi-Rufnummern

Budataxi 233 33 33.
City Taxi 211 11 11.
Főtaxi 0680 22 22 22.
Budapest Taxi 433 33 33.
Rádiótaxi 377 77 77.
Taxi 2000 200 00 00.
Tele5 355 55 55.
6x6 Taxi 266 66 66.

Taxameter

Taxikosten

Taxistände gibt es überall in Budapest, leer sind sie selten. Taxis können Sie auch auf der Straße anhalten; oft ist es jedoch besser, vom Hotel aus eines zu bestellen. Fragen Sie vor dem Einsteigen, wie hoch der Fahrpreis in etwa sein wird. Prüfen Sie vor Fahrtbeginn, ob das Taxameter eingeschaltet ist, und verlangen Sie eine Quittung. Die Preise steigen alljährlich, sind bei Taxis ohne Lizenz jedoch Verhandlungssache. Handeln Sie den Preis stets vorher aus. Die Gesamtsumme errechnet sich aus Grundgebühr, Kilometerpreis und Wartegebühr.

Lizenziertes Budapester Taxi

Mit der Tram unterwegs

In Budapest zirkulieren über 50 Tram-Linien, die in alle Stadtteile fahren. Die gelben Bahnen sind ein schnelles Fortbewegungsmittel, da sie nicht im Stau stecken und sehr häufig fahren. Die ersten starten frühmorgens um 4.30 Uhr; den ganzen Tag über verkehren sie bis 23 oder 24 Uhr, je nach Strecke. Nacht-Linien befahren nur bestimmte Strecken; im Schnitt verkehren vier Straßenbahnen pro Stunde. An allen Haltestellen hängen Fahrpläne aus. Achten Sie auf die Wörter *utolsó indul:* Dies ist die letzte Tram.

Fahrkarten

Fahrkarten erhalten Sie an U-Bahnhöfen, in Tabakläden *(trafikok)* und an einigen Zeitungsständen. Für Wochen- oder Monatskarten benötigen Sie ein Foto; diese Karten erhalten Sie nur an U-Bahn-Stationen.

Gelbe Budapester Tram

Sind die Kartenschalter geschlossen, kaufen Sie das Ticket beim U-Bahn-Wärter. Die Karten gelten für eine Einzelfahrt ohne Umsteigen; Sie können damit jedes öffentliche Verkehrsmittel benutzen. Es ist oft billiger und praktischer, einen Block mit 20 Karten zu besorgen.

Während Wartungsarbeiten an einer Straßenbahnlinie werden Ersatzbusse bereitgestellt. Sie tragen die Nummer der Linie, der ein »V« vorangestellt ist.

Unterwegs mit Gepäck

Passagiere können in Straßenbahnen, Bussen oder Trolleybussen zwei Gepäckstücke mit sich führen. Das Gepäck sollte die Maße 40 x 50 x 80 oder 20 x 20 x 200 Zentimeter nicht überschreiten. Sie dürfen auch ein Paar Schlittschuhe und ein Paar Skier mitnehmen, vorausgesetzt, sie sind sauber, sowie einen Kinderwagen. Müssen Sie ein Fahrrad oder ein größeres Gepäckstück bis zu den Maßen 100 x 100 x 200 Zentimeter transportieren, sollten Sie das Gepäcknetz oder die hierfür bestimmten Waggons im HÉV-Zug benutzen. Haben Sie in öffentlichen Verkehrsmitteln etwas verloren, wenden Sie sich an das Fundbüro in der Akácfa utca 18 *(siehe S. 219)*.

Haltestellen

An jeder Haltestelle sehen Sie die jeweilige Straßenbahnnummer und den Fahrplan.

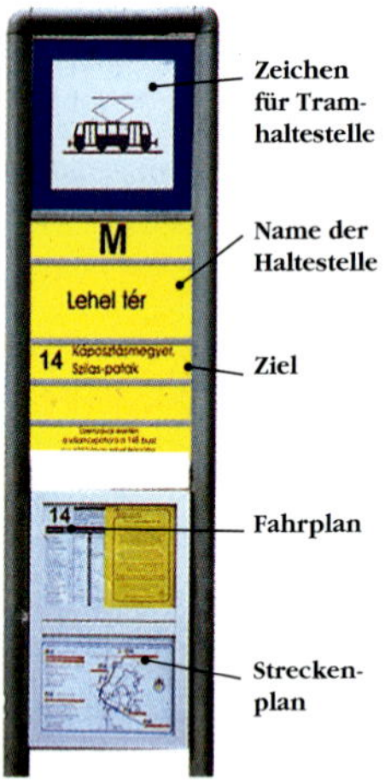

Tram-Routen

Straßenbahnen sind in Budapest das wohl beste öffentliche Verkehrsmittel für Besucher. Besonders schöne Routen haben die Linien 18, 19 und 61 auf dem westlichen und 2, 4 und 6 auf dem östlichen Donauufer.

Legende

o	Tramhaltestelle mit Umsteigemöglichkeit
(violett)	Linie 2
(grün)	Linie 4
(gelb)	Linie 6
(orange)	Linie 18
(blau)	Linie 19
(rot)	Linie 61

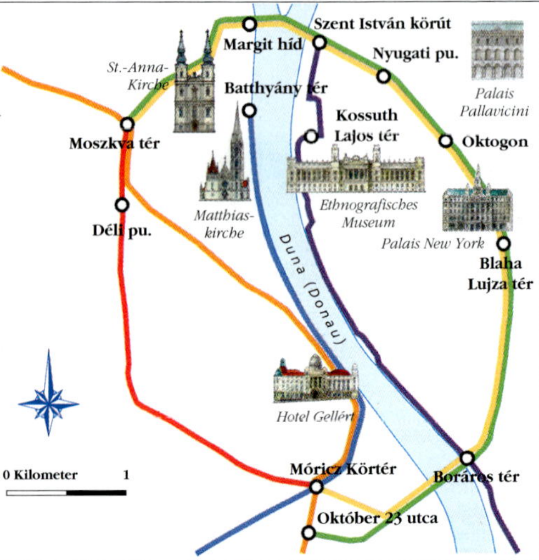

Mit dem Bus unterwegs

BUDAPEST HAT RUND 200 verschiedene Buslinien, die praktisch die gesamte Stadt durchziehen. Blaue Ikarus-Busse verkehren meist von 4.30 bis 23 Uhr, auf den meisten Strecken im 10- bis 20-Minuten-Takt. Die Zeiten und Haltestellen sind in der Regel angeschlagen. Normale Busse haben schwarze Nummern und halten an jeder Haltestelle; Busse mit roten Nummern befahren Schnellstrecken und lassen Haltestellen aus.

DAS BUSNETZ

DIE BUSSE sind in Budapest sehr zuverlässig. Besucher können mit dem Bus auch leicht die Stadt erkunden. Fahrkarten bekommen Sie an U-Bahn-Stationen und in Tabakläden *(trafikok)*. Sie müssen beim Einsteigen abgestempelt werden.

Der Fahrer sagt immer die nächste Haltestelle an und informiert über Umsteigemöglichkeiten. Damit der Bus auch anhält, sollten Sie vor der gewünschten Haltestelle den Knopf an der Tür drücken; andernfalls fährt er womöglich weiter. Bei der Ankunft und Abfahrt an den Haltestellen begrüßen und verabschieden die meisten Fahrer ihre Fahrgäste. Budapester Busfahrer legen gern einen Zahn zu, und die Straßen sind – vor allem in Buda – zum Teil recht steil.

Ikarus-Busse sind sauber und zuverlässig

Daher empfiehlt es sich, sich immer gut festzuhalten, wenn Sie in einem Bus stehen.

Während der Stoßzeiten im Stadtzentrum sollte man Busse vermeiden. Man kommt dann mit der U-Bahn besser voran, oder man geht zu Fuß.

HALTESTELLEN

Bushaltestellen sehen Tram- und Trolleybus-Haltestellen recht ähnlich.

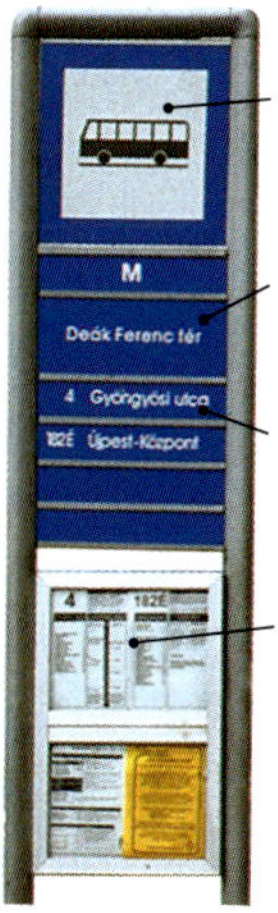

Mit dem Trolleybus unterwegs

TROLLEYBUSSE (OBERLEITUNGSBUSSE) fahren meist in die Vororte. Sie sind ein relativ langsames Transportmittel, da sie oft durch enge Straßen fahren. Zudem verschieben sich ihre Stromabnehmer häufig, die Fahrt wird dann kurz unterbrochen.

Zeichen für Trolleybus-Haltestelle

DAS TROLLEYBUSNETZ

BEI EINER FAHRT mit dem Trolleybus gelten die gleichen Regeln wie im Bus. Auch hier sollten Sie dem Fahrer durch Druck auf den Knopf an der Tür signalisieren, dass Sie aussteigen möchten – er wird nicht automatisch anhalten, wenn keine Fahrgäste an der Haltestelle warten.

Trolleybusse haben Nummern von 70 aufwärts; in Budapest befahren sie 15 verschiedene Routen. Beim Einsteigen müssen Sie die Fahrkarte entwerten – es gelten die gleichen Tickets wie in allen öffentlichen Verkehrsmitteln. Schwarzfahren kostet eine Geldbuße. Eine für Besucher besonders reizvolle Strecke fährt der Trolleybus 70, der zwischen dem Kossuth Lajos tér und Erzsébet királyné útja verkehrt.

FAHRKARTENAUTOMAT

Fahrkarten bekommen Sie in Tabakläden (trafikok), *in U-Bahn-Stationen, an den (leider oft defekten) Automaten in wichtigen Umsteigebahnhöfen und in den HÉV-Bahnhöfen.*

Stadtplan

Die Kartenverweise für alle in diesem Führer genannten Sehenswürdigkeiten, Hotels, Restaurants, Cafés und Läden sowie alle Veranstaltungsorte beziehen sich auf die Karten des Stadtplans. Auf den Seiten 246ff finden Sie auch ein komplettes Straßenregister. Die Übersichtskarte unten zeigt die Viertel von Budapest, die der Stadtplan abdeckt, sowie Bus- und Straßenbahnlinien, wichtige Sehenswürdigkeiten und die in der Legende genannten Gebäude und Einrichtungen. Alle Straßen tragen die ungarischen Originalnamen. Etwas irritierend sind die Begriffe *utca* (oft abgekürzt als *u.*) für Straße und *út*, was im Ungarischen »große Straße« oder »Boulevard« bedeutet. Weitere häufig verwendete Bezeichnungen sind *körút* (Ringstraße), *tér* (Platz), *köz* (Gasse), *körtér* (runder Platz) und *híd* (Brücke).

Legende

- Hauptsehenswürdigkeit
- Sehenswürdigkeit
- Wichtiges Gebäude
- U-Bahn-Station
- HÉV-Station
- Bahnhof
- Busbahnhof
- Bootsanlegestelle
- Bushaltestelle
- Tramhaltestelle
- Parken
- Information
- Krankenhaus mit Notaufnahme
- Polizei
- Kirche
- Synagoge
- Post
- Eisenbahn
- Einbahnstraße
- Fußgängerzone

Massstab Karten 1 – 8

0 Meter 200 1 : 13 200

Massstab Karten 9 – 10

0 Meter 200 1:15 530

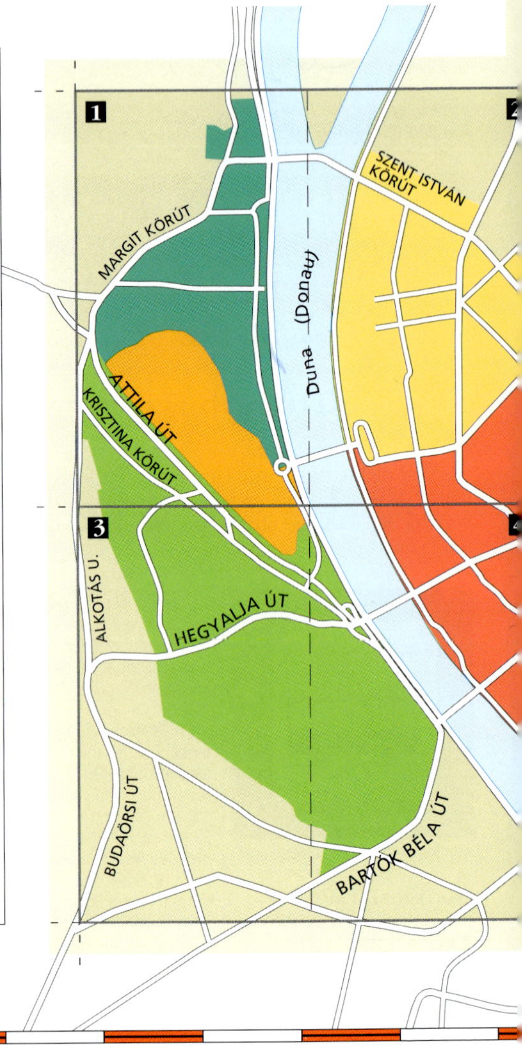

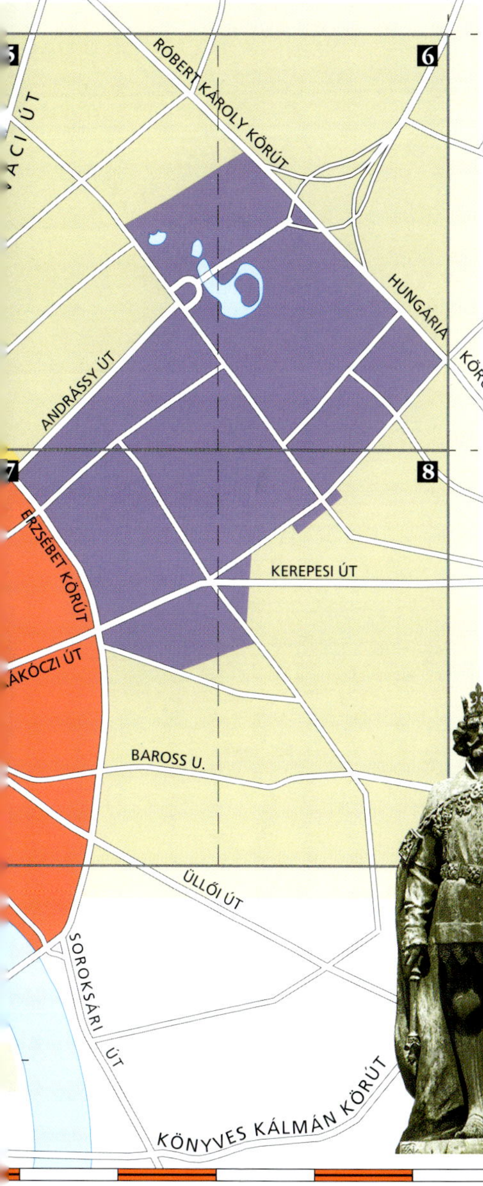

Haus in Tabán *(siehe S. 94)*

Der lebhafte Deák tér ist nach dem Politiker Ferenc Deák *(siehe S. 32)* benannt

Beflaggte Straße im Burgviertel *(siehe S. 68ff)*

Statue König Ludwigs I., Teil des gewaltigen Millenniumsdenkmals am Heldenplatz *(siehe S. 145)*, das 1929 fertig gestellt wurde

1
A
B
C
1
2
3
4
5
RÓZSADOMB
VÍZIVÁROS
VÁR
KRISZTINAVÁROS
II
I
Lukács Gyógyfürdő
ORFI
Gül Baba türbéje
TÜRBE TÉR
Margit híd
Ferencesek templom
Bem József szobra
BEM J. TÉR
Szt. Flórián kápolna
NAGY IMRE TÉR
SZÉNA TÉR
Moszkva tér
Erzsébet apácák temploma
Batthyány tér
MÁRIA TÉR
Szent Anna templom (St.-Anna-Kirche)
Hadtörténeti Múzeum
BÉCSI KAPU TÉR
Budavári Evangélikus templom
KAPISZTRÁN TÉR
Mária Magdolna templom tornya
Kereskedelmi Vendéglátóipari Múzeum
HESS A. TÉR
Hilton Szálló
Mátyás templom (Matthiaskirche)
Halászbástya
SZENTHÁROMSÁG TÉR
Református templom
SZILÁGYI TÉR
CORVIN TÉR
Kapucinus templom
Patikamúzeum
Batthyány palota
DÍSZ TÉR
Nemzeti Táncszínház
CLARK ÁDÁM TÉR
Sándor palota
SZT. GYÖRGY TÉR
Sikló
Budavári palota (Königspalast)
Vérmező
Déli pályaudvar
KRISZTINA TÉR
MARGIT KÖRÚT
CSALOGÁNY U.
VÉRMEZŐ ÚT
ATTILA ÚT
KRISZTINA KÖRÚT
ALKOTÁS U.
ALAGÚT U.
BEM RAKPART
FRANKEL LEÓ ÚT
ÁRPÁD FEJEDELEM ÚTJA
ÚJLAKI RAKPART
LÁNCHÍD U.
GROZA PÉTER RKP.
TÖRÖK U.
BIMBÓ U.
RÓMER FLÓRIS U.
ADY ENDRE U.
KELETI KÁROLY U.
BATTHYÁNY U.
HATTYÚ U.
TOLDY FERENC U.
SZABÓ ILONKA U.
VÁRFOK U.
HUNFALVY U.
FŐ U.
LOVAS ÚT
LOGODI U.
TÓTH ÁRPÁD SÉTÁNY
HUNYADI JÁNOS ÚT
PALOTA ÚT
MIKÓ U.
KOSCIUSZKO TÁDÉ U.
3

2
D
E
F
5
1
2
3
4
5
7
4
Margitsziget
Duna (Donau)
XIII
ÚJLIPÓTVÁROS
LIPÓTVÁROS
VI
TERÉZVÁROS
V
Lehel tér
LEHEL TÉR
VICTOR HUGO U.
HEGEDŰS GYULA U.
PANNÓNIA U.
TÁTRA U.
HOLLÁN ERNŐ U.
BALZAC U.
GERGELY G. U.
CSANÁDY U.
KRESZ GÉZA U.
VISEGRÁDI U.
RADNÓTI MIKLÓS U.
POZSONYI U.
ÚJPESTI RAKPART
ÚJPESTI U.
WALLENBERG U.
FELKA U.
GYÖNGYHÁZ U.
FERDINÁND HÍD
KATONA JÓZSEF U.
BUDAI N. U.
SZENT ISTVÁN KÖRÚT
VÁCI ÚT
MARI TÉR
BORBÉLY U.
KÁDÁR U.
SZÉCHENYI RAKPART
BALATON U.
FALK MIKSA U.
HONVÉD U.
BALASSI BÁLINT U.
Nyugati pályaudvar
NYUGATI TÉR
HONVÉD TÉR
STOLLÁR B. U.
CSENGERY U.
MARKÓ U.
BIHARI J. U.
SZEMERE U.
NAGY IGNÁC U.
JÓKAI U.
KÁRMÁN U.
SZOBI U.
EÖTVÖS U.
SZONDI U.
PODMANICZKY U.
TERÉZ KÖRÚT
Hotel Béke Radisson
SZALAY U.
Néprajzi Múzeum
VAJKAY U.
Országház (Parlamentsgebäude)
KOSSUTH LAJOS TÉR
ALKOTMÁNY U.
WEINER LEÓ U.
LOVAG U.
DESSEWFFY U.
KÁLMÁN IMRE U.
KOZMA F. U.
HOLD U.
Földművelésügyi Minisztérium
Kossuth tér
BÁTHORY U.
VÉRTANÚK TERE
VADÁSZ U.
BAJCSY-ZSILINSZKY ÚT
NAGYMEZŐ U.
ZICHY JENŐ U.
JÓKAI TÉR
MOZSÁR U.
GARIBALDI U.
NÁDOR U.
VÉCSEY U.
AULICH U.
PERCZEL M. U.
NAGYSÁNDOR J. U.
Postatakarék Pénztár
SZABADSÁG TÉR
ZOLTÁN U.
KISS E. U.
HAJÓS U.
Fővárosi Operett Színház
STEINDL I. U.
AKADÉMIA U.
BANK U.
PODMANICZKY TÉR
Operaház (Staatsoper)
SZÉCHENYI U.
TÜKÖRY U.
Arany J.u.
ARANY JÁNOS U.
Ó U.
LÁZÁR U.
DALSZÍNHÁZ U.
OPERA
Drechsler palota
Szent István Bazilika (St.-Stephans-Basilika)
HERCEGPRÍMÁS
SAS U.
OKTÓBER 6. U.
ANDRÁSSY ÚT
RÉVAY U.
VASVÁRI P. U.
Magyar Tudományos Akadémia
VIGYÁZÓ F. U.
Közép-Európai Egyetem
Új Színház
SZENT ISTVÁN TÉR
PAULAY EDE U.
SZÉKELY M. U.
ZRÍNYI U.
ROOSEVELT TÉR
Gresham palota
MÉRLEG U.
KÁLDY GYULA U.
Bajcsy-Zs. út
KAZINCZY U.
Széchenyi lánchíd
JÓZSEF ATTILA U.
Danubius kút
ERZSÉBET TÉR
KIRÁLY U.
HOLLÓ U.
BELGRÁD RAKPART
EÖTVÖS TÉR
JÓZSEF NÁDOR TÉR
BÉCSI U.
ANKER K.
DOROTTYA U.
APÁCZAI U.
ASBÓTH U.
MADÁCH U.
RUMBACH S. U.
HARMINCAD U.
DEÁK TÉR
DOB U.
SÍP U.
SZENDE PÁL U.
Vörösmarty tér
KÁROLY KRT.
MADÁCH TÉR
VIGADÓ U.
SÜTŐ U.
BARCZY I. U.
Evangélikus templom

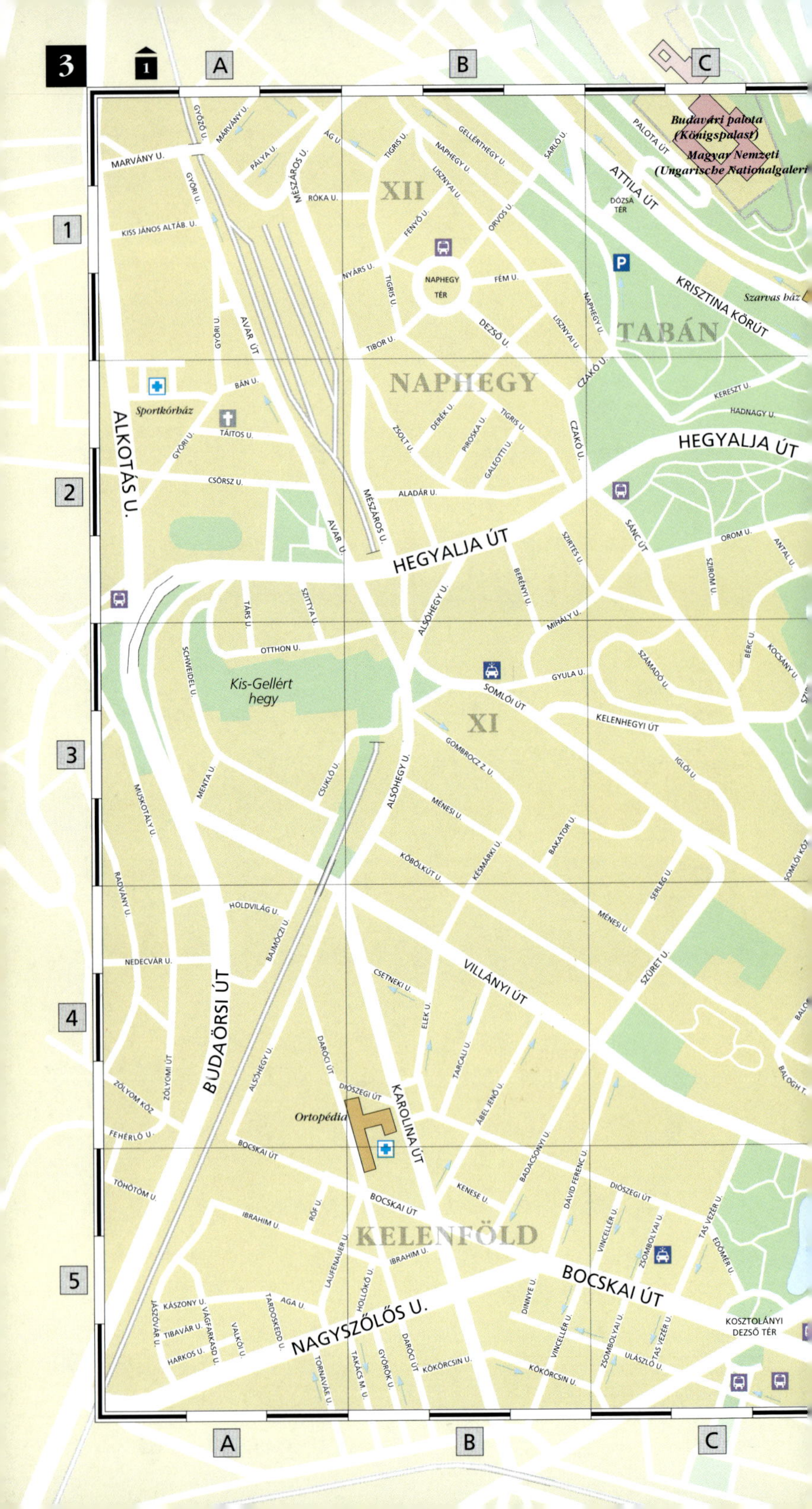
3
1
A
B
C
Budavári palota
(Königspalast)
Magyar Nemzeti
(Ungarische Nationalgaleri
GYŐZŐ U.
MÁRVÁNY U.
MARVÁNY U.
PÁLYA U.
MÉSZÁROS U.
ÁG U.
TIGRIS U.
GELLÉRTHEGY U.
NAPHEGY U.
SARLÓ U.
PALOTA ÚT
ATTILA ÚT
DÓZSA TÉR
GYŐRI U.
RÓKA U.
XII
LISZNYAI U.
KISS JÁNOS ALTÁB. U.
FENYŐ U.
ORVOS U.
NYÁRS U.
NAPHEGY TÉR
FÉM U.
KRISZTINA KÖRÚT
Szarvas ház
AVAR ÚT
TIGRIS U.
DEZSŐ U.
TIBOR U.
TABÁN
NAPHEGY
CZAKÓ U.
BÁN U.
Sportkórház
ALKOTÁS U.
TÁITOS U.
DERÉK U.
ZSOLT U.
PIROSKA U.
GALEOTTI U.
KERESZT U.
HADNAGY U.
HEGYALJA ÚT
CSÖRSZ U.
ALADÁR U.
SÁNC U.
OROM U.
ANTAL U.
AVAR U.
HEGYALJA ÚT
SZIRTES U.
BERÉNYI U.
SZIROM U.
ALSÓHEGY U.
SZITTYA U.
TÁRS U.
MIHÁLY U.
OTTHON U.
SCHWEIDEL U.
Kis-Gellért
hegy
GYULA U.
SOMLÓI ÚT
SZÁMADÓ U.
BÉRC U.
KOCSÁNY U.
XI
KELENHEGYI ÚT
GOMBROCZ Z. U.
IGLÓI U.
MENTA U.
CSUKLÓ U.
ALSÓHEGY U.
MÉNESI U.
MUSKOTÁLY U.
BAKATOR U.
KÖBÖLKÚT U.
KÉSMÁRKI U.
SOMLÓI KÖZ
RADVÁNY U.
HOLDVILÁG U.
SERLEG U.
MÉNESI U.
BAJMÓCZI U.
NEDECVÁR U.
CSETNEKI U.
VILLÁNYI ÚT
SZÜRET U.
BUDAÖRSI ÚT
ELEK U.
TARCALI U.
DARÓCI ÚT
ALSÓHEGY U.
ZÓLYOMI ÚT
ZÓLYOM KÖZ
BALOGH T.
DIÓSZEGI ÚT
KAROLINA ÚT
ÁBEL JENŐ U.
Ortopédia
FEHÉRLŐ U.
BOCSKAI ÚT
BADACSONYI U.
DÁVID FERENC U.
TÖHÖTÖM U.
KENESE U.
DIÓSZEGI ÚT
BOCSKAI ÚT
RÓF U.
IBRAHIM U.
VINCELLÉR U.
ZSOMBOLYAI U.
TAS VEZÉR U.
EDÖMÉR U.
KELENFÖLD
LAUFENAUER U.
IBRAHIM U.
BOCSKAI ÚT
HOLLÓKŐ U.
DINNYE U.
KÁSZONY U.
AGA U.
TARDOSKEDD U.
NAGYSZŐLŐS U.
KOSZTOLÁNYI DEZSŐ TÉR
JÁSZÓVÁR U.
TIBAVÁR U.
VÁGFARKASD U.
VALKÓI U.
HARKOS U.
DARÓCI ÚT
VINCELLÉR U.
ZSOMBOLYAI U.
TAS VEZÉR U.
ULÁSZLÓ U.
TORNAVÁR U.
TAKÁCS M. U.
GYÖRÖK U.
KÖKÖRCSIN U.
KÖKÖRCSIN U.
2
3
4
5

D
E
F
2
4
7
1
2
3
4
5
Vigadó u.
Vigadó tér
Deák Ferenc u.
Fehér H. u.
Bárczy I. u.
Fővárosi Önkormányzat
Gerlóczy u.
Károly krt.
Zsinagóga
Türr u.
Aranykéz u.
Török Bankház
Szervita tér
Szervita templom
Városház u.
Pest Megyei Önkormányzat
Semmelweis u.
Apáczai u.
Váci u.
Petőfi S. u.
Pilvax köz
Vármegye u.
Duna (Donau)
Groza Péter r.
Lánchíd u.
Ybl M. tér
Belgrád rakpart
Régiposta u.
Párizsi u.
Haris köz
Kossuth L. u.
Múzeum körút
Astoria
Görögkeleti Ortodox templom
Galamb u.
Pesti B. u.
Kígyó u.
Ferenciek tere
Belvárosi Ferences templom
Szép u.
Magyar u.
Reáltanoda u.
Semmelweis Orvostörténeti Múzeum
Döbrentei u.
(Innerstädtische Pfarrkirche)
Március 15. tér
Szabad sajtó út
Kúria u.
Klotild paloták
Egyetem Könyvtár
Ferenczy I. u.
Belvárosi plébánia templom
Károlyi M. u.
Károlyi palota
Henszlmann u.
Tabáni plébániatemplom
Irányi u.
Cukor u.
Duna u.
Veres Pálné u.
V
Erzsébet híd
Döbrentei tér
Erzsébet Királyné
Egyetem tér
Gyógyfürdő
Angolkisasszonyok templom
Papnövelde u.
Egyetemi templom
Kecskeméti u.
Nyáry Pál u.
ELTE
Magyar u.
Belváros
Rudas
Molnár u.
Szerb u.
Királyi Pál u.
Képíró u.
Szerb templom
Fejér G. u.
Szent Gellért emlékmű
Sörház u.
Új Városháza
Veres Pálné u.
Bástya u.
Református templom
Szent Gellért rakpart
Havas u.
Váci u.
Szarka u.
Só u.
Lónyay u.
Vámház körút
Fővám tér
Citadella
Pipa u.
Gönczy u.
Sóház u.
Erkel u.
Felszabadulási emlékmű
Közgazdaságtudományi Egyetem
Gellért hegy
Szabadság híd
Imre u.
Csarnok tér
Mátyás u.
Sziklatemplom
Szent Gellért tér
Közraktár u.
Pipacs u.
Gellért Szálló és Fürdő
(Hotel Gellért mit Bad)
Kelenhegyi út
Rezeda u.
Kemenes u.
Kelenhegyi út
Duna (Donau)
Orlay u.
Minerva u.
Somlói út
Kelenhegyi
Bartók Béla út
Mészöly u.
Zenta u.
Műegyetem rakpart
Budapesti Műszaki Egyetem
Somlói u.
Lépcső
Mányoki út
Budafoki út
Ménesi u.
Bertalan Lajos u.
XI
Himfy u.
Kende u.
Villányi út
Krusper u.
Szüret u.
Szt. Oszczek u.
Fadrusz u.
Móricz Zsigmond körtér
Bicskei u.
Bercsényi u.
Lágymányosi u.
Goldmann György tér
Bartók Béla út
Vásárhelyi P. u.
Siroki u.
Váli u.
Karinthy Frigyes út
Egry József u.
Sáru u.
Szabolcska M. u.
Irinyi József u.
Eszék u.
Fehérvári út
Kőrösy József u.
Bercsényi u.
Budafoki út
Lágymányos
Bocskai út

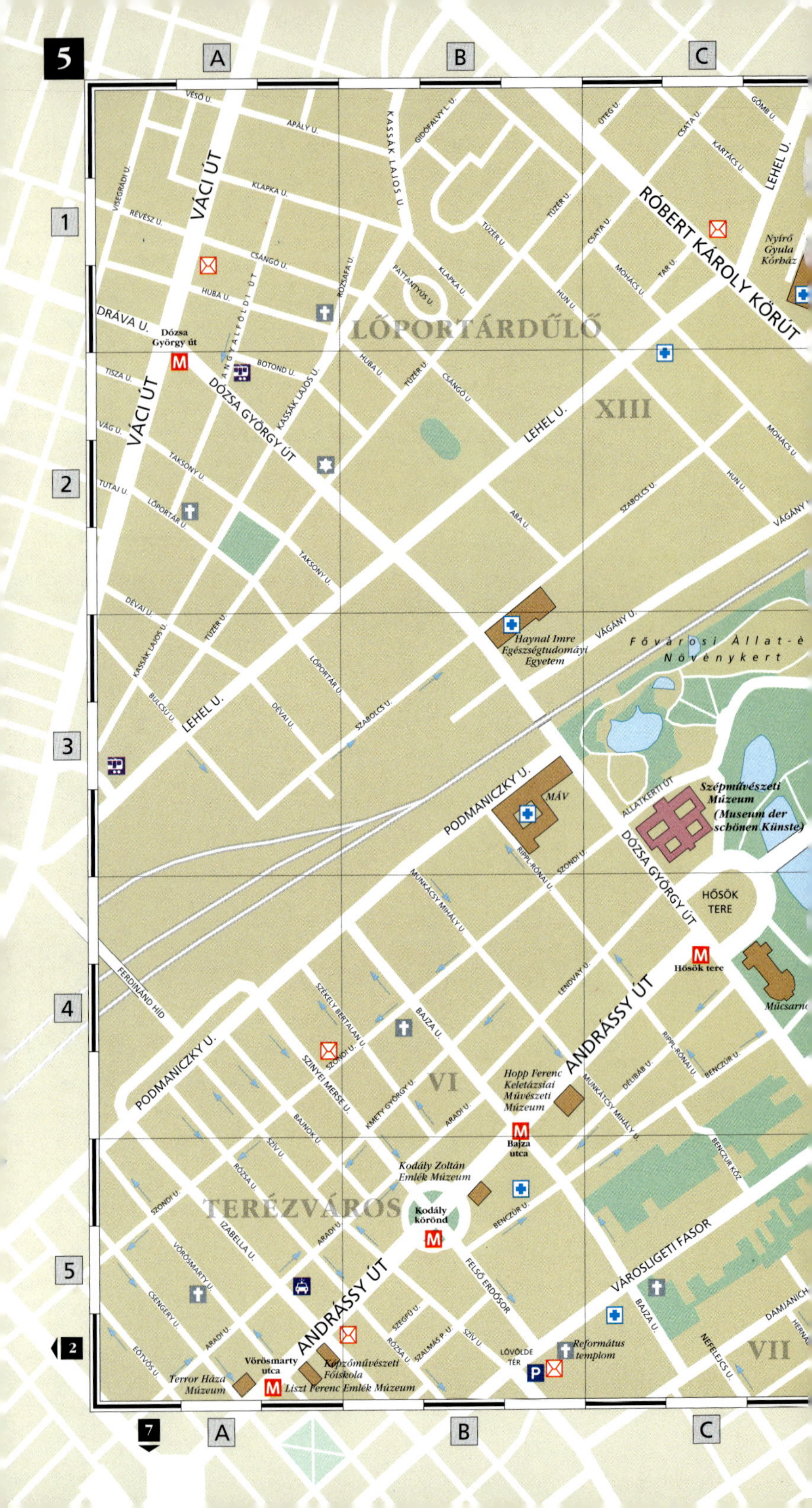
5
A
B
C
1
2
3
4
5
VÉSŐ U.
APÁLY U.
KASSÁK LAJOS U.
GIDÓFALVY L. U.
ÜTEG U.
CSATA U.
GÖMB U.
KARTÁCS U.
LEHEL U.
VISEGRÁDI U.
VÁCI ÚT
KLAPKA U.
RÉVÉSZ U.
TÜZÉR U.
RÓBERT KÁROLY KÖRÚT
Nyírő Gyula Kórház
CSÁNGÓ U.
ROZSAFA U.
PATTANTYÚS U.
MOHÁCS U.
TAR U.
HUBA U.
HUN U.
DRÁVA U.
Dózsa György út
ANGYALFÖLDI ÚT
LŐPORTÁRDŰLŐ
BOTOND U.
TISZA U.
DÓZSA GYÖRGY ÚT
XIII
VÁG U.
TAKSONY U.
TUTAJ U.
LŐPORTÁR U.
ABA U.
SZABOLCS U.
VÁGÁNY U.
DÉVAI U.
Haynal Imre Egészségtudományi Egyetem
Fővárosi Állat- és Növénykert
BULCSÚ U.
SZABOLCS U.
ÁLLATKERTI ÚT
Szépművészeti Múzeum (Museum der schönen Künste)
PODMANICZKY U.
MÁV
RIPPL-RÓNAI U.
SZONDI U.
HŐSÖK TERE
MUNKÁCSY MIHÁLY U.
FERDINÁND HÍD
Hősök tere
LENDVAY U.
ANDRÁSSY ÚT
Műcsarnok
SZÉKELY BERTALAN U.
BAJZA U.
SZINYEI MERSE U.
VI
Hopp Ferenc Keletázsiai Művészeti Múzeum
DÉLIBÁB U.
BENCZÚR U.
KMETY GYÖRGY U.
ARADI U.
BAJNOK U.
Bajza utca
BENCZÚR KÖZ
SZÍV U.
RÓZSA U.
Kodály Zoltán Emlék Múzeum
TERÉZVÁROS
Kodály körönd
IZABELLA U.
VÖRÖSMARTY U.
VÁROSLIGETI FASOR
FELSŐ ERDŐSOR
CSENGERY U.
SZEGFŰ U.
DAMJANICH U.
BAJZA U.
SZALMÁS P. U.
LÖVÖLDE TÉR
Református templom
NEFELEJCS U.
VII
EÖTVÖS U.
Vörösmarty utca
Képzőművészeti Főiskola
Terror Háza Múzeum
Liszt Ferenc Emlék Múzeum
2
7

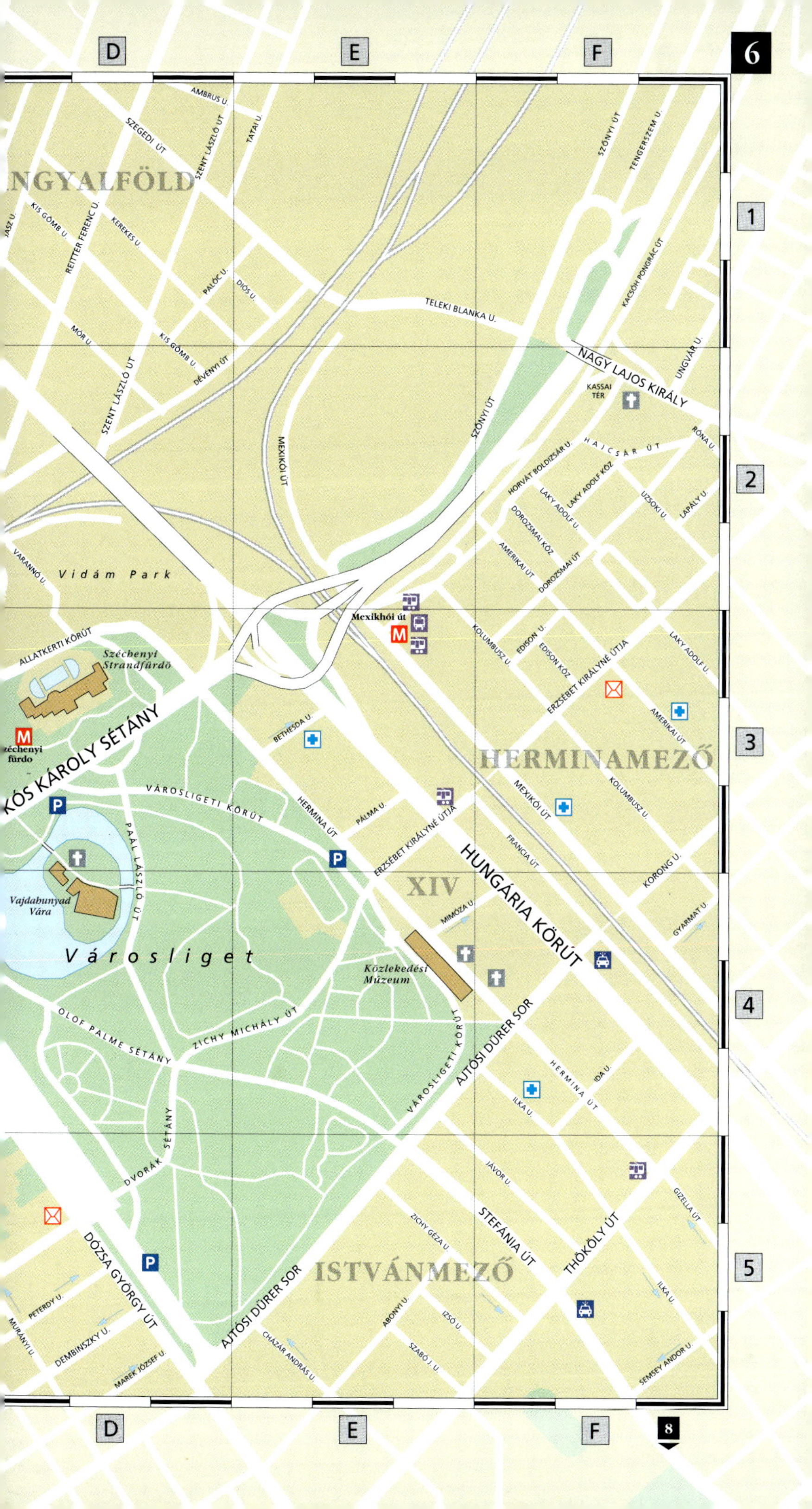
D
E
F
1
2
3
4
5
ANGYALFÖLD
AMBRUS U.
SZEGEDI ÚT
SZENT LÁSZLÓ ÚT
TATAI U.
JÁSZ U.
KIS GÖMB U.
REITTER FERENC U.
KEREKES U.
PALÓC U.
DIÓS U.
MÓR U.
KIS GÖMB U.
DÉVÉNYI ÚT
SZENT LÁSZLÓ ÚT
TELEKI BLANKA U.
SZÖNYI ÚT
TENGERSZEM U.
KACSÓH PONGRÁC ÚT
UNGVÁR U.
NAGY LAJOS KIRÁLY
KASSAI TÉR
RÓNA U.
HAJCSÁR ÚT
HORVÁT BOLDIZSÁR U.
LAKY ADOLF KÖZ
LAKY ADOLF U.
UZSOKI U.
LAPÁLY U.
DOROZSMAI KÖZ
AMERIKAI ÚT
DOROZSMAI ÚT
MEXIKÓI ÚT
SZÖNYI ÚT
VARANNÓ U.
Vidám Park
Mexikhói út
KOLUMBUSZ U.
EDISON U.
EDISON KÖZ
ERZSÉBET KIRÁLYNÉ ÚTJA
LAKY ADOLF U.
ÁLLATKERTI KÖRÚT
Széchenyi Strandfürdő
Széchenyi fürdő
KÓS KÁROLY SÉTÁNY
BETHESDA U.
AMERIKAI ÚT
HERMINAMEZŐ
MEXIKÓI ÚT
KOLUMBUSZ U.
VÁROSLIGETI KÖRÚT
HERMINA ÚT
PÁLMA U.
ERZSÉBET KIRÁLYNÉ ÚTJA
FRANCIA ÚT
PAÁL LÁSZLÓ ÚT
XIV
HUNGÁRIA KÖRÚT
KORONG U.
GYARMAT U.
Vajdahunyad Vára
MIMÓZA U.
Városliget
Közlekedési Múzeum
OLOF PALME SÉTÁNY
ZICHY MIHÁLY ÚT
VÁROSLIGETI KÖRÚT
AJTÓSI DÜRER SOR
HERMINA ÚT
IDA U.
ILKA U.
DVORÁK SÉTÁNY
JÁVOR U.
GIZELLA ÚT
DÓZSA GYÖRGY ÚT
ZICHY GÉZA U.
STEFÁNIA ÚT
THÖKÖLY ÚT
ISTVÁNMEZŐ
AJTÓSI DÜRER SOR
PETERDY U.
MURÁNYI U.
DEMBINSZKY U.
MAREK JÓZSEF U.
CHÁZÁR ANDRÁS U.
ABONYI U.
IZSÓ U.
SZABÓ J. U.
ILKA U.
SEMSEY ANDOR U.

8

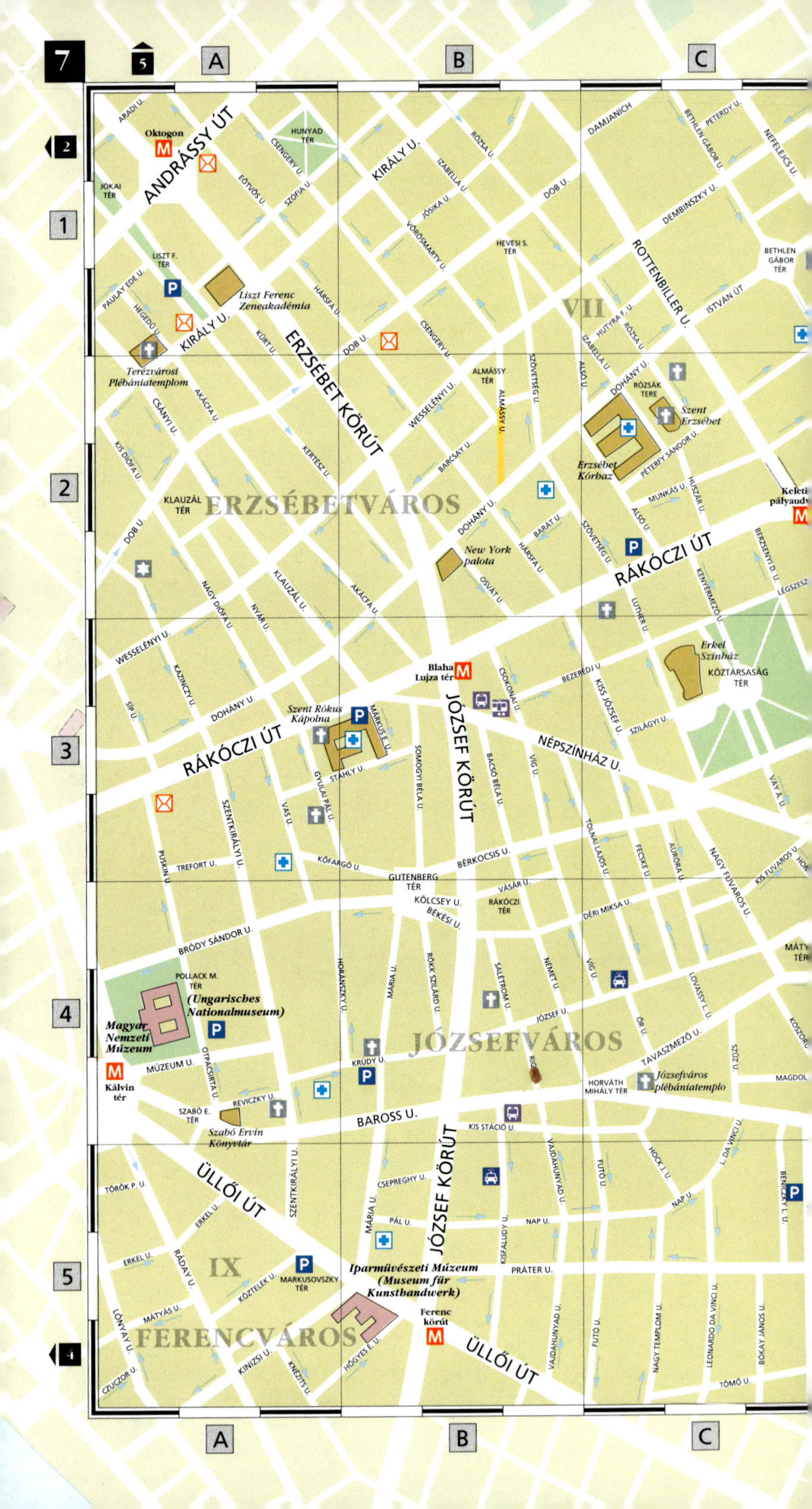
7
5
A
B
C
2
1
2
3
4
5
4
Oktogon
Andrássy út
Aradi u.
Jókai tér
Hunyad tér
Csengery u.
Eötvös u.
Szófia u.
Király u.
Rózsa u.
Izabella u.
Jósika u.
Dob u.
Damjanich
Bethlen Gábor u.
Peterdy u.
Nefelejcs u.
Dembinszky u.
Rottenbiller u.
Bethlen Gábor tér
István út
Liszt F. tér
Liszt Ferenc Zeneakadémia
Paulay Ede u.
Hegedű u.
Király u.
Kürt u.
Erzsébet körút
Hársfa u.
Vörösmarty u.
Hevesi S. tér
VII
Hutyra F. u.
Rózsa u.
Izabella u.
Alsó u.
Terézvárosi Plébániatemplom
Csányi u.
Akácfa u.
Dob u.
Wesselényi u.
Almássy tér
Almássy u.
Szövetség u.
Dohány u.
Rózsák tere
Szent Erzsébet
Erzsébet Kórház
Péterfy Sándor u.
Kis Diófa u.
Kertész u.
Barcsay u.
Klauzál tér
ERZSÉBETVÁROS
Munkás u.
Huszár u.
Keleti pályaudv.
Dob u.
Dohány u.
Barát u.
Alsó u.
Szövetség u.
New York palota
Hársfa u.
Rákóczi út
Berzsenyi D. u.
Nagy Diófa u.
Klauzál u.
Nyár u.
Akácfa u.
Osvát u.
Kenyérmező u.
Luther u.
Légszesz
Wesselényi u.
Kazinczy u.
Síp u.
Dohány u.
Blaha Lujza tér
Csokonai u.
Bezerédj u.
Erkel Színház
Köztársaság tér
Kiss József u.
Szilágyi u.
Szent Rókus Kápolna
Márkus E. u.
József körút
Rákóczi út
Népszínház u.
Stáhly u.
Gyulai Pál u.
Somogyi Béla u.
Bacsó Béla u.
Víg u.
Vay Á. u.
Szentkirályi u.
Vas u.
Tolnai Lajos u.
Fecske u.
Auróra u.
Nagy Fuvaros u.
Kis Fuvaros u.
Puskin u.
Trefort u.
Kőfaragó u.
Gutenberg tér
Bérkocsis u.
Vásár u.
Kölcsey u.
Békési u.
Rákóczi tér
Déri Miksa u.
Bródy Sándor u.
Horánszky u.
Mária u.
Rökk Szilárd u.
Salétrom u.
Német u.
Víg u.
Lovassy L. u.
Mátyás tér
Pollack M. tér
(Ungarisches Nationalmuseum)
Magyar Nemzeti Múzeum
Krúdy u.
JÓZSEFVÁROS
József u.
Őr u.
Tavaszmező u.
Szűz u.
Múzeum u.
Ötpacsirta u.
Kálvin tér
Horváth Mihály tér
Józsefváros plébániatemplo
Magdolna
Koszorú
Szabó E. tér
Reviczky u.
Szabó Ervin Könyvtár
Baross u.
Kis Stáció u.
Üllői út
Szentkirályi u.
Vajdahunyad u.
Futó u.
Hock J. u.
L. da Vinci u.
Bérkert
Török P. u.
Csepreghy u.
Erkel u.
Mária u.
Pál u.
Kisfaludy u.
Nap u.
Nap u.
Bénczky L. u.
Erkel u.
Ráday u.
IX
Köztelek u.
Markusovszky tér
Iparmüvészeti Múzeum (Museum für Kunsthandwerk)
Práter u.
Mátyás u.
Lónyay u.
FERENCVÁROS
Ferenc körút
Üllői út
Vajdahunyad u.
Futó u.
Nagy Templom u.
Leonardo da Vinci u.
Bokay János u.
Kinizsi u.
Knézits u.
Högyes E. u.
Czuczor u.
Tömő u.
A
B
C

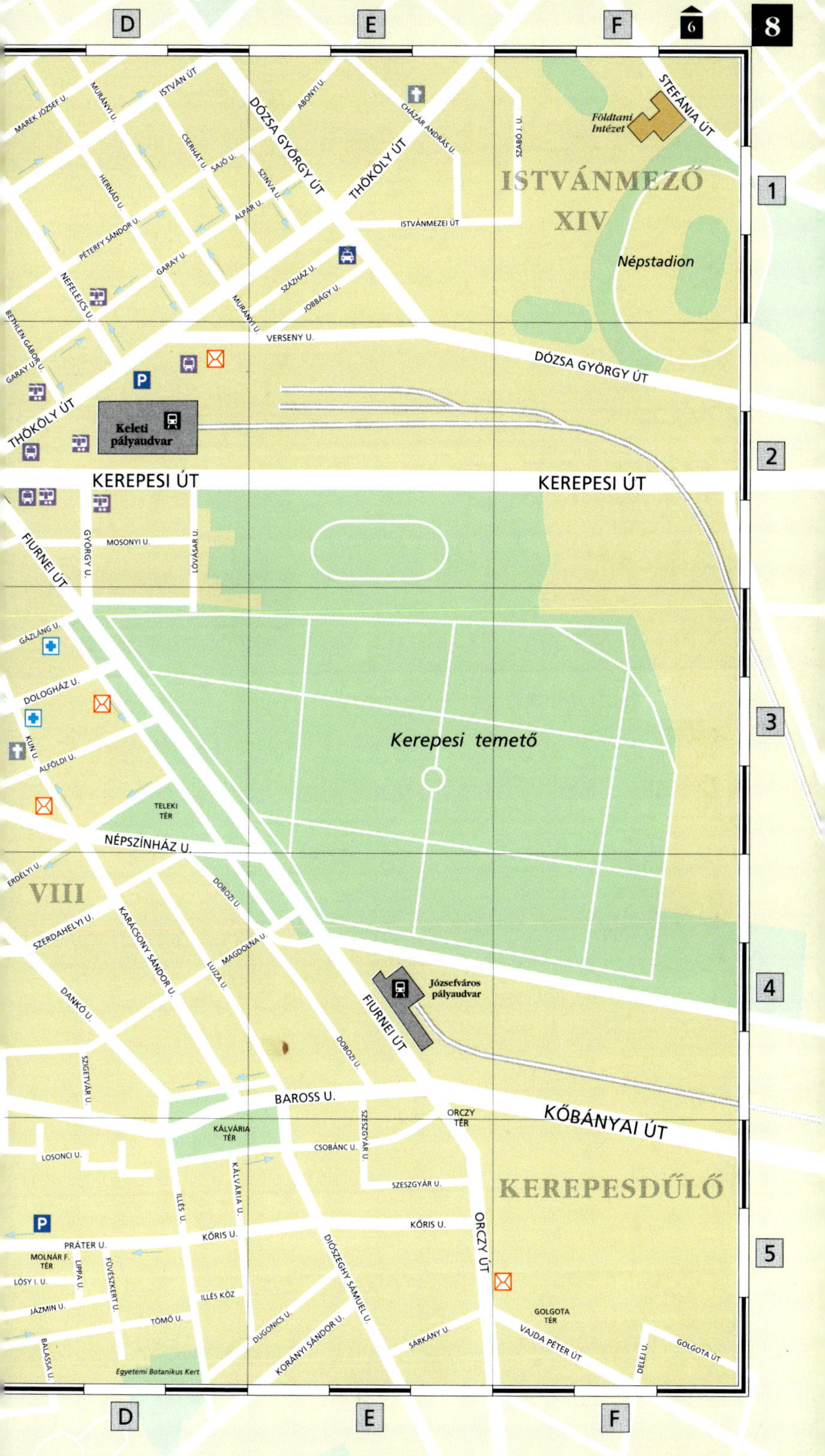

D
E
F
6
1
2
3
4
5
STEFÁNIA ÚT
Földtani Intézet
ISTVÁNMEZŐ
XIV
Népstadion
DÓZSA GYÖRGY ÚT
THÖKÖLY ÚT
ISTVÁNMEZEI ÚT
SZABÓ J. U.
CHÁZÁR ANDRÁS U.
ABONYI U.
ISTVÁN ÚT
MURÁNYI U.
MAREK JÓZSEF U.
CSERHÁT U.
SAJÓ U.
SZINVA U.
ALPÁR U.
HERNÁD U.
PÉTERFY SÁNDOR U.
GARAY U.
NEFELEJCS U.
SZÁZHÁZ U.
JOBBÁGY U.
BETHLEN GÁBOR U.
VERSENY U.
Keleti pályaudvar
KEREPESI ÚT
MOSONYI U.
GYÖRGY U.
LÓVÁSÁR U.
FIUMEI ÚT
GÁZLÁNG U.
DOLOGHÁZ U.
KUN U.
ALFÖLDI U.
TELEKI TÉR
NÉPSZÍNHÁZ U.
Kerepesi temető
ERDÉLYI U.
VIII
SZERDAHELYI U.
KARÁCSONY SÁNDOR U.
DOBOZI U.
MAGDOLNA U.
LUIZA U.
DANKÓ U.
Józsefváros pályaudvar
SZIGETVÁR U.
BAROSS U.
ORCZY TÉR
KŐBÁNYAI ÚT
KÁLVÁRIA TÉR
LOSONCI U.
CSOBÁNC U.
SZESZGYÁR U.
KEREPESDŰLŐ
ILLÉS U.
KÁLVÁRIA U.
KŐRIS U.
ORCZY ÚT
PRÁTER U.
MOLNÁR F. TÉR
LIPPA U.
FŰVÉSZKERT U.
LÓSY I. U.
DIÓSZEGHY SÁMUEL U.
ILLÉS KÖZ
JÁZMIN U.
TÖMŐ U.
DUGONICS U.
KORÁNYI SÁNDOR U.
SÁRKÁNY U.
GOLGOTA TÉR
VAJDA PÉTER ÚT
DELEJ U.
GOLGOTA ÚT
BALASSA U.
Egyetemi Botanikus Kert

A
B
C
1
2
3
4
5
Erzsébet-apácák temploma
Országház (Parlamentsgebäude)
Néprajzi Múzeum
KOSSUTH LAJOS TÉR
Földművelésügyi Minisztérium
BATTHYÁNY U.
MÁLNA U.
MÁRIA TÉR
KAGYLÓ U.
ISKOLA U.
FŐ U.
Batthyány tér
MARKOVITS U.
Szt. Anna templom (St.-Anna-Kirche)
VÍZIVÁROS
Kossuth tér
VÉRTANÚ TERE
GARIBALDI U.
NÁDOR U.
FRANKLIN U.
DONÁTI U.
VÁM U.
GIMNÁZIUM U.
SZABÓ ILONKA U.
TOLDY FERENC U.
ZOLTÁN U.
Református templom
SZILÁGYI TÉR
STEINDL I. U.
AKADÉMIA U.
SZÉCHENYI RAKPART
SZÉCHENYI U.
TÜKÖRY U.
Hilton Szálló
CORVIN TÉR
Kapucinus templom
Mátyás templom (Matthiaskirche)
HALÁSZ U.
BEM RAKPART
ARANY JÁNOS U.
SZENTHÁROMSÁG TÉR
Halászbástya
PONTY U.
Magyar Tudományos Akadémia
VIGYÁZÓ F.U.
TÁRNOK U.
ÚRI U.
SZALAG U.
FARKAS BÍRÓ U.
PALA U.
Aranysas Patikamúzeum
HUNYADI JÁNOS ÚT
JÉGVEREM U.
ROOSEVELT TÉR
Batthyány-palota
DÍSZ TÉR
FŐ U.
Gresham palota
PALOTA ÚT
Széchenyi lánchíd
(Kettenbrücke)
Nemzeti Táncszínház
SZT. GYÖRGY U.
SZÍNHÁZ U.
CLARK ÁDÁM TÉR
BELGRÁD RAKPART
EÖTVÖS TÉR
Sándor-palota
GROZA PÉTER RKP
LÁNCHÍD U.
APÁCZAI U.
PALOTA ÚT
SZT. GYÖRGY TÉR
Sikló
ALAGÚT U.
Budavári palota (Königspalast)
Duna (Donau)
GELLÉRTHEGY U.
SARLÓ U.
PALOTA ÚT
NAPHEGY U.
ATTILA ÚT
GROZA PÉTER R.
LÁNCHÍD U.
LISZNYAI U.
ORVOS U.
DÓZSA TÉR
YBL M. TÉR
NAPHEGY TÉR
FÉM U.
Semmelweis Orvostörténeti Múz.
KRISZTINA KÖRÚT
Szarvas-ház
DEZSŐ U.
NAPHEGY U.
LISZNYAI U.
DÖBRENTEI U.
TABÁN
Tabáni plébániatemplom
CZAKÓ U.
DERÉK U.
KERESZT U.
DÖBRENTEI TÉR
HADNAGY U.
Erzsébet királyné szobra
PIROSKA U.
TIGRIS U.
CZAKÓ U.
HEGYALJA ÚT
Rác gyógyfürdő
GALEOTTI U.
Rudas gyógyfürdő
Szent Gellért-emlékmű
SÁNC ÚT

D
E
F
2
4
7
1
2
3
4
5
LIPÓTVÁROS
TERÉZVÁROS
BELVÁROS
VI
V
ALKOTMÁNY U.
KÁLMÁN IMRE U.
HONVÉD U.
BÁTHORY U.
Batthyány Örökmècses Eternal Flame
BAJCSY-ZSILINSZKY ÚT
NAGYMEZŐ U.
TERÉZ KÖRÚT
Oktogon
ANDRÁSSY ÚT
Fővárosi Operett Szinház
Liszt Ferenc Zeneakadémia
LISZT F. TÉR
JÓKAI TÉR
Operaház (Staatsoper)
Opera
Drechsler palota
Terézvárosi Plebániatemplom
Új szinház
Szt. István bazílika (St.-Stephans-Basilika)
Postatakarék-pénztár
SZABADSÁG TÉR
PODMANICZKY TÉR
Arany J.u.
ARANY JÁNOS U.
BANK U.
OKTÓBER 6 U.
NÁDOR U.
Közép-Európai Egyetem
ZRÍNYI U.
SZENT ISTVÁN TÉR
MÉRLEG U.
Bajcsy-Zs. út
JÓZSEF ATTILA U.
Danubius kút
ERZSÉBET TÉR
JÓZSEF NÁDOR TÉR
BÉCSI U.
ANKER K.
KIRÁLY U.
HARMINCAD U.
Deák tér
Vörösmarty tér
MADÁCH TÉR
KÁROLY KRT
KÁROLY KRT.
Evangélikus templom
Fővárosi Önkormányzat
Pest Megyei Önkormányzat
Zsinagóga
DOHÁNY U.
WESSELÉNYI U.
RÁKÓCZI ÚT
Astoria
MÚZEUM KÖRÚT
Török bankház
Szervita templom
SZERVITA TÉR
VÁCI U.
PETŐFI S. U.
KOSSUTH L. U.
Görögkeleti ortodox templom
BELGRÁD RAKPART
Ferenciek tere
Ferences templom
Belvárosi Plèbánia-templom
SZABAD SAJTÓ ÚT
Klotild palotak
MÁRCIUS 15 TÉR
(Innerstädtische Pfarrkirche)
Erzsébet híd (Elisabeth-brücke)
Egyetemi konyvtar
Károlyi palota
KÁROLYI M. U.
Magyar Nemzeti Múzeum (Ungarisches Nationalmuseum)
BRÓDY SÁNDOR U.
EGYETEM TÉR
Egyetemi templom
KECSKEMÉTI U.
Angolkisaszonyok templom
Szerb templom
Új Városháza
Kálvin tér
MÚZEUM U.
BAROSS U.

Kartenregister

A

Á

B

C

D

E

F

G

H

Textregister

Fett gedruckte Seitenzahlen beziehen sich auf Haupteinträge.

A

B

C

D

L

M

N

O

P

T

Danksagung und Bildnachweis

DORLING KINDERSLEY bedankt sich bei allen, die bei der Entstehung dieses Buches mitgewirkt haben.

HAUPTAUTOR
TADEUSZ OLSZANSKI wurde 1929 in Polen geboren. Mit seinen Eltern floh er im Zweiten Weltkrieg nach Ungarn, wo er die polnische Schule in Balatonboglár besuchte. Als Journalist reiste er oft nach Ungarn und hat einige Bücher über dieses Land verfasst.

WEITERE AUTOREN
Sławomir Fangrat, Mariusz Jarymowicz, Iza Mościcka, Barbara Olszańska, Ewa Roguska.

GRAFIK- UND REDAKTIONSASSISTENZ
Elizabeth Atherton, Arwen Burnett, Lucinda Cooke, Fay Franklin, Maite Lantaron, Rebecca Milner, Rachel Symons, Anna Streiffert, Andrew Szudek, Sophie Warne.

RECHERCHE
Julia Bennett, Javier Espinosa de los Monteros.

REGISTER
Hilary Bird.

WEITER UNTERSTÜTZUNG
DORLING KINDERSLEY bedankt sich bei den Museen, Hotels, Restaurants und anderen Organisationen in Budapest für die Mithilfe.
Besonderer Dank gilt: dem ungarischen Botschafter in Warschau; dem polnischen Botschafter in Budapest; Gábor Bányai; Katalin Bara und den Mitgliedern der ungarischen Fluglinie Malév; Beatrix Basics, Tibor Kovács und Péter Gaál vom Ungarischen Nationalmuseum; Éva Benkő vom Museum der schönen Künste; Zoltan Fejős und Endre Stefana Szemkeő vom Ethnografischen Museum; Béla Juszel und Éva Orosz von der Ungarischen Nationalbank; dem Kiscelli-Museum; Imre Kiss, Zsuzsa Mátyus und Tivadar Mihalkovics von der Staatsoper; der Konrad-Adenauer-Stiftung; dem Franz-Liszt-Museum; Zsuzsa Lovag vom Museum für Kunsthandwerk; dem Ungarischen Wetteramt; der ungarischen Post; Katalin Neray von der Ludwig-Sammlung; Anita Obrotfa vom Budapesti Turisztikai Hivatal; Csilla Pataky von Cartographia Ltd; Géza Szabó; Mária Vida vom Semmelweis-Museum für Medizingeschichte; Annamária Vigh vom Budapester Historischen Museum; Ágnes Ördög und Judit Mihalcsik vom Tourismusamt in Budapest.

GENEHMIGUNG FÜR FOTOGRAFIEN
DORLING KINDERSLEY bedankt sich bei folgenden Personen und Institutionen für die freundlich gewährte Fotografieerlaubnis: Ágnes Bakos, Margit Bakos und Bence Tihanyi vom Budapester Historischen Museum; Budapesti Turisztikai Hivatal; Eszter Gordon; István Gordon vom Kurir-Archiv; Hotel Astoria; Dénes Józsa vom Museum der schönen Künste; Ágnes Kolozs vom Museum für Kunsthandwerk; Ludwig-Sammlung; Ungarisches Nationalmuseum; Ungarische Akademie der Wissenschaften; Tibor Mester von der Ungarischen Nationalgalerie; Béla Mezey; Imre-Varga-Galerie; András Rázsó vom Museum der schönen Künste; Semmelweis-Museum für Medizingeschichte; Judit Szalatnyay vom Kiscelli-Museum; Ágnes Szél; Ferenc Tobias und Erzsébet Winter vom Ethnografischen Museum; Richard Wagner vom Museum für Kunsthandwerk; Malév.

Besonderen Dank schuldet der Verlag Marta Zámbó vom Gundel Étterem, die die ungarischen Speisen für dieses Buch fotografierte.

BILDNACHWEIS
o = oben; ol = oben links; om = oben Mitte; or = oben rechts; mlo = Mitte links oben; mo = Mitte oben; mro = Mitte rechts oben; ml = Mitte links; m = Mitte; mr = Mitte rechts; mlu = Mitte links unten; mu = Mitte unten; mru = Mitte rechts unten; ul = unten links; u = unten; um = unten Mitte; ur = unten rechts.

Wir haben uns bemüht, alle Urheber ausfindig zu machen und zu nennen. Sollte dies in einigen Fällen nicht gelungen sein, bitten wir dies zu entschuldigen. In der nächsten Auflage werden wir versäumte Nennungen nachholen.

DORLING KINDERSLEY bedankt sich bei folgenden Personen, Institutionen und Bildarchiven für die Genehmigung zur Reproduktion ihrer Fotografien:

BUDAPESTER HISTORISCHES MUSEUM: 32m, 33m, 38mu, 38u, 72o.
BUDAPESTI TURISZTIKAI HIVATAL: 50mr, 50mlu, 50ur, 51u, 58o, 59u, 60u, 156u.
DANUBIUS-HOTELGRUPPE: 178u.
ESZTER GORDON: 35mo.
HOTEL ASTORIA: 178u.
JÜDISCHES MUSEUM: 39mr.
KURIR-ARCHIV: 34or, 34ur, 35ur.
LUDWIG-SAMMLUNG: 40u, 73u.
BÉLA MEZEY 34mo.
MUSEUM DER SCHÖNEN KÜNSTE: 39or, 146ol, 146or, 146mo, 146mu, 146u, 147o, 147mo, 147mu, 147u, 148ol, 148or, 148m, 148ul, 149o, 149m, 149u.
MUSEUM FÜR KUNSTHANDWERK: 5ur, 56or, 57ul, 136or, 136ol, 136m, 137o, 137mo, 137m, 137mu, 137u.
NATIONALMUSEUM DER EVANGELISCHEN KIRCHE: 41u.
STAATLICHES UNGARISCHES FREMDENVERKEHRSAMT: 218o.
SZÉCHENYI-NATIONALBIBLIOTHEK: 24m, 25m, 26m, 27m, 72u.
RED DOT, BUDAPEST: 50o; Serenc Isza 51ol, 51mro, 51mru, 188mlo, 188ur, 188o, 189mu, 189ul, 214ul, 16ul.
SZÉCHENYI-NATIONALGALERIE: 39ol, 106or, 110o.
ÁGNES SZÉL: 34ol, 37ur, 41m, 78um, 84u, 160u, 190u.
UNGARISCHE NATIONALGALERIE: 16, 23u, 24mu, 26mo, 37ur, 38mo, 54mlo, 56ml, 74ol, 74or, 75mo, 75mr, 75mro, 75u, 76o, 76m, 76u, 77o, 77m, 77u.
UNGARISCHES NATIONALMUSEUM: 8–9, 20o, 20mo, 20mr, 20mu, 20u, 21o, 21mro, 21m, 21mru, 22o, 22m, 22ml, 22ur, 23o, 23m, 23mro, 23mru, 23u, 24ml, 24m, 25o, 25m, 26o, 26u, 27o, 27mro, 27mru, 27mlo, 28o, 28mo, 28m, 28mu, 29o, 29m, 29mro, 29mru, 30ml, 31or, 32o, 32mro, 32ml, 32mru, 33mr, 37ml, 130or, 130ol, 130mo, 130mu, 131o, 131mo, 131mu, 131um, 133o, 133m, 133u.

Umschlag vorn: DK PICTURE LIBRARY: Dorota & Mariusz Jarymowicz mru, ur, Anonymusstatue 1903 von Miklos Ligeti ul; GETTY IMAGES: Gavin Hellier (Hauptbild); Umschlag hinten: DK PICTURE LIBRARY: Dorota & Mariusz Jarymowicz o, u; Buchrücken: GETTY IMAGES: Gavin Hellier.

Alle anderen Bilder © Dorling Kindersley.
Weitere Informationen unter
www.dkimages.com

Sprachführer

Aussprache

Ungarisch gehört zur finno-ugrischen Sprachgruppe und unterscheidet sich stark von den anderen Sprachen Europas. Die Aussprache ist zwar logisch, Ausländer haben aber meist erhebliche Schwierigkeiten, Ungarisch zu verstehen oder zu sprechen. Raten oder improvisieren kann zu großer Verwirrung führen. Englisch ersetzt langsam Deutsch als zweite Fremdsprache, vor allem bei der Jugend. Wer mit Tourismus zu tun hat, beherrscht meist Deutsch und/oder Englisch. In großen Hotels werden Sie keine Probleme haben, sich auf Deutsch oder Englisch zu verständigen.

Im Notfall

Hilfe!	**Segítség!**
Stopp!	**Stop!**
Achtung!	**Tessék vigyázni!**
Rufen Sie einen Arzt!	**Hívjon orvost!**
Rufen Sie einen Krankenwagen!	**Hívjon mentőt!**
Rufen Sie die Polizei!	**Hívja a rendőrséget!**
Rufen Sie die Feuerwehr!	**Hívja a tűzoltókat!**
Wo ist das nächste Telefon?	**Hol van a legközelebbi telefon?**
Wo ist das nächste Krankenhaus?	**Hol van a legközelebbi kórház?**

Wichtige Wörter

Ja/Nein	**Igen/Nem**
Bitte	**Tessék**
Bitte (Frage bzw. Höflichkeitsformel)	**Kérem**
Danke	**Köszönöm**
Nein, danke	**Köszönöm nem**
Entschuldigen Sie	**Bocsánatot kérek**
Hallo / Guten Tag	**Jó napot**
Auf Wiedersehen	**Viszontlátásra**
Gute Nacht	**Jó éjszakát/jó éjt**
morgens (4-9 Uhr)	**reggel**
vormittags (9-12 Uhr)	**délelőtt**
frühmorgens (24-4 Uhr)	**éjjel**
Nachmittag	**délután**
Abend	**este**
gestern	**tegnap**
heute	**ma**
morgen	**holnap**
hier	**itt**
dort	**ott**
Was?	**Mi?**
Wann?	**Mikor?**
Warum?	**Miért?**
Wo?	**Hol?**

Nützliche Redewendungen

Wie geht es?	**Hogy van?**
Sehr gut, danke.	**Köszönöm nagyon jól.**
Schön, Sie zu sehen.	**Örülök hogy megismerhettem.**
Bis bald.	**Szia.**
Ausgezeichnet!	**Nagyszerű!**
Gibt es ... hier?	**Van itt ...?**
Wo bekomme ich ...?	**Hol kaphatok ...-t?**
Wie komme ich nach ...?	**Hogy lehet ...-ba eljutni?**
Wie weit ist es bis ...?	**Milyen messze van ...?**
Sprechen Sie Deutsch?	**Beszél németül?**
Ich spreche kein Ungarisch.	**Nem beszélek magyarul.**
Ich verstehe nicht.	**Nem értem.**
Können Sie mir helfen?	**Kérhetem a segítségét?**
Könnten Sie etwas langsamer sprechen?	**Tessék lassabban beszélni?**
Tut mir Leid!	**Elnézést!**

Nützliche Wörter

groß	**nagy**
klein	**kicsi**
heiß	**forró**
kalt	**hideg**
gut	**jó**
schlecht	**rossz**
genug	**elég**
gut	**jól**
offen	**nyitva**
geschlossen	**zárva**
links	**bal**
rechts	**jobb**
geradeaus	**egyenesen**
nah	**közel**
weit	**messze**
hinauf	**fel**
hinunter	**le**
früh	**korán**
spät	**késő**
Eingang	**bejárat**
Ausgang	**kijárat**
Toilette	**WC**
frei/nicht besetzt	**szabad**
frei/keine Gebühr	**ingyen**

Telefonieren

Kann ich von hier ins Ausland telefonieren?	**Telefonálhatok innen külföldre?**
Ich möchte ein R-Gespräch führen.	**Szeretnék egy R-beszélgetést lebonyolítani.**
Ortsgespräch	**helyi beszélgetés**
Ich rufe später noch mal an.	**Visszahívom később.**
Kann ich eine Nachricht hinterlassen?	**Hagyhatnék egy üzenetet?**
Moment, bitte	**Várjon!**
Könnten Sie etwas lauter sprechen?	**Kicsit hangosabban, kérem?**

Einkaufen

Wieviel kostet das?	**Ez mennyibe kerül?**
Ich hätte gerne ...	**Szeretnék egy ...-t**
Haben Sie ...?	**Kapható önöknél ...?**
Ich schaue nur.	**Csak körülnézek.**
Nehmen Sie Kreditkarten?	**Elfogadják a hitelkártyákat?**
Wann öffnen Sie?	**Hány kor nyitnak?**
Wann schließen Sie?	**Hány kor zárnak?**
dieses hier	**ez**
jenes dort	**az**
teuer	**drága**
billig	**olcsó**
Größe	**méret**
weiß	**fehér**
schwarz	**fekete**
rot	**piros**
gelb	**sárga**
grün	**zöld**
blau	**kék**
braun	**barna**

Läden und Geschäfte

Apotheke	**patika**
Antiquitätenladen	**antikvárius**
Bäckerei	**pékség**
Bank	**bank**
Blumengeschäft	**virágüzlet**
Buchhandlung	**könyvesbolt**
Gärtnerei	**zöldséges**
Kaufhaus	**áruház**
Kiosk	**újságos**
Markt	**piac**
Patisserie	**cukrászda**
Postamt	**postahivatal**
Reisebüro	**utazási iroda**
Schuhgeschäft	**cipőbolt**
Souvenirladen	**ajándékbolt**
Supermarkt	**ábécé/ABC**

Öffentliches Verkehrsnetz Budapest